U0447271

本书为国家社会科学基金重点项目"互助养老研究"
（项目号：16ASH012）成果

由北京荣德利生慈善基金会全额资助出版

景军　主编

互助养老

维系长者健康生命的互惠精神

中国社会科学出版社

图书在版编目(CIP)数据

互助养老：维系长者健康生命的互惠精神／景军主编．—北京：中国社会科学出版社，2023.12
ISBN 978-7-5227-2847-6

Ⅰ.①互　Ⅱ.①景　Ⅲ.①养老—社会服务—研究—中国　Ⅳ.①D669.6

中国国家版本馆 CIP 数据核字（2023）第 233755 号

出 版 人	赵剑英
责任编辑	王莎莎
责任校对	张爱华
责任印制	张雪娇
出　版	中国社会科学出版社
社　址	北京鼓楼西大街甲 158 号
邮　编	100720
网　址	http://www.csspw.cn
发行部	010-84083685
门市部	010-84029450
经　销	新华书店及其他书店
印　刷	北京君升印刷有限公司
装　订	廊坊市广阳区广增装订厂
版　次	2023 年 12 月第 1 版
印　次	2023 年 12 月第 1 次印刷
开　本	710×1000　1/16
印　张	16
插　页	2
字　数	263 千字
定　价	98.00 元

凡购买中国社会科学出版社图书，如有质量问题请与本社营销中心联系调换
电话：010-84083683
版权所有　侵权必究

目　录

前言　维系长者健康生命的互惠精神　　景　军／1

第一章　老人会变迁研究　　施心格／33

第二章　老人会实地考察　　任杰慧／49

第三章　城市抗癌团体互助行为调查　　曾繁萍／64

第四章　乡村患病老人互助方式解析　　郇建立／104

第五章　心理危机守门人计划　　孙薇薇　王　燕／124

第六章　安养院的灵性生活　　齐腾飞／138

第七章　从灵性生活走向临终关怀　　陈　昭　齐腾飞／165

第八章　互助养老时间银行可行性　　陈心仪／179

第九章　时间银行互助原则的变质　　卢鑫欣　陈心仪／203

第十章　幸福院体制建设的迷失　　张仁烨　高良敏／217

结语　有无长者的世界　　景　军／228

参考文献　　／230

前言　维系长者健康生命的互惠精神

景　军

本书在国家社科基金 2016 年重点项目"互助养老研究"（项目号：16ASH012）支持下启动并完成，由北京荣德利生慈善基金会提供出版资助。

本书采用的是社会学和人类学取向。本书的意义在于以下三点：第一是探索老年人社会交往中的互助行为，抵制将老年人视为社会经济发展负担的学术表达；第二是突破我国学界有关养老问题的传统分析框架，从互助视角思考社会养老多元途径；第三是把握六种互助养老模式的思想性、针对性、局限性以及变异情况。这六种模式的组织形态分别是老人会、病友会、安养院、心理危机守门人爱心小组、互助养老时间银行，以及互助幸福院。

参与本书撰写的作者贡献如下：前言：维系长者健康生命的互惠精神（景军）；第一章：老人会变迁研究（施心格）；第二章：老人会实地考察（任杰慧）；第三章：城市抗癌团体互助行为调查（曾繁萍）；第四章：乡村患病老人互助方式解析（郇建立）；第五章：心理危机守门人计划（孙薇薇、王燕）；第六章：安养院的灵性生活（齐腾飞）；第七章：从灵性生活走向临终关怀（陈昭、齐腾飞）；第八章：互助养老时间银行可行性（陈心仪）；第九章：时间银行互助原则的变质（卢鑫欣、陈心仪）；第十章：幸福院体制建设的迷失（张仁烨、高良敏）；结语：有无长者的世界（景军）；参考文献（中文文献/英文文献）由向芷霖校对。

在展开本书相关讨论之前，我们需要首先明确养老以及互助养老的基本定义。

什么是养老？

什么是养老？这个看起来很简单的问题，会引出不同的阐释。首先必须指出，养老是一个具有中国文化语言特质的词语。《现代汉语词典》有关养老的定义是奉养和闲居休养，奉养的定义是侍奉和赡养父母或其他尊亲。① 然而这只是养老的一个方面。为了防止翻译时出现偏差，《汉英大辞典》用养老保险、养老抚恤金计划、养老事业、养老院等词目将养老的定义延伸到社会保障。② 《中华人民共和国老年人权益保障法》对养老的定义也是把家庭赡养和扶养与社会保障联系在一起的。上述保障法定义的家庭赡养和扶养是指赡养人应当履行对老年人给予经济供养、生活照料和精神慰藉的义务，社会保障主要是指国家为老年公民提供法律政策、资金、设施、服务等方面的支持。简言之，养老不仅仅是一个家庭事理。

那么为什么要养老呢？这个看起来同样很简单的问题，实际也会引出不同的阐释。在我国最常见的相关说法是孝道。《中华人民共和国老年人权益保障法》结合对孝道和对老年人权益保护的考虑而明确指出："为保障老年人合法权益，发展老年事业，弘扬中华民族敬老、养老的美德，根据宪法，制定本法。"③ 在其他一些国家，一般性的解释仅仅基于单向度的公民权理念，而不包括对孝道的考虑。例如芬兰、丹麦、挪威、瑞典以及荷兰等国，自20世纪90年代对社会养老政策的调整，强调了"去商品化"，还将"去家庭化"纳入其中。④

从人类发展历史看，养老的初衷关联"尚智"。美国人类学家西蒙斯在1945出版的《初民社会的老人角色》一书中，用史料和田野调查档案分析了71个初民社会对待老人的方式，发现老人在初民社会受到较高的尊重，主要原因是老人掌握更多的生产、生活、生存以及宗教仪式经验。⑤ 西蒙斯

---

① 中国社会科学院语言所词典编辑室：《现代汉语词典》，商务印书馆1988年版。
② 吴光华：《汉英大辞典》，上海交通大学出版社1993年版。
③ 全国人大：《中华人民共和国老年权益保障法读本》，华龄出版社2013年版。（第一章第一条）
④ 杨红燕：《去商品化与去家庭化：老年照护服务体制的国际比较》，《江淮论坛》2019年第2期。
⑤ Simmons, Leo., *The Role of the Aged in Primitive Society*, Yale University Press, 1965.

指出，在初民社会，很少有人能活到老年，人数不多的老年人被视为经验智慧的化身，因而比现代社会的老年人更有朝气，并且获得更多的尊重，其养老措施是保证老年人的生活必需品并维护长者传递宝贵经验的能力。① 西蒙斯在有关前工业社会老年人的文章中继而指出："随着资本、技术对渔业、畜牧业和农业的稳定促进，另外随着皮革、石材、金属制品手工业发展以及社会监督、各类记录和礼仪的正规化，老年人对社会的贡献是大大增加的，少数幸存的老人被珍视为智者，其对社会的最大贡献是技能和经验。"②

按照西蒙斯的说法，从初民社会到前工业社会，人们的存活时间较短，年长之辈是极少数，其生存智慧一般多于年幼之辈，所以养老是对老年人智者地位的承认和维护。上述情况在中国历史上大致也是如此。对陕西元君庙墓地遗体遗骨的鉴定显示，在距今6000多年左右仰韶文化半坡阶段的194名死者中，15岁以下死亡的37人，15—18岁死亡的4人，20—30岁死亡的58人，30—40岁死亡的46人，40—50岁死亡的25人，死亡年龄不详者22人，活到50岁以上者仅有数人，无一人活到60岁。③ 此后，人们的寿命仍然很短，还有可能倒退了一些。根据对安阳殷墟172具商代中小型墓之墓主人遗体的鉴定，商代末期成年男子的平均死亡年龄是34.8岁，成年女性的平均死亡年龄是30.3岁。④

有了以上认识，我们就可以明白为什么夏商周三代与之前的初民社会讲究"尚齿"。《礼记·祭义》曰："昔者，有虞氏贵德而尚齿，夏后氏贵爵而尚齿，殷人贵富而尚齿，周人贵亲而尚齿。"⑤ 尊敬年长者即为"尚齿"，究其原因则是"尚智"。《礼记·王制》曰："凡养老，有虞氏以燕礼，夏后氏以飨礼，殷人以食礼，周人修而兼用之。五十养于乡，六十养于国，七

---

① Simmons, Leo., Attitudes toward Aging and the Aged, *Journal of Gerontology*, 1946, 1 (1): 72–97.
② Simmons, Leo., Aging in Primitive Societies: a Comparative Survey of Family Life and Relationships, *Law and Contemporary Problems*, 1962, 27 (1): 36–51.
③ 北京大学历史系考古教研室：《元君庙仰韶墓地》，文物出版社1983年版，第131页。
④ 南玉泉、张志京：《再论周人的结婚年龄》，《北京理工大学学报》（社会科学版）2004年第6期。
⑤ 崔高维（校点）：《礼记》，辽宁教育出版社1997年版，第162页。

十养于学，达于诸侯。"① 可见周朝的施教于人与养老制度有直接关系。《礼记·内侧》曰："周人养国老于东胶，养庶老于虞庠，虞庠在国之西郊。"② 孔颖达注曰："东序、东胶，亦大学，在国中王宫之东。西序、虞庠亦小学也，西序在西郊，周立小学于西郊。"③ 周朝不仅沿袭了敬老礼仪的古制，还规定国家负责赡养"国老""庶老"，让他们授教于人。孙希旦《礼记集解》引陈祥道曰："天子之于老，所养三，国老也，庶老也，死政者之老也。"④ 其中"国老"是年老智慧的国之重臣，"庶老"是告老退职的一般官吏，"死政者之老"是为国捐躯者的父母。文献资料对周朝养老对象的规定还有另外一种解释。据孔颖达《礼记正义》疏解《王制》云："人君养老有四，一是养三老五更，二是子孙为国难而死，王养死者父祖，三是养致仕之老，四是引户校年，养庶人之老。"⑤ 前三种老人是国家的养老对象，第四种老人是普通家庭的赡养对象，其伦理基础是孝道。

中华孝道代表首推舜帝。根据《尚书》记载：舜帝"父顽、母嚚，象傲；克谐以孝，烝烝乂，不格奸。"⑥ 面对顽劣的父亲、荒谬的母亲以及傲慢的兄弟，舜帝却能够极尽孝道，把家庭关系搞得很是和谐。以尚武平定天下的周朝，以"尚齿"治理天下，重视国家养老，并认为家族也有养老责任，但是将子孙赡养作为民间养老之根本。《礼记·乡饮酒义》曰："民知尊长养老而后能入孝弟，民入孝弟，出尊长养老，而后成教，成教而后国可安也。"⑦ 赡养固称其为孝，赡养者有养父母、父祖辈老人的义务，主要是指血缘家庭对自家老人的赡养。《礼记·祭义》曰："曾子闻诸夫子曰：天之所养，无人为大。父母全而生之，子全而归之，可谓孝矣。不亏其体，不辱其身，可谓全矣。故君子顷步而弗敢忘孝也。"⑧ 子孙养老最基本的规定是：敬亲、奉养、侍疾、善终。《礼记·祭义》曰："众之本教曰孝，其

---

① 崔高维（校点）：《礼记》，辽宁教育出版社1997年版，第46页。
② 崔高维（校点）：《礼记》，辽宁教育出版社1997年版，第97页。
③ 方有国（校点）：《礼记正义》，（唐）孔颖达（编撰），山东画报出版社2004年版，第451页。
④ 沈啸寰、王星贤（校点）：《礼记集解》，孙希旦编撰，中华书局1989年版，第378页。
⑤ 方有国（校点）：《礼记正义》，孔颖达编撰，山东画报出版社2004年版，第451页。
⑥ 曾运乾、黄曙辉（校注）：《尚书》，上海古籍出版社2015年版，第19页。
⑦ 崔高维（校点）：《礼记》，辽宁教育出版社1997年版，第30页。
⑧ 崔高维（校点）：《礼记》，辽宁教育出版社1997年版，第162页。

行曰养。养可能也，敬为难，敬可能也，安为难。安可能也，卒为难。父母既没，慎行其身，不遗父母恶名，可谓能终矣。"① 其中，奉养是为老年人提供基本生活资料，也是孝道的底线。

先秦时代的养老思想有四个要点，一是对老年功臣的敬重，二是对老年智者的珍重，三是子孙孝顺，四是在孝道育德。这四者的精髓皆为尊重。没有尊重，养老之事，无从谈起。我国早期历史的养老思想，传至秦汉唐宋，延至明清两代，到了近现代，仍有活力，但是"尚齿"包括的"尚智"成分，逐步大为减少，因而"敬为难"逐渐凸显而出。近现代在民间广为流传的戏曲剧目《老来难》一开头就说："老来难，老来难，劝人莫把老人嫌。当初只嫌别人老，如今轮到我面前。"这篇劝善诗文随后道尽了老年生活的万般苦痛，反复强调的一点却仍然是说老年人生活艰难的关键是受不到尊重。倘若没有尊重，在家中"儿孙不给送茶水，反说老人口头馋"，在社交场合"茶盅饭碗人人腻，席前陪客个个嫌"。②

在科技发达的现代社会，"敬为难"变得更难。现代科技社会的一个标志是统一的学校制度，以统一课本和统一教案的科学知识传播模式，替代了传统知识的传播模式和内容。现代社会的另外一个特征是大众媒体传播知识的多元化，报纸、期刊、电台、电视台以及当代的互联网，可以说瓦解了老年人的智者地位。在经验性知识越来越被挤兑的时代，老人无用论盛行，其中典型的一个说法是扶养比学说，也就是指处在劳动年龄段的人们可以扶养多少老年人之比例。按照这一学说，老年人越多，社会负担越大，整个社会的生产力则越低。③ 支撑这一学说的基本假设是老一代人与下一代人的关系是前者对后者的必然性依赖。

什么是互助养老？

我们认为抚养比学说的基本假设是有问题的。这是因为社会事实告诉我们，除非严重失能，老一代人与下一代人的关系，在许多家庭和社会，

---

① 崔高维（校点）：《礼记》，辽宁教育出版社1997年版，第162页。
② 张纪仲：《中国长寿大典》，华龄出版社2002年版，第699页。
③ 陈友华：《人口红利与人口负债：数量界定、经验观察与理论思考》，《人口研究》2005年第6期。

都是进行时的互助互惠，而不是单一的亲子反馈，即便涉及高龄老年人时也是如此。仅仅注意代际之间社会交换的扶养比学说，还无视了老年人之间的支持。老年人在生活中形成的互助关系，其能量也是社会养老的基础之一。所以只有跳出养老唯有依赖血缘家庭下一代人的基本假设，我们才能从社会养老和互惠互助的视角回答什么是互助养老。

社会养老是指老年人在晚年生活中可以得到的社会支持和照料。社会养老的措施涵盖国家提供的福利保障、保护老年人权益的政策法规，政府、社会组织、慈善机构、企业、志愿者等社会力量为老年人提供的各种生活所需的服务，以及抵制年龄歧视的宣传教育。在各种形态的社会支持和照料中，老年人之间在物质、精神以及行为层面发生的互帮互助，也可以起到社会养老的作用。如果说社会养老的基本定义是指老年人在晚年生活中可以得到的社会支持和照料，那么老年人之际的互帮互助也就必然属于社会养老的一个组成部分。

在本书中，互助养老的基本定义是有利于长者健康生命的老年人互助行为。健康生命，并非一个泛泛而言的概念。若先大而化之，国民生产总值长期以来是衡量世界各国经济发展水平的重要标准。其核心是用国家账户中的国民总收入评价一个国家的总体经济实力。为了衡量综合的社会经济发展水平，联合国开发计划署于20世纪90年代初公布了人类发展指数，以预期寿命、教育水平和生活质量作为基础指标。一些国家近年来还决定使用幸福指数衡量社会经济综合发展水平。在各种幸福指数体系中，其基础指标包括个人健康、家庭生活、收入支出，工作满意度以及社区亲和力。社会发展指数的制定，可以帮助我们更好地认识世界。比如，一些整体经济实力较强的国家，并非是人均收入很高或财富分配公平的国家。在社会指数设计过程中，涌现出一批"健康生命指数"（Well Being Index），其中涉及老年人的版本，均把身心健康视为首先考虑的因变量。一系列相关的自变量包括：患病经历、疾病种类、医疗服务可及性、自我健康管理能力、家庭关系、社会网络、社会参与、信息获取以及群体生活适应力等因素。在承认生物性作用的前提下，社会学和人类学介入老年健康生命研究领域时常常设置的一个基本假设即是社会文化决定论。这种决定论，一方面是说老年健康生命受制于社会文化因素，另一方面是说社会文化因素的改变有可能使老年健康生命得以调试或改善。所以这样的社会文化决定论也是一种辩证论。

我们已经指出，养老包括家庭赡养和扶养，但是离不开社会支持。在形形色色的社会支持中，有利于老年健康生命的互助养老空间是广泛的、其形式是多样的、有时是在健康的老年人之间发生的精神慰藉，有时是其他老人对重病老人的帮助。这种互助有时是对等式的社会交换，比如老年人之间的问寒问暖，有时则是接力式或循环式的互助。为高龄老人提供帮助的低龄老人，一旦自己也变为高龄老人时，可以从新一代的低龄老人得到的帮助，即属于接力式互助范畴。为重病的老人提供帮助的健康老人，一旦自己也患重病，可以从其他老人得到的帮助，则属于循环式互助范畴。接力式与循环式互助有时交错在一起。例如，相对年轻一些的张三，陪同相对高龄的李四到医院去看病，李四打电话给相对低龄的王五交流就医经验，王五在张三遭遇家庭暴力时找人干预，此等关联属于接力式互助与循环式互助的重叠。

本书使用的"互助养老"概念相对于国家建立的社会保障体系而言。[①] 国家建立起来的福利制度和社会保障制度是一种对民众生活与生产保障的系统建构，其重要内容和形式是给予物质和货币的支持。[②] 本书所说的互助养老是民间行为，是指在社会生活中，民众因生活需要在一定社会关系范围内自发形成的相互帮助。[③] 这种互助以互惠为基本原则，以人情和人际关系为社会交换的文化基础。互助是一种互利交换形式，也是表达情感和履行道义的方式。[④]

如上所述，本书是对六种互助养老模式的阐释和总结。这些模式的组织形式分别是老人会、病友会、安养院、心理危机守门人爱心小组、互助养老时间银行，以及互助幸福院。

我国的老人会由来已久，原来是负责操办贺寿和送丧事宜的民间组织，体现着村民之间互帮互助的传统美德，其历史可追溯到汉代。在中国的许多农村社区，老人会在解放之后被禁止，文化大革命之后重现，还增加了更多功能。例如，福建省农村到处都有老人会负责为老年人娱乐休闲提供

---

① 卞国凤：《近代以来中国乡村社会民间互助变迁研究》，博士学位论文，南开大学，2010年。
② 卞国凤：《近代以来中国乡村社会民间互助变迁研究》，博士学位论文，南开大学，2010年。
③ 卞国凤：《近代以来中国乡村社会民间互助变迁研究》，博士学位论文，南开大学，2010年。
④ 卞国凤：《近代以来中国乡村社会民间互助变迁研究》，博士学位论文，南开大学，2010年。

场所，派人登门探望生病的老人，或调解家庭矛盾。[1]

病友会在我国存在的历史并不长。汉语中的"病友"一词是现代医院形成后才出现的。我国最早的病友会见于民国期刊病友服务专栏的麻风病人来往书信，其内容包括心理慰藉和找药就医。在我国现阶段学术文献中常见的病友会，包括糖尿病患者建立的"糖友会"、艾滋病感染者"关爱小组"，"抗癌协会"，以及罕见病患者组成的病友团体。其中抗癌组织的老年人比例最高，其最常见的互帮互助形式是交流就医经验并鼓励同伴配合医生治疗。[2]

安养院是我国佛教寺院兴办的养老院。20世纪20—30年代，人间佛教运动在太虚法师倡导之下，兴办了一批安养院。20世纪80代末，上海静安寺恢复了其原有的安养院，为老年出家人提供养老服务。2012年，国家出台政策支持宗教团体兴办养老院。此后，全国至今先后出现了至少50家服务于居士的安养院。在安养院，互助行为的主要形式是"往生助念"，即是由"助念团"陪伴濒死的居士坚定佛门生死信念，争取实现"自在圆寂"。[3]

本书所说的心理危机守门人模式，是我国一部分学者通过持续十多年的一项行动研究摸索而出的一种旨在激励农村老年人互助精神的心理危机干预策略。[4] 其中具有草根社会组织形态和意义的互助行为载体是包括老人在内的"爱心小组"。所谓守门人就是能够发现和处理心理危机的相关人。爱心小组的成立由研究人员建议提出，依靠地方干部的动员和志愿者的报名在农村形成，通过老人之间的互访互助方式，发现并处理老年人的心理危机。

时间银行是我国从日本引进的一种互助养老形式。[5] 1973年，大阪市的

---

[1] 阮云星、张婧：《村民自治的内源性组织资源何以可能？——浙东"刘老会"个案的政治人类学研究》，《社会学研究》2009年第3期。

[2] 侯莹：《情性互惠和群体互惠研究基于北京抗癌乐园的个案研究》，博士学位论文，清华大学，2014年。

[3] 周帅：《宗教志愿者参与临终关怀的实践经验与借鉴研究：以A佛教组织为例》，博士学位论文，南京理工大学，2017年。

[4] 孙薇薇、景军：《乡村共同体重构与老年心理健康》，《社会学研究》2020年第5期。

[5] 陈功、杜鹏、陈谊：《关于养老"时间储蓄"的问题与思考》，《人口与经济》2001年第6期。

旭子水岛女士，联合本地妇女组成了一家助老劳动时间交换银行，①以老年人为其他老年人提供力所能及的服务之计时方式，推动接力式和循环式互助。1998年，上海市第一家互助养老时间银行出现。除了上海，到目前有文献记载的时间银行，先后出现在广州、北京、南宁、南京、重庆、成都、青岛、遵义、太原、杭州等城市以及河北、湖北、内蒙古、四川、贵州等省区。

我国互助幸福院首创于河北省肥乡县前屯村。② 2008年，前屯村动员留守老人每周五天自带口粮入住村内建立的互助幸福院，一起开伙吃饭，在日常生活中相互照顾，并开展集体娱乐活动。2011年9月，民政部领导致信肥乡县，认为这个模式为全国农村养老工作的创新做出了表率。2013年5月，财政部和民政部联合启用公益彩票基金为在全国建设幸福院提供30亿元经费支持。半年后，各地农村出现的互助幸福院将近八万家。

本书所说的互助养老模式研究是一种有关老年人互助行为的组织化说法，也就是希望从社团、社区以及社会组织机构的角度探索互助养老的一种努力。毋庸置疑，本书讨论的模式并非典范，只能说是具备某种特有的互助养老形式和内涵，而且只能在具体的社会条件下和文化氛围中才有一定程度的互助养老功效。尽管如此，这些模式的合理性和存在的种种问题，却都有更为广泛的意义。比如，时间银行运作良好的案例很少，互助幸福院的运行良好的案例则更少，然而实施较好的案例和失败的案例都有研究价值。另外，我们将要讨论的守门人和老人会模式，是以农村为背景的，而不是针对城市老人。病友会和安养院模式之说，主要是针对发生在城市老年患者之间以及老年居士之间的互助组织。若换一种说法表达，我们不可能找到一种放之四海而皆准的互助养老模式。我们讨论的互助养老模式之多元性，恰恰证明老年人的社会经济、教育背景、社区生活、家庭关系以及精神世界是多样的。

---

① 景军、赵芮:《互助养老：来自"爱心时间银行"的启示》,《思想战线》2015年第4期。
② 刘艳、于阳:《农村互助养老模式研究——以肥乡县互助幸福院为例》,《山西农经》2020年第22期。

本书的学理基础何在？

自从达尔文的生物进化论被演绎为社会进化论思想之后，人类社会的存在和持续是否受制于残酷竞争和无情淘汰的问题常常引发争论。俄国地理学家克鲁泡特金，根据对野生动物、初民社会以及俄国农村公社和欧洲互助组织等研究，从1890年开始撰写文章批判社会进化论。克鲁泡特金在对社会进化论的批判中，还表明了自己的无政府主义立场。他指出，从同一物种的关系看，互助是适者生存的根本，而不是竞争，互助是一切生物进化的催化剂，动物如此，人亦如此，人类的互助行为属于人性的重要组成部分，也是人类美德的一部分。① 由其先后发表的文章汇编而成的《互助论：进化的一个要素》一书于1902年问世。② 1908年，该书的中文节译本在我国早期无政府主义刊物《巴黎新世纪》登载。克鲁泡特金以互助论倡导的无政府主义立场，很快对一部分中国知识分子产生了极大影响。毛泽东曾经也因受到这种思想的浸染，而参加到以互助论为灵魂的工读互助运动。③ 曾经极为崇拜克鲁泡特金的巴金先生一直到1941年仍然坚持认为，克鲁泡特金是用"无数客观的蒐集起来的事实"说明人类依靠互助的本能就可以建立和谐的社会，因而社会发展无需权威和强制。④

忆往昔，达尔文的生物进化论是19世纪最有影响的一门学说。由其演变而出的社会进化论认为，生物进化的规律是物竞天择，人既然是一种物种，也就不能不受到适者生存规律的支配，结果是优胜劣败。克鲁泡特金并不否认物种之间的竞争，但是他认为各种单个物种之间相互依存的关系需要的是合作和互助，而不是残酷竞争。他使用了蜜蜂和蚂蚁群居营生等自然规律作为例证解释他的论点。《互助论：进化的一个要素》共有八章，前两章是有关动物之间的互助，其余六章都是有关人与人的互助，其时空范围涵盖初民社会、欧洲中世纪城市互助会以及欧洲工业资本主义时期的

---

① 巴金：《互助论序言》，《自由中国（汉口）》1941年第1期。
② [俄]克鲁泡特金：《互助论：进化的一个要素》，李平沤译，商务印书馆2009年版。
③ 凌轩：《关于五四时期具有初步共产主义思想的知识分子的几个问题》，《近代史研究》1983年第2期。
④ 巴金：《互助论序言》，《自由中国（汉口）》1941年第1期。

工会。克鲁泡特金坚信，互助作为一种自然法则和生物进化的要素，是给生物进化论"弥补一个重大的空白"，更是对社会进化论的有力批判。①

在社会学和人类学领域，关于人类互助行为的研究可谓为洋洋大观。法国社会学家涂尔干于1894年指出，社会分工不仅造成个人和群体之间的差异，还会导致社会成员相互依赖的需要以及相互求助的惯习。② 考虑到互助和互惠虽有差异，但是彼此相通，人类学家提出的互助理论经常以莫斯有关互惠原则的阐释作为出发点。③ 正如一位学者在东南亚农民社会研究中所指出，互助是互惠原则的表现，也是东南亚农民的基本生存条件之一。④

有关互助的论述，在中国学界亦不缺乏。20世纪30年代，杨西孟撰写的《中国合会之研究》以及王宗培出版的《中国之合会》针对的都是农村金融互助组织。⑤ 合会的定义有广义和狭义之分。⑥ 王宗培对狭义合会的定义是："合会为我国民间之旧式经济合作制度，救济会员相互之间之金融组织也。"⑦ 金融合会分布极广，名称各异，包括请钱会、摇会、拔会、七贤会、标会、积金会、基金会等称呼。⑧ 因为它们都带有借贷储蓄性质，也称为"钱会"。河北保定一带的钱会称为"摇会"，⑨ 用骰子摇点决定得用会费先后次序。山东省历城、城武、淄川、东阿、临邑、福山、蓬莱、宁阳、济宁等县，亦有"齐摇会"。⑩

这一时期，乡民互助也受到了社会学家和人类学家的关注。李景汉于

---

① ［法］克鲁泡特金：《互助论：进化的一个要素》，李平沤译，商务印书馆2009年版，第12页。
② 涂尔干：《社会分工论》，生活·读书·新知三联书店书店2000年版。
③ Mauss, Marcel, *The Gift*: *The Form and Reason for Exchange in Archaic Societies*, New York, N. Y., Norton & Company, 1954. Little, Kenneth, Some Traditionally Based forms of Mutual Aid in West African Urbanization, *Ethnology*, 1962, 1 (2): 197 – 211. Borman, Leonard, Action Anthropology and the Self-help/mutual Aid Movement, in Robert Hinshaw edited, *Currents in Anthropology*: *Essays in Honor of Sol Tax*, Berlin: Walter de Gruyter, 1979, pp. 487 – 513.
④ ［美］斯科特：《农民的道义经济学》，译林出版社2001年版。
⑤ 杨西孟：《中国合会之研究》，商务印书馆1934年版。王宗培：《中国之合会》，《中国合作学会》，1935年。
⑥ 周婷婷：《20世纪上半期山东乡村互助研究》，博士学位论文，山东大学，2012年。
⑦ 王宗培：《中国之合会》，中国合作学会，1935年，第1页。
⑧ 卞国凤：《近代以来中国乡村社会民间互助变迁研究》，博士学位论文，南开大学，2010年。
⑨ 卞国凤：《近代以来中国乡村社会民间互助变迁研究》，博士学位论文，南开大学，2010年。
⑩ 卞国凤：《近代以来中国乡村社会民间互助变迁研究》，博士学位论文，南开大学，2010年。

1933年根据定县调查资料指出，华北农村的"摇会"是维系农户最基本生存条件的一个支柱。① 费孝通于1939年在江苏开弦弓村调查的基础上指出，乡邻互助乃是超越血缘关系的互惠行为，属于汉人乡村社会关系的重要一环。② 费孝通还指出，乡村经济的破败使拖欠人数增加，威胁着当地的信贷组织，"对现存的亲属关系起着破坏作用"。③

20世纪40年代，人类学家杨懋春在《一个中国村庄：山东台头》一书中，从山东台头村的同一性出发，对村内的社会关系网络及农民互助行为做出了细致分析。④ 杨懋春特别注意到农具的相互借用对增进村民融洽关系和提升家户声望的作用。正如杨先生所言："器具和工具也很重要。它们可能是由家庭的祖先制造或购买，再一代一代传下来的。好的工具很贵，不是每个家庭都买得起的，因而成为家庭兴旺的象征。它们经常借给村中其他家庭使用，由此产生并加强了相互间的友好关系。在村民心目中，工具是和家庭联系在一起的，因此对于拥有工具的家庭，它是非常重要的。"⑤ 根据中华民国时期的另一研究，在平汉线一带农村，"农人在邻家借用一石磨牲口所拉下之粪，却为磨主拾藏起来。据说此一堆粪，即借用磨子的酬谢。"⑥ 这种习惯既有互惠的意涵，还可以说是体现了互助行为的日常生活化。

吴泽霖于20世纪40年代考察云南丽江纳西族时敏锐地发现："村民间合作互助的精神，在这些人中颇为发达。任何一家，如有意外事件发生，而需他人协助者，一吹牛角，全村人民群集起来，通力协助。春间农忙下种的时候，全村集中劳工，轮流插秧，每家至少出工一人。"⑦ 林耀华在1947年出版的《凉山夷家》一书中，专门用了一章讨论在大凉山频繁发生的彝族"冤家械斗"，并指出命案往往是由打冤家的起因，经常由个人仇恨升至集体的仇杀，其中一个决定性的文化逻辑是有难同当的互助伦理。正如林先生所说："如果冤家范围扩大，必须联合两族以上的团体去对抗敌

---

① 李景汉编著：《定县社会概括调查》，上海人民出版社2005年版。
② 费孝通：《江村经济：中国农民的生活》，江苏人民出版社1986年版，第69—70页。
③ 费孝通：《江村经济：中国农民的生活》，江苏人民出版社1986年版，第188页。
④ 杨懋春：《一个中国村庄：山东台头》，江苏人民出版社2001年版。
⑤ 杨懋春：《一个中国村庄：山东台头》，江苏人民出版社2001年版，第49页。
⑥ 章有义：《中国近代农业史资料（第三辑）》，生活·读书·新知三联书店1957年版，第879页。
⑦ 吴泽霖：《么些人之社会组织与宗教信仰》，《边政公论》1945年第4—6合刊。

方，那么各族壮士就联合举行盟誓之礼。壮士为打鸡杀牲，互饮血酒，并发誓攻击对方，互助到底。"① 由此可以想象，吴泽霖所说的纳西族吹牛角召唤众人邻里相守的互助行为，也一定适用于武装抵御外敌的联合行动。

从新中国成立后到20世纪80年代，我国学界对于农村社会的研究主要集中在对农民战争评价，秘密社会研究也因此而展开。② 蔡少卿、秦宝琦把天地会起源之初的性质定义为互助和抗暴。③ 路遥和程啸认为义和团运动的雏形是互助和自卫团体。④

进入20世纪90年代，我国乡村研究从史学更多地跨入到社会学和人类学，受此影响的互助研究视角较以往更加多样化。⑤ 王铭铭出版的《村落视野中的文化与权力：闽台三村五论》一书的第三篇，集中分析了回归中的民间互助精神。⑥ 不过他观察到的农村村民的互助行为，仅仅限于急救、家事、建房和投资等方面。⑦ 另外，他对所谓回归中的互助模式之讨论，缺少历史考证，既然是回归的互助模式，就有必要审视其过去的样子。也许更重要的是王铭铭认为新中国成立之后的国家与社会关系变动以及地方社会经济与文化传统的转变，在很大程度上影响着当地的互助行为。王铭铭为此指出，许多表面看起来貌似互助行为的社会交换，实际上是道德经济和理性主义思想的糅合，其中包括隐性的利息和有偿的帮忙。⑧ 王铭铭的观点与阎云翔对礼物流动工具性的论述几乎如出一辙。阎云翔撰写的《礼物的流动》一书，强调了东北农村居民送礼的人情观于改革开放之后的延续，同时强调了礼物流动的功利性。⑨

尽管王铭铭和阎云翔没有深究礼尚往来在改革开放之前或解放之前是否就具备相当程度的功利成分，其质疑精神却提醒我们要防止对礼尚往来

---

① 林耀华：《凉山夷家》，商务印书馆1947年版，第85页。
② 周婷婷：《20世纪上半期山东乡村互助研究》，博士学位论文，山东大学，2012年。
③ 蔡少卿：《关于天地会的起源问题》，《北京大学学报》（人文科学版）1964年第1期，载秦宝琦《清前期天地会研究》，中国人民大学出版社1988年版。
④ 路遥、程啸：《义和团运动史研究》，齐鲁书社1988年版，第207页。
⑤ 周婷婷：《20世纪上半期山东乡村互助研究》，博士学位论文，山东大学，2012。
⑥ 周婷婷：《20世纪上半期山东乡村互助研究》，博士学位论文，山东大学，2012。
⑦ 周婷婷：《20世纪上半期山东乡村互助研究》，博士学位论文，山东大学，2012。
⑧ 王铭铭：《村落视野中的文化与权力：闽台三村五论》，生活·读书·新知三联书店1997年版。
⑨ 阎云翔：《礼物的流动》，上海人民出版社2000年版。

现象做出盲目的或天真的判断。在当代中国社会学界和人类学界，有关互助的研究更多地关注到互助形式的多样化和互助文化的多元性。比如，祁进玉从群体身份认同的角度考察过青海省三个土族社区内部的互助实践。①杨丽云以一个天主教村落为例讨论了互惠行为与宗教信仰的关联。② 徐天基针对河北安国县的庙会活动分析了不同村落之间的仪式互助。③ 但是由于农业生产和乡村生活伦理在我国学界的互助研究中所占比例之大，发生在城市的互助行为被关注的程度较低。为此需要提及有关解放前上海人力车夫互助会的一项史学研究。20 世纪 20—30 年代，上海人力车夫在 8 万—15 万人。1934 年夏，上海市工部局决定组建人力车夫互助会，但是不负担财政责任，仅仅承担互助会的组织责任。人力车夫互助会的互助形式是用会费支付医疗费用、兴办学校、调解纠纷、减缓丧葬费用负担等。由于工部局以居高临下的姿态组织这个互助会，而且制定了强迫人力车夫缴费的政策，许多人力车夫极为不满，成立了一个独立的互助会，并于 1935 年秋聚众闹事，准备武力接管工部局把持的互助会。捕房前往弹压后，30 名领头闹事的车夫被捕，车夫们自行成立的独立互助会最终解散。④ 这个案例提示我们，互助行为有可能被绑架而变为互助精神丧尽的表面化互助形式或可以说是一种"做局"。

此外，在改革开放之后农民进城浪潮之中，一些学者很快发现这是以由亲缘和地缘关系形成互助互动的人口大流动。项飚等人对北京浙江村的研究说明，在异地生活和工作环境中，亲缘和地缘构成的关系网为农民工提供着经济、生活和情感的互帮互助基础。⑤ 郭于华认为，互助型流动和就业有益于降低进城打工的不确定性和不安全感。⑥ 谭同学认为，亲缘和地缘关系形成的人口流动促成了的各种"业缘"网络的形成和巩固，比如来自某一地区的农民变为了某一城市出租车行业就业人员的主体，或者是来自

---

① 祁进玉：《群体身份与多元认同》，社会科学文献出版社 2008 年版。
② 杨丽云：《农村天主教徒互惠行为研究》，《广西民族学院学报》（哲学社会科学版）2004 年第 6 期。
③ 徐天基：《村落间的仪式互助》，《宗教人类学》2013 年第 4 期。
④ 马陵合：《城市特殊群体社会救助制度的历史考察》，《近代史学刊》2007 年第 4 期。
⑤ 王汉生、刘世定、孙立平、项飚：《"浙江村"：中国农民进入城市的一种独特方式》，《社会学研究》1997 年第 1 期。项飚：《跨越边界的社区：北京"浙江村"的生活史》，生活·读书·新知三联书店 2000 年版。
⑥ 郭于华：《传统亲缘关系与当代农村的经济社会变革》，《读书》1999 年第 10 期。

另一个地区的农民在某一城市成为印刷行业不可或缺的劳动力，以至于一部分农民工反而变为印刷行业的龙头老大。①

简括地说，上述研究给我们提供的信息和启示是复杂多样的，但是有几点应该强调。第一，互助文化在我国源远流长，其思想是系统的，其形式是多元的；第二，互助的原则是互惠，丧失这个原则，就是以互助的形式或互利的说辞伪装而成的功利主义；第三，互助之举，尽管向善，其功效受到各种因素左右，有时可能是社会团结的动力，但是有时会成为某一群体对另一群体的攻击力量；第四，人们的互助意识可以被外力激发而成为人心向善的行动，然而被外力支配并绑架的互助，必定节外生枝，结果是互助行为被弱化或被替代。

本书的侧重点在哪里？

互助作为一种伦理思想，在我国历史悠久。我国先秦典籍中就有不少关于互助行为和思想的记载，其中一部分论及宗族成员之间的互助，另一部分强调邻里互助。记事时间起自西周中期下迄春秋战国之交的《国语·齐语》曰："伍之人，祭祀同福，死丧同恤，祸灾共之。人与人相畴，家与家相畴，世同居，少同游。"②"伍"是国家所编制的基层社会组织。③ 伍之人，世代生活在一起，遇到死丧则相互安慰，遇到天灾亦有相互扶持的惯习。④

有关西周滕国先君后裔的《孟子·滕文公上》曰："死徙无出乡，乡田同井。出入相友，守望相助，疾病相扶持，则百姓亲睦。方里而井，井九百亩，其中为公田，八家皆私百亩，同养公田，公事毕，然后敢治私事。"⑤ 这是说，生时搬迁和死后安葬都不离开本乡范围，田有公私之分，人们以恭敬之心，先种好公田，再打理私田，每一井田中的各家，平日出出进进，互相友爱；防御盗贼，互相帮助，罹患疾病，互相照顾。在养老问题上，孟子的主张是"大道之行也，天下为公，选贤与能，讲信修睦。故人不独

---

① 谭同学：《亲缘、地缘与市场的互嵌》，《开放时代》2012年第6期。
② 鲍思陶（点校）：《国语》，左丘明编撰，齐鲁书社2005年版，第113页。
③ 范新可：《先秦儒家典籍所见民间互助活动及其思想》，《华夏文化》2012年第3期。
④ 范新可：《先秦儒家典籍所见民间互助活动及其思想》，《华夏文化》2012年第3期。
⑤ 杨逢彬、杨柏峻（注译）：《孟子》，岳麓书社2000年版，第85页。

亲其亲，不独子其子，使老有所终，壮有所用，幼有所长，鳏、寡、孤、独、废疾者皆有所养，男有分，女有归。"①

在民间，秦汉以"单"为名的邻里组织，南北朝出现的"女人社"，以及宋代"义庄"对外姓人的帮助，无不包含相互扶持的精神。② 其后，明清两代太监的"师徒结"以及民国期间自梳女的"金兰结"，更是互助养老的典型案例。③ 在当代中国，无子女或子女不在身边的老人数量庞大，老年人家庭"空巢"的严酷现实致使很多老人对子女赡养的期待难以实现。④ 因之，我们有必要从老年互助研究入手，丰富学界对社会养老多元途径的探索。

本书讨论的老年会，曾是中国农村常见的民间组织，其历史可追溯到汉代"养老单"。在汉代，"单"是农村公社邻里互助组织的代称，"养老单"的主要互助方式是众老为个别担任乡间事务管理的老人筹集生活和办事费用，前者拥戴后者为民出力，后者为包括前者在内的乡民代言。⑤ 时至中国近现代，老人会最常见的互助活动围绕祝寿和丧葬展开，尤其以丧葬事宜为主。老人会的名称各异。中华民国时期，老人会在安徽、河南、河北、山东称为"福寿会""寿星会""白袍会""孝帽会"。在历史上的老人会中，入会者是老人的后代，会员定期交纳会金，需要为老人祝寿或发丧时，可得到其他会员的财力和人力支持。⑥

在本书，老人会研究的侧重点是其历史变迁和当下的助老性能以及意义。老人会既然是熟人社会的民间组织，相关分析就有必要注重其生长运作的社会和文化环境的特殊性。

本书收录了任杰慧老师关于当代老人会的考察记及施心格同学有关福建老人会的研究综述。她们的研究告诉我们，许多老人会自文化大革命之

---

① 许钧伟：《先秦文观止》，学林出版社2014年版，第150页。
② 俞伟超：《中国古代公社组织的考察》，文物出版社1988年版，第72—98页。杨森：《晚唐五代两件女人社文书札记》，《敦煌研究》1998年第1期。袁同成：《义庄：创建现代农村家族邻里互助养老模式的重要参鉴》，《理论导刊》2009年第4期。
③ 方静文：《超越家庭的可能：历史人类学视野下的互助养老——以太监、自梳女为例》，《思想战线》2015年第4期。
④ 张岭泉、邬沧萍：《应对人口老龄化》，《北京社会科学》2007年第3期。
⑤ 俞伟超：《中国古代公社组织的考察》，文物出版社1988年版，第71—130页。
⑥ 卞国凤：《近代以来中国乡村社会民间互助变迁研究》，博士学位论文，南开大学，2010年；朱俊丰：《民国时期乡村婚丧互助组织研究》，博士学位论文，华中师范大学，2012年。

后开始复兴,并且出现了非常有意思的变化。过去的老人会成员主要是有赡养义务的亲属,复兴后的老人会则是老年人自己的组织,其功能超越了之前的丧葬事宜互助。另外,老人会一般分为三种。一是民办的老人会,二是官办的老年协会,三是民办的老人会与官办的老年协会之重叠。虽然维护治安、问老探病、调解纠纷、老年维权、开办食堂和组织娱乐活动等责任,都在民办的老人会和官办的老年协会担当范畴,民间自发的老人会还肩负着祭神祭祖的责任,而且由于并非官办,便于在关键时刻,例如遇到拆迁赔偿问题或宗族纠纷之际,出面作为村委会不便充当的村民代言人。

本书针对的另外一种自发的互助养老形式是病友之间的互助。本书收录了曾繁萍同学有关抗癌组织互助性的阐述以及郇建立老师关于老人带病生存的论述。前者的研究对象是生活在城市的中老年人,讲述的道理是患有癌病的共同经历作为互助的基础。后者的研究对象是农村居民,阐释的思想是有关村民互助习俗与病患老人及其家庭互助的关联。

这两个病友互助研究的侧重点是不一样的。癌症病友组织的互助性,并非依托于血缘、亲缘、邻里或原有的熟人关系。因患癌而从陌生人变为熟人,是抗癌组织成员之际关系的起始,连接并维系彼此关系的一个要素,是同病相怜的情感。针对发生在村落中的病友互助之阐述,则需要将熟人社会的家庭、亲朋、邻里以及宗亲关系,置于解析之中。

新中国成立以来,恶性传染病得到有效控制,国民健康水平普遍提高,死亡率大幅大下降,人均寿命明显延长。但也正是因为如此,前所未遇的险情和挑战随之降临。慢性病的普遍化、肿瘤疾病的高发、高龄重症病人的规模扩大,家庭照料老年临终者的能力之萎缩以及过度医疗现象的持续,无不提出一个生命质量如何在老龄阶段得以保证的严峻问题。在各种旨在减缓老年病冲击的行动中,我们的目光往往投向老年群体外部的力量,如医院、医生、医疗保险、国家政策或医务"众筹"。毫无疑问,来自外部的支持是老人带病生存之必需。但是曾繁萍同学及郇建立老师的研究提示我们,互助是老年人带病生存的一种内源性事理。

我们在本书阐述和总结的安养院模式,是我国佛教界介入机构化养老和临终关怀的一种组织形式。2012年,国家宗教局联合其他部门出台了鼓励宗教界兴办养老院的文件,佛教界随后开设的安养院到目前至少已有50多家。与俗世养老院相比,安养院不强调饮食搭配、居住舒适、行动安全、护工队伍或康乐设备，反而强调集体简约生活。安养生活即是每念经礼佛、行走绕佛、跪拜敬佛、参禅悟道、冥思反省。"往生"是安养生活的最后一站。

　　本书收录了齐腾飞同学撰写的一篇安养院考察记，另外收录了陈昭老师关于"助念团"行动和相关思想的论述。我们从中得知，往生是佛教用语，是指摆脱过往的恶业束缚而获得新生。老人搬入安养院，需要签署往生协议，临终前要搬入"往生堂"，由僧侣和居士"助念团"帮助临终者坚定对往生的信念，当事人不得痛哭流涕，而要用佛教生命观克服对死亡的恐惧或对离世的忧愁，人死后只能接受佛门超度，家属不能兴办俗世道场。

　　本书有关安养院的阐释，其侧重点是灵性生活和灵性照护的连接。灵性是指人的精神，在心理学研究中最早出现的对灵性定义是人类超越自身的精神。齐腾飞同学撰写的安养院考察记，侧重于人际互动导致的自我超越体验，比如每日的集体礼佛念佛活动以及有时必然得知的同伴临终经历对自我意识化入集体意识的作用。而这种集体意识向着一个给定的理想境界升华，即佛门所说的安养。陈昭老师的研究更多地关注了灵性照护，尤其是对生命末端期的照护。灵性照护有很多种方法，可以是共同面对生死问题，以此解除灵性上的迷惘与痛苦，其中最常见的方法就是临终陪伴，所以陈昭老师的研究集中在"临终助念团"。

　　本书讨论的心理危机守门人计划的实施，需要行政手段干预，但并不是为了代替老年人之间的互助，而是为了激活和升华互惠精神。这个课题的研究对象包括几千名年老的农村居民，居住地分布在全国10个省区。该研究初衷是探索预防老人自杀的干预手段和途径。我国老年人群的自杀问题一度非常严重，原因之一是农村老年人口自杀死亡率居高不下，在1990年至2000年期间还出现明显升高趋势。我国农村老人自杀死亡率在1990年是65.4/10万，在1995年是76.2/10万，在2000年是74.7/10万。上面提到的行动研究参照了国外心理危机守门人计划。所谓守门人就是能够发现和处理心理危机的相关人。譬如学校的心理危机守门人是由教师和校医以及学生团体负责人担任。针对中国农村老人需要的心理危机干预，村民爱心小组之成立，是行动研究组提出的，依靠地方干部的组织动员和志愿者的自愿报名在农村形成，通过老年人之间的互访和互助等方式，发现并处理老年人的心理危机。

　　干预的前提是首先筛查农村老人的心理和情绪状况，通过基线调查识别出来哪些老人属于精神健康意义的高危者以及还有哪些老人处在心理危机的临界点。基线调查使用了抑郁水平量表、孤独程度量表、健康水平测量简表以及社会支持量表。基线调查以村落为单位，其中一半作为干预组，另一半作为对照组，在方法论层面属于流行病学领域的队列研究。基线调查完成之后的研究步骤是落实属于行动研究范畴的"守门人计划"。所谓守门人行动研究有两层意思。第一，这样的研究有立场、需要介入老年人生活、并配有心理危机干预措施，其立意是以研究行动本身帮助老年人防治精神疾患，克服孤独感，减少负面情绪，增强处理负面事件的能力。第二，这种干预性的研究仍然是学术研究，其干预效果需要测量，且要检查抑郁水与孤独程度经过干预是否减低，同时检查总体健康水平和社会支持水平是否提升。

所谓的守门人计划具体是指三类责任人。第一类责任人是地区级医院精神科大夫、县中心医院医生、乡镇医院医生和地方妇联、老龄委或扶贫办的领导。医生的职责是收治重症精神病患者，领导们的主要职责监督心理危机干预计划的落实。第二类责任人是村干部和村医。村干部的职责是通过基线调查和群众反馈及时了解当地的某些老年人是否因遭遇负面性生活事件而想不开、甚至有自杀意念。他们的对策是亲自或委托他者帮助这些老人摆脱困境。村医的职责是利用为老人看病的机会，了解可能对他们造成严重心理困扰的事与人，并在患者出现认知错乱时，联系精神科大夫，为当事人转诊。第三类责任人是村内"积极分子"，也就是愿意帮助同伴的老人和愿意帮助老人的其他村民。其职责是与孤寡老人、有生活困难的老人以及高龄老人，结成对子，或上门探望，或请出家门聊天，在发现严重心理问题时，如自残、绝望或幻听幻视，立即向村医和村干部报告。第三类责任人形成的爱心小组代表的是守门人计划的群众路线，也是心理危机守门人计划在各村内部的组织化载体。

本书收录了孙薇薇老师和王燕同学撰写的一篇社会学分析文章。她们主要是从行动研究的意义和概念出发，阐释守门人计划的组织形态和工作方法。

在本书中，有关时间银行模式的阐述由卢鑫欣和陈心仪负责。可用于养老事业的时间银行主要是指低龄老年人为高龄老年人或健康的老年人为患病的老年人提供帮助，以劳动时间储蓄方式积累时数，待自己需要服务时享受同等时数的服务。① 时间银行之雏形诞生于进入社会老龄化较早的日本，之后经由一名美国学者的努力得以在全球推广。② 在中国，互助养老时间银行于20世纪90年代首先出现在上海和广州。目前，我国许多大城市均有所谓扎根社区的互助养老时间银行。③ 时间银行经过媒体宣传和政府倡导以及学界研究，好似成为一种很合理、而且到处都在大张旗鼓推行的互助养老模式。从1998年6月到2021年年初，中国知网上传的有关时间银行的报纸文章400多篇，期刊文章1180多篇，博硕论文160多篇，再加上会议论文和年鉴词条，共达1390多篇文章，相关专著也有几部。这些文章和著作以及媒体报道的时间银行不少于300个，所谓深入到农村的互助养老时间银行也有不少。

就其侧重点而言，陈心仪同学基于实地考察完成的研究以一个具体案件告诉我们，时间银行有可能成为一种具有实质性的互助养老组织，其前提是在既往的老年互助基础上实施劳动交换，而不能生搬硬套，但是生搬硬套的做法在时间银行的建设过程中却屡见不鲜。卢鑫欣与陈心仪同学联合撰写的综述说明，真正以互助原则建立并坚持下来的时间银行，到目前实在是太少，时间银行办得越多，其商业化和行政化色彩越浓，互助养老思想内涵越少。

在本书中，对互助幸福院的分析和阐释由高良敏老师与张仁烨同学联合负责。以农村老人作为收纳对象的互助幸福院，在河北省首先被拔高成为农村居民互助养老的楷模。将互助幸福院作为行政工作运用于农村之首创，发生在河北省肥乡县。④ 该县前屯村于2008年建起全国第一家互助幸福院，据说摸索出一套"集体建院、集中居住、自我保障、互助服务"机制，⑤ 因而促进了老人之间的互帮互助风尚。⑥ 肥乡县的互助养老模式依靠

---

① 王泽淮：《时间银行—社区志愿者服务的新形式》，《社区》2003年第12期。
② Miller, J., *Both Borrowers and Lenders：Time Banks and the Aged in Japan*, ANU, Doctoral Thesis, 2008. 马贵侠：《论"时间银行"模式在居家养老中的应用》，《南京理工大学学报》（社会科学版）2010年第1期。
③ 周海旺、沈妍：《老龄化时代城市养老的时间储蓄与公益志愿》，《上海城市管理》2013年第1期。梁巧惠：《城镇社区老年群体"互助养老"模式研究》，《经济视角》2012年第12期。
④ 艾福梅：《农村养老新模式：探索中前行》，《中国信息报》2012年9月19日第007版。
⑤ 艾福梅：《农村养老新模式：探索中前行》，《中国信息报》2012年9月19日第007版。
⑥ 王强：《河北省农村互助养老模式研究——以肥乡县为例》，博士学位论文，河北经贸大学，2013年。

村集体出资建立住房并承担水电暖等日常开支；在院内低龄老人照顾高龄老人、同龄老人彼此照顾，入院者由子女承担衣食和医疗费用，老年人自带粮食在幸福院的公共食堂炉灶起火做饭。① 在政府出资支持和行政干预之下，全国到 2013 年年底一下子涌现出近八万家幸福院。面对一场貌似大跃进的幸福院建设浪潮，我国学界的反映也可谓为如浪如潮。中国知网到 2021 年年初上传的有关互助幸福院的博硕论文共 20 多篇、期刊论文近 200 篇、报纸新闻报道有 490 多条。

高良敏和张仁烨完成的研究提醒我们，许多地区轰轰烈烈推广的互助幸福院，基本上都是空壳，虽然不排除一少部分有实质性互助活动的案例，但是总体而言，互助幸福院建制被政绩导向牵着走，互助精神反而受挫。更令人寻味的是互助幸福院对失能老人的排斥。即便作为典型样板的前屯乡幸福院，一旦老年人跌伤、失能、或因生病而不能帮助其他老人时，则需子女接回家照料。此外，对互助生活的要求来自外部、来自领导、且来自媒体宣传。老人住到幸福院之后，各自的生活习惯，比如有吸烟的习惯，而有人讨厌吸烟，都会成为纠纷的焦点。作息时间或饮食习惯导致的纠纷也尽在其中。诸多互助幸福院走错方向的事例提出的问题包括：形式主义、面子工程、一厢情愿，以及上层设计与社会现实的脱节。对广大的农民而言，幸福院如同养老院，而养老院在农村老人心目中等于一座"弃老山"，谁搬到那里长期居住，在众人眼中就等于被女子抛弃。健康的老人去幸福院生活，或是将其视为老年人活动站或是将其当作冬季可以既取暖又节省家里煤火电费的去处。幸福院明明不可为，又为何成为一种制度化的时尚呢？对这个问题的阐述有必要对科层逻辑和升迁资本加以分析。

本书有什么样的主要反思？

在本书中，被纳入批判性反思之中的学术观点和思想，包括扶养比理论、福利多元主义、布迪厄社会资本论、差序格局学说、家庭主义和父权主义思想，以及有关互助精神必然发生在熟人关系范围内的观点。被纳入建设性分析之中的学术观点，主要是自始至终从多方面阐释的互助论。我

---

① 郭丹阳：《中国农村互助养老模式可行性研究》，博士学位论文，福建师范大学，2013 年。

们希望以几个互助养老模式作为案例,尽最大努力凸显文化传统的续存与创新、灵性生活与灵性照护的价值、定性研究与行动研究的魅力、互助养老行为方式的差异与相通,以及循环式、接力式、对等式互助行为和互惠精神的新时代风貌。

在本书中,批判性反思和建设性分析,是有充足根据的,而且针对不同的学说而发。

老龄社会在人类发展史存在时间非常短的事实,决定了全球学界对人口老龄化的关注时间也是较短的。在西方社会学的早期,其大师生活的时代是人类预期寿命仍然较短的历史时期。涂尔干1917年去世时,法国人预期寿命是47岁。韦伯1920年去世时,德国人预期寿命是43岁。第二次世界大战之后,人口老龄化的速度提升,是国际学界开创社会老年学的历史背景。

西方学界第一部可以称为社会老年学的著作《增寿:一个脱节的过程》于1961年问世,其作者针对人口老龄化问题加以阐释的理论视角是有关老年人与社会产生隔膜的"脱节理论"(disengagement theory)。[1] 这种脱节是指老人与以往工作的脱节、与以往社会活动的脱节、与既往社会地位的脱节,甚至与既往家庭关系发生脱节。在脱节说之后出现的相关分析框架包括:角色理论,活动理论,年龄分层理论,以及生命历程视角。其中比较重要的生命历程学说是指老年人经历过的各种磨难对年事已高的生命和生活产生的副作用。

简约而言,自从脱节理论诞生以来,社会学关注人口老龄化的侧重点是社会分层,生命历程视角对累积弱势的关注即是这个侧重点的标志。人类学主要是从文化传统、文化差异以及价值观念等维度审视人口老龄化问题。政治学相关研究的侧重点是司法老年学(judicial gerontology),探索的主要问题涵盖社会福利、监护人、财产纠纷、养老制度以及生命伦理。从经济学供求关系原理研究人口老龄化的侧重点,发生古典经济学脉络中,其关注的焦点问题是人口变化对经济增长的作用,由此提出的一个重要学说是人口红利说,其翻版是人口压力说。政治经济学学派则是用批判的态

---

[1] Cumming, Elaine and William Earl Henry, *Growing Old, the Process of Disengagement*, New York: Basic Books, 1961.

度看待老年健康生命受限的制度化和结构化力量。

　　脱节理论在我国学界的表述主要见于穆光宗有关"丧失理论"的阐述。他所说的丧失包括原有社会角色的丧失（比如职务的丧失）、健康的丧失（比如年老多病）、亲人的丧失（比如老伴或亲友的离世）以及理想的丧失（比如百无一用的心态）。① 郭于华则提出一个"剥夺理论"，其要点是说家庭赡养老人的文化传统发生了一定程度的危机，主因是老年人与赡养人之间的社会交换关系失衡，尤其在农村，由于大集体时代有限的财富积累，老年人失去了为下一代人铺垫殷实生活道路的能力或不能在关键时刻给予下一代人期待的帮助。②

　　与丧失和剥夺理论形成对照的学说是成功老龄化（successful aging）和健康老龄化（healthy aging）。前者出现的时间与新自由主义思潮的兴起和盛行并行，将老年人的良好状态视为个体努力的结果。③ 后者也有此等倾向，主要是把老年人的健康视为个体意识和生活方式的作用之结果。④ 这两种学说受到批判后，积极老龄化（positive aging）学说现身登场，对成功老龄化和健康老龄化之说做出最大的纠正，是首先将社会参与作为老年人的一项基本需求和基本权利，认为国家应该从法律上承认老年人平等享有参与经济社会发展的权利。⑤

　　若用一段概括之语表述："积极老龄化的参与内容广泛，在市场经济条件下，老年人参与不仅包括在劳动力市场上的继续工作、延聘、返聘、再就业、创业等经济行为，还包括在更广泛的社会领域，在家庭、社区、公益慈善机构、志愿服务团体等社会组织中担任不同角色，从事政治、文化、精神和社会活动。最后，积极老龄化还强调国家和社会要为老年人参与创造良好的社会环境，提供制度保障。老年人生活在社会环境中，决定其能否继续参与并发挥作用的因素主要是其生活的社会环境。这个环境既包括

---

① 穆光宗：《丧失和超越：寻求老龄政策的理论支点》，《市场与人口分析》2002 年第 4 期。
② 郭于华：《代际关系中的公平逻辑及其变迁——对河北农村养老事件的分析》，《中国学术》2001 年第 4 期。
③ 朱建宏：《成功老龄化的研究概况》，《中国老年学杂志》2008 年第 7 期。
④ 邬沧萍、姜向群：《"健康老龄化"战略刍议》，《中国社会科学》1996 年第 5 期。
⑤ 刘文、焦佩：《国际视野中的积极老龄化研究》，《中山大学学报》（社会科学版）2015 年第 1 期。

住房、道路、交通、公共设施等物理环境，也包括家庭、社区、单位、组织等血缘、地缘、业缘编织起来的软环境。"①

如果说国家和社会为老年生活创造良好的社会环境并提供制度保障，必定勾连到社会正义问题，那么社会正义可以说是相关认识论的经线，其纬线是文化观念。继而言之，如果说社会正义是社会学研究的一个典型问题，那么文化观念则是人类学研究的一个典型问题。

20 世纪 80 年代，费孝通连续写出三篇讨论赡养老人的论文都涉及了中国人的文化观念。费先生首先在《论中国家庭结构的变动》一文中以江村为例指出，中国家庭结构由四个部分组成。② 第一是核心家庭。第二是不完整的核心家庭。③ 第三是扩大家庭，指核心家庭之外还包括其他成员，这些成员都是不能独自生活的人，大多是配偶死亡后和其已婚子女共同生活的父亲或母亲，也有些是其他较远的亲属，甚至没有亲属关系的人。④ 第四是联合家庭，就是儿女成婚后继续和父母在一个单位里生活。⑤ 在勾画出这四类家庭结构之后，费先生笔锋一转说道："强调亲子关系的联系确是中国社会的一个特点，和西方现代社会相比较更为显然。"⑥ 据费先生解释，中国人对亲子关系的重视，反映在家庭结构之中，对老年福祉是有影响的。这种影响具体反映在江村扩大家庭和联合家庭之和在 1936 年占到 48.7% 的比例，并在 1981 年占到 42.9% 的比例。费孝通由此推测，美国的子女和老年父母合住在一起的家庭可能数量极少，"这也就发生了西方社会上日益严重的老人赡养问题。"⑦

在《家庭结构变动中的老年赡养问题——再论中国家庭结构的变动》一文中，费先生说道："亲子关系特别是子女对父母赡养这一方面常受到研究中国现代化的学者的注意。这是因为有人认为在这方面中国文化确有它不同于西方文化的特点，而且有许多人想知道现代化的过程会不会改变中

---

① 史薇：《澄清对"积极老龄化"的三个认识误区》，《劳动保障世界》2020 年第 9 期。
② 费孝通：《论中国家庭结构的变动》，《天津社会科学》1982 年第 3 期。
③ 费孝通：《论中国家庭结构的变动》，《天津社会科学》1982 年第 3 期。
④ 费孝通：《论中国家庭结构的变动》，《天津社会科学》1982 年第 3 期。
⑤ 费孝通：《论中国家庭结构的变动》，《天津社会科学》1982 年第 3 期。
⑥ 费孝通：《论中国家庭结构的变动》，《天津社会科学》1982 年第 3 期。
⑦ 费孝通：《论中国家庭结构的变动》，《天津社会科学》1982 年第 3 期。

国文化在这方面原有的特点，而接近趋同于现代的西方文化。我虽则由于缺乏对西方现代社会中家庭结构的研究，不能进行科学的对比，但也愿意为研究这个问题提出一些有关的资料和不成熟的设想。"① 费先生接着提出了一个至今在中国学界影响极大的亲子关系对比公式：② 西方人是上一代抚育下一代，下一代抚育新的下一代，那是接力模式；③ 中国人是上一代抚育下一代，下一代赡养上一代并抚育自己的下一代，下一代再赡养自己的上一代，那是反馈范式。④ 这两种模式的差别是前者不存在子女对父母赡养的义务。⑤ 至于这两个模式的优劣，费先生指出："在中国流行着一种对西方家庭里亲子关系的看法，并用'空巢'两个字形容它的模式。他们认为：西方现代社会里父母对子女有抚育的义务，而子女对父母却没有赡养的义务。为父母的人辛辛苦苦把儿女抚育成人，一旦儿女羽毛丰满却劳燕分飞，给父母留一个'空巢'。且不问西方的家庭事实上是否如此，这种比喻在中国人中确能引起对这种凄凉晚景的反感。中国人对'空巢'的反感也正说明了中国人倦恋的晚年决不是这个下场。这种感情本身反映出了中西文化的差别。"⑥

在《三论中国家庭结构的变动》一文中，费先生描述了赡养父母的方式因大集体制度和改革开放而发生的一些变化："在集体经营的公社制时期，生产队在儿子所得工分中扣除他对父母的赡养部分，主要是粮食和稻禾，直接交给父母收用。现在的责任制规定父母和儿女都有口粮田。父母没有劳动力或劳动力不足时，得靠儿女代耕或助耕。这样的安排使父子合并经营比较合算和方便了。而且父母虽老，一般在农田耕作和家务劳动上

---

① 费孝通：《家庭结构变动中的老年赡养问题——再论中国家庭结构的变动》，《北京大学学报》（哲学社会科学版）1983 年第 3 期。
② 费孝通：《家庭结构变动中的老年赡养问题——再论中国家庭结构的变动》，《北京大学学报》（哲学社会科学版）1983 年第 3 期。
③ 费孝通：《家庭结构变动中的老年赡养问题——再论中国家庭结构的变动》，《北京大学学报》（哲学社会科学版）1983 年第 3 期。
④ 费孝通：《家庭结构变动中的老年赡养问题——再论中国家庭结构的变动》，《北京大学学报》（哲学社会科学版）1983 年第 3 期。
⑤ 费孝通：《家庭结构变动中的老年赡养问题——再论中国家庭结构的变动》，《北京大学学报》（哲学社会科学版）1983 年第 3 期。
⑥ 费孝通：《家庭结构变动中的老年赡养问题——再论中国家庭结构的变动》，《北京大学学报》（哲学社会科学版）1983 年第 3 期。

还是可以出力的。经济上的合作和互相依赖也可以加强两代之间感情的融洽，减少分家的要求。"① 费先生认为，尽管分家现象越来越普遍，子女应负赡养老人的传统伦理观念还有现实的影响。

综上所述，费孝通一方面试图阐释中国家庭养老行为的文化基础，另一方面还希望阐释中西文化差异对老年人晚年生活的影响。其核心假设是差序格局。费先生将差序格局形容为水中波纹，位于最中间的是自我，承载自我的社会关系是血缘。费先生解释说："缺乏变动的文化里，长幼之间发生了社会的差次，年长的对年幼的具有强制的权力。这是血缘社会的基础。血缘的意思是人和人的权利和义务根据亲属关系来决定。亲属是由生育和婚姻所构成的关系。血缘，严格说来，只指由生育所发生的亲子关系。事实上，在单系的家庭组织中所注重的亲属确多由于生育而少由于婚姻，所以说是血缘也无妨。"② 差序格局有两个对峙的极点。第一，自我出于自身利益，极力维护血缘关系形成共同利益。第二，自我同样出于自身利益，却走向轻视、放弃或破坏血缘共同利益之路。费先生对第一个极点的讨论最多，对第二个极点的存在也是承认的，还专门描述过因财产纠纷导致的"萁豆相煎"现象。③

一旦置于养老问题分析，费先生屡屡提及的是儿子为老子养老的义务以及儿媳与婆婆的隔膜。即便用入赘、过继、认亲、收养干儿子等方式养老，费先生所说的拟制家庭关系，仍然是以血缘家庭关系和思想作为根基，维系相关做法的话语还是血脉传承。④ 所以在差序格局之中，养老必然以家庭主义和父权主义作为依托，而没有别的道路可走。

尽管时过境迁，我国学界有关城市和农村养老格局的研究，以差序格局作为分析框架的事例，仍然不少。⑤ 将差序格局学说运用到对当代中国养老问题研究时，需要规避的一个问题是它的绝对性和排他性。在血缘之外，

---

① 费孝通：《三论中国家庭结构的变动》，《北京大学学报》（哲学社会科学版）1986 年第 3 期。
② 费孝通：《乡土中国》，上海人民出版社 2006 年版，第 57 页。
③ 费孝通：《生育制度》，生活·读书·新知三联书店 2014 年版，第 228—231 页。
④ 费孝通：《生育制度》，生活·读书·新知三联书店 2014 年版，第 231—244 页。
⑤ 张新梅：《家庭养老研究的理论背景和假设推导》，《人口学刊》1999 年第 1 期。杜鹏、王红丽：《老年人日常照料角色介入的差序格局研究》，《人口与发展》2014 年第 5 期。张瀚元：《差序格局视域下大连市老年人精神养老服务体系构建研究》，博士学位论文，辽宁师范大学，2020 年。

中国人有诸多的其他社会关系，在许多情境中，这些非血缘关系的重要性是血缘关系不能比拟的。血缘关系是给定的、封闭的，在形式上是不可改变的。非血缘关系则是开放的、与社会契约精神可以紧密连接的。源于非血缘关系的互助行为，在我们的社会中比比皆是，老年人之间的互帮互助即为一例。

本书所说的互助论是对差序格局学说的质疑和超越。质疑之处是差序格局学说的绝对性和排他性，超越之处是将养老问题纳入互助养老研究之中。本书涉及的老人会和守门人模式，是与农村熟人社会相关的，所以血缘、家庭以及家族关系构成的差序格局，必然出现在其中，但是也有一部分超过血缘关系的成分，比如并非基于血缘的情感联系。本书讨论的病友会和安养院，是全然超过血缘家庭的互助组织形态。在病友会和安养院，人际关系是以陌生人变为熟人作为起点，连接互帮互助的链条是病友关系和信众关系。

互助是人类最古老一种社会交换形式。在市场制度成型之前，物品的流动或易手无非是通过三种形式实现。第一是熟人之间的互惠交换（reciprocal exchange），由此形成一个礼尚往来经济（gift economy）。第二是陌生人之间的无声交易（silent trade），即甲方将乙方有可能需要的物品放在一个显眼的地方，乙方用另一种物品换走甲方的物品，全部过程发生在无言之中，因为在以互惠作为交换原则的社会，讨价还价是可耻的行为。第三是掠夺（raid and plunder），以一个族群成员对另外一个民族成员的财富抢掠为典型。

互助行为是熟人社会的互惠伦理对社会生活的折射。既然是互惠，就要礼尚往来。人类学研究者通常认为，礼尚往来是熟人关系的标志，假如一个陌生人帮助了另一个陌生人，而这两者仍然还是保持陌生人关系，礼尚往来就无从谈起。但是这种观点是值得商榷的。

以献血为例。无偿性质的献血有两种渠道可依，一种是来自熟人，包括亲朋好友，另一种是来自陌生人。前一种帮忙可用互惠原则加以理解。后一种帮忙确实提出陌生人之间的帮助是否具备互惠性质的问题。英国社会政策研究者铁默斯认为，来自陌生人的献血仍然具备互惠的性质。他在1970年完成一生的最后一本著作是《礼物关系：从人血到社会政策》。[1] 从

---

[1] Titmuss, Richard M., *The Gift Relationship: From Human Blood to Social Policy*, London: LSE Books, 1997.

书名可以看出，他是用法国人类学家莫斯有关礼物赠予的思想，将人血的采集和使用视为一个"礼物关系"（gift relationship）。既然是礼物关系，那就要有"回礼"（return of gift），而作为陌生人的受血者却无法直接回报献血者的帮助。英国著名的人类学家利奇和道格拉斯因此认为，铁默斯不懂人类学，因而误读了莫斯有关礼尚往来的论述。①

如果我们仔细阅读莫斯的一句精辟语录，就可以发现利奇和道格拉斯的说法值得商榷。莫斯在《礼物》一书中写道："礼物交换不同于买卖或以货易货，其基础是道德，其目的是建构人情。所以送礼实际上等于将自己的一部分赠与他者，这是一种自我造物和人性的表达。收礼者得到的是对方精神本质的一部分。"② 莫斯的观点是送礼是送人情，表达的是人性，收礼者得到的不是物件本身，而是送礼者或者送礼过程中的精神本质。因而莫斯认为在礼尚往来文化氛围浓厚的社会，礼物带着一个人的精神进入另外一个人的精神世界，作为物件的礼物可以渡让，但是其精神内涵却是不能分割的，需要用回报方式予以承认并尊重。易言之，铁默斯读懂了莫斯互惠学说的精髓，所以将来自陌生人的无偿献血称为"生命赠予"（gift of life）。对这种赠予的回报是为公共利益服务，由此建构每个人都有可能受益的且具有社会整体意义的互惠精神，与之相关的行动可以细化到有助于公共利益的利他并利己的合并行为。③

中国文化很早之前就有思想内涵相近的公共利益概念。《诗经·小雅·大田》曰："雨我公田，遂及我私。"④《孟子·滕文公上》亦曰："夫世禄，滕固行之矣。诗云：雨我公田，遂及我私，惟助为有公田。由此观之，虽周亦助也。"⑤ 这大致是说人们期待下雨先下到公田，后下到私田，因有民力助耕，公田与私田，皆可持续。此意用佛教福田概念加以阐释就会更加清楚。佛门有三大福田，第一个叫报恩福田，又称"恩田"；第二个叫作功

---

① Leach, Edmund, The Heart of the Matter, *New Society*, 21 Jan. 1971, pp. 114 – 115. Douglas, Mary, Review of The Gift Relationship, *Man*, 1971 (6): 499 – 500.
② Mauss, Marcel, *The Gift: The Form and Functions of Exchange in Archaic Societies*, New York, N. Y., Norton & Company, 1954, p. 17.
③ Titmuss, Richard M., *The Gift Relationship: From Human Blood to Social Policy*, London: LSE Books, 1997, p. 181.
④ 陈子展、杜月村：《国学经典导读：诗经》，中共国际广播出版社 2011 年版，第 237 页。
⑤ 杨逢彬、杨柏峻（注译）：《孟子》岳麓书社 2000 年版，第 84 页。

德福田，又称"净田"；第三个叫作慈悲福田，又称"悲田"。田的意思把种子放下去后能够获得营养生长的土地，所以称为福田。田里能长出福，那么报恩是报何人之恩呢？第一是父母之恩；第二是师长之恩；第三是国家之恩；第四是众生之恩。前两者是熟悉人之恩，后两者是陌生者之恩。若简洁表达，对陌生者之恩的报答是感恩之人用陌生者的施恩精神为他者造福。

对陌生者之恩的回报，有时可以更为简单，却仍然不乏维护公共利益的意义。比如，自从我国政府出台自愿无偿捐献遗体与人体器官的管理条例以来，许多城市建立了遗体与器官捐献者公墓。在陵园墓碑上，铭刻着捐赠人姓名，有一些墓碑另设的说明还标注了捐献的器官名称。每年清明节，大批接受过器官捐赠的人们，带着感恩之心前往陵园吊唁。其他的吊唁人是器官捐献人的家属。前者与后者并不相识，但是前者的在场是对后者的安慰，也是对器官捐献人的追思。步入到肃穆的遗体与器官捐献者陵园，凝视着墓碑上的人名，看着来访者触摸那些名字的场景，为之动容者，大有人在。正所谓："恨无泉客泪，尽泣感恩珠。"

回到互助养老，其社会意义还在于老年人从自己做起建构上面提到的"福田"或由社会资本构成的"公田"。我国学界对社会资本概念的认识基本是"布迪厄"之式和"帕图南"之式。前者将社会资本视为个人或社会集团从利己立场借用社会网关系积累、扩大、转化并交换的社会资源。后者将社会资本视为人们从利他的考虑借用信任、合作、互惠和共情等方式挖掘出来的可以促成亲和力的社会资源。考虑到布迪厄学说的基本假设是利己的动力，而帕图南学说的基本假设是利他的力量，这两者是有天壤之别的社会资本理论。① 概言之，帕图南学强调的是促进社会正义的社会资本，其超越性意义宛如佛门中人所说的"福田"。

"公田"之耕耘或"福田"之开拓，听起来十分美妙，在实践之中常常发生理想被扭曲的问题。在过去十多年，我国学界有关互助的研究越来越多地触及到互助养老问题。其间，第一篇有关互助养老的论文于2007年发表在《中国民政》，并以青岛市四方区民政局创建互助养老社区作为

---

① 周红云：《社会资本：布迪厄、科尔曼和帕特南的比较》，《经济社会体制比较》2003年第4期。

题目。① 2008年《社会福利》也以青岛市四方区民政局创建互助养老社区为题目发表了一篇论文。② 青岛市四方区民政局设计的互助养老套路包括如下：空巢老人结成团队，相互交流、沟通、倾听，表达情感，由此起到抚慰心灵、增强老人归属感的作用；此外，还增加各种社会活动与公益劳动，包括养花钓鱼、读书看报，由此培养老人更多兴趣爱好，从而减少老人对子女的依赖。这种集体互助丰富了其精神生活，老人自组织能力、合作协调适应能力等得到培养。我国学界对四方区经验的较早注意见于高利平和孔丹于2009年发表的一篇有关山东省居家养老的文章。通过这篇文章我们了解到，被推到极致的四方区经验，不过如此，仅仅是把孤寡或空巢老人的家庭确定为互助养老点，为了让老人在一起娱乐，统一配备象棋、扑克牌，并每年提供240元水电费补贴。③ 所谓互助养老的四方区经验，并无新意，其主要问题是形式主义。如此的面子工程，不知凡几。

除了行政化的形式主义弊端，商业利益对互助养老行为和精神也起到了一定程度的腐蚀作用。这里所说的商业利益与一个漂泊而来的福利理论掺杂在一起。20世纪90年代末期，福利多元主义理论由西方学界比较系统地传入中国知识界。所谓的福利多元说，无非是说欧洲高福利国家的社会福利制度已经不可行了，要改为由政府、市场、社会三方共同参与并形成的多元化社会福利体系。在日本学界的相关说法是"看护四边形"，也就是说政府、企业、非营利社会组织以及家庭，需要共建一个包括老人照料的福利多元主义制度。④ 在我国学界，福利多元化被称为国家、社会、市场联合构成的福利三角型。支持福利多元主义的国内学者认为，市场机制与国家调控之结合，才是福利多元主义的真谛。

遗憾的是市场机制与国家调控合在实践中屡屡迷失。在养老领域，市场和政府合作的失灵屡见不鲜。其中最严重的问题是营利的欲望与养老机构的非营利属性之对峙。例如，社会组织和志愿者参与养老服务的程度还很低，却出现了被市场绑架的趋势。一些企业兴办的互助养老时间银行，

---

① 鹿美华、王蕾：《发挥社区民间组织优势 创建社区互助养老新模式》，《中国民政》2007年第10期。
② 魏瑞雪：《青岛市四方区——创建互助养老新模式》，《社会福利》2008年第2期。
③ 高利平、孔丹：《山东省老年人口居家养老调查研究》，《山东社会科学》2009年第2期。
④ 郭佩：《日本养老看护服务体系的重构》，《东北亚学刊》2019年第6期。

用其光环去做招揽入住者的生意。办法之一是某些相对普通的民办养老院招募健康的老年人为院内老人服务。其具体说辞是，当这些老人也搬入养老院时，以时间计算并储蓄的服务积分，可以用于获得其他人提供的服务。另一办法是某些高端养老院招募老年志愿者是，并不采用服务积分方式，而是让志愿者体验所谓高品质的养老院生活，以此作为考虑以后也搬入这家或那家养老院的心理准备，另外还可以用这样的活动协助养老院满足院内老人与外部世界保持联系的心情。由于与盈利模式挂钩，这两种互助形式都打上了商业化烙印。在实践中还常常出现的问题是以养老地产名义获取廉价的土地转让、以非营利性的名义申报机构资质、以参与养老事业为借口获得国家优惠政策，但是经营以盈利为核心。

我们并不认为养老服务项目绝对不能盈利。在许多情况下，盈利的人性化的老人照护还是很需要的。当老年患重病重失能或濒死之际，其被医院排斥在外的现象极为普遍，如果盈利型的养老院收纳这样的老人，对其自身或家人而言，有可能是一种莫大的帮助。但是盈利性的养老服务应该是规范的、通明的，而不应打着互助养老的招牌将老年人之间的互帮互助精神商品化。在这层意义上，对互助养老的维护也是对社会正义的维护。

正如党中央所说，社会正义是经济正义、政治正义、生态正义、环境正义以及文化正义的总和。心智健全者，不会就人世间是否有绝对正义的问题喋喋不休，而是期待享有公民基本权利的正义、规避社会文化歧视的正义以及生活在相对良好环境的正义。在这其中，老年人社会参与的条件和环境是不可缺少的。这种参与也包括互助养老。我们通过本书研究必要的文献回顾深深感觉到，我国学界常常将老年人的社会参与，视为长者自我保护的活动和余热的发挥。导致这一学术性遗憾的主要原因是单向度的社会治理思维和一厢情愿的帮扶心态。我国学界还常常把老年人的主体性排挤到研究视野之外，其主要原因是学界集体性的潜意识对老年人的社会价值之低估，乃至于在扶养比等学说的影响之下，将老龄视为生命价值的贬值，而且是一种自然的、必然的、不可避免的、大幅度的贬值。

且不说工作能力是否必然在人们到达 60 岁或 65 岁之际就开始大幅度滑坡，也无须讨论劳动性质或形态，老年人的社会价值确实在贬值，其主要原因并非是丧失，却是郭于华所言的"剥夺"。但是这种剥夺的结构化冲击力大大超出代际交换失衡反映出来的剥夺范围和程度。此种结构化的剥夺见于年龄偏见、就业限制、医疗歧视、视觉化污名、科技隔阂、数字鸿沟，同时见于运用干预策略就有可能大幅度规避的老年人自杀、跌倒伤害以及抑郁情绪之中。恰恰在上述严峻的氛围之内，老年人的互助行为反而展示出令人深思的事理和意义。

第一章　老人会变迁研究

施心格[*]

本文采用强调历史维度、强调老人主体性、强调议题多元性的"互助"视角,对当代学界的老人会研究成果进行了文献分析。本文将有关老人会的研究分为四类:传统老人会的历史变迁研究、当代老人会的组织制度研究、当代老人会的社会功能研究、当代老人会的民族文化研究。本文分析了此四类研究各自的特点与取得的成果,并对老人会研究中产生的以下三个问题进行了反思,即老人会概念如何辨析、老人会的历史评价如何书写、老人会研究的现实落脚点何在。由此本文得出结论:须促进自主精神来激发老人活力,推动老人互助组织更好地发挥功能。

对互助视角的探索

互助,即互相帮助,在社会学研究中具有丰富的内涵。克鲁泡特金在其互助论中,将动物、原始人和近代社会的互助行为作为根据,批判以生存斗争作为依据的社会进化论学说。克鲁泡特金认为,在动物、原始人与各种社会中广泛存在的互助是一个具有客观性的科学事实,并应被视作人类社会进步的基石;而竞争或强权则并非社会发展之必需。[①]

尽管克鲁泡特金的理论在今天看来具有错误不全之处,但其中有关互助对人类社会的重要性之论述仍提供了启示。面对当下农村养老服务资源缺

---

[*] 施心格,清华大学社会学系研究生。
[①] 舒远招:《互助论进化伦理学——克鲁泡特金的"进化伦理学"构想》,《山西师大学报》(社会科学版)2008年第5期。

失的情境，以互助为核心发展起来的理论打开了研究的新视角。对比将老人视为负担，引入外部力量、以顶层设计自上而下地处理老龄化问题的思路，互助视角的背后是积极老龄化学说的反思：老人的社会参与是正当且必需的；在各种类型的互助下，老人对自己的福祉的谋求体现着其政治能动性。①

具体而言，互助视角是以老人为主体的视角，要求将老人从待处理、待解决的问题"客体"变成能动的主体；互助视角又是引入历史维度的视角，要求在历史中考察塑造老人互助组织的结构性力量；互助视角也是涵盖多元性议题的视角，要求对互助的各种方面进行综合考量。在这种视角下，梳理当代学界对老人会的研究与讨论，关注其中互助精神的本质，可以生发出新的问题与思考。本文所讨论的老人会概念主要为我国民间负责操办贺寿和送丧事宜的组织。老人会在近代以来发生了巨大历史变迁，现代的老人会已经超越了协助送丧的功能。为了考察这一变迁，本文也将具有现代色彩的、以老人为主体、为老人谋福祉的民间组织纳入这一范畴中。福建省老人协会有不少即属于此类。

老人会的由来

我国老人会由来悠久，名目繁多：从隋唐、五代佛社衍生出进行民间婚丧互助的互助社，到明朝"孝和会""葬亲社"、清代广州以思呢老人会等多种名称与形式中可知，老人会依据其地区民俗文化具有各自的特点，亦反映出一定的共性。因此，老人会的历史变迁研究成为了老人会研究一大重要资源。其中，尤以近代老人会研究为焦点：这一社会转型时期的老人会组织正集中体现了各类社会力量变动的关键条件，能够直观地反映老人会的成立与客观历史条件的关系。这类包含了老人会的历史变迁研究的代表有郑永福《近代中国民事习惯中的合会与互助会》、朱俊丰《民国时期乡村婚丧互助组织研究》等。

这类研究的呈现出以下特点：第一，关注老人会的金融信用互助组织的特征；第二，关注特定信用互助行为的历史情境；第三，关注现代化浪

---

① 刘文、焦佩：《国际视野中的积极老龄化研究》，《中山大学学报》（社会科学版）2015年第1期。

潮刺激下传统社会原生性力量的维持或变化。

首先，老人会的历史变迁研究中，金融信用互助背后的理性选择是重要的主题。老人会的程序往往包括约定立会、行缴会费、积蓄收息、遇丧摊款、违规罚钱等环节。这使得老人会研究易于在经济史研究的框架下展开。这一框架下，研究中关键问题在于：一群人何以愿意把钱放到一起去？这个问题看似简单，实际涉及了约会（组织成立）、使会（组织运行与监管）、结会（组织解散）等诸环节中的风险及其对抗。这一思想下，老人会的研究吸纳了对中国农村经济研究的思路与结论。陈美球、廖彩荣认为，我国农村的集体经济组织具有地缘、血缘的先天性特征，彼此构建起信任与互助关系的共同体。① 内山雅生等在其《中国华北农村经济研究序说》中认为，中国农村（汉人社会）不同于西欧中世纪农村的以物/土地的共有为基础的"村落共同体"，而是一种以"同族""同乡"这样的人际关系为媒介的"生活共同体"。② 老人会的组织建构也依托这种地缘、血缘，除此以外还包括共同信仰、共同的祖先崇拜、丧葬仪式与文化等，以此为根据来进行会资、拨款、储蓄生息的程序。

那么，老人会是否也可被视作一种合会？合会研究与老人会研究具有一定的相似和重合。但郑永福认为，狭义的合会（如钱会、摇会、拔会、画会、领会等）是有融资信贷储蓄性质的会社，而老人会是一类纯属互帮互助的积金会社，因其动机而有所不同。朱俊丰认为，隋唐五代时期的"佛社"是后世老人会和合会的发源，但在民国时期合会已经与包括老人会在内的婚丧互助会有所差异：婚丧互助会定位是预防保险组织，合会则是应急借贷组织。尽管合会往往涵盖补贴婚丧之用，但也具有各种其他的功能，并根据这些功能需要制定出与老人会不同的规则。

其次，老人会的历史变迁研究往往强调特定历史情境对信用互助结社的影响。郑永福指出，近代乃至近代以前的社会，是银行信贷业与社会保障极为不健全、不发达的社会。在这一历史条件下，老人会与其他民间自发组织的许多具有储蓄信用色彩的互助会一样，是面对社会保障与金融信

---

① 陈美球、廖彩荣：《农村集体经济组织："共同体"还是"共有体"？》，《中国土地科学》2017年第6期。

② 内山雅生、李恩民、邢丽荃：《二十世纪华北农村社会经济研究》，中国社会科学出版社2001年版。

贷困境的"自救"之举。① 按照这种观点，老人会的成立是经济保障的缺失下，客观存在的财产风险导致的对较贫困者经济上的压迫的结果。朱俊丰也指出，民国时局凋敝，地主贪官的盘剥、苛捐杂税的重负、高利贷的压榨、自耕农的破产等要素共同推动了以自耕农和半自耕农为主要对象的"棺材会""老人会"的兴起。这一证据也表明，相似阶层彼此筛选并认同，是互助会存在的基础。② 另一方面，丧葬传统对丧葬形制的强制也是老人会在民国时期继续存在的理由。对丧葬传统礼仪的依赖显示出彼时丧葬仪式是维护人际与宗族关系的必需。

最后，老人会的历史变迁研究关注现代化浪潮刺激下传统社会原生性力量的维持或变化。近代老人会研究的重点在于社会转型下传统老人会遇到的冲突与张力，及其解决与应对。朱俊丰指出，中华民国时期一些婚丧互助组织一方面继承了"熟人社会"的低流动性下的互助传统；另一方面又把握了城镇化的趋势，转型成新式的互助组织。如江苏溧阳张家村的"长寿老人储蓄会"建立了系统的职员制度、兼营收益行为，具备了许多现代化储蓄组织的特征。

老人会的现代化变迁中也出现了许多问题。郑永福认为，民间组织由于未被纳入法制轨道，资金容易被用于非法活动，或出现有人携款逃跑的情况。朱俊丰指出，导致中华民国时期的寿缘会等老人会出现众多弊端的原因，在于其规模扩张后，会员管理复杂度上升，不稳定程度也随之上升。这背后根本的原因在于"在传统组织基础上扩大规模的新形式，缺乏乡村社会中'熟人社会'的保护机制，而其本身又没有有效的监督制度，导致其在市场化条件下失去其传统的优势，逐渐暴露出自身弊端"。③

老人会研究的这一历史视角向我们启示：1. 传统民间的老人会的功能是依附于特定的历史条件与社会情境的。人际关系的低流动性与彼此之间的纽带是老人会存在的依据，在这个基础上，良好的制度保障也是保证老人会健康发展的必要条件。而随着社会转型，老人会要继续生存发展，就必须寻找新的模式。2. 以老人会为代表的民间互助组织的发展是需要特定

---

① 郑永福：《近代中国民事习惯中的合会与互助会》，《郑州大学学报》（哲学社会科学版）2006年第6期。
② 朱俊丰：《民国时期乡村婚丧互助组织研究》，硕士学位论文，华中师范大学，2012年。
③ 朱俊丰：《民国时期乡村婚丧互助组织研究》，硕士学位论文，华中师范大学，2012年。

条件的。并非当外部情况对某一集团之人不利时，互助行为就会自然发展出来；有时外部情况的不利反而会击溃互助组织，如抗战后经济恶化使得贫民更无钱可供老人会运转。而缺乏制度保障的互助组织即使有了共同目标也可能会解散。3. 名称与概念相似，其组织的实质与内涵可能有着很大的不同。组织名称往往提示着组织成立背后的意图和目标，但由其运作的实情来看，一些老人反而可能脱离了组织最初的互助功能，如频频出现诈骗与卷逃行为的民间寿缘会，实质上已经沦为非法的金融信贷组织。

总体而言，这类对老人会的历史变迁研究汇集了大量史料，翔实清晰地论证了互助性质的老人会产生发展的历史条件，对当下的老人互助组织研究有一定的启示作用。

当代老人会的组织制度研究

当代老人会的出现也有其特定的历史原因。在福建省民政厅理论研究组对福建省老人会的调查分析中，其指出："至 1986 年上半年，宁德地区已发展老人会 171 个，会员达 14 万多人，拥有资金 310 万元；福州市福清县已发展到 399 个，遍及全县 90% 的村（居）委会，会员总数达 13.5 万人"。[①] 这种遍布福建，规模庞大的老人会，是农村经济体制改革、农村人口结构变化的产物。老人会产生的动机，是社会保障尚不完全之下农村老人对殡葬保障的切实需要。其产生是可被看作是一种农村社会对经济体制改革的副作用的"自我调整"。

而甘满堂通过对福建省老人协会的研究调查得出结论：现代乡村老年协会是得到政府支持的、真正有活力的民间组织。在《社区互助养老：福建村办社区居家养老服务的四个层次》一文中，甘满堂指出，乡村老年协会起源于晚清与民国时期的民间老人互助会，如"宗祠理事会、神明会、村庙管委会等组织"。这类组织曾一度作为封建传统受到打击，而在改革开放后，独生子女政策下老人有自发养老和组织维权的需要，政府为减少农民顾虑，在当初"只生一个好，政府来养老"承诺后又必须弥补农村养老

---

① 福建省民政厅理论研究组：《社会保障组织的一种新形式——福建省老人会的调查分析》，《福建论坛》（经济社会版）1987 年第 5 期。

服务的不足,必须承认这类自发组织的存在合法性,并推动了老年协会。甘满堂将当代老人会的发展分为三个阶段:自发阶段(1991年全国农村老龄工作交流会前)、行政主导的全面推广阶段(1991—2014年)、规范化建设与服务提升阶段(2014年后)。从2002年的《关于在十省市进行城乡社区老龄工作试点的通知》①、2012全国老龄工作委员会办公室出台了《关于加强基层老年协会建设的意见》、2015全国老龄办、民政部出台《关于进一步加强城乡社区老年协会建设的通知》等文件中可以看出,老人协会的建设,与1991年来政府对基层老龄工作的逐步重视,是同调的。

从以上研究可以看到,尽管当代老人会继承了传统老人会的许多要素,但当代老人会实际上有着和传统老人会完全不同的政治背景,其形态、功能、文化价值都发生了改变。因此,对当代老人会的研究就必须聚焦于当代老人会的存在形态对现实需要的适应。

对当代老人会的组织制度研究最直观地反映了老人会的存在形态,对政策引导和组织发展也具有最为直接的参考作用。这类研究的代表有甘满堂对福建老人协会的一系列调查研究、相丽均对浙东刘村个案的村庄公共组织内源性探究等。

这类研究的呈现出以下特点:第一,关注特定的老人会得以在当地立足的力量和资源;第二,关注老人会作为民间组织与政府机构和村两委的关系;第三,关注特定老人会内部组织制度的发展前景与可推广性。

首先,对当代老人会的组织制度研究关注特定的老人会得以在当地立足的资源。从梁漱溟到费孝通,近现代乡村研究始终强调中国乡村文化与结构的特殊性,这种特殊性使得其与西方村庄有着许多根本性的不同,因而必须探索符合中国乡村情况的制度建设。沿着费孝通等的乡村组织研究的步伐,一系列中国乡村组织的理论探索与实践发展起来。这些理论的成果往往提示,中国乡村组织的存在和运行都必须依靠外部或内部的"资源",同时也必须遵守乡村中依然存在的规则。何慧丽在《新乡村建设试验在兰考》中指出,新乡村建设需要进行"纵横资源整合",即需借助既有的宗教、亲族、体制等村庄资源。② 而当代老人会作为新式乡村组织也不例

---

① 李兵:《中国老龄政策六十年》,《中国社会工作》2009年第29期。
② 何慧丽:《新乡村建设试验在兰考》,《开放时代》2005年第6期。

外。甘满堂指出,福建一带的宗祠文化与村庙信仰对当代社区具有整合功能,"是重要的自治资源之一。村庙组织筹办社区群体性宗教活动,因而获得相当大的社会威望,手中享有调动社区人力与物力资源的能力"①。刘训智在《广西恭城瑶族习惯法中的老人会制度研究》中发现,广西老人会依赖瑶族习惯法,尤其是以其"道德约束和村寨内部熟人社会结构的'舆论谴责+关系疏远'之惩罚模式来贯彻老人会的基本宗旨,保障其正常运行"②。陈勋指出,"(温州)老人协会较强的自主性和行动能力,主要源于乡村传统尚未被现代性吞没的背景下,其相对独立且稳定的组织资源来源与其成员在乡村社会中的特质所带来的强大的'资源汲取'能力和组织'嵌入'能力。……社团组织自主性与行动力的强弱,关键看其能否成功规避或逃脱国家的空间'管制'和有无能力通过稳定渠道汲取组织运作的所需资源"③。卢晖临在《老人会的故事》中认为,"边村老人会展示了一个利用地方本土资源(老人、家族、民间宗教、戏曲),解决村民自治中的问题的可能性",而同时,和农村悠久传统相对照的共产主义"新传统"是另一种资源。④

从以上对老人会能够成立和运作的资源的研究中可以看出,老人会所利用的具有地方特色的资源往往是官方组织(包括政府机构、村两委等)可能忽视的。两种资源利用的差异描绘出老人会与官方组织的差异。老人会善于利用的传统资源有时能够与官方组织运用的另一类资源形成补充、辅助关系,而有时两类资源也会互相倾轧,甚至导致互相妨害。

因此,这类研究的第二个特点是其尤为关注当代老人会作为民间组织与政府机构和村两委的关系及其内涵。老人会,与官方设立的老人协会有时存在一定的张力。如卢晖临在对边村老人会的调研中发现,边村老人会的成员将镇老人协会看作"政府的",而将老人会看成"自己的";老人协会具有"合法性",但却是一个"摆设",而老人会虽然政治身份暧昧,却

---

① 甘满堂:《福建村庙文化与社区公共生活》,《福建宗教》2007 年第 1 期。
② 刘训智:《广西恭城瑶族习惯法中的老人会制度研究》,《广西民族研究》2015 年第 5 期。
③ 陈勋:《乡村社会力量何以可能:温州老人协会研究》,《浙江省社会学学会第六届会员代表大会暨 2010 年学术年会论文集》,浙江省社会学学会 2010 年版。
④ 卢晖临:《老人会的故事》,《中国改革》(农村版)2004 年第 4 期。

真实地享有对地方选举事务等的话语权。① 此外，老人会与村两委之间也可能具有张力。相丽均对浙东刘村的调研中发现，刘村老人会虽是20世纪90年代各级政府积极推动老人会建设，以此作为老龄委政绩考量指标而被动成立的结果，但在其核心成员带领下逐渐走向主动地蓬勃发展，到后来甚至承接了一部分被村两委忽视的工作，包括"不宜为"的宗族祭祀事务，和"不屑为"的非政绩指标的文化建设等。这使得村民对老人会的评价有时会高过村两委。相丽均认为，从社会资本的角度看，村两委的组织逻辑是从个体到组织个体，而老人会的组织逻辑是从个体到组织成员，这种与"个体关系"不同的"成员关系"来自于老人会能提供的归属感、社会声望、宗族事务权威带来的荣誉等。进一步而言，老人会的扩张和发展，是"老人会自身良性运作，包括老人会内部网络和认知型社会资本积累的结果"②。正是这种与官方机构不同的社会资本的组织形式给了老人会特殊的活力。

活力的另一面是对老人会背后宗族势力操纵的担忧。改革开放后，对于不影响治安稳定，不造成恶劣影响的宗族祭祀活动，政府不加干涉。甘满堂在《乡村草根组织与社区公共生活——以福建乡村老年协会为考察中心》中指出，一些带有封建迷信要素的祭祖祭神场所，如果有了"老年协会活动中心"的牌子，就可以更加名正言顺地得以留存，老人会由此成为村庙正当化的手段之一。③ 在一些地区，宗族势力在创新改造的前提下发展起来，学界对此也有讨论。朱虹认为，宗族势力对农民可能受到的压迫有一定的抵抗作用，具有积极因素。④ 买文兰从农村人的心理和农村精神文明建设的角度指出，宗族势力复兴具有宗族观念的心理基础，也吻合农村人对精神文明的需要。⑤ 而肖唐镖、兰芸芝、吴思红、袁正民、吕红平等学者认为，由于家族势力干预村内选举，农村中的民主与公正受到了损害，在人口素质较低的农村尤为显著，因此农村宗族组织对村民自治或选举具有

---

① 卢晖临：《老人会的故事》，《中国改革》（农村版）2004年第4期。
② 相丽均：《村庄公共组织的内源性初探——浙东刘村个案的社会资本诠释》，硕士学位论文，浙江大学，2010年。
③ 甘满堂：《乡村草根组织与社区公共生活——以福建乡村老年协会为考察中心》，《福建行政学院学报》2008年第1期。
④ 朱虹：《乡村宗族文化兴起的社会学分析》，《学海》2001年第5期。
⑤ 买文兰：《中国农村家族势力复兴的原因探析》，《华北水利水电学院学报》（社科版）2001年第3期。

负面的、消极的影响。① 从这类研究中可以看到一个相互拉锯的难题：现代情境下，乡村老人过早在政治领域"失能"，丧失了政治参与的活力和话语权。老人会的互助行为是对这种剥夺的反抗，而势必要利用不被主流政治参与外的渠道来为自己争取政治参与的途径。在这种对话语权的争取和政治领域的争夺中，就有可能发生和现存体制的冲突，也会出现因为老人会利用的是特殊资源（宗祠文化、人情礼仪等传统社会资本）而出现弊端与漏洞，如经费不足、管理不善、运行不公、活动不健康、有封建迷信和重男轻女现象等。

面对老人会出现的具体问题，有了许多谋求组织制度改良，针对具体措施进行的研究。当代老人会的组织制度研究的第三个特点，即其关注特定老人会内部组织制度的发展前景与可推广性。鲁可荣与楼海波通过对浙江省农村老年协会的调研发现，老年协会存在缺少经费和专门性管理人才，导致出现管理混乱、资金短缺等问题。对这些问题的改善，需要政府完善对基层老年协会的支持政策和法律，整合政府资源对老年协会提供优惠和便利，同时加强农村集体经济实力来拓宽经费获取渠道。② 另一方面，老年协会的规范化建设离不开指标体系设计。甘满堂与吴杏兰在《乡村老年人协会规范化建设指标体系设计探索——以民政部福彩公益金资助项目为例》中提出 6 个维度的一级指标（涉及组织建设、场所建设、经费保障、协会活动开展、社区文化组织或参与、村务参与）与 30 个二级指标。③ 通过科学的评价体系，"以评促建"，推动乡村老年人协会规范化建设。④ 而在《社区互助养老与村办敬老院可持续运营——以福建省晋江市萧下村敬老院为例》中，甘满堂，冯璐，萧开通等提出："离家不离村"的村办敬老院与老人协会相结合后，通过解决场所与医疗问题、运营资金问题、管理队伍问题、服务队伍问题、法人身份问题，能够可持续运营，让更多老人享受老

---

① 温锐、蒋国河：《20 世纪 90 年代以来当代中国农村宗族问题研究管窥》，《福建师范大学学报》（哲学社会科学版）2004 年第 4 期。
② 鲁可荣、楼海波：《浙江省农村老年协会建设与管理现状及促进政策》，《社团管理研究》2012 年第 7 期。
③ 卢伟峰：《引导乡村老年协会承接居家养老服务探索》，硕士学位论文，福州大学，2017 年。
④ 甘满堂、吴杏兰：《乡村老年人协会规范化建设指标体系设计探索——以民政部福彩公益金资助项目为例》，《社会福利》（理论版）2016 年第 5 期。

人协会为敬老院带来的福利。

总体而言，这类研究深入调查了地方老人会运作的实际情况与经验教训，在现代乡村治理的实践意义上探索了老人会发展的道路。

当代老人会的社会功能研究

除了对当代老人会的组织形态进行研究以外，在目前我国老龄化背景下，当代老人会能够提供的社会功能也是研究的一大焦点。当代老人会能够提供何种社会功能，如何更好地提供社会功能？回答这些问题，就需要深入到老人会的参与者和受惠者的体验中，探索传统老人会在养老困境下的新力量。这方面的研究的代表有甘满堂对老年协会承办居家养老服务的研究、周爱萍对福建老人会的社会参与研究等。

新时代下，传统的发病率和死亡率指标已不能全面反映老年人群中涉及身心健康的重要方面。[1] 引入社会文化要素的健康生命量表成为衡量老年人生活质量的必然。老年人不仅有得到供养的物质性需求，也有参与公共事务的社会性需求，与得到娱乐的精神性需求。因此，对当代老年人的社会功能研究包括了对物质层面的供养和医疗服务的研究，也包括社会参与程度和心理健康的研究。

首先，当代老人会具有集体供养老人，提供养老服务的基础功能，使老人们"老有所养"。如甘满堂从社区居家养老/互助养老的角度考察了福建乡村老年协会。甘满堂认为，乡村老年协会可承办居家养老服务。甘满堂比较了福建村办社区居家养老服务的四个层次（活动中心平台基本服务型、幸福园平台服务型，食堂平台服务型、敬老院平台服务型）后得出，乡村老年协会为载体的养老服务，和社区居家养老服务机构或商业养老院相比，不需要让老人更新观念购买市场机制下的服务产品，而是依托宗祠村庙这一文化基础开展，更具有天然亲和力。[2] 以社区老年人为主要工作人员，通过将老年食堂与老年协会相结合的形式进行的互助居家养老服务，

---

[1] Rockwood K., et al., "Frailty in Elderly People: an Evolving Concept", *CMAJ*, Vol. 150, No. 4, 1994, pp. 489–495.

[2] 甘满堂：《社区互助养老：福建村办社区居家养老服务的四个层次》，《终身教育》2017 年第 4 期。

可以因地制宜，解决政府出资进行养老院建设的诸多难题，还具有运行成本低、可持续的优点。因此，在养老服务供给不足的情况下，应该推广这样的形式。① 这类促进农村居家养老服务的老年协会，可以在政府和社会力量引导下发挥自治组织"自我教育、自我保护、自我管理、自我服务"的作用②，发挥维护治安、问老探病、调解纠纷、老年维权、开办食堂和组织娱乐活动等功能。

其次，当代老人会提供了为老人维护合法权益、参与村内事务决策的社会参与功能，使老人们"老有所为"。甘满堂发现，福建地区的老人协会"应是一种传统民间组织的复兴，并被赋予新的职能。……其职能有所扩大，它不仅仅是老年群众自办自治福利互助组织，还兼村内其他公共事务，其中管理村庙事务是他们的主要事务之一，如果在单姓村落，它还管理宗族与宗祠事务。"③ 福建地区的老人会由于其宗族文化背景而具有较强凝聚力，因而成为村内维权的重要途径。周爱萍在对蒜岭村老人会的调研中发现，老人会与其他自立组织相似，其中的精英牵头老人发挥了很大作用。福建多侨村，而侨村常住人口中多为留守老人，留守老人中又有半数加入老人会。因此，基层政策执行时，基层部门往往要取得老人会的支持和协助。在蒜岭村基层干部最为头痛的税费征收、计划生育、征地拆迁三件事中，老人会充当了村民的"政协委员会"，可以协助基层部门做村民的工作，也可以代表村民的意见和基层部门谈判；村民选举也要得到老人会的支持，才会有较大的胜算。彭正波、王凡凡在对贵州西江千户苗寨老人会参与村寨治理的机制的分析中亦发现，老人会等农村社会组织在协助基层政府完成征地拆迁工作和缓解利益主体矛盾的过程中扮演着不可替代的角色。④

最后，当代老人会充当了老人的情感寄托，使老人们"老有所乐"，具有促进心理健康建设，防范自杀的功能。周爱萍在对蒜岭村的调研中发现，

---

① 甘满堂、王瑶：《福建乡村老年协会承办社区居家养老服务的模式》，《福州大学学报》（哲学社会科学版）2019 年第 5 期。
② 甘满堂、邱玮、吴家玲：《老年协会办食堂与农村社区居家养老服务创新——以福建省南安市金山村为例》，《社会福利》（理论版）2014 年第 12 期。
③ 周爱萍：《社会参与视野下福建农村老人会研究——以福建省蒜岭村老人会为例》，《绥化学院学报》2013 年第 11 期。
④ 彭正波、王凡凡：《西南民族地区农村社会组织参与村寨治理的路径分析——以贵州西江千户苗寨"老人会"为例》，《贵州民族研究》2017 年第 10 期。

老人会在丰富老人们的情感需求上发挥了重大作用：1. 老人会活动满足了和子女缺少沟通的老人的交流需要。2. 老人会活动填补了在经济和劳动上老人的挫败感，满足了他们肯定自身社会功能的需要。3. 老人会活动满足了老人们通过锻炼获得健康和尊严的需要。[1] 而甘满堂调研发现，福建老人协会可以通过以下途径为老年人带来快乐：第一类，是老人协会开展的各类常规文体娱乐活动，如棋牌室活动、舞蹈队等；第二类，是老人协会组织的社交节庆活动，如联欢会、聚餐等；第三类，是传统文娱节目和仪式活动，如福建的"演戏酬神""电影酬神"等；第四类，是教学活动，如改造的老年学堂中的教学活动等；第五类，是劳动奉献，如志愿服务互助、或有表彰的慰问、互助等。老人会这些活动能够预防老年人抑郁自杀，提升老年人生活质量。

总体而言，这类研究关注老年人在老人会中的参与和体验，探索老人群体通过互助来满足彼此需要的可能，对老人会为老龄化社会可以做出的贡献进行了探索。

老人会的民族文化研究

还有一类对老人会的研究是在探索老人会与民族文化的关系中展开的。老人会是过去的传统与现代的需要交织的产物。老人会的成立和发展受到有当地特色的民族文化的影响，反过来也对特民族文化具有传承和发扬作用。这类研究的代表有高和荣、张爱敏对闽南地区互助养老形式传统的研究、甘满堂对福建宗祠文化与村庙信仰的研究等。

闽南地区尤其可以观察到民族文化对老人会的影响。老人会的出现就是民间丧葬文化流传的结果。荷兰人格·鲁特在其对闽南文化的研究中发现，福建地区穷人为承办丧事组成十几人、二十几人的老人会，来雇请抬棺的苦力。美国人库尔伯也在广东潮州德凤凰村发现了类似的处理丧葬文化的老人会。[2]

高和荣、张爱敏对闽南地区互助养老形式传统的研究中提到，闽南地

---

[1] 周爱萍：《蒜岭村老人会对农村留守老人情感的支持作用研究》，《学会》2012年第1期。
[2] ［英］弗里德曼：《中国东南的宗族组织》，刘晓春译，上海人民出版社2000年版。

区特别强调"有个男儿在身边养老"的重要性,正是在这种观念的基础上,有了四种养老互助形式的风行:以过继和孝子会为基础的宗族型互助养老、以婚姻为基础的姻亲型养老、邻里型互助养老、互助基金会为主导的社区型互助养老。①

老人会的凝聚力也生长在仪式与信仰的土壤中。朱俊丰在分析民国婚丧互助组织时提到:"传统性的仪式和信仰,不仅可以表达乡民的内心世界与观念,更重要的是,它'展现和建构'出了'一种权威的权力技术'。这种乡村社会的权力性,被乡村伦理的范畴所认可,保障了互助组织的稳定性。"② 这也是互助组织中体现迷信要素的原因。甘满堂则指出,在今天,福建的村庙信仰已经成为地方特色文化,而非宗教迷信:"村庙组织不是宗教组织,而是社区居民热心于村庙事务的社区居民组织,他们通过为村民做事而赢得村民的认可和尊敬,成为传统社区最重要的'草根组织'之一。"③ 在福建,老人会有时也是村庙管理委员会,和村庙信仰形成相互依存的关系:村庙借由老人协会免遭封建迷信之名,老人会借由村庙开展活动。

概言之,上述研究从人类学角度出发,考察了宗族、信仰、仪式、文化要素和老人会互助之间的关系,还挖掘了传统文化在新时代的价值。

老人会研究中反映的问题

从以上众多对老人会的研究的分析和综述中,反映出了以下几个问题:

第一,是老人会的概念之辩:"老人会"还是"老年协会"?本文为了包含各类老人会研究成果而扩大了老人会的概念范畴,将传统的民间贺寿送丧组织与有现代特色的老年协会组织都并入讨论范围内。尽管如此,"老人会"与"老年协会"仍在处处显示出概念的不重合之处。

首先,从形成的历史来看,"老人会"与"老年协会"的概念来源不

---

① 高和荣、张爱敏:《中国传统民间互助养老形式及其时代价值——基于闽南地区的调查》,《山东社会科学》2014年第4期。
② 朱俊丰:《民国时期乡村婚丧互助组织研究》,硕士学位论文,华中师范大学,2012年。
③ 甘满堂:《乡村草根组织与社区公共生活——以福建乡村老年协会为考察中心》,《福建行政学院学报》2008年第1期。

同。老人会来自古而有之，明清时期发展繁盛的民间丧葬互助组织，而老年协会是产生于20世纪80年代的、自上而下成立的社区社会组织或群众自治组织，设立其主要目的是通过定期走访帮助政府掌握老年人情况，此外也承担社区文化建构、社区治安维护、社区补助发放的辅助功能。① 其次，从运营模式来看，"老人会"的运营往往具有地方特色，继承宗族文化传统，在较小范围内自主开展，具有强大的凝聚力和亲和力。但一旦超越地缘、血缘、姻亲关系的范畴就会出现失效失能现象；而"老年协会"遍布全国基层，具有均一化的特点，往往接受政府或村两委的领导。再次，从组织性质来看，尽管存在许多并未登记的"老年协会"，总体而言，"老年协会"可能更比"老人会"更具有"合法性"。"老人会"虽然不那么"官方"，但有时村民需要面对官方维权时，老人会更能充当村民的代言人。因此，最后，从村民感受来看，在一些村庄里，"老人会"是"自己人"，而"老年协会"是"一块牌子""摆设"。而一些村庄里老年协会之所以能够办好，是借用了"老人会"的力量。

"老年协会"与"老人会"名称之分的背后，是老人争取社会力量的形式的不同。但二者往往也负有相同的使命和目标。在老年协会与老人会同时存在的地区，老年协会能够吸收老人会的资源优势，打造出具有现代特色，管理更加规范，资源更加多元的老人组织。在完善运营规范化的情况下，二者都能为老人带来裨益。但是，必须看到，老年协会如果"去老人会化"，即以完全的国家管制取代民间的自治，就会遭到村民的摒弃。正如陈勋所说，老年民间互助组织的活力来自于"国家"给"社会"留下的自由度和空间。②

第二，是老人会的历史评价之辩：是"复现"还是"创新"？对老人会的历史变迁研究与其他研究中的历史维度都表明，老人会的案例对当代老人互助组织具有启示价值。传统老人会研究向我们表明：民间互助往往诞生于共同面对危机之时，而互助又能为危机的渡过带来力量。但此中必须辨明的是，历史上的老人会是有其特殊历史条件和社会情境的老人会，不

---

① 余瑞萍：《农村老年协会的功能与发展困境分析——基于社区发展的视角》，《闽南师范大学学报》（哲学社会科学版）2014年第1期。
② 陈勋：《乡村社会力量何以可能：温州老人协会研究》，《浙江省社会学学会第六届会员代表大会暨2010年学术年会论文集》，浙江省社会学学会，2010年。

能与现代老人会视为同一物。从历史条件上看，传统老人会是时局凋敝，社会保障体系极其匮乏，丧葬文化给贫民造成压迫的产物。而在当代，移风易俗工作在农村普遍开展，各农村的经济状况也有了显著提升，社会保障水平提升，老人会的存在主要是为了触及社会保障无法完全覆盖之处，并兼有增进老人福祉，为老人争取政治权益与社会参与的渠道。从老人会的成员来看，传统老人会的成员是有赡养送丧义务的亲属，而现代的老人会主要成员则是老人自己。从老人会的运营事务来看，传统老人会主营送丧事务，而现代老人会还经营村庙管理、公共服务产品供给、文体活动举办等事务。

通过历史维度的研究，可以看到，当代老人会不是历史上传统老人会互助形式的"复现"，而是互助形式的"创新"。当下老人所面对的"危机"不同于古时经济凋敝、保障不全，个人不投靠集体就无以立足的危机。今天农村老人面对的危机是一种对老年人作为"个人"的存在危机：有些老人们可能已经拥有较为丰裕的生活，但缺少情感的维系，缺少集体参与感，缺少对老年生活的安全感等。面对这种危机，现代互助形式要结合实际需求，在组织制度建设、功能发挥上都有所创新。

第三，是老人会的现实落脚点之辩：是"解决"还是"帮扶"？老人会研究的实践维度提出了许多探索老人互助组织的路线，给出了具有操作价值的建议。这些探索了老人会互助本质的研究往往发现，老人会的积极价值在于，它不把"老人"视作累赘与负担，而是视作具有能动性，有活力的一群人。甚至这种活力有时使得老人会势力过分膨胀，需要"维稳"。当然，老人会的健康运作离不开政府及官方组织的适度管理与监督，但其活力的核心却在于社群内部对老人价值的认可。互助视角下的老人会研究将老人从待处理、待解决的问题"客体"变成能动的主体。因此，老人会研究的现实落脚点，不是政府派人或出台政策，用外源性力量"解决"民间养老出现的问题，而应当是"帮扶"各种因地制宜的养老互助形式的开展，通过促进其自主的精神，激发老人自身的活力。

以上总结了传统老人会的历史变迁研究、当代老人会的组织制度研究、当代老人会的社会功能研究、当代老人会的民族文化研究四类老人会研究各自的特点与取得的成果，并对老人会研究中产生的三个问题进行了反思，从而得出了须以自主精神的促进来激发老人活力，推动老人互助组织的功能发挥的结论。在新时代，老人会研究应回到老人主体上，回到"互助"的精神本源上。历史上的老人会是"互助"的尝试，却不是老人自主的"互助"，而是老人的亲属对老人赡养送丧的负担之下的"互助"。老人群体在历史上长期经历着被"客体化"的过程，在传统老人会中也不例外。但历史上的老人会中蕴含着发挥自主性、寻求互助的人类本性的光辉，向我们启示着被边缘化的群体走到"舞台中央"的可能。

第二章　老人会实地考察

任杰慧[*]

从无缘死说起

2007年，日本政府针对人口老龄化伴随的老年孤独死亡问题制定了"零孤独死"政策，其效果可谓为甚微。在日本人口密度最高的东京都，高龄老人孤独死案例从2000年1364例升至2009年2194例。[①] 整体而论，2009年全日本有三万人的死亡属于孤独死。针对如此严峻的问题，日本一家电视台于2010年新年之际播出了《无缘社会：无缘死的冲击》纪录片，将失去血缘、姻缘、业缘、地缘关系之后发生的死亡称为无缘死。[②] 其基本特征是死亡发生在无人看护的情况下，而且死者的遗体是过很长一段时间之后才被发现。[③]

根据徐俊和俞宁利用百度检索完成的一项研究，关于我国老年人孤独死的媒体报道截至2015年1月底共有760多条。有鉴于媒体报道的孤独死案例呈现出增长趋势，徐俊和俞宁认为，我国老年人孤独死案例将会持续增多。[④]

---

[*] 任杰慧，河北大学社会学系副教授。
[①] 高强、李洁琼、孔祥智：《日本高龄者"孤独死"现象解析及对中国的启示》，《人口学刊》2014年第1期。
[②] ［日］特别节目录制组：《无缘社会：无缘死的冲击》，高培明译，上海译文出版社2016年版，第2—3页。
[③] 李国、黄仕强：《老人"独死家中"拷问中国养老模式》，《工人日报》2013年11月23日。
[④] 徐俊、俞宁：《中国空巢老人"孤独死"现象研究——基于网络媒体报道的内容分析》，《北京社会科学》2015年第7期。

他们还认为，一部分老年人的孤独死是我国空巢老人养老问题的突出反映。随着我国人口老龄化程度的提升，在"未富先老"进入"未备而老"的双重压力下，老年人的孤独死应该引起国家和社会重视。为此，这两位学者提出了四条政策建议。第一是国家加大对养老服务的投资；第二是外出的子女要经常给老年父母打电话表示关心；第三是社区组织人力关心空巢家庭老人；第四是老年人要学会独立养老。徐俊和俞宁并没说明社区如何组织人力关心空巢家庭老人，也没有解释独立养老是否包括老年人之间的互帮互助。我们将以这两个问题作为铺垫展开如下关于有缘社会的讨论。

关于有缘社会的实地考察

在国家社科基金支持下，本文完成了对 7 个村落的观察研究、访谈材料整理和地方文献回顾工作。这 7 个村落分别是重庆市巴南区胜天村，云南省新平县戛洒镇平寨村和戛洒村，福建省泉州市金山村、大埔村、萧下村以及浙江省三门县刘家村。村落调查的重点是探讨不同的养老模式怎样弥补农村老人日益丧失或缺乏的关键性社会关系和社会交往机制。在这 7 个村落里，老年人的孤独死偶有发生。我们在福建萧下村了解到，数年前一位 80 多岁的老婆婆在办理社会保险的时候没有出现，熟人虽然觉得蹊跷，但未能及时过问，几天后才有人发现老人家已死在家中。在倍感震惊之余，部分村民开始讨论用集体行动促成老有所养的必要，最终集资建成一座敬老院。尽管老人在去世之后并未被亲属抛弃，也没有丧失邻里关系。但一个不容质疑的社会现象，即大批农村老年人在孤独中生活，有缘之生受到威胁。不难发现，以上例子中的这些老人既不是无家可归的流浪汉，也不是无儿无女的孤家寡人。但他们却都在无人看护的情况下死亡或是一定时期以后遗体才被发现。那么，他们是怎样失去与社会的关联而落入"无缘死"境地的呢？他们本来与家人有"血缘"，与故乡有"地缘"，与社会有"社缘"，这些"缘"或"纽带"是如何在人生过程中失去的？怎样才能重新"结缘"，把"无缘"变"有缘"？本文希望在对这些问题的回答中，探讨农村养老模式怎样重建农村老人失去的"缘"，以有益于积极老龄化的进一步实现。

在传统中国农村，家庭养老是一件自然而然的事，儿子承担着主要赡养义务。费孝通提到1935年的江村虽然村子里有145名寡妇,不能靠自己的经济来源维持生活,但这没并没有形成一个严重的社会问题,因为她们绝大多数都由成年子女赡养。孩子是老年的保障,即所谓"养儿防老"。① 传统的家庭养老有几个必要条件:一是子女在身边。这在改革开放前的中国农村几乎没有太多的悬念。二是子女与父母之间的财产传承关系非常明显。赡养老人与继承财产有着密切的关系。三是传统价值观和熟人社会的存在。子女在赡养老人与祭祀祖先上如果做得不好,会遭到社会舆论的批评甚至法律的制裁。当然,这并不排斥子女赡养父母是一种天性和感情的回馈。然而,改革开放后,伴随着农村社会结构、文化等的巨大变化,传统的家庭养老也出现前所未有的危机。

根据国家统计局最新统计结果,2014年,全国农村外出劳动力已经超过1.75亿人,占农村劳动力总量的35%。② 农村的青壮年劳力几乎大部分成为流动人口。第五次全国人口普查结果显示,我国65岁及以上农村"空巢"老人为1737.00万人,占"空巢"老人的69.72%。③ 此外,年轻人的知识眼界和经济声望等的提高也影响了老年人在家庭中财产所有权的优势和权威形象。④

现代社会城市化过程中,原本的地域关系纽带被拆散,旧村落改造为城镇。托马斯(William Isaac Thomas)认为,以亲属、情爱、朋友等关系为内容的非正式关系对于人们社会行为的影响远比正式的社会关系更为重要。前者的整合程度决定着整个社会的整合程度,社会解体就是这种非正式关系的解体。而城市化进程与社会解体程度成正比。⑤ 转型期的中国,城镇化建设发展迅速,传统价值观中的"父母在不远游""百善孝为先"等古训,已随着地缘与熟人社会的逐渐丧失而沦落。

我们在访谈中发现,目前农村老人中的文盲或小学水平者占绝大多数。

---

① 费孝通:《江村经济》,商务印书馆2002年版,第45页。
② 国家统计局:《全国农村外出劳动力》,国家统计局官网(http://data.stats.gov.cn/search.htm? s =2014%20.)。
③ 国家统计局:《第五次人口普查数据(2000年)》,国家统计局官网(http://www.stats.gov.cn/tjsj/ndsj/renkoupucha/2000pucha/pucha.htm.)。
④ 刘亿:《吴奇超.家庭社会资本与"空巢"老人养老问题》,《市场论坛》2006年第10期。
⑤ 郑杭生主编:《社会学概论新修》(第三版),中国人民大学出版社2007年版,第363页。

受文化程度所限，有些老人甚至听不懂普通话，所看电视也只能是地方台用方言表演的节目。无法使用电脑等新的交往工具进行更为多样化的社交网络的联系和自我娱乐。此外，传统中国社会结构是以生活和生产相重合的家庭为基础，历史上缺乏专业的社会工作和服务意识，改革开放以来的社会工作发展还需要一个完善过程。① 社会保障体系在新的历史条件下也需有所变化。我们在访谈中也发现，老人晚年的生活保障基本来自儿女和早年积蓄。一些权威数据表明，自20世纪90年代中后期开始，中国农村老年人的自杀率一路飙升。刘燕舞通过对1980年至2009年共150个农村老年人自杀死亡案例的分析得出，生存困难导致的绝望型自杀比例为87.01%，情感期待无法得到满足而导致的绝望型自杀占比约为7.79%。②

综上所述，农村老人的"失缘"是社会变迁下的一个结果。国家在2013年就出台了《中华人民共和国老年人权益保障法》，并在第十八条规定："与老年人分开居住的家庭成员，应当经常看望或者问候老年人。"③ 问题是"经常"难以界定；虽然保障法中规定"用人单位应当按照国家有关规定保障赡养人探亲休假的权利"，但调查显示超过七成的人无法休带薪年假。对儿女而言，忙于应付现实生活，有心无力；更有可能，随着价值观的转变，有些老年人并不愿意与子女住在一起。这说明，传统养老模式受到挑战，单一家庭养老已不能完成现代社会复杂情境下的养老任务和责任。

有关"结缘"的精彩

2002年，联合国第二届世界老龄大会将"积极老龄化"作为应对21世纪人口老龄化的"政策框架"正式提出，老年人的社会参与、健康和保障是积极老龄化的三大支柱。大会通过的《政治宣言》第13条提出：我们强调政府担负着主要责任，应促进、提供和确保获得基本社会服务，同时铭记老年人的具体需求。为此，我们必须与地方当局、民间社会、包括非政府组织、私营部门、志愿者和志愿组织、老年人自己、老年人协会以及家

---

① 王思斌主编：《社会工作概论》（第三版），高等教育出版社2015年版，第6—8页。
② 刘燕舞：《农村老年人自杀及其危机干预（1980—2009）》，《南方人口》2013年第2期。
③ 中华人民共和国中央人民政府：《中华人民共和国老年人权益保障法》，中央政府门户网站（http://www.gov.cn/flfg/2012-12/28/content_2305570.htm. 2012-12-28）。

庭和社区共同努力。也就是说,"积极老龄化"的实现,需要政府、个人和社会各个方面的协作。① 由于中国地域辽阔,改革开放后经济发展、文化传承、地理环境、政策资源等的差异使地区之间的异质性加大。政府、家庭、社会及个人在协作中所起的作用也会随之有所变化。调研的四个省市就表现出各自不同的协作形式。

福建农村的养老是这方面的代表。宗族是由父系血缘关系而结成的组织,乡里是基于地缘关系而形成的群体。中国人通常提到的"乡里乡亲"就是由于地缘关系而构成的亲密关系,它是社会结构的一个重要组成部分,有着显著的认同感和感情联系。在福建农村,这种地缘与血缘重合叠加非常普遍,即许多村庄只有单个宗族。弗里德曼(Maurice Freedman)认为,在中国,当宗族明显地趋于解体或在其他地区总体上不存在的时候,要准确地了解何种因素导致广东与福建地区保持大范围的宗族结构是一件困难的事情。② 翻开历史,宗亲间的帮助和救济或可追溯到宋朝。《宋史》记载,范仲淹"而好施予,置义庄里中,以赡族人"③。

宗族组织的力量是福建金山村、萧下村、大埔村养老机构的主要依靠。有2200余人的金山村,90%以上为吴姓,属同一门系,修有族谱。该村老年食堂和农家学堂在当地颇有名气,是当地政府宣传推广的对象。老年食堂的形成源于一次聚餐。2012年村里一位厨具商人听说要建老年食堂,表示愿意每年捐15万元支持。老年食堂越做越好,得到越来越多人的信任,捐助资金持续在涨,2016年年底访谈时已有50万元。村支书吴书记说:"你出去做生意打拼,老人在家你能放心吗?现在村里帮你照顾得这样好,我就不信你们还不愿出钱。"老年协会的核心成员全是退休老人,其付出不得报酬,是村干部动员而来。

老年食堂是在一个老礼堂的基础上改建的。食堂从原料采购,到烹饪,到饭后清洁,所有工作均由村内老人负责。最初70岁以上老人需每月缴纳95元、80周岁以上缴纳50元,才可在食堂享用一日三餐,现在却已实现餐

---

① 2002年联合国第二届世界老龄大会:《政治宣言》(https://documents-dds-ny.un.org/doc/UNDOC/GEN/N02/397/50/PDF/N0239750.pdf?OpenElement,2002-04-12.)。
② [英]莫里斯·弗里德曼:《中国东南的宗族组织》,刘晓春译,上海人民出版社2000年版,第1页。
③ (元)脱脱等:《宋史·卷三百一十四》,中华书局1985年版,第10276页。

费全免，每天大概有 60 多名老人在食堂用餐，每年开支在 30 万元左右。一次午餐时，笔者访谈了一对 70 多岁的老年女性朋友，她们的老伴都已去世，儿女在外经商。俩人结伴而来，互相交谈得很愉快。老人们到食堂吃饭需要登记，这样做有两方面作用：一是做饭不浪费，二是突然不来的老人会被及时发现，避免了意外的发生。一位村民说道："以前就出现过这个问题，发现生病的老人已经躺在家里了，儿孙都不在身边。"之后，老年协会知道此类情况后，会马上打电话组织医生去老人家，然后再打电话给他的儿孙。可见地缘串起血缘，老人们与社会的这条线没有断。

由于老人食堂主要是由吴姓乡贤或说企业家捐资兴建和维持运营的，因此在老人食堂就餐的基本都是吴姓村民，其他姓氏的即使是本村的也很少来。吴书记说："我经常叫他们过来吃，但他们说路远，车又多。"这当然是一种借口，也是福建宗族观念的一种表现。

金山村农家学堂与政府建立的居家养老服务站已合二为一。改建于村小学的部分校舍，包括电脑室、阅览室、书法室、"什音室"、科技展示厅、农具展示厅等。老人们经常利用农具展示厅，向周边中小学学生普及农业劳作和科学常识。"什音"作为当地的一种民间音乐，老人们除了自娱自乐，还开展教学活动，实现了文化与记忆的传承。农家学堂还成了老人与孩子们的共同活动室。学堂定期为老人举办健康、法律等知识讲座。每次来听都有 5 元钱的鼓励补助。此外，老人们组织的文艺队及红白理事会，在自娱自乐之余，还为村民提供红白喜事时的吹打开路和安排服务。这既能创收又让老人们串起与社会的"缘"。大埔村和萧下村与金山村的情况类似，两个村庄也主要是在乡贤的资助下建立的养老院，只不过大埔村更为富裕，养老院的福利也更好。如老人们吃住全部免费。共同点是基本都只接收本村老人，地点都是在村庄里，老人并没离开原有居住环境。

在福建农村，几乎是家家有祠堂，庄庄有村庙。祠堂也称宗祠，是汉民族供奉祖先牌位并进行祭祀的场所，是宗族文化的象征，也是中国传统文化的重要部分。同宗族的人，会因血缘关系而彼此感觉更加亲近。因此宗族文化在福建地区的根深蒂固而形成了极具地方色彩的养老院。从某种程度说，它对于宗亲间互帮互助的形成起了重要作用，对于传承孝道和维护社会和谐也具有积极的意义。在福建，一般是各支，也就是各个宗族中比较有威望的老人（当地人叫户头或族户），组成老人会。在没有养老院的村庄，很多宗祠也是乡村老人会的活动场所，是老人们交往休闲的重要场所。由于他们地位的特殊性，老人会经常是管理祠堂和村庙的组织，这增加了老人会的日常收入，对老人会活动的开展起了非常重要的作用。此外，由于福建位于东南沿海，自古以来就有经商的传统。改革开放后凭借得天独厚的地理位置获得政策和资源优势，经济和城镇化发展迅速。

甘满堂通过对2009年胡润慈善榜的分析发现，广东、浙江、福建三地富豪从事慈善事业的比率相对较高，原因除经济发达外，也与地方传统村庙宗祠文化发达有关。[①] 这种建立在地缘基础上的血缘关联，是福建地区村级养老院得以建立和维持的基础。

血缘投射而出的地缘

云南省戛洒镇的平寨社区和戛洒社区，是以家庭血缘为基础，以地缘经济为支撑的家庭养老。由于村中青壮年基本上是早出晚归，并不离家，老年人在日常生活中可以获得更多来自子女、亲属、邻居的帮助和关怀。这两个社区都是以花腰傣族为主的民族村。戛洒镇被称作"云南省特色小镇"，旅游文化产业发达，这无形中带动了第三产业的繁荣活跃，给当进人带来就业福利。小镇组织成立的乡村旅游合作社，拥有宾馆饭店381家，其中农家乐32家。此外，玉溪大红山矿业有限公司也主要驻扎在戛洒镇，这给戛洒镇带来大量外来人口和就业机会。在戛洒镇，老年人基本上都与子女生活在一起。中青年劳力主要在镇上打工，男性主要在矿业公司工作，女性则在宾馆工作。村中的老人白天帮助儿女带第三代，收拾家务。第三代如果长大上学了，就利用空闲时间制作傣族民族手工艺品。整个村庄户与户之间相邻较近，白天就只剩下老人与孩子，老人间的互助具有自发性和经常性的特点。

在平寨社区，笔者看到一户人家的院子里七八个老人正围坐在一起剥玉米。询问后得知是这家老人邀请附近的老人（邻居）过来帮忙。大家围坐在一起，一边干活一边交谈，其乐融融。在社区的一处活动场所，老年

---

① 甘满堂：《传统宗教文化与中国企业家慈善事业——以胡润百富慈善榜闽籍企业家群体为研究对象》，《世界宗教文化》2011年第2期。

人正在一起休闲玩乐。男性们在玩牌九，女性们在制作传统手工刺绣。这些传统手工制品，有政府组织的机构统一设计和收购，后文中我们还会介绍到。这种自发形成的互助是中国传统文化在现代社会的延续。延续的条件是传统的居住环境和人们的传统思想受现代化的冲击较小。但是，居家养老并不意味着一定在家里。由于政府的支持，戛洒镇成立多家居家养老服务中心、农村幸福院、老年活动室等。只要老人们愿意，他们同样可以和同龄之间进行更多的互动。以前没有这些地方，老年人基本上都是在大树下，或者一些可以坐的地方聊天。现在建一个能活动的场地，让老人们有一个可以遮挡风雨、日光的地方，然后他们可以在里面吹吹牛。"云南红塔区老龄股的小赵说。

由此可见，云南这一带村落的居家养老，虽以家庭为主导，但政府的关怀和养老设施的建设丰富了老年人的生活，扩大了社交的范围，增加了老年人的社会价值，是老年人的内在需求与政府对老龄化社会应对的外部措施的统一，有利其社缘的联系和积极老龄化的过程。

那么，戛洒镇依靠什么吸引这些中青年不离开故土出外打工呢？

这和当地政府依据自身具有的丰富的自然资源和独特的民族文化大力发展经济有关。据新平手工业开发协会刀会长介绍，戛洒镇要打造成新平县的三个第一："第一经济大镇"，新平县财政收入的一半以上都来自于戛洒镇；"第一旅游大镇"，充分利用周边优美的自然风光和人文风光，如哀牢山、土司府、南恩瀑布、茶马古道等。旅游产业创收可人，2015年全年接待游客146.8万人次，实现旅游业总收入7.6亿元；"第一民族特色大镇"，利用独特的花腰傣民族文化特色，大力开展娱乐及手工业品。

新平手工业开发协会就是这样的一个社会团体。协会统一设计产品图案，当地人在家做好这些绣品、编织品等，手工业协会再统一回收。年轻人、老年人都可以参与到这个创收中。此外，大红山铜、铁两矿的开发和发展，给戛洒的经济发展增强了后劲。戛洒镇有很多昆钢的选矿场，自2000年以后形成规模。大批私营老板和企业的增加，给当地带来了就业机会和经济利益。可以说，传统养老观念和当地经济的良好发展，是戛洒镇能够实现家庭养老的重要原因。

政府主导的"社缘"

  重庆胜天村位于山区，交通不便，村民住得相对分散，来往不太方便，不能像云南戛洒镇一样自发聚在一起。又由于地处西部，经济水平和发展不能与福建同日而语，村中经商人数及经营大小有限，自建养老院目前也不太现实。但是重庆地处中国中部，政府影响力和主流价值观的影响巨大和深远。在访谈中，提起合作互助，大家都一致赞成并且理由也显得正统正气。比如当问到：有些老人年龄很大了，或者身体不好，他想帮助别人但是的确帮不了。别人家的活他从没干过，他需要帮助时大家愿意帮他吗？大家的回答都是愿意，问起原因，一位老人说："帮他，说明一个人的素质好。素质不好你肯定不愿意去帮他了，还不如出去耍一下啦。"还有一位老人说："这个助人为乐是怎么来的，雷锋精神是怎么来的嘛。"而在问到福建老人会一位会长，为什么自己愿意无偿为协会服务时，他的回答是："为了使子孙后代的路更好走。"当然这两种回答没有对错和好坏之分，但可看出价值观的不同。所以充分发挥政府的组织领导和宣传力量会有很好的效果。

  胜天村的年轻人大多出外打工或选择居住在重庆市区，基本上不和老人居住在一起。且独生子女占相当比例，这大大增加了空巢老人的可能性。山区复杂和艰苦的地理环境无形中加剧了养老的难度。"我们村很大，不集中，分散。虽是熟人，但独门独园，（老年人）很孤独。有些离街镇远了，上街走起又费力，在家里又没有什么活动。"据胜天村互助养老协会会长介绍，村里按照"政府引导、村级主办、老年主导、社会参与"的原则，引导低龄老人帮扶高龄老人、健康老人帮扶失能老人。就近的老人结成对子，形式多样，可以一对一帮扶，也可以一对多帮扶，还可以多对一帮扶。提出的口号是"赵钱孙李皆兄弟，三沟四岭好姐妹"。

  所谓"政府引导"，一方面表现在2015年政府出面组织，在原有的老年人协会的基础上成立互助养老协会；另一方面表现在胜天村的互助养老得到区、市民政部门的大力支持，每年大约有四万元的政府资助。此外，老年协会的张会长是个年轻人，他的待遇类比体制内的公务员，这在其他地区是少见的。"老年主导"主要表现在老人是活动的主体，互助也主要在老年人之间展开。互助养老协会和9个互助养老联系点负责人基本上是老人。支持互助养老文化活动队成员都是老年人，除了平日的自娱自乐，还经常开展一些文娱活动。如在每年的九九重阳节，"协会聚集全村的老年人组织观看文艺表演，心里面就觉得村里、国家还是关心我们的"。志愿者经常打着旗子、戴着帽子集体出行，到村里帮助有需要的老人。比如打扫卫生、挑水、挖红薯等。有时还会帮一些老人梳头理发。村子很大，又是山路，虽然有些辛苦，但大家还是乐在其中。谈到挑水，由于胜天村地处山区，有些地方不能打井取水，吃水要靠自己挑。年纪较大的老人，如果儿女又不在身边，吃水基本上要靠志愿者的帮助。杨副会长说，志愿者去给老人们梳头、洗脚，有些人感动得都流泪了。

"社会参与"主要表现在志愿者队伍和社工的参与。在村级组织下，有专职社工参与活动。2016年的社工是重庆理工大学的学生，通过政府购买服务来帮助胜天村的互助养老，实际上也是政府资助的一部分。社工们一个月在9个互助养老联系点各举行两次活动，带领老人们跳舞、猜谜语等，与老人们聊天，听他们倾诉心中烦恼，排忧解难。老人之间也会相互交流聊天，寻求倾诉和帮助。活动结束，协会还会给老人们发放一些小礼物，比如肥皂、洗衣粉等。礼物虽小，但老人们很高兴，也增加了参与的积极性。

"村级主办"表现在所有互助养老活动都是依托村委组织和主办，如每月两次的社工活动。老人通过交流、谈心，了解彼此情况，发现问题及时汇报给协会，协会再安排村里面的志愿者对有困难老人进行帮扶。如在胜心合作社，一位七十多岁的老人丈夫去世了，儿子长期在外面打工，独自一人生活。协会组织志愿者去她家打扫家务，耕种菜地。此外，协会还有意识地培养老人们的法律维权意识并设有调解委员会。如村中一位老人，老伴去世后长期跟着小儿子住。大儿子认为母亲把钱都给了兄弟，不愿意赡养老人。后经协会调解，愿意每个月拿两百元钱赡养费。协会还会以村组织的名义联系街上超市、电器维修点、送煤气点等商铺，统一制成卡片发给老年人。每年都会联系社区卫生院、区医院，给老人们组织一次免费体检。老年人进入互助养老协会交缴的10元钱会费也服务于老人。"哪一个人生了重病协会去看望，并送50元钱的东西；去世了送100元钱参加悼念活动。这是我们村里统一定的。虽说是一点小意思，但大家感觉像一个大家庭，温暖。这增加了老人的社会参与度，促进了社交网络，其实是把地缘关系联结起来了。杨副会长说，去慰问这些生病的老人，有一些确确实实是从死亡线上把他拉了回来。有些人感觉到，在家里一个人病了，苦啊，突然有人带着礼物去看望他，心情变好了，病自然也好得快了。

从以上叙述可以看出，在胜天村，政府在互助养老中起到了理念上的主导作用，把互助的理念传播出去，让更多的人了解、接受并能身体力行地去实践。虽然在组织形式上和资金上政府给予了帮助，但这种外化与老人们的内需是一致的，或者说这种外化是内需的反映和要求。政府、老人及其家庭、社会共同协作构成了胜天村多方合作式的互助养老。

原地养老之缘

传统定义上的原地养老（aging in place）常被认为是一种满足老人需求、尽可能支持他们独立生活的积极方式。美国疾病控制和预防中心对原地养老的解释是：安全、独立和舒适地住在自己的家和社区里的能力，而不管年龄、收入和能力水平。① 霍纳·芭芭拉（Horner Barbara）等人通过对西澳大利亚的研究揭示了居民对原地养老（aging in place）的渴望，并认为它是生活质量和社会联系的重要保障。②

浙江三门县刘家村的养老已具有原地养老的雏形。在村中观察和访谈中发现，老人会里的成员都显得很自立和自主。据2015年的统计，刘村人口有1038人，青壮年大多在县城企业和周边的宁波等地打工居住，常住人口只有300人左右，多为老人和孩子。老人协会成立于1993年，已有二十多年的历史，最初是在乡政府的帮助下成立的，等于半动员式，后来从半动员式到几乎完全自治。比如老人会资金的来源，基本上靠自筹，主要是租金收入。一是老人会所在地有一个餐厅，如果有人办红白喜事，老人会就会收一些报酬，做饭的也都是一些老人；二是老人们来协会活动，协会按桌收取一定租金，如打麻将一桌收六元或者十元；三是刘家宗祠出租给外地人做生意，也有租金收入。

此外，老人们还充分利用各种社会关系和资源从政府筹资。比如村中

---

① Center for Disease Control and Prevention ［EB/OL］, https://www.cdc.gov/healthyplaces/terminology.htm.
② Horner Barbara, Boldy Duncan P. 2008, "The Benefit and Burden of Ageing-in-place' in Aged Care Community", *Australian Health Review*, Vol. 32, No. 2, 2008.

有人在镇里的民政部门工作,老人们就设法联系他。老人们生活上也更加乐观、积极、主动。原地养老和被迫的自我养老有着本质区别,它对老人自身经济、素质及社会服务和保障都有着更高的要求。刘家村的老人中有一批有文化、有眼界的人,比如梅会长是小学校长退休,刘理事年轻时当兵退伍,后分配工作到上海进出口远洋公司。此外,老人们还认为与儿女的生活方式不一样,难免有矛盾。自己在家可以做自己想做的事,过得舒心。所以,从某种角度讲,老年人的价值观和自主意识影响着养老模式的选择和自我幸福感。

从世界范围看,即使是在美国这样社会服务机构发达的国家,还是以家庭养老为主,真正进入机构养老的只有20%。只不过这种家庭养老的概念与中国不同。准确地讲,美国的"家庭养老",指的是美国老人不离开其住房而进行老年生活,实现自我养老支持。不同于我国老人的留守或从子女居住的传统文化含义。[1] 在欧洲,比如德国,虽然有服务周到、硬件水平高的养老护理机构,但超过九成的德国老人还是选择在家养老。原因是养老院价格昂贵,在家安享晚年最实惠。当然,这个"在家"也是指老人在家中居住,靠社会养老金生活。为了解决孤独问题,老人们热衷公益事业,并在老人与老人之间、老人与单亲家庭之间、老人与大学生之间形成多样互助。[2] 当然我们也应该看到,美、德等欧美发达国家的社会保障体系更为完善,社区服务、民间组织等也更为发达。所以,在培养老人自立精神上自养的同时,政府、社会、家庭的多方支持也是必不可少的。

综上所述,从"无缘"到"有缘",是一个从"失缘"到"结缘"的过程,地缘因血缘而连结,血缘因地缘而有了保障,"社缘"则把一盘散沙聚拢在一起。雷吉斯特(Register Elizabeth)等人确定了四个与老年人连结性(connectedness)有关的方面,即有某事要做;有关系,如血缘、情爱关系等;与将来有利害关系;有连续性的感觉。并认为连结性提供了一种让老人生活更有意义、更积极和更有目的的机制。[3] 这个"连结性"其实就是一种"缘",与家庭、与社会、与未来希望的缘。大量的实证研究也证实了

---

[1] 中国老龄科学研究中心编:《美国养老》,中国社会出版社2010年版,第123—128页。
[2] 中国老龄科学研究中心编:《德国养老》,中国社会出版社2014年版,第6、152—157页。
[3] Register M. Elizabeth, "Scharer Kathleen M. Connectedness in Community-dwelling Older Adults", *Western Journal of Nursing Research*, Vol. 32, No. 4, 2010.

社会网络对晚年健康和福祉的重要性。① 在我们的访谈中，那些老人协会的负责人和骨干分子，外表看起来更年轻更有活力。积极参与社会活动的老年人充满着成就感和幸福感。因此，依靠多方力量努力帮老人们找回失去的"缘"，或许就等于帮他们找回失去的人生。

几点思考

从以上模式的分析不难发现，养老是政府、社会、家庭和老人自身多种力量综合努力和协作的系统工程，且无论是政府主导的互助（重庆模式）、还是社会主导（福建模式）或自发形成的互助（云南模式和原地养老），"互助"和"自助"都伴随着整个养老过程。老人们在"自助"和与各方合作中，增强了幸福感和有意识的权益保护，建立起有效的社交网络，增加了社会参与度。这是一个"结缘"的过程，也是一条有利于积极老龄化的路径。

我们也应看到，目前中国的农村养老社会保障制度的不完善。养老更多的需要依靠别人：乡贤、政府或家庭，个人甚至在经济上无力完成基本的保障。这和目前老人的整体文化水平和国家的养老保障机制尚不完善有关。用未来发展的眼光看，随着城镇化进程的加快和科技的发展、个人素质的提高、社会组织力量的增强和社会保障制度的更加完善，老人能够在居家自我养老中获得更多来自政府、社会的支持，原地养老或可成为社会的普遍共识。这一点在如今的许多养老模式尝试中已现端倪，如利用互联网平台的居家智慧养老、政府购买与社会组织承接方式的 PPP 合作养老等。就当前农村养老，笔者有以下几点思考：

因地制宜、合作多样：因地制宜有两种含义，一是不同的地区文化，不同的经济发展情况适应不同的养老模式。中国幅员辽阔，文化各异，经济发展不均衡，不能把一个模式推广到全国所有地方。一定要因地制宜，形成合作多样的农村养老形式。二是因人而异，由于每个老人的性格、身体状况不同，需求也就不一样。连续理论（Continuity Theory）认为，老年

---

① Cleak Helen, Howe Judith L., "Social Networks and Use of Social Supports of Minority Elders in East Harlem", *Social Work in Health Care*, Vol. 38, No. 1, 2004.

人的生活方式、社交方式等更多的是一种对原先生活的一种延续。不强求改变，保持他们最舒服的状态就是最好的养老。调研中发现，农村老人会的核心成员及志愿者成员，往往在年轻时就非常活跃。他们往往是村干部退休或在外面工作或闯荡过的老人。胜天村互助养老协会的杨副会长说，互助养老活动让一个死气沉沉的村庄突然"开花"了，老年人也感觉不寂寞了。一个老年志愿者说，帮助别人是"乐呵呵"的。领导的表扬，旁人的赞扬，内心的满足，这些都让他们充满了成就感和幸福感。保持他们的活力，发挥余热，是一件利国、利人、利己的事。留住人力、延续传统：怎样利用当地的物质和文化资料，把中青年劳力吸引留住在原居住地，是一件利国、利民的事。一方面有利于当地经济发展，另一方面有利于中国目前形势下传统居家养老的延续。在中国，居家养老具有历史悠久、传承深厚的文化传统。虽然随着现代化的冲击，家庭养老功能逐渐弱化，但农村老人愿意在家庭里养老的意愿依然较高。特别是对于相对偏远、经济发展和城市化进程相对滞后的地区。云南老协股的小赵说："我们这边的观念还没有像大城市转换得那么快。这边有儿子的家庭，必须赡养老人。老人们不想去敬老院，因为他们觉得那代表着子女不孝顺，别人会用异样的眼光看他们。"

云南的例子告诉我们，怎样把劳动力吸引回家乡是一件值得关注和重视的事。因为，即使在福建，老人们虽有免费养老院可住，但大病和卧床的时候还是需要儿女的陪伴和照顾。家庭照料不仅能节省大量的机构照料成本，也有利于老年人的身心健康。在人口构成以华人为主的新加坡，家庭养老一直是最普遍的一种养老模式，并且是世界上第一个将"赡养父母"立法的国家，规定子女必须照顾和赡养年老的父母。[1] 圭泰成（Kyu - taik Sung）认为工业化和城镇化下的韩国，传统价值观如孝道，在家庭养老中依然发挥着作用。当然，老年人和他们的家庭对公共服务的需要不断增长，并迫切呼唤政府在老年人的社会保障服务中承担更大的责任。[2] 当今中国，传统孝道的继承应该大力提倡。将政府主导的养老与根植于中国传统文化

---

[1] 中国老龄科学研究中心编：《新家坡养老》，中国社会出版社2014年版，第104—112页。

[2] Kyu-taik Sung, "Family Support for the Elderly in Korea", *Journal of Aging & Social Policy*, Vol. 12, No. 4, 2001.

的家庭养老有机结合，同时，充分发挥和调动社会各方面力量，互助合作，让农村老人的晚年更加幸福。

连通性为老年人提供了一种使生活有意义、积极和有目的的方式的机制。总之，"传统不丢，自立先行。多样合作，幸福晚年"。没人愿意看到老人们在人生旅途的晚期失去一个又一个与社会的连结和纽带，以至于最后呈现在我们面前的，是孑然度日，悄然逝去的身影。我们希望在政府、社会、家庭和个人的共同努力下，把老人们的"缘"重新联结起来。让老人们觉得，虽然生命已近黄昏，但人生夕阳依然无限美好。

本文说明，中国乡村的养老方式因多样的合作方式而显得精彩，以有缘之生，得以巩固的结果，而显得美妙。无论是政府机构主导的重庆胜天村养老模式，或是宗族制度主导的福建养老模式、依托地方经济的云南模式以及强调自立精神的浙江三门县刘家村养老模式，都离不开互助互惠精神。在建构有缘之生的过程中，彰显互助互惠精神的价值观念和群体行为增强了老年人的幸福感和权益诉求，建立起有效的邻里社交网络，增加了社会参与度。血缘、姻缘、地缘、邻里关系、挚友关系以及政府的支持的确构成社会之缘的集大成，但都以互助互惠精神作为基础。假若没有互助互惠精神，社会之缘的维系和巩固无从谈起。

第三章 城市抗癌团体互助行为调查

曾繁萍[*]

随着癌症发病率逐年上升,我国癌症幸存者人数逐渐攀升,相关社会问题也日益增多。中国目前已进入老龄化社会,预计2035年中国老年人口的比例将超过30%。[①] 其中老年人成为新发癌症病例主体,老年癌症人口比例逐年增加。在中国养老已成为刻不容缓的问题,而老年癌症患者的养老更是涉及方方面面的问题,癌症对老年人的生活质量产生严重影响,老年癌症患者普遍存在的不良身心状况将影响患者康复。本文发现癌症患者自助团体的出现对于罹癌老人的康复极大的助益。

在中国癌症患者自助团体强调的是成员间彼此相互依赖,互相帮助,其宗旨是"自强不息、自娱自乐、自救互助"的精神。透过鼓励癌症病友顽强抗争、乐观生活,建立癌症病友的积极性,推展病友间的互助行为,形成团体凝聚力,以此将癌症病友的群体性转变为个人精神力量的源泉,并透过各种活动交流与助人行为,不断将群体抗癌的意识形态传递下去。

"互助养老"的课题主要是将互助概念作为分析积极老龄化的框架,亦即以互助作为分析视角,思考积极老龄化的可行性。所谓"老",狭义来说是指老年人,但广义来说又可以视为是一种中老年人的"生活方式"。因此,对于加入癌症患者自助团体的癌症患者而言,在病友团体中的生活将可能是伴随他们一生,甚至成为他们未来生活中不可或缺的一部分。故

---

[*] 曾繁萍,博士,毕业于清华大学社会学系,现为福建医科大学健康学院社会工作系讲师。研究领域包括老年健康与疾病、癌症患者病友团体、安宁疗护社会工作与青少年体育健康等研究。

[①] United Nations Department of Economic and Social Affairs World, *Population Prospects: the 2015 Revision*, 2015.

而，相比寺庙、养老院等封闭住宿式养老机构下的养老模式，对于老年癌症患者来说，癌症患者自助团体更像是一个"开放走读式"的养老模式。因为他们的聚集场所是以公园等户外场所为主，使得团体中许多老年癌症患者，在得病后不仅获得重新审视自我的契机，同时也获得与其他癌症病友分享难以和家人言喻的疾病痛苦。在加入癌症患者自助团体后，他们因为"癌症"开启新的人际关系圈，建构出一个晚年带癌生存的新的生活模式。

经研究调查发现，首先，老年癌症患者加入癌症患者自助团体成为病友后所获得的情感支持取决于与病友间的情感关系，在参与团体活动中与其他病友的互动交流，是建立与维系他们情感关系的关键，病友间的情感关系会赋予他们所获得的情感支持不同的权重力量，进一步凝聚和扩展为团体中老年癌症患者同病相助的互助行为之驱动力。

其次，在城市生活的老年癌症患者在癌症患者自助团体中主要是以抗癌健身法的健身锻炼为主要活动。在进行锻炼时他们会一并融入抗癌健身法内涵的一套关于疾病理解与治疗实践的疾病观，影响他们对癌症的认知，进而改变他们对癌症治疗手段的选择。从本文所调查的老年癌症患者对癌症认知和治疗的转变过程中，得以窥见他们放弃了生物医学模式对癌症病因的解释论，转而接受抗癌健身法对"带癌生存者"应该要具备的品德、意志、生活方式、就医与治疗行为等整体解释模型，从而激发他们在团体中开展出各种利他的互助行为，最终将有助于提高他们在癌症康复期的生活质量，并赋予老年癌症患者新的生命意义与价值，开启他们带癌生存的"第三人生"。

癌症患者团体的兴起

全国肿瘤登记中心最新报告指出，2015 年在中国有 429 万例癌症新发病例，281 万例癌症死亡病例，平均每天有近 1.2 万人被确诊患癌症，每分钟有 8 人被诊断为癌症，7000 多人因患癌死亡。[①] 据国家癌症中心主任陈万青的调查显示，截至 2010 年年底，我国 5 年内诊断为癌症且仍存活的病例

---

① 郑荣寿等：《2015 年中国恶性肿瘤流行情况分析》，《中华肿瘤杂志》2019 年第 1 期。

数约为 749 万（其中男性患者 368 万人，女性患者 381 万人）。① 随着人口老龄化程度加剧，癌症尤其影响老年人群，依照我国 2017 年国家癌症中心统计结果显示，2013 年全国癌症新发病例为 368.20 万例，其中≥60 岁人群新发病例 217.10 万例，占比 58.96%。②

从以上数据可知目前全中国癌症幸存者中，老年群体占相当大的比例，相关社会问题也随之高涨。对于老年癌症患者来说，他们不只是身体受到破坏，还要承受心理创伤。并且过往研究指出癌症对患者最大的痛苦不在于身体和心理上的侵害，而是对他们社会关系的破坏，"癌症往往会破坏人们应对这种疾病的最强大的潜在资源——他们的社会关系"。③ 故而当癌症患者的社会关系遭致破坏，不仅会使他们对自我产生质疑，孤立感所带来的痛苦更对他们产生巨大的影响。④

由于在实际社会生活中，当癌症患者离开医院后，一般难以接触到其他患有相似疾病的患者，缺乏能与其他患者相互交流的机会，而癌症患者自助团体的存在则创建出一个社交空间，令这些病患得以在医院之外、社会之中聚集。故而，对于癌症患者而言，参与病友团体对他们最大的帮助就是能够缓解由癌症引发的社会生存问题，借以帮助他们摆脱受到社会孤立的困境。

在中国现存的癌症病友团体依照组成方式的不同可区分为以下三种类型，第一种是由治疗各疾病的医生专家为主体，团体宗旨是研究有关疾病生成与治疗的办法，如各省市的抗癌协会。第二种是由患者及家属与医生、护士或社工等，共同组成的病友团体，以医院为主体，提供病友有关疾病的医学知识、卫生教育和咨询等服务，如各省市的癌症康复协会。第三种则是由癌症患者自发组成、自行管理，将患病经历视为团体组建的核心，并且依附于居家社区，强调自助互助的民间病友团体，如北京抗癌乐园、

---

① TCW Zheng, et al., "National Estimates of Cancer Prevalence in China, 2011", *Cancer Letters*, No. 370, Vol. 1, 2016, pp. 33-38.

② 本刊编辑部：《2017 年中国最新癌症数据》，《中国肿瘤临床与康复》2017 年第 5 期。

③ Camille Wortman, "Social Support and the Cancer Patient: Conceptual and Methodological Issues", *Cancer*, No. 53, Vol. 10, 1984, p. 2339.

④ Rene Mastrovito, "Emotional Considerations in Cancer and Stroke in cancer", *New York State Journal of Medicine*, No. 72, Vol. 23, 1972, pp. 2874-2877.

上海癌症患者康复俱乐部等。① 本文主要讨论的是第三种民间病友团体——癌症患者自助团体。

据统计，在我国于医院接受初步治疗后的癌症患者，有六成患者会加入到癌症病友团体。一项全国性抽样调查数据显示，自1989年至1999年十年间，癌症病友团体年均增长9.3%，会员人数年均增9.4%，且截至1999年10月，全国共有21个省、市、自治区，成立了89个癌症患者自助团体，会员人数接近4万人。② 随着癌症发病率的攀升，我国癌症幸存者数量也不断增加，癌症病友团体人数也随之提高。截至2007年，全国各地已有70多个具有法人资格的癌症患者自助团体，会员近7万人。③ 截至2019年6月为止，目前在我国登记在案的合法癌症病友团体约有410个左右。

病友自助团体研究

在我国由癌症患者自行组织的病友团体模式在学术上称作癌症患者自助团体。以下将简述病友自助团体的定义、功能以及我国有关癌症患者自助团体的相关研究。

关于自助团体的定义，在学术界目前被广泛引用的是1976年Levy Leon和Alfred Katz的界定。Levy Leon认为自助团体是一种重要的精神健康资源，透过探索自助团体的本质能进一步了解"帮助过程"的本质。在他对六个国家自助团体的研究中，提出自助团体的五个特性：（1）在成员处理问题和改善心理功能上提供支持与帮助；（2）能够建立团队成员内在认同的机制；（3）团体内成员之间的关系结构是对等的，如同伙伴一般；（4）团体成员通常由拥有共同生活经验和问题的人组成；（5）团体的结构和运作模式都在团体成员的控制之下（有时可能会借鉴专家的指导）。④

1976年，Alfred Katz和Eugene Bender出版的 *The Strength in Us*：*Self-Help*

---

① 参见中国社会组织网站：http://www.chinanpo.gov.cn/search/orgcx.html。
② 张时飞：《上海癌症自助组织研究：组员参与、社会支持和社会学习的增权效果》，博士论文，香港中文大学，2001年。
③ 魏赞道：《中国癌症康复事业的回顾与发展途径探讨》《中国康复医学杂志》2007年第8期。
④ Leon Levy, "Self-Help Groups: Types and Psychological Processes", *Journal of Applied Behavioral Science*, No. 12, Vol. 1976, pp. 310–322.

Groups in the Modern World 一书中对自助团体的定义,被 WHO 所采纳:

> 自助团体是用于实现特殊目的,由参与者自愿组成的一个小结构互助群体。他们为满足共同的需要而聚集,一同克服生活中的障碍或其他干扰问题,以期带来个人变化。自助团体的发起者和成员都认为他们的需求不能通过现有的社会机构来实现,因而提出经由面对面的社会互动和成员自己承担责任的假设,并通过建立物质上的帮助以及情感上的支持,传播一种使成员得以增强自我认同的意识形态或价值观。①

"自助"一词,从字面上看意味着个人解决问题的自主性,强调的是个人层次上的努力。"自助团体"是指由一群有相同或相似情况或条件的人,为了解决特定问题或达成特定目的,主动相聚、互相帮助。因此,在本文中笔者将自助(self-help)与互助(mutual help)的概念视为一个连续循环过程,两者的概念是相互交织扣连。病人参与病友自助团体的动机就是寻求获得解决问题的帮助,"选择加入"团体,就是自助的第一步。加入病友自助团体后与其他病友间的互动交流会逐渐积累成彼此间的情感关系,此即是团体成员开展互助行为的源头。换句话说,在团体中的病友帮助他人的过程中同时也会建立情感关系获得情感支持,这使得他们的助人行为得以反馈回自身,正如 Jurgen Matzat 所言:"帮助是由群体产生,然后由群体消费。"② 这同时也与抗癌健身法的理念产生共鸣。在我国癌症患者自助团体中认为抗癌健身法的健身锻炼与抗癌之间存在紧密的关联性,因而癌症患者在病友团体中,除了能够获得群体支持与帮助的力量之外,更重要的还有通过个人持续性的抗癌健身法锻炼,进行康复实践。由此我们可以说在中国癌症患者自助团体中同时具有自助与互助、利己与利他的双重作用。

许多研究认为自助团体的形成是建立在互惠和平等的意识形态之上。③④

---

① Alfred Katz and Eugene Bender, *The Strength in Us: Self-Help Groups in the Modern World*, New York: New Viewpoints, 1976.

② Jürgen Matzat, Self-help groups in West Germany Developments of the Last Decade, *Acta Psychiatrica Scandinavica Supplementum*, Vol. 76, 1987, pp. 42 – 51.

③ Rajasekharan Nayar et al., "Self-Help: What Future Role in Health Care for Low and Middle-Income Countries?" *International Journal for Equity in Health*, No. 3, Vol. 1, 2004, pp. 1.

④ Lis Adamsen and Julie Midtgaard, "Sociological Perspeclives on Self-Help Groups: Relections on Conceptualization and Social Processes", *Journal of Advanced Nursing*, No. 35, Vol. 6, 2001, pp. 909 – 917.

Frank Riessman 和 Alan Gartner 通过引入"自助精神"(self-help ethos)的概念,将自助团体内部的意识形态描述为是一系列有关自我激励的规范和信念,包括自主、互惠、对经验知识(非专业知识)、非商业/盈利性和反官僚组织的信念,具有强化成员间的关系,增进他们的自我认同的作用。① 因而自助团体中意识形态的维系取决于团体成员的意愿。透过那些已经克服问题并掌握团队意识形态和语言的人,自助团体将让他们成为其他人的榜样,灌输他人希望,使之形成激发其他成员掌握团体意识形态和语言的动力。②

Paul Antze 认为每个自助团体都会形成一套信念与态度,用以解决团体成员共有的问题。③ 正如人类学家 Holly Mathews 的研究指出癌症患者自助团体作为一个社会群体,在地方文化综合模式(synthetic cultural models)的发展和传播中扮演着重要的角色。④ Mathews 自 1990 年开始进入北卡罗莱纳东部农村地区乳腺癌患者自助团体内部,从中发现这些妇女拒绝将肿瘤医生或专家视为是她们"生存"的决策者,也反对肿瘤医生与专家以男性化的运动和军事形象作为她们疾病的假设,因为这些都与她们既有的信仰和经验产生冲突。例如将癌症患者视为是被困在与"敌人"(疾病)的拼死搏斗中,认为她们应该接受"战斗精神",争取成为癌症"幸存者"的英雄而不是癌症"受害者"。另外,在观察乳腺癌患者自助团体的运作过程中,Mathews 发现这些妇女在团体中分享彼此经历的交流过程,更多是在进行一种认知的协商,包括癌症生成的原因、癌症治疗与康复等。因此,她将这个乳腺癌患者自助团体的运作视为是一种文化模式,在这个团体中成员们会糅合彼此的疾病经验、宗教信仰(大多数人是新教徒)与文化背景。她们经由协商达成的疾病共识是:癌细胞一直都在身体内,并在人们脆弱时出现,一旦癌症被激发,就永远无法被治愈,只有当这个人与上帝和睦相处的时候,癌症才能经由治疗得到控制。Mathews 将此模式称之为基于宗教意识形态的疾

---

① Allen Gartner, Self-Help in the Human Services, *Natl Book Network*, 1977.
② Murray Levine, "An Analysis of Mutual Assistance", *American Journal of Community Psychology*, Vol. 16, 1972, pp. 167 – 188.
③ Paul Antze, "The Role of Ideologies in Peer Psychotherapy Organizations: Some Theoretical Considerations and Three Case Studies", *The Journal of Applied Behavioral Science*, Vol. 12, 1976, pp. 323 – 346.
④ Hoolly Mathews, "Negotiating Cultural Consensus in a Breast Cancer Self-Help Group", *Medical Anthropology Quarterly*, Vol. 14, 2000, pp. 394 – 413.

病文化模型（H. E. L. P. Model）。该模型得以成形的关键在于成员间彼此愿意针对患病经验进行交流并对不同疾病认知进行协商的过程。

但有学者却对自助团体的作用持反面意见。Irving Zola 在对残疾人自助团体的研究中指出，残疾人参与自助团体反而会被贴上负面的社会标签。因为自助团体可能会维持他们作为受害者或受难者的角色，导致团体成员与"正常人"的关系逐渐疏远。[1] 但在 Paul Antze 的研究中却认为自助团体存在一种矫正个人缺陷的作用，能对个人处境赋予正常化意义。[2] Morton Lieberman 的研究结果也表明，在自助团体中多数成员认为和具有相似经历的人相处，能让他们摆脱孤单的感觉。是故"正常化"可能是自助团体对其成员最直接和重要的影响。[3] Lis Adamsen 和 Julie Rasmussen 的研究同样指出自助团体对于残疾人、患有慢性病或艾滋病的人帮助最为强烈，因为患有这些疾病的人时常会因所患疾病而受到他人的歧视与排斥，在原来的社会生活中被边缘化。但是他们却在加入自助团体后改变了原先身处的困境，不仅让他们找回自我认同和归属感，同时也加强他们在社会中的正常化发展。[4] 在 Kyla Yaskowich 和 Henderikus Stam 的研究中亦观察到癌症患者在参加自助团体后，与其他病患之间的活动交流如何能够使他们暂时缓解在社会其他层面所遭受到的孤立处境。[5]

Mark Chesler 的研究是最早指出自助团体对部分医学专业人士存在着危险性。[6] Chesler 的研究是基于他自身经验开展，因为他的孩子罹患癌症而使他加入由儿童癌症患者家长组成的自助团体。在参与自助团体的活动过程

---

[1] Irving Zola, "Self, Identity and the Naming Question: Reflections on the Language of Disability", *Social Science & Medicine*, Vol. 36, 1993, pp. 167 – 173.

[2] Paul Antze, "The Role of Ideologies in Peer Psychotherapy Organizations: Some Theoretical Considerationsand Three Case Studies", *The Journal of Applied Behavioral Science*, Vol. 12, 1976, pp. 323 – 346.

[3] Morton Lieberman, "Self-help Groups and Psychiatry", *American Psychiatric Association Annual Review*, Vol. 5, 1986, pp. 744 – 760.

[4] Lis Adamsen and Julie Midtgaard, "Sociological Perspeclives on Self-help Groups: Relections on Conceptuali-zation and Social Processes", *Journal of Advanced Nursing*, No. 35, Vol. 6, 2001, pp. 909 – 917.

[5] Kyla Yaskowich and Henderikus Stam, "Cancer Narratives and the Cancer Support Group", *J. Health Psychol*, Vol. 8, 2003, pp. 720 – 737.

[6] Mark Chesler, "Professionals' Views of the 'Dangers' of Self-Help Groups", *Crso Working Paper*, 1987.

中他发现医学专业人士并不愿意信任这种不在专业监控或管理下的病友自助团体，并认为这种由一般人组成的自助团体具有潜在的危险性。第一是对团体成员的危险，例如有些专业人士认为，从长时间来看自助团体会以不理智和不恰当的方式增加团体成员的依赖性。第二是对专业人员的危险，例如担心患者与自助团体的互动增加，会减少患者对专业服务的需求，导致病人的丧失，这也使得他们不愿意推荐患者参与自助团体。

另外，值得一提的是有关自助团体与国家卫生医疗体系的关系。George Tracy 和 Zachary Gussow 认为具有医疗性质的自助团体，其出现证明医学在为病人提供某些服务类型上的失败，并且这些团体的存在对传统形式的卫生保健服务存在威胁。① 相反，有学者则将自助团体的出现视为正式卫生医疗体系的补充，代表一种"自下而上"的公共卫生福利形式，能够填补主流卫生保健机构中病患支持服务的漏洞。② Caroline Kaufmann 的研究进一步强调正是因为对当下社会福利体系的不满，才使得自助团体的数量和人数得以不断增加。③ 虽然多数研究都正视自主性和独立性在自助团体中的重要性，但 Deborah Salem 等人却认为随着现代医学专业技术的扩张和国家卫生医疗服务系统的发展，与其他专业和单位"合作"，是维系自助团体社会存续的有利途径。④

透过上述研究得以获悉，目前社会中各类自助团体俨然成为满足积极参与卫生保健者需求的潜在工具。随着 20 世纪 90 年代互联网的发展，使自助团体出现新的交流方式，线上自助团体开始运行，其潜在的作用影响许多患者，⑤ 不仅能够克服时间、地理等时空上的沟通障碍，还能扩大成员间的交流机会。Yoko Setoyama 等人对 1039 名日本乳腺癌幸存者的调查表明，

---

① George Tracy and Zachary Gussow, "Self-Help Health Groups: A Grass-Roots Response to a Need for Services", *Journal of Applied Behavioral Science*, Vol. 12, 1976, pp. 381 - 396.

② Pamela Coodwin, "Group Support in Breast Cancer: Realistic Hope, Realistic Benefits", *Expert Review of Anticancer Therapy*, Vol. 2, 2002, p. 135.

③ Chile Kaufmann, "The Lion's Den: Social Identities and Self Help Groups", *The Community Psy*, Vol. 29, 1996, pp. 11 - 13.

④ Deborah Salemet et al., "Helping Mutual Help: Managing the Risks of Professional Partnerships", in Louis Brown and Scott Wituk, *Mental Health Self-Help: Consumer and Family Initiatives*, New York, NY: Springer, 2010.

⑤ Andrew Feenberg et al., "The Online Patient Meeting", *Journal of the Neurological Sciences*, Vol. 139, 1996, pp. 129 - 131.

在大部分患者得知最初诊断结果后，会主动寻求线上社群获得有关疾病、治疗等相关信息，而面对面自助团体的参与往往是在患者开始或完成治疗后才开始使用。若在治疗过程中患者同时使用线上网络交流和参与面对面互动的自助团体，将使她们获得最大的益处。并且该研究也揭示出癌症患者在治疗过程中的需求如何随着疾病的疗程（诊断—治疗—康复）而产生变化，进而做出满足自身需求的不同选择。[1]

需要澄清的是，在中国由病友们自发组成的自助团体，性质上与西方自助团体的概念略有不同。因应社会变革与法规的制定，在1989年《社会团体管理暂行条例》颁行后，有关社会团体的法律合法性正式成为一项明确的规范。在当时为了绕开此条例的限制，许多社会团体采取挂靠的策略，即以合法社会团体的下级机构身份存在。[2] 并且依照当时法规，任何社会团体都必须同时接受同级民政部门和主管部门的双重领导，其中民政部门主管审批登记，主管部门负责日常管理。[3] 是故，各地由癌症患者自行发起的癌症患者自助团体便开始积极向外寻找挂靠单位，以医院和部分企业为主要合作对象。当时癌症患者自助团体，俨然成为政府部门的助手，受到有关部门的监控与管理。因而也使其成为有别于西方社会，具有中国特色的病友自助团体形式。

因此，有关中国癌症患者自助团体的研究不能将其视为是独立于专业机构或政府机关，或以第三部门或公民社会的概念进行分析和理解，而是要置于中国社会文化的脉络中，将自助团体的发展视为是一种连续状态[4]进行探究。目前由于法规的更新，社会团体已经不再强制需要有挂靠单位，可以直接向各地民政部门登记申请成为独立法人。但是，调查显示不同于西方国家的自助团体，追求团体运作的自主性，在中国许多癌症患者自助团体在获得法律上的合法性后依旧与特定医院或企业等相关机构组织保持合作关系，甚至有些医生专家更主动进入自助团体内部，成为其中的领导之

---

[1] Yoko Setoyama et al., "Comparing Support to Breast Cancer Patients from Online Communities and Face-to-Face Support Groups", *Patient Education & Counseling*, Vol. 85, 2011, pp. 95 – 100.

[2] 中国青少年发展基金会：《处于十字路口的中国社团》，天津人民出版社2001年版。

[3] 俞可平：《中国公民社会：概念、分类与制度环境》，《中国社会科学》2006年第1期。

[4] Matthew Shepherd et al., "Continuum of Professional Involvement in Self-Help Groups", *Journal of Community Psychology*, Vol. 27, 1999, pp. 39 – 53.

一，例如中国医学科学院肿瘤医院院长赵平在北京抗癌乐园担任常务理事会理事长等。因此，在论述中国社会文化下发展的癌症患者自助团体时，应该将专业的介入、政府的控管、法规的更迭等列为自助团体发展过程中需要考虑的外在因素。

有关中国癌症患者自助团体的第一篇学术研究文章是 1999 年香港社会工作学者莫邦豪等人以上海癌症俱乐部为代表，审视中国癌症患者自助团体的发展状况所开展的研究。① 他们认为彼时癌症患者自助团体正处于初期发展阶段，多数活动是围绕着满足个人需求而展开。并且团体中的成员，无一例外都表示在加入自助团体后，他们应对疾病的行为、自我态度和人际关系上都变得更好。因此，莫邦豪等人在此研究中试图解答的问题是何种原因导致团体成员的行为、认知和人际关系产生变化？导致成员产生变化的因素是什么？

从中他们观察到三种变化机制。第一个变化机制是在团体中提供病患极大的社会学习机会，包括如何对抗疾病、如何处理情绪、如何与他人互动以及如何规划未来等。第二个变化机制是在团体中给予病患理解和接受自身罹患癌症事实的机会，包括癌症不等于死亡、癌症不可耻、癌症有治愈机会等。第三个变化机制是为团体成员扩大社交网络，让他们能认识更多与癌症抗争的新病友，不再有孤独、疏远或孤立等感觉。

如今，莫邦豪等人 20 年前研究的上海癌症俱乐部，已经成为上海市政府的得力助手，除了满足了团体内部成员的需求，他们更扩大发展社会公益活动，对其他弱势群体进行关怀，俨然成为一个社会公益组织而非病友自助团体。

近年来，我国对于癌症病友自发组成的自助团体研究，逐渐倾向于关注其作为一个"组织"的行动模式与生存策略②③④。这些研究侧重于在不

---

① Bong-Ho Mok, "Cancer Self-Help Groups in China: A Study of Individual Change, Pereeived Benefit, and Community Impact", *Small Group Research*, Vol. 32, 2001, pp. 115–132.
② 潘鸿雁：《一个社会组织的生存策略与价值意义——对 X 区癌症康复俱乐部的考察》，《天府新论》2013 年第 4 期。
③ 陈洁：《民间志愿服务组织管理情况探析——以上海市癌症康复俱乐部为例》，《社会福利理论版》2013 年第 10 期。
④ 朱婧：《小组工作模式在癌症康复中的效用——以南京癌友协会为例》，《呼伦贝尔学院学报》2016 年第 3 期。

同城市中的癌症患者自助团体在与政府合作后将如何动用当地社会资源去管理与维持组织的运行以及打造组织的社会品牌，进而成为政府与社会的"黏合剂"。① 在这些研究中对于组织运作型态的过度重视，可能会产生混淆病友自助团体以病友为本的初衷，忽视病友自助团体的真正功能。

对此，有学者将分析维度聚焦在病友自助团体内病友间的互动，从社会支持的视角，以社会工作的观点审视病友如何在参与团体的过程中获取各种社会支持、战胜疾病的希望、生活质量的提高、人际网络的重构等，进而获得个人的增权。②③ 社会支持被认为是患者应对疾病与治疗过程中最具有潜力的资源之一。此处所指的社会支持，是根据 1983 年 Barbara Wallston 等人提出的定义，指的是个体通过正式或非正式的途径与他人或群体接触，并获得信息、安慰及保证。④ 社会支持的类型包括：物质支持、情感支持、信息支持、归属支持等。⑤ 从中国癌症患者在参与自助团体中获得自我增权的事实，发现与 Jane Ussher 等人的研究结果一致，在他们研究中指出参与自助团体最重要的影响就是增加成员个人自我赋权的机制，包括增强自信心和自我控制的能力，提高与癌症共同生存以及与他人的互动的能力。⑥

有研究指出，情感支持对癌症患者的身心调节有着重要的影响与作用⑦⑧。因此国内许多学者也聚焦在自助团体内部的情感支持，认为情感支持不仅是癌症患者需求最高，也是他们参与自助团体最大的收获，并且认为患者与患者、患者与团体之间最紧密的联系就是建立在以情感为基础

---

① 文军：《中国社会组织发展的角色困境及其出路》，《江苏行政学院学报》2012 年第 1 期。
② 黄楠楠：《社会工作视角下癌症患者社会支持网络研究》，硕士学位论文，山东大学，2013 年。
③ 周秀玲：《癌症患者的自助组织参与与社会支持利用》，硕士学位论文，上海师范大学，2016 年。
④ Barbara Wallston et al., "Social Support and Physical Health", *Health Psychology*, Vol. 10, 1983, pp. 367 – 391.
⑤ 汪苗、肖国华：《试述癌症患者的社会支持》，《医学与哲学》2012 年第 8 期。
⑥ Jane Ussher et al., "What Do Cancer Support Groups Provide Which Other Supportive Relationships Do Not? The Experience of Peer Support Groups for People with Cancer", *Social Science & Medicine*, Vol. 62, 2006, pp. 2565 – 2576.
⑦ Sandra Neuling and Helen Winefield, "Social Support and Recovery After Surgery for Breast Cancer: Frequency and Corelates of Supportive Behaviours by Family, Friends and Surgeon", *Social Science & Medicine*, Vol. 27, 1983, pp. 385 – 92.
⑧ Christine Dunkel-Schetter, "Social Support and Cancer: Findings Based on Patient Interviews and Their Implications", *Journal of Social Issues*, Vol. 40, 2010, pp. 77 – 98.

的互助之上。①②③

有学者也从其他视角分析癌症患者自助团体在我国的运作形式，例如潘丽萍以社会学及社会语言学为理论基础，透过对嘉兴抗癌俱乐部1995—2006年的历史文本、官方媒体报道、QQ聊天及半结构采访录音等话语实践材料进行批判性话语分析，考察癌症患者在团体中自我认同的建构历程。潘丽萍认为病友团体、团体成员与当地政府媒体三方话语构建了癌症患者自助团体的社会话语身份，例如嘉兴抗癌俱乐部对内部的宣讲，特色指称（如我们、我们的、抗癌）的使用能有效提升群体意识，对外部则以突出自身特质、张扬优势和淡化劣势的有价值取向性的交流话语，用以获得社会其他个体、群体和机构的关注。④

抗癌健身法和群体抗癌

在中国的癌症患者自助团体与其他病友自助团体最大的区别在于他们强调"抗癌健身法抗癌"，认为癌症患者除了接受医院治疗，在日常生活中若能透过抗癌健身法锻炼，将能提高自身的抵抗力和免疫力。目前我国各城市中的癌症患者自助团体是以当地社区中的公园为据点，癌症病友们一同组织进行抗癌健身法的健身锻炼。在锻炼结束后，众病友们聚集在一起进行"话疗"，分享彼此的锻炼心得、身体情况、生活琐事等。

"群体抗癌"是我国癌症患者自助团体共通的核心意识型态，发源于北京，盛行于20世纪80年代末，随后传递至全国各地，其宗旨是"自强不息、自娱自乐、自救互助"的精神，强调团体内的成员间彼此相互依赖、互帮互助。癌症患者自助团体透过健身锻炼等方式，鼓励癌症病友顽强抗争、乐观生活，以此建立团体内癌症患者们的积极性，同时推展团体成员

---

① 陈津利等：《乳腺癌患者在自助组织中的情感支持：一个探索性的研究》，《香港社会工作杂志》2003年第2期。
② 侯莹：《情性互惠和群体互惠研究》，硕士学位论文，清华大学，2014年。
③ 赵永波：《小组工作在癌症患者心理治疗中的应用研究》，硕士学位论文，苏州大学，2016年。
④ 潘丽萍：《民间社团的社会话语身份研究——民间抗癌俱乐部话语身份建构分析》，《外语学刊》2008年第6期。

间的互助行为，并经由各种活动交流，将群体抗癌的意识形态传递下去。

研究发现，选择加入以抗癌健身法的健身锻炼为核心的癌症患者自助团体的癌症患者，以60岁以上的老年患者居多。促使这些老年患者加入自助团体的原因并非是为了寻求社会、情感支持等因素，而是源于对生命延续的强烈需求，即"想活"。他们多数是在医院接受治疗的过程中感觉到身体和心理上出现诸多不适反应，而后听闻其他病友们提及并推荐抗癌健身法锻炼时，出于在医院治疗时感受到疾痛与苦难而兴起"死马当活马医"的想法，抱着尝试的心态去"试试看"抗癌健身法锻炼的影响，进而选择加入癌症患者自助团体，进行抗癌健身法锻炼。当他们在团体中进行锻炼、参与各种团体活动的过程中，会因为接受到团体内其他病友们的帮助，激发起他们在身体状况稳定后自愿留在团体内继续帮助其他病友的互助精神。于是，这些老年癌症患者因为罹患癌症知晓抗癌健身法，又因抗癌健身法锻炼抗癌与生命延续的需求而加入自助团体，最后因为参与自助团体后与其他病友间开展互助行为，使他们与其他癌症病友形成自助互助的互惠关系圈。

研究发现，这些老年患者们主观上皆认为感受到抗癌健身法对自己产生助益，首先体现在生理上的身体变化，他们明显感觉到身体恢复"正常"机能的迹象，比如能吃、能睡、做事有劲头等。其次体现在心理上的情绪变化，借由抗癌健身法抗癌、群体抗癌等意识形态的传递，赋予他们生存的希望，建构癌症不等于死亡的认知，使他们心理上能摆脱癌症和死亡的枷锁，获得精神振奋。再次体现在团体活动的参与过程，与病友间的互动交流将加深他们彼此间的情感关系、形成情感支持，进而成为凝聚和扩展互助行为的关键。复次是参与团体的经济成本低廉，在癌症患者自助团体内开办的抗癌健身法培训班的费用落在500—800元，采终身学习制，由资深的癌症病友进行教学与辅导。最后是团体成员的平均五年生存率高于其他癌症患者。经由地方癌症患者自助团体自行统计结果显示，进行抗癌健身法锻炼的癌症患者的总体五年生存率（80%）远高于医学统计上的癌症五年生存率（40.5%）之说。因此，在受到上述诸多原因的影响下，老年癌症患者经由实践抗癌健身法进行健身锻炼以及和诸多病友一同参与各种团体活动的过程中，提高他们对癌症患者自助团体的认同感和对生命延续的希望。

有关抗癌健身法，是起源于中国女画家郭林所创编的一套健身锻炼法。

郭林，原名林冠明，字妹殊，1909年出生于广东省中山县一个中医世家，她2岁时父亲便战死于辛亥革命，自幼被祖父教养。郭林的祖父是个中医，自年轻时便爱好武术，修炼道家功法，在耳濡目染下，使她不仅深受传统医学的影响，同时也跟着祖父修炼道家气功。

郭林成年后，随着一连串战争的发动，她被迫流连于广东、中国香港、中国澳门、中国台湾、上海等地，最终落脚于北京。在此流亡的过程中，她先后罹患子宫颈癌和膀胱癌，进行了大小共六次手术。但因为当时经济条件的限制没有进行后续的放疗与化疗，选择回家自行调养。在郭林进行最后一次手术时，由于癌症不断反复地复发，激起她想用中国传统健身武术来调身治病的念头，故而开始潜心学练钻研各种健身锻炼法，试图以此来增强自己的身体机能。并在1971年响应毛泽东"发展体育运动，增强人民体质"的号召，郭林遂携此健身锻炼法走出家门、走进公园，向民众传授她的抗癌健身法。截至1981年1月4日，前来与郭林学练抗癌健身法的癌症患者高达200人以上。郭林说："掌握了这个武器，病人就能有所作为，'和疾病作战'完全可以自己主宰，使精神因素有了根据。同是癌症病人，相当多的问题有着共同之处，所以互相劝说、开导，就更深入，更贴心，更容易起作用。"当时，抗癌健身法便透过癌症患者自助团体和癌症患者的口口相传逐渐在病患间传播开来，并且延续至今。

至于为什么郭林认为她创编的抗癌健身法能够对癌症患者起到影响与作用？郭林对此做出解释：它是配合医理、生理、病理才产生的功理，从功理中产生功法，功法不是凭空想出来的。……我阅读了大量的理论书籍，并经过我们苦练的实践以及切实的自身体验，才创建出这一套套的功法。走经脉路线那是肯定的，因为内气调动起来，走哪一条路线，就攻哪一部位的病灶。……我们是调动内气走经脉道路……经脉流通了，奇经八脉、十二经脉：手三阴、足三阴、手三阳、足三阳，我们把它搞通了，内气就能在全身循环。……中医有阴阳失调之说，这是西医所没有的。失调就会生病，……把它调整平衡了，阴阳调整过来，这样就能治疗疾病。①

从以上郭林对抗癌健身法的阐述中得以知悉，她是从传统中医学和道家养生学的视角对癌症的病因进行解读，并提出应对之法。常言道："气血

---

① 郭林：《郭林新气功：癌症与慢性病患者自学教材》，北京金盾出版社1988年版。

不通百病生"，中医学里对于病理的界定就是气的通与不通，所以郭林认为"癌"的成因便是由于"阴阳失调、气滞血瘀、瘀血藏毒"所导致。在此基础上，郭林提出抗癌健身法的原理就是援用传统医学中的"阴阳五行""祛邪扶正"之概念，强调通过调动体内之"气"来疏通人体内的淤塞，并且经由充分发挥患者的主观能动性，让患者通过锻炼，最大限度调动自己的"内气"，使之按照正常轨道循行经脉，以调整阴阳，疏通瘀滞，促进新陈代谢，增强机体功能。

此外，郭林还提及"在我所接触癌症病人，数以千计中，我发现情绪恶劣，而导致癌症发生和加速死亡，起到了很大的作用"。所以郭林提出治病要先治心，这个思维正是同于道家传统养生观念所云："炼命必先炼性""修得一分性，保得一分命"的道理。在此脉络下抗癌不单只是对抗体内的癌细胞，还在于对抗自己身体内部那些滋养癌细胞的邪与恶的心理和精神状态，所以在郭林和抗癌健身法锻炼的脉络中，癌症治疗应该是一种整体性的、身心合一的过程。

北京市北京抗癌乐园

北京抗癌乐园的创始人于大元、高文彬等人皆为癌症患者，师从于郭林，进行抗癌健身法的锻炼。于1990年在北京八一湖畔的小山丘上创立"八一湖抗癌乐园"。1993年改名为北京抗癌乐园，其乐园纲领为：自救互助、乐观拼搏、综合治疗、战胜癌症。由于大元担任第一届园长，经北京市民政局介绍由北京市残疾人联合会发文批准。2003年成立社团法人，北京市社团办注册，是由北京市红十字会直接领导的法人社团组织，具有明确的工作目标与层级架构。

在行政组织之下，北京抗癌乐园依地区划分为19个分园和1个艺术团，各分园分别有一名园长与副园长，负责组织成员，宣传乐园活动等功能。其下又依不同病灶划分组别，由各组组长负责联络与传达活动等功能。欲加入乐园的癌症患者，必须提供医院的疾病诊断证明书，每年缴交20元的会费，乐园每年会寄送四期名为《抗癌乐园》的通讯杂志，提供抗癌知识、乐园活动等信息。宣扬"科学抗癌、欢乐抗癌、群体抗癌"的精神，让他们"不走错路，少走弯路"，为癌症患者找回欢乐、找回健康。

北京抗癌乐园的活动是围绕"三进":进医院、进社区、进公园;"三宣传":宣传抗癌理念、宣传抗癌文化、宣传抗癌健身法;"三树立":树立良好的心态、树立抗癌的信心、树立练习抗癌健身法。① 每年组织春秋游、春节联欢,过癌龄生日,增强战胜癌症信心。

北京抗癌乐园先后被中共北京市委授予"思想政治工作优秀单位";被市委社会工委授为"创先争优先进基层党组织";两次被社会工委授予"北京市社会组织公益服务10大品牌",荣获"北京市社会组织公益服务十大品牌金奖";全市"4A"级社会组织(民政部备案);生命绿洲艺术团成为"党在百姓心中"十佳团队等重要荣誉。②

北京抗癌乐园以老年癌症患者居多,成员平均年龄在60岁之上。该组织强调群体抗癌,以抗癌健身法的锻炼为主,并结合中、西医等综合治疗。此外,北京抗癌乐园亦针对癌症患者怎么进行群体抗癌,设计出一套自助互助的群体抗癌模式,即"以健康的精神为统帅,以相互心理调节为先导,首选西医,结合中医,坚持抗癌健身法锻炼,讲究饮食疗法,注意生活调理"。③ 这套新理念、新主张成为许多癌症患者追逐奉行的抗癌行动。

个人身体的群体性

早晨七点半,在诺大公园的一角,一位佝偻着腰的老先生,手里拿着抗癌健身法、抗癌乐园与抗癌明星的介绍单,以及癌症患者的康复日志,正环绕着公园湖边空地,将单子一张张地悬挂于四周。这时在公园已经有人群开始活动,但湖边空地尚无人群聚集,待到八点时渐渐有些老人家走近空地周边的木椅上坐着歇息,眼神不时望向远方连接空地的行人步道。待到早晨八点半时,一位背着麦克风的老太太走进空地的中央,透过麦克风吆呼在木椅上零散坐着的人们,"开始练功了!"

据了解,北京抗癌乐园下的各分园每个月都会举行一期"自救互助抗癌健身法学习班",由通过乐园培训、考核认证的教功老师(癌症幸存者)

---

① 侯莹:《情性互惠和群体互惠研究》,硕士学位论文,清华大学,2014年。
② 孙桂兰:《为人类抗癌事业创新发展谱写新篇章的25年在北京抗癌乐园创建25周年暨抗癌明星"五整生日"大会上的讲话》,《抗癌之窗》2015年第5期。
③ 侯莹:《情性互惠和群体互惠研究》,硕士学位论文,清华大学,2014年。

进行抗癌健身法的教学。在结业后由教功老师给予每位学员一套专属的锻炼方案，让他们各自返回自家附近寻找合适的公园或空地，选择适当的时间，每日进行抗癌健身法的健身锻炼。按照教功老师的说法，抗癌健身法的健身锻炼是很难能两个人同时、同步一起进行。因为每个人走的步伐不同，疾病类型和治疗进程也不相同，有些身体好的病友可以走快一点，身体不好的得走慢一点，所以无法像做操或广场舞那般一群人同时进行，在加上抗癌健身法中特别强调呼吸和步伐的搭配，每个人的呼吸频率也不一致，所以只有依照各自的情况自行锻炼，才能达到较佳的成效。这不免令人感到纳闷，既然抗癌健身法是落实群体抗癌最主要的方式和手段，但实质意义上的"群体"却只存在于最初集体学习抗癌健身法的课程中。如此一来，那么群体抗癌的"群体性"究竟在何处？

对此，笔者大略的将抗癌乐园的成员区分为两群人，第一，是刚加入组织的新病友，此处称之为"功友"；第二，是自身对抗癌健身法已有一定掌握或者加入团体后抗癌年龄满五年以上的，称之为"园友"。对于刚加入抗癌乐园的功友来说，学练抗癌健身法的目的主要是希望能够借此增强自己的身体机能，获得与癌细胞对抗的能力。但对于已学会抗癌健身法并能自行锻炼的园友来说，每天持续的锻炼除了在于提升身体机能，避免癌症复发和转移外，更成为一种他们维系自我和团体的关系连结。比方说当病友每天按时到公园进行抗癌健身法的健身锻炼时，他们经由身体展演出抗癌健身法的实践中，便同时与整个抗癌乐园产生联结。陈姨是新进的功友，她在锻炼的过程中时常接受到其他园友对她的指点：

> 我才刚开始上课不久，动作就会比较僵硬，做不到位，有时别人看不过去，就会来跟我说做这动作不用这么紧张，然后指点一下我该怎么做。

已经加入乐园锻炼四年多的周姨提及到她在公园锻炼时，常给新功友指点，也常找园友指点她的锻炼时的姿态：

> 你看那戴眼镜红色帽子那个就是新来的，我不知道他是哪一个月的，反正我这个人就是爱说，我看他走啊、点步的啊，我就会告诉他

这应该怎么点、手应该怎么摆，一开始学都会有点这样。其实我们当初学的时候也是这样，就是一些老的看到会给你讲讲。或者是休息时我把他给拽过来，要他看看给我讲讲这走得、做得对不对。这互相的都可以这样，特别是这一片这一条路上，你只要问任何一个人，他都会告诉你。

在抗癌乐园中，癌症患者的形象与我们一般对癌症患者的认知不同。在这个团体中的癌症患者不单是被动接受协助的、弱势的患病者，他们同时也是正向积极的、对他人提供协助的助人者。研究发现对他人提供协助的癌症患者会在助人的过程中感受到增权，这种增权意味着癌症患者选择参与团体活动的动机提高，并且在助人的过程中也增强了自身的生存动力，获得生存的生命能量。从上述对话中得知，团体中癌症患者对其他病友的协助更多围绕在抗癌健身法锻炼的身体技术上，例如当园友在公园锻炼时，如果走的步伐或手势出现问题，一旁锻炼的功友便会上前指导，或者是当功友在进行锻炼时姿态得宜，周边的园友便会上前询问功法等。

因此，回到最开始的问题，在抗癌乐园中所倡导的群体抗癌之"群体性"究竟何在？原先个体性的身体健身锻炼，经由病友在公园等公共空间上有识别性的身体展演过程，使得原先并不熟悉的病友们，经由实践抗癌健身法的身体动作而得以相互辨识，并透过帮助人和被帮助的过程中逐渐串联起彼此间的关系。正如笔者在抗癌乐园所观察到的，每当功友们在锻炼完的休息过程中，他们所谈论的话题不是围绕着各自的疾病，而是关于抗癌健身法、乐园活动等话题。因此，参加抗癌乐园的癌症患者通过持续的进行抗癌健身法的健身锻炼，不仅能提升自我身体免疫能力与提高健身状态，更能与其他成员间产生疾病以外的共同话题，增加亲密度。因此，以抗癌健身法的健身锻炼为中介，抗癌乐园不仅强化了病友对于抗癌健身法抗癌的信念，同时也增加对抗癌乐园的团体认同感。

此外，在抗癌乐园分园所处的19个公园的内部也从中形成一个立基在地域上有形界线的无形社会医疗场域。在该场域中，乐园成员不仅能透过身体姿态辨认其他病友，并且还能再连结患者与乐园的关系上，发挥最大的效力。因而，对于新进功友们来说，当他们参与的抗癌健身法学习班结业后，他们的关系并不会因此而断裂，因为抗癌乐园会以各公园作为连接点，使来自各地的癌症患者得以经由抗癌健身法的健身锻炼与其他团体成员和抗癌乐园维持连接。

由此可见，抗癌乐园以抗癌健身法的健身锻炼作为癌症患者自助团体运行的生命线，以北京的 19 个公园为据点，将散落在北京各处的癌症病友们聚集在一块。此举不仅传递癌症患者一套能与抗癌乐园保持关联的身体技术，还透过他们对抗癌健身法健身锻炼的持续性，实现与落实北京抗癌乐园群体抗癌的理念。

病友间的情感支持

在既有研究中，情感支持被视为是社会支持中的一种重要形式。肖水源、杨德森认为社会支持除了客观可见的支持，如物质的援助，更是一种主观体验的或情绪上的支持，指的是个体在社会中感到被尊重、被支持、被理解的情绪体验和/或满意程度。[1] Carolyn Cutrona 和 Daniel Russel 将情感支持视为是社会支持的一个分类，意指个人在面临压力的情况下，向他人寻求安慰和安全感的能力，使自身感觉受到别人的关心。[2] 因而，本文认为在不同的患者间，情感支持必然存在异质性。情感支持应该是在个人与他人互动交流的过程中所生成，除了是个体主观的一种表达与感受，同时也能反映出个体与所处社会情境之关系，使得情感支持会受到社会、心理与文化的影响与投射。

在北京抗癌乐园中，原先彼此陌生的癌症患者们，先经由所得之"病"与其他病友产生连结，而后在病友自助团体的中介下，透过参与团体活动的过程与其他病友互动交流，进而深化彼此间的情感关系，与他人成为"友"。以下将陈述对抗癌乐园 Z 分园的田野观察。

在实际社会生活中，缺乏一个能使患有相似疾病的患者相互交流的空间场所。而抗癌乐园的存在则创建出一个社会医疗场域，令这些病患得以在社会中聚集。因此，几乎每位加入 Z 分园的病友都表示说，当他们一进

---

[1] 肖水源、杨德森：《社会支持对身心健康的影响》，《中国心理卫生杂志》1987 年第 4 期。

[2] Carolyn Cutrona and Daniel Wayne Russell, "Type of Social Support and Specific Stress: Toward a Theory of Optimal Matching", in Sarason Barbara et al., *Social support: An Interactional View*, New York: John Wiley & Sons, 1990.

到团体时，首先都兴起"找到同类"的归属感。比方说王先生 75 岁的父亲是肺癌患者，开始锻炼不到一个月。王先生每个锻炼日都陪同他父亲来健身，王先生认为加入癌症患者自助团体对他们父子来说最大的体会就是"找到同类"：

> 这边环境很好，主要是找到同类的感觉，这种感觉很重要，你到医院你是病人、别人是好人或者医生；在家里，你是病人，别人是正常人都在照顾你。但是到这里这种心理放松的感觉我觉得还挺有用的，就是找到同类的感觉。一开始来这时对这个感觉特别明显。教功的、学功的、工作的、唱歌的都是病人，都是同类。

碍于在日常生活中，癌症病患往往被视为是"异常"的，[①] 不仅在于疾病对身体的影响转变过去习以为常的生活习惯，患病的身份也使自己与其他相对健康者产生区别，他们难以与没有经历任何生命危机与病痛折磨的人产生共鸣，因而与其他罹癌的病友们一同作伴的时间，对他们来说是有极大的价值意义。病友周姨出院后就在家人的陪伴下抵御癌症对她身心的侵蚀，但仍不足以使她重拾生存的意志，直到加入 Z 分园、接触到同为癌症患者的病友，才使得她燃起生存的斗志：

> 我当时做完手术之后就没体力，每天都浑浑噩噩，人家要我三个月后可以吃中药，吃了中药后也是那样，之后又有人告诉我这里有在教抗癌健身法，我家里的人就挽着我来看人家做锻炼。那天刚好有人在唱歌跳舞，我看了就非常激动泪流满面，他们能好，我一定也能好，我就开始加入组织学抗癌健身法。在这里因为大家都这个病，不用说遮遮掩掩、不好意思啊。跟别人聊天时，你是什么病，我是这个病，你几年的，我几年的，互相就有个鼓励，跟这些病友聊一聊，抑郁心情也都解除了。

从周姨的经历中可知加入癌症患者自助团体后，与同为癌症患者的病

---

① 刘理生：《癌症患者的心态》，《中国保健营养》1995 年第 9 期。

友间的互动交流对她产生极大的正面影响。对此，唐大爷也深有体悟：

> 在家是我得癌症了，肠癌，在我们整个家庭来讲就我们是癌症病人，就我病最重，一出来孩子们为了照顾我这老爸，像上汽车你先上，好吃的你先吃，都这样是不是，搞得我觉得我病越来越重，但我一到这来，肠癌的病友比比皆是，大家那个高兴劲啊、互相帮衬的精神啊，让我觉得到这里是一个很好的决定。

由此，癌症患者将初次进入Z分园中感受到的诸多情绪感触，视为是Z分园的病友们所带给他们的情感支持。本文认为这种病友间普遍存在的感同他人身受的同理心之情感支持，仅只是建立在"患病身份"所触发的同病相怜。亦言之，在加入癌症患者自助团体后，病友间普遍会共享"同病相怜"的同理心，但真正能驱使病友间展开互助行为的情感支持，是立基在病友间互动交流后产生的情感关系。此外，随着病友们彼此间情感关系的深浅，将使得病友在团体中的情感支持产生区别。

透过以下对Z分园于每周二、四、六、日锻炼结束后，在公园湖边空地互动情境的描绘，可以明显察见初入团体的功友和已加入团体一段时间的园友在互动上的差异。

上午十点，练功结束，是公园湖边空地最热闹的时候，在张大叔的介绍下，可以知道那些围着教功老师的病友，都是新加入团体的功友，他们主要谈论与关切的是对抗癌健身法学练上的困惑和技巧。那些一团团聚在一起谈话的，都是锻炼完的园友，话题除了一般身体近况上的问候，基本上都是环绕着团体最近办的活动。比方说由于年关将近，每年年底北京抗癌乐园都会聚集北京旗下的分园举办联欢会，在联欢会上各据点组织都要表演一个项目，今年Z分园是由团体志愿者为代表表演大合唱，每周日十点后的湖边空地就会看到他们在那练唱。因而他们最近聊天谈论的话题都围绕此活动。

最初加入Z分园的功友们，大部分是手术或放疗、化疗疗程结束后加入的，少数是仍在进行治疗者，功友加入团体的初衷是学习抗癌健身法的健身锻炼，以求增强身体抵抗癌细胞的体力与能力，他们将自助团体视为是用来疗养与康复的工具性手段。在园友眼中，功友就是一群新来的患者，园友们不会主动与功友联系，除非功友主动上前攀谈，他们更多时候是会在功友锻炼出现问题时主动找向他们。魏姨便是我所称的"园友"，她提到她与新病友（功友）之间的接触："我们这些都是癌症病人，这些老的我们常接触，几乎一半我都认识了，新的我们不接触。我们这些老的跟新的接触得比较少，新病友他们注重学习，学抗癌健身法。"

在功友们看来，园友就是一群在团体中锻炼很久的康复者，总是聚拢在一块，他们不敢也不知如何主动上前与之攀谈，仅有在锻炼时才能针对锻炼问题与他们说上几句话。郝姨就是新加入团体的"功友"，她加入三个多月，与其他病友们尚未熟悉。她向我陈述她现在专注的就是学会抗癌健身法、提高身体机能、降低癌症对自身的威胁："现在这些人我都不太认识，都不熟，没关系应该慢慢就会熟了。现在就是先练这个功，其他等练好了、练会了、都学好了之后再说。"

功友与园友之间的区别从园友们彼此见面问候的过程中更加显而易见。在Z分园中，园友们相互问候的方式是透过"击掌"。笔者初次见到他们以击掌作为打招呼的方式时，本以为这是Z分园中的一种不成文的问候规定，用以表示病友间情感紧密融洽的象征，但随着笔者在Z分园活动的时间越长，便察觉到以击掌相互问候的病友是以乐园中的园友们为主。

园友们之所以彼此感情热络，关系相较于功友们更为紧密，其主要原因正是在于情感关系的建立。情感关系的深浅与他们在团体内活动的参与程度息息相关。园友除了加入团体时间较功友们长之外，他们在锻炼之余也积极参与团体的各种活动，例如周姨、魏姨等人都提及到她们除了锻炼之外，团体办的包括春游、秋游、登山等活动，都会参与，因而容易与其他团体成员建立情感关系。正如吴姨所言，"就是要每天来，经常来这活动，时间长就都认识，只要团体有活动就来参加，每天在与大家积极聊天，肯定关系就会拉近。但你刚进来的可能不行，要有一段时间……"参与团体活动，是能够扩展与其他病友间情感关系的重要渠道。抗癌乐园所举办的各种活动，让原本散落在各处，以个人为中心、一对一的病友情感关系获得能够彼此连结、扩展，并形成病友间情感支持的庞大力量。参与团体活动的频率成为建立情感关系的标志，病友成员间的情感支持程度取决于与其他成员间的情感关系。

由此可见，在抗癌乐园中若欲开展与病友间同病相助的情感支持，是有其潜在的任务需要达成，也就是建立和维系与其他病友间的情感关系。在Z分园中所谈的情感关系便是在参与团体活动的过程中与其他病友互动交流所建立和维系的。成员间深厚的情感关系会进一步凝聚和扩展为病友间同病相助的情感支持。

值得注意的是，在Z分园中，病友间的互助行为是始于病友先获得他人的帮助后所激发。换句话说，当病友初加入团体，在尚未帮助他人的情况下，便能先得到其他病友对自身的帮助，是以，在Z分园中的病友们会因互动交流所积累的情感关系，而赋予情感支持不同的权重力量，并使之成为推进病友间互助行为的动力。论述至此，已知在癌症患者自助团体中的互助行为，其意义远非仅只是依附于患病身分中感同身受的同理心便可以概括。

团体内互助行为的传递与延续

从获得病患身份到加入癌症患者自助团体，建立情感关系，产生情感支持，到实现同病相助，是一连串复杂的角力过程。笔者认为打从癌症患者加入癌症患者自助团体开始，他们的互相理解、互相知悉便已经附带在他们的患病身分之中，疾病的体验与经历只是一种依附于患者身分的铭刻，而不能单纯作为病友间互助行为产生的源头。由于在癌症患者自助团体内的互助行为，是以非物质的情感支持为主，非物质的给予和收受难以衡量，在癌症患者自助团体中给予的一方往往难以从收受的一方获得相等的回报，有些人往往比别人更加帮助别人，有些人则比别人获得更多的帮助。比方说初入团体的功友们更多的是从园友中接收有关抗癌健身法和抗癌的知识、信息与经验，譬如孙大叔加入团体已经半年，他最常找园友们询问有关医生的信息："我就会问问他们看哪个中医好，问他们看哪个大夫、怎么挂号，因为挂号也是个大事，这不就是交流吗。我们依照推荐找一个合适的大夫去看，那些大夫都是正规医院的，到网上都能查到那些大夫的资料。"

透过观察发现，在团体内从事特定职务，诸如担任各疾病组组长、志愿者等园友们，是对新加入乐园的功友付出最多帮助的。这些园友都是已经活过五年癌症生存期的幸存者。在现代医学中将癌症患者接受手术或放化疗等治疗后,五年内未出现癌症转移或复发的五年生存率,作为评价手术或其治疗的成效。因为残留在癌症患者体内的癌细胞经过一段潜伏时间,可在一定的内因和外因作用下重新增殖形成癌症。虽然五年并不能直接视为是癌症治愈的指标,但普遍都将经过治疗后生存时间超过五年,又无任何癌症复发转移迹象的癌症患者,认为是治愈者或是癌症幸存者。① 他们在临床医学上已被视为是相对康复者,是能够不依附于癌症患者自助团体,独立生活者。但是,在抗癌乐园中这些园友们却并未因此选择离开,而是继续留在Z分园,自愿从事无报酬的组织职务,为其他病友们提供所需的帮助。正如担任乳腺癌组组长的陈姨所言:

> 过了5年等于自己就是有了第二次生命,我们就成为癌症病人的一个榜样。好多癌症病人都说过,你们的今天就是我们的明天,等我们康复了,也要为社会传递正能量。所以呢,我们要做好这些工作,将我们康复后的精神状态展现传递给大家,给刚得病的人一种鼓舞。

既有文献显示,多数癌症患者在收到癌症诊断结果后,其自尊、自我形象和自我效能都受到影响,导致产生失去控制的感觉。② 而透过田野观察发现原先因得到癌症,被迫在社会中"去权"(disempowerment)的癌症患者,透过学练抗癌健身法、参与团体活动、从事特定组织职务等方式与癌症患者自助团体相结合,使他们重新获得"赋权"(empowerment)。一方面,对学练抗癌健身法有一定掌握与体悟的病友们,获得重新掌握身体与生命的控制权。另一方面,担任特定职务的园友们,在癌症患者自助团体中所获得的情感支持逐渐与Z分园相连结。换句话说,这些担任特定职务的园友们在团体内与其他病友间的互助行为,更多是立基在对团体职务的责任与义务,也就是"身居其位,谋其职"。

值得注意的是,在Z分园中,功友普遍会将从园友获得的支持与帮助归因于是Z分园所赋予,而非是来自于特定个人。故而,当园友对功友提

---

① 夏乐敏:《从"五年生存率"谈起》,《调研世界》2013年第6期。
② Trusson Diane et al., "A New Normal? Women's Experiences of Biographical Disruption and Liminality Following Treatment for Early Stage Breast Cancer", *Social Science & Medicine*, Vol. 151, 2016, pp. 121 – 129.

供支持与帮助时,他们所获得的回馈也不是来自他们所帮助的功友们,而是来源于"Z分园"中。透过他们对团体内病友的付出,Z分园会赋予他们荣耀,例如成为团体的高阶干部、参与团体特殊事务(如全国肿瘤防治宣传周等活动)、作为团体代表出外参访等。诸如此类事务会使园友在奉献自身的过程中,得以重新定位与评估自己的身份,并将自身与Z分园和抗癌乐园捆绑在一起,使他们能与Z分园共享其他病友们对抗癌乐园的反馈。

在Z分园中,不论是功友或是园友,都能在接受他人帮助与帮助他人的过程中,获得自我认同的提升和对抗癌乐园的认同与归属感。亦言之,初入团体的功友们接收到园友的支持和帮助后,会产生助人之心,同时提升对Z分园及抗癌乐园的认同和归属感。当功友成为园友后,便会延续着过往所接收到的支持与帮助,为新进入团体的功友们付出帮助,并在帮助的过程中获得赋权,重建自我认同。在一连串受助与助人的过程中,Z分园中癌症患者的互助行为俨然已经挣脱疾病的枷锁,成为抗癌乐园存续的重要根基之一,同时形成一股庞大的群体力量,引领着癌症病友们一同提高生存的质量,协力面对与抵抗疾病。

观察发现,病友间的情感支持取决于与病友间的情感关系,在参与团体活动中与其他病友的互动交流,是建立与维系情感关系的关键。因此,病友间的情感关系会赋予情感支持不同的权重力量,进一步凝聚和扩展为团体中同病相助的互助行为。但过往研究过于重视癌症患者自助团体内互助行为的一致性,而忽略互助行为的异质性,亦即有些人往往比别人更加帮助别人,有些人则比别人获得更多的帮助。

因此,借由Z分园的观察,笔者发现真正促发癌症患者自助团体内互助行为的关键在于癌症患者的自主性,惟有主动积极参与团体活动,与其他病友建立深厚的情感关系,才得以建立同病相助的情感支持,挣脱疾病对个体的压抑,重振自我,再次走入社会。惟有如此,才能让抗癌乐园形构出这股庞大的群体力量,持续引领病友们共同扩展生存的质量与发掘生命的意义。

另外,值得注意的是纵然癌症患者自助团体内部的互助行为是有其差异存在,但我们必须意识到互助行为是作为一种文化精神,反映的是对特定事情的认可,而非特定等级间的差异,互助的差异理所当然也是一种文化差异。

福州市癌症康复协会

根据福建省卫生厅的调查数据以及福州市卫生防疫站的全死因登记报告显示,在福州市恶性肿瘤死亡率是居全死因首位。在1973—1987年死于恶性肿瘤者计16135人,其中男性10185人,女性5950人。[①] 1988—1993年福州市恶性肿瘤新病例共有10804例,男性6757例,女性4047例;福州市区肿瘤的标化发病率196.1/10万,男性240.4/10万,女性146.9/10万;福州市区肿瘤发病趋势,1993年与1988年比较增长33.88%,男性35.97%、女性30.53%。[②] 显而易见,福州市作为福建省的癌症高发区,癌症发病率逐年攀升。此外,依据福建省肿瘤医院针对福州市区1988—1997年恶性肿瘤发病率的统计结果显示,1988年福州市区男、女性恶性肿瘤发病率高峰年龄分别为69.88岁和66.14岁,到1997年时发病率高峰年龄分别为74.25岁和70.46岁,均推后4.3岁。因此福州市区的罹癌年龄也呈上升的趋势。[③] 故而,对于福州市当局来说,罹癌人数的增加是一个不容忽视且需要重视的问题。这些癌症患者不仅要面临身体的疾病与生命的威胁,他们未来的生存与生活也成为福州市当局严峻的考验。

因此,为了应对庞大的癌症在治疗和康复过程中的需求,作为福州第一位实践抗癌健身法的宫颈癌转移膀胱的晚期患者赵德蓉女士,于1990年请来北京抗癌乐园的于大元、何开芳等人到福州的"金鸡山疗养院"举办了四期抗癌健身法培训班(1989—1992年),其目的除了让癌症患者学习抗癌健身法的健身锻炼,更重要的是让这些癌症患者们建立与疾病对抗的信心。

在1990年由参与培训班的癌症患者索有民、凌庆章、陈淑美、张淑端、赵德榕、吴素兰、林作泉七人发起组织成立了福州市癌症康复协会,1993年更名为"福州市希望之光抗癌乐园"(1993—2008年),当时挂靠在福建

---

① 陈增春、陈其中:《福州市区1973—1987年恶性肿瘤死亡率的变化》,《福建医科大学学报》1989年第3期。
② 张春忠、林文銮:《福州市区1988—1993年肿瘤发病趋势分析》,《肿瘤防治研究》1996年第6期。
③ 肖景榕等:《福州市区恶性肿瘤发病高峰年龄分析》,《数理医药学杂志》2000年第2期。

省肿瘤医院,是福建省第一个癌症患者自助团体。随着成员人数的增加和病友活动陆续开展,既有的活动场所已不堪负荷,并且同时面临到活动所需要的各种资源不足等问题,使该团体的领导班子意识到,获得政府认可的法人代表之重要性,便开始着手向有关政府部门申请设立独立的社会团体。但由于"癌症"在当时的社会认知中是一种令人排斥的致命疾病,在加上当地政府对癌症患者自助团体的认识不清(认为是会煽动群众的非法聚众团体),以至于该团体申请成为具有法人代表的社会团体过程充满坎坷。期间,有些民间企业对此团体伸以援手,当地的医院(福州市第一医院等)和高校(福建师范大学等)也在其能力范围内,为该团体提供举办病友活动和会议的场所。几经波折后,该团体终于在2008年申请登记成为二级社团组织,挂靠在福州市抗癌协会,更名为"福州市抗癌协会癌症康复分会"(2008—2013年)。2013年3月十二届全国人大一次会议通过《国务院机构改革和职能转变方案》,依照会议指示与要求,我国民政部推动社会组织登记管理体制改革,行业协会商会类、科技类、公益慈善类和城乡社区服务类等四类社会组织,可以直接到民政部门进行登记,不再需要业务主管单位审查同意。① 于是该团体便向福州市民政局申请,登记审核通过后获得"社会团体法人登记证书"成为一级独立法人组织,更名为"福州市癌症康复协会"(2014年4月13日—至今)。目前群体人数有900多人,经常活动的会员有500多人,并以老年癌症患者居多,团体成员平均年龄在60岁以上。

最初在福州市癌症康复协会中的癌症患者们只能在公园的小角落聚会和锻炼,病友们在公园的小凉亭中相互分享治疗经历和锻炼心得。随着病友们的口口相传,这个团体从最开始的十几个人成为现今将近一千人的团体,并且在福州市的大小公园都有分园,如西湖公园、温泉公园、森林公园等,为当地的癌症患者提供有关疾病和锻炼的相关协助。该团体定期为病友开展各种活动,如五整生日会(为生存五的倍数年的癌症患者举办庆祝活动)、病友迎新晚会、节日联欢会、出游踏青等。

现今固定的办公地点,位于福建省福州市鼓楼区花园路上一家名为

---

① 第十二届全国人民代表大会第一次会议关于国务院机构改革和职能转变方案的决定:《中华人民共和国全国人民代表大会常务委员会公报》2013年第2期。

"仙芝楼"的商铺内，靠近福建省医科大学附属协和医院。占地面积约为50平方米。因为没有专职的办公人员，协会大小事务，由25名平均年龄为62岁的癌症患者们所构成的团体理事会共同协议。团体内进行联谊、踏青、生日会等活动时，亦会招募团体内的病友帮忙，这些作为志愿者的病友们也都是年龄为60岁以上的。

福州市癌症康复协会是秉持北京抗癌乐园的理念来运作，提倡"自强不息、自娱自乐、自救互助"的精神，鼓励团体内的病友成员要与癌症顽强抗争、乐观生活，并引导着团体成员们走向以抗癌健身法的健身锻炼为核心的群体抗癌之路。拥护并践行北京抗癌乐园所倡导的癌症治疗与康复理念："以健康的精神为统帅，以自我心理治疗为先导，首选西医、结合中医，坚持抗癌健身法锻炼，讲究饮食治疗以及合理的生活调节。"[①] 从病魔缠身—到转危为安—到带癌生存，福州市癌症康复协会作为癌症患者自助团体为福州市的老年癌症患者提供晚年生活的身体、心理和精神上的支持。

团体的组织架构

（1）历届会长

索有民	1989参加首届抗癌健身法培训班 1990年于金鸡山疗养院成立癌症康复协会，为首任会长
凌庆章	福州抗癌健身法推广委员会之主任委员 福州市癌症康复协会主任
陈淑美	福州市癌症康复协会，第二任会长
郑承周	福州市癌症康复协会，第三任会长
方庆云	福州市慈善总会会长兼福州市癌症康复协会名誉会长

（2）团体的管理和服务

该团体的管理人员主要由理事会构成，其中包括会长1人，副会长2人，秘书长1人，常务理事9人等25人组成。理事会成员大多数是教功老师（癌症幸存者），是协会中入会较早的，乐于服务会员的病友，他们主要负责的工作有包括纳新，会费的收取（由一人一年20元到现在的50元），

---

① 唐志岚：《郭林新气功乳腺癌病历采集规范化的研究》，硕士学位论文，北京中医药大学，2012年。

报销和整理账目明细，组织病友舞蹈队等各种文娱团体，举办节日联欢会、病友生日会、春游秋游等活动，培训和教导抗癌健身法的身体锻炼并开设相关培训班，制订协会细则，为病友提供咨询服务。

（3）团体成员的构成

该团体成员在年龄分布上，年龄段集中在 55 岁至 75 岁，占全体会员的 80%。团体也有少数年轻人入会，但这些年龄较轻的癌症患者在团体中不是经常活动的成员，他们在治疗结束后便返回到工作岗位上，加入团体的目的是为了学习抗癌健身法的健身锻炼，其余团体活动甚少参与。在职业类别的分布上，会员间有着较大差异，包含有下岗职工、离退休的政府公务员和高校教师等等。

（4）团体分园的分布

鼓楼区：西湖公园、左海公园、温泉公园、森林公园

台江区：五一广场、白马河公园、台江步行街

仓山区：南江滨公园、师大老校区、中洲岛

晋安区：光明港公园

（5）团体活动规划

加强活动点建设，促进各项活动开展	掌握各点会员情况 组织学练抗癌健身法 组织话疗及其他活动	每活动点30人左右组织1个小组 推荐产生联络员 每周集中交流1次以上
强化抗癌健身法培训辅导	筹建抗癌健身法培训中心 制定教学培训计划 强化教辅人员培训 开展新会员培训 定期查功	教辅人员由推荐、报名产生 教辅人员每年学时不少于100天 每两个月组织一期新会员培训
开展各类病种交流	建立不同病种交流小组，确定召集人 开展分病种交流和综合交流活动	各病种每两个月安排一次交流会 综合交流每半年安排一次
举办康复知识讲座	建立专家库 邀请专家进行中西医、营养、心理、体能以及相关治疗、检查讲座	每两个月安排一次讲座 安排各类专家交叉讲座

续表

举办各类文体活动	筹办合唱团 充实文艺队 组织郊游、避暑 组织旅游团	组织合唱团、文艺队等文娱团体 7月初至8月底组织避暑
开展招募志愿者工作	筹建康复志愿者服务团 招募宣传工作志愿者（包括刊物编辑、摄影录像、文稿撰写、图片美工、网络管理等） 招募社会服务志愿者	5月中旬，通过各活动点组织报名
加大对外联络交流	加强与福州各大医院联络 加强医学高校联络，开展癌症康复课题调研 加强省、市有关社团联系，争取多方支持 加强爱心单位、企业联系，争取资金、物资帮助 加强兄弟省市联系、形成更广泛的帮扶网络	确定专人定期走访省、市和驻榕部队各主要医院 定期走访各社团组织，了解扶持信息 扩大与爱心单位、企业联络范围，发挥全体会员牵线搭桥作用 组织骨干到省外考察、取经学习
加强组织建设，改善工作条件	加强向政府及上级主管部门汇报，取得领导了解、帮助和支持 争取成立独立社团法人组织 争取办公和活动场所的财政专项经费	做好工作汇报 跟踪人大建议、政协提案办理情况 加强民政部门联络，争取早日成立一级社团

癌症患者的自我认同

有研究指出许多癌症患者在完成治疗后往往觉得遭受医学遗弃，所以在出院后最大限度地寻找避免疾病复发的机会。[①] 因为当癌症患者离开医院后，疾病控管的责任便由原先的医生转移到个人，他们只需遵照医嘱定期

---

① Magee Sherri Scalzo and Kathy Raincoast, *Picking up the Pieces: Moving Forward After Surviving Cancer*, Rutgers University Press, New Brunswick, 2007.

回诊复查。但是对于癌症患者来说，他们不认为在医疗团队的安全阀外，自己有着控制癌症的能力。因此当癌症患者出院后，与医疗团队连结的弱化导致他们易于被负面情绪淹没，丧失生存的动力，难以回归到患病前的社会生活中。于是，部分癌症患者开始尝试在正规医疗途径之外，寻求能够帮助自身接受、面对与控制癌症的方法。在福建省福州市癌症患者自助团体倡导的"抗癌健身法锻炼抗癌"引起当地癌症患者们的关注。

在福州市癌症康复协会中，抗癌健身法成为癌症患者们找回自我认同的关键。由于癌症的不可预知性以及对身体的侵蚀性使得病患在病痛的折磨中逐渐丧失自我。原先处于癌症康复期的癌症患者也因为脱离医院团队而感受到无助与无力感。但是在加入自助团体后，他们除了拥有一群同样罹患癌症的病友之外，在他们学抗癌健身法并每日持续坚持锻炼的过程中，他们对癌症复发或转移的恐惧感逐渐降低，同时他们也在每日的锻炼中理解和掌握到自己的身体状况，进而日渐接纳自己带癌生存的癌症患者身份。因此，笔者认为在癌症患者自助团体中，抗癌健身法锻炼的存在与实践可以视为癌症患者自我认同的关键。

此外，为了让癌症患者们能坚持锻炼，福州市癌症康复协会不断向团体内的癌症病友们传递着抗癌健身法创编者郭林的一个理念"一日不走十日无功，十日不走一场空"，其目的是为了建立和提升癌症患者们与癌抗争的自信心，令癌症病友们相信坚持抗癌健身法锻炼能够有效提升身体的机能，唯有自身能拥有强健的体魄才有对抗癌症的机会。因此，在团体中抗癌健身法锻炼便成为癌症患者掌控自我的一种方式，使他们经由建立疾病与身体是可控的信念，让原先被癌症侵害的身体和心理获得修复与重建。

由于抗癌健身法的健身锻炼强调吸氧的重要性，因而锻炼的地点要求选择在空旷林木多的公园会比在家中或街道边等人多的地方更为适宜，所以福州市癌症康复协会中的癌症病友都是在住家小区邻近的公园进行抗癌健身法锻炼。此外，因为公园作为公共场所的开放性特质，使得公园中每个人的行动都曝露在大众面前，而抗癌健身法的特殊和高度可识别性的身体动作使得分散的癌症病友在广大公园中得以获得集结。癌症病友进行抗癌健身法锻炼时的身体动作成为一种身体语言，开启患者们彼此间的互动，并且在互动过程中也连带加深他们的自我认同和团体认同。因为每当癌症患者们在公园锻炼时看到其他为了对抗癌症而勤奋锻炼的病友们，不仅增添了他们对抗癌健身法锻炼抗癌的信念，他们自身在公园中的锻炼行为，同时也成为其他癌症患者坚持锻炼抗癌的主要动力来源。

榜样的力量

在福州市癌症康复协会中，每年都会为存活 5 年倍数的成员举行庆祝活动，此活动称为"五整生日"。这个活动是沿袭自北京抗癌乐园的惯例。以"5"年为依据是因为在医学的统计数据是"五年生存率"，指的是癌症患者接受过各种治疗后生存五年以上的几率。癌症治疗的五年生存率同时也是医生用来评价手术和治疗效果的参照。

癌症患者自助团体举办五整生日的目的，一方面是庆祝癌症患者在癌症康复 5、10、15……年未发生癌症复发或转移等并发症；另一方面是借由举办这种大型的庆祝活动，能让癌症患者看到自己抗癌的胜利成果，获得精神上的寄托，并借此让团体内更多的癌症患者在心灵上产生共鸣，驱逐癌症带来的恐惧，增加对抗癌健身法锻炼的抗癌信念以及对团体的认同感和归属感。

另外，五整生日最大的功能还在于制造"抗癌明星"。当癌症患者加入团体后，存活年数满五年，过了第一个五整生日，便有资格作为该团体的抗癌明星。这些抗癌明星被视为是建立与稳固团体内癌症病友对群体抗癌的信念和团体认同的关键。抗癌明星们透过他们的生存年数、身体状况、心态健康与抗癌经验等表征成为团体内病友们效仿的榜样力量，他们是为癌症病友们灌输生存希望的精神源泉。因为抗癌明星们的生存就意味着他们抗癌行动的成功，这将成为转化癌症患者与癌症抗争的行动力，让他们燃起与癌症对抗的斗志和生存的希望。而在此过程中会使得癌症患者逐渐掌握该团体所欲传递的意识形态，让他们从原先得病后的被动消极，转变为主动积极。

福州市癌症康复协会坚持向癌症患者提倡实践抗癌健身法锻炼对于自身抗癌的助益，并以抗癌明星的成功生存激发团体内癌症患者的效仿，强化与稳固他们对于抗癌的积极信念。癌症病友会将抗癌明星设立为自身努力与前进的目标，为了达到最终的结果，便会督促自己坚持抗癌健身法锻炼，尽可能与抗癌明星的思想和行为趋近一致。正如林先生所言"在这个大家庭里，病友们由愁眉苦脸到喜笑颜开，由少言寡语到有说有笑，由谈癌色变到藐视癌症，科学认识癌症。特别是抗癌明星的榜样作用，消除了许多人的悲观恐惧心理，激发了大家的抗癌斗志，坚定信心向癌症挑战"。

根据福州市癌症康复协会自行造册统计的结果显示，参加群体抗癌的存活率（83%）远高于个人自行抗癌（38%）。笔者认为原因主要有二：第一，由于医疗资源的分配不均使得许多患者无法获得与自身疾病相对应的治疗和药物，从而转向所需成本相对较低的癌症患者自助团体，寻求抗癌健身法锻炼作为癌症治疗后的主要康复手段。第二，是在团体内的癌症患者们彼此间相互帮助、患病经验的分享与抗癌健身法锻炼等交流使得团体内部凝结成一股强大的精神力量，传递于团体中每个癌症患者之中。

因而群体抗癌在该团体中的作用在于：首先，在群体抗癌信念的倡导下，病友间的相互支持和帮助成为培育他们抗癌的精神力量。其次，抗癌明星的榜样力量，帮助病友树立战胜病魔的信心。最后，延续北京抗癌乐园的理念采综合治疗，将心疗、体疗、医疗、思疗并重，四位一体。正如第三任团体领导郑会长所说："一个人的健康百分百，我们的生活习惯跟行为占了60%，为什么我们不去改变这60%？"笔者认为癌症患者选择参加癌症患者自助团体，并且进行抗癌健身法锻炼，这个抉择和实践就是一种自我掌控身体自主性的体现，呈现出个人的积极主动性。因此，在该团体中认为个人良好生活习惯的养成是抗癌的关键，而这个生活习惯的建立则是围绕着抗癌健身法锻炼而开展。

值得注意的是，在福州市癌症康复协会中的病友们虽然是承袭了北京抗癌乐园群体抗癌的信念，但他们却又赋予群体抗癌概念一个新的意义，他们将群体抗癌视为是一种能够与医院治疗匹配的治疗理念。相较于自助团体中因同病相怜而相聚的群体性，对他们来说群体抗癌的意义更多的是围绕在对癌症的认知与治疗方式的选择上。在该团体中多数病友表示群体抗癌胜于医院的医生治疗，病友们的力量大于医生。正如李姨所说：

> 关于医院的观念，我感觉到这个病友的力量比医生更强。当要改变一个治疗方案时，医院里面要遵照医院的规范，怎么那个进去、怎么这个出来，往往时间都拖到非常的长。而且医生都是站在医生的角度，我这个治疗要怎么样，他有他自己一整套理念和思维。但是病友

这一群体在一起非常直接，都是站在病人的角度来考虑，先不管病友的角度是不是专业的，他们是从他自己的经验，从各自病友的网络，某某某是什么情况，某某某是吃什么药能够得到什么样的解决，他们能更迅速、更快、更贴心、更便捷地解决我们很多人的一些问题。所以我现在一直在想，这群体真的对肿瘤是有帮助的。

李姨认为医生之所以无法满足癌症患者们期待的作用，关键在于他们没有站在患者的角度思考癌症患者的需求，总是以一套客观、标准和程序化的医疗流程来应对每一位癌症患者。即便这些患者都是癌症患者，但他们的疾病类型、病灶、身体和心理状况、经济情况等都各不相同。所以相对于医生的医学知识，他们更信服病患的患病经验。正如周姨所言：

> 你加入群体，我们不只针对你这个病，我们还有各种各样的同病种交流，比如说鼻咽啊、乳腺啊、肺癌等同病种交流，这些病友都是站在病人自己的角度来跟大家交流，这种是心与心的交流，比医生来的更直接，医生很多时候都是书本上的知识，他不是身有体会的，我们病友之间才是对这个病身有体会的。对这个病来说，病友谈的会更有针对性。医生跟你讲的那些放化疗的症状，也都是我们和他的病人反应给他的，他自己是感受不到的。

由于医院就医人数过多，患者难以从医生的总论中获得详细的病情状况与医嘱，但在癌症患者自助团体中，病友们有充足的时间相互讨论和分享疾病、治疗和生活等各种患病经验。并且医生因为不具有癌症相关疾病的患病经验，他所阐述给患者的也是来自于其他患者经验的汇整或者来自于其他患者病症的参照。周姨等人认为因为病友本身就是癌症患者，他们对自身患病经验的阐述，比起医生的专业建议会更为切实，尤其会对新病友产生最大的助益，"当有新病友加入时，我们会积极帮助他们联系到团体中同病种的病友，让他们相互交流抗癌经验，并与之谈心，使他们看到战胜病魔的希望（齐大叔）。"

因此，在福州市癌症康复协会的病友自助团体中，他们除了都是因为罹患癌症而形成的病友关系，同时也营造出对抗癌症的"战友"关系。正如第三任领导郑会长所言"把癌友们团结在一起,让死神却步",每一个病友的患病经验都成为团体成员群体抗癌的最佳武器,在相互间的经验交流过程中,除了增进了他们对团体的认同感,也使他们因为提供自身患病经验,而认为对群体抗癌有所贡献,进而提高对自我的认同。

癌症患者的社会歧视

福州市癌症康复协会自 2010 年起便开始着手向团体成员发行一年两期的刊物《康爱》杂志,由第三任会长郑诚周主编,发行刊物的目的在于想透过文字加深团体成员对于癌症患者自助团体运作模式的认识。笔者认为该团体透过文字刊物的发行能将抽象的团体意识形态予以具现化,从中不仅能提升病友对该团体的认同程度、让病友间的关系更加紧密,同时还能强化癌症患者的自我认同。该刊物内容包括有最新癌症相关信息、团体内抗癌明星获奖记录、团体工作报告、会长鼓舞激励的抗癌宣言、抗癌明星抗癌历程、团体过往活动报导、抗癌健身法培训班新病友体会以及全国各地癌症患者自助团体的活动花絮等。从这些刊物中发现到,团体意识是有抵制歧视的强大力量,正如该团体的陈老会长所言:

> 我们刚开始在西湖练功时,有人指着我们说"这些人都是癌症病人",他们不敢接近我们。但当时我们不管他们怎么看、怎么说,还是坚持练功,而且越练越有精神,越练越健康……

福州市癌症康复协会的病友们表示,在社会生活中因为感受到他人对于癌症的歧视而备受困扰。该团体的副会长表示社会大众对于"癌症"歧视的主要根源在于他们认为癌症是一种具有传染性的疾病:

> 癌症歧视是这个社会的问题,很多人对癌症这东西一知半解,总觉得你是癌症病人,我要离你远一点,这种病,人家都觉得很可怕。很多人都会觉得这是不是会传染,癌症病人就被拒之于千里。

癌症具有传染性的论述,对癌症患者们产生了剧烈的影响,直到现今仍然有许多民众认为癌症是一种具有传染性的疾病，进而对癌症患者产生一定的畏惧和排斥，导致对癌症患者的社会歧视逐渐蔓延。

> 我生病后常常感觉到有这种情况，你是好人我是病人，聚会的时后都会跟我保持距离，非常明显。原来非常好的朋友，生病住院动手术都来探望我，之后我出院聚会的时候都不敢坐我旁边，好像是我有传染病那种感觉，我心理很不舒服（病友 L）。
>
> 现在有很多人得病怕别人知道，我同期的一个学员他本身是心脑血管的医生，她跟我很好，她告诉我说得这种病不要让人家知道。现在还有很多人这样想，因为他们怕受到别人的歧视，一知道你是这毛病后就不跟你在一块了，这样的人到现在还很多。我跟你讲就是我们这个社会没有开朗的心态，觉得你是病人我是好人，跟你在一块总是会有点格格不入（病友 W）。

苏珊·桑塔格在患癌时曾言"疾病是生命的阴面，是一种更麻烦的公民身份，每个降临世间的人都拥有双重公民身份，其中一个属于健康王国，另一个属于疾病王国。"① 从以上两位病友的自述反映出的正是她们因为患癌而转移到疾病王国后所滋生出与健康人（未得癌的人）的区隔。医学研究早已明确表示癌症作为一种疾病不具有面对面接触的传染途径，但多数人仍然认为癌症具有传染性。笔者认为这种认知是来自于大众对癌症的恐惧，也就是我们长久以来对死亡的恐惧。恐惧是人类的基本情感之一，人们因为畏惧死亡，所以在面对癌症病人时会产生恐惧癌症的心理状态。正如 Arthur Kleinman 等人指出关于传染的谣言在医疗保健机构中是普遍存在的，这是他们逃避和拒绝病人的主要原因。②

事实上，社会大众并不完全听信癌症具有传染性的流言，他们只知道癌症是不好的、是致命的。但由于目前在医学界癌症的许多层面都尚无明确的定论，因此"癌症具有传染性"的认知就成为各种对癌症患者歧视行

---

① ［美］苏珊·桑塔格：《疾病的隐喻》，程巍译，上海译文出版社 2003 年版。
② Arthur Kleinman, "Concepts and a Model for the Comparison of Medical Systems as Cultural Systems", *Social Science & Medicine*, Part B: Medical Anthropology, Vol. 12, 1978, pp. 85–93.

为的正当性基础。

> 他们这些人（没得到癌症的人），我们去参与他们的活动就感觉不自在，感觉自己比较另类，但是我们自己（得到癌症的人）聚在一起，就会觉得很开心，不会觉得被别人歧视。因为我们是同病相怜，受过同样的苦，吃过同样的罪，所以我们能够互相体谅。比如说出去玩，该休息、该吃水果、该干吗的，我们都知道，都能互相体谅。我们有的人就不愿意跟健康的人再一起，因为有的人就是会歧视我们（病友 L）。

从上述的言谈中得知，癌症患者们除了将自己与未得癌的健康人区隔开以外，他们更从这个区隔的过程中感知到未得癌的健康人对他们这些得癌的癌症患者们存在着疏离行为。因此使得他们在与健康人的互动中必须保持警觉，也就是提高他们对患癌身份的"自觉"。癌症患者在与他人互动中的"自觉"行为，可以视为是因为癌症患者的身份所引发的自我否定。

前述对国内外自助团体的研究中谈论到自助团体的主要功能在于赋予成员"正常化"的意义，是指在个人遭遇重大问题时往往会与社会产生脱节，而自助团体则是作为个人重新融入社会的一个重要转接点，是由个体到集体的再社会化过程。由此，福州市癌症康复协会作为癌症患者自助团体的功能，不仅是促进癌症患者相互集结、互相帮助的自助团体，同时也重构出癌症患者的自我认同，为他们建立新的社会关系并赋予新的生命意义。

> 我们得了病之后，首先都感觉到很无助，想说我们怎么会得到这种病，我们做人很好啊，当时真的想不通。后来加入这个团体、开始练这个功啊，慢慢的跟大家聚在一起，一大早就会想说要赶快去公园练功，还有一个就是理解，你到外面去啊，比如说在公园人家看你是癌症、是在练功，都会离你远一点，说是怕传染啊。可我们一群人都不理他们，我们还是坐在那边聊天，玩我们自己的（病友 W）。

经由王姨的表述可知，即便癌症患者加入癌症患者自助团体后，仍然会感受到社会对癌症患者的歧视，并将外界对于癌症患者的各种行为解读为是癌症歧视的一种表现。但随着对团体的认同感提升后，亦即当癌症患者有了一群得以依靠的病友同伴后，癌症患者群体间的凝聚力将有效降低癌症歧视对癌症患者的影响，并且强化他们对患病身份的自我认同。

此外，为了转化福州市民对于癌症患者的歧视，福州市癌症康复协会近年来开始将团体内部的活动转向和社会大众贴近的社会活动，试图借由团体活动的方式在癌症患者们的疾病世界里形塑一种新的生活方式，转化他们因为得到癌症而异常化的思维。该团体社会活动的开展受益于许多结构性机会，这些机会促进团体内成员之间群体认同感的发展。

比方说，每年四月是全国肿瘤防治宣传活动周举办的时间，为了拉近团体与社会的距离，增加社会大众对癌症患者的认识，自2016年起该团体与中国抗癌协会癌症康复会合作举办"同一天一起走，悦享健康而行"的健走活动，每年约有80名癌症患者参与活动，其口号为"群体抗癌，健步前进！与你同行，快乐同在！"。活动的目的是为了提高全社会对癌症的认知，借由群体健步运动向社会大众展示癌症患者身体和心理的健全，以及不惧怕癌症、乐观积极抗癌的精神面貌。并且冀望获得社会大众的支持、社会正确的对待、消除对癌症病人的偏见以及提升民众对癌症病人的好感度。

> 我们大家一起健走，目的是为了向社会展示癌症病人的精神面貌，向社会大众传递这个信息，就是大家都能享受健康，癌症病人当然也不例外，我们也有一种健康的心态来对待生活。我们希望获得社会大众的支持，获得社会正确的对待，消除对我们的偏见，并提升民众对我们癌症病人的好感。民众看完之后都很惊讶说："哇，你们哪里像癌症病人，你们这些人很厉害，你们对生命的理解有了新的高度，在病魔面前没有退却！"在我们健行的过程中，他们对我们的眼光和态度都有所转变。有的还给我们鼓掌，并竖起大拇指来赞扬我们。（第三任会长郑会长）

福州市癌症康复协会透过面向社会大众举办的社会活动，将其作为一个展示癌症患者的平台，让病友有机会打破社会对癌症患者既有的刻板印象，呈现出癌症患者不仅能够以正面积极的态度对抗疾病，而且在康复后更是与常人无异的社会印象。原先在生物医学权力的宰制下,癌症患者只是一个在生物医学框架下受医生控管的患病体,患者本人在生物医学框架下是被漠视的主体,被动地接受对他们患病体的各种医学处置。而在加入癌症患者自助团体后,在自助团体的作用下,原先被漠视的癌症患者被赋予主动性,成为能动的主体,不再消极的接受医生对于自身病体的各种处置,开始获得自己身体和生活的主导权,在自助团体中积极地透过各种活动来对自我(包括患病体)进行改造,亦即"自己做自己的医生!"并且在此过程中也会建立癌症患者对团体的认同感与归属感,因为对于癌症患者来说,这些改造自我的技术与想法都不是来源于他自己,而是加入自助团体后,被团体所赋予的,易言之是癌症患者自助团体引导他对自我进行改造,并提供改造自我的技术。

现今中国老年群体中,占相当比例的人群带病生存,如高血压、糖尿病、癌症等疾病,但许多人由于经济负担较重、医疗社会保障体系的不健全等诸多因素所致,无法在医院以科学的手段治疗疾病。此外,在少子化现象的社会影响下,很多子女不能给予带病生存的老人,精神上的支持和治疗经验的帮助。老人们抱团取暖应运而生,用以弥补社会人文关怀的缺失和家庭关系中父母与子代有效沟通的减少。

家庭,是中国社会发展与延续的重要核心概念,在不同社会角色的责任承担与义务履行中,都是以家庭为中心开展,"自我"往往被家庭责任所掩盖。对于癌症患者来说,癌症的出现虽然损伤了他们的身体、消磨了他们的精神,但却给予他们重新找回自我的机会。因为罹患癌症使得他们在疾病经验中得以发现意义,在生活中尝试重建意义,进而生成新的自我认同。换句话说,癌症患者经历了一次探索自我和生命意义的过程,对癌症的抗争意味着个人燃起存活的意志,对生命的延续有所期待,他们开始发掘与重建出不同于过往人生的生命意义。此外,癌症所带来的疾病经验,建立起患癌者之间的连结,让他们得以知晓其他人的苦难,透过察觉自己的痛苦,进而体会他人的痛苦,从而产生感同他人身受的同理心。

经由本文的探索,得以获悉获悉在癌症患者病友自助团体中,老年癌症患者受到关于疾病生成和抗癌康复等理念和意识型态所影响,促成他们转化对疾病和康复的认知与实践,进而改变自我的思想、行为和生活模式。从中可以看到在癌症患者自助团体中正在生成新的主体化形式,体现在老年癌症患者将抗癌健身法视为一种实践健康生命的身体技术之中，围绕于此开展出各种激发老年癌症患者的互助行为，最终的结果不仅有助于提高他们带癌生存的生活质量、为他们建立新的社会人际关系，同时更赋予他们对于生命新的意义和诠释。

第四章　乡村患病老人互助方式解析

郇建立[*]

受清华大学社会学系景军教授邀请，我们交流了老年村民带病生存的情况。景军教授建议我将老年村民带病生存的问题放在互助行为的分析框架内加以审视，从而把乡村患病老人的互助行为与城市抗癌团体的互助行为联系起来，并形成比较分析。在过去几年，景军教授指导了几名研究生和博士生考察在一部分中国城市形成的病友会，比如由糖尿病患者组成的"糖友会"、抑郁症患者QQ互助群以及罕见病病友会。这些病友会的成员均为城市居民，因而农村患者的互助行为，尤其是农村老年患者之间的互帮互助，成为了一个需要研究的问题。在我了解的农村，并没有形成正式的病友会，但是互助行为是有的。在我看来，对此类行为的认识，必须考虑到乡村老年患者的带病生存策略。为此，我重新思考了笔者既往研究的发现和结论。本文首先讨论一个华北农村老年人带病生存的情况，并在最后一节将带病生存的问题放在互助行为的分析框架之内加以进一步阐述。我的相关研究发生在这个项目启动之前，因而本文的讨论本质上是回顾性分析，目的是将带病生存与互帮互助连接在一起。

理解农村老年慢性病人的生存策略及其意蕴

自20世纪90年代以来，慢性病已经取代传染病和急性病成为中国农村的主要公共健康问题。在人口老龄化和农村城市化的社会背景下，慢性病给乡村病人、家庭成员和社区发展都带来了诸多挑战和冲击。慢性病不仅

---

[*] 郇建立，北京科技大学社会学系教授。

破坏了病人的生活世界,① 还影响了家庭的日常生活,并进一步凸显了农村老人的赡养问题。② 鉴于慢性病的长期性和不可治愈性,许多老年病人注定要带病生存,注定要在日常生活的背景下同时应对疾病和养老问题。我们不免要问,农村老年慢性病人如何带病生存?他们如何应对疾病的冲击和死亡的来临?在此过程中,他们采取了哪些具体的生存策略?本文旨在从村庄层面考察农村老年慢性病人的生存策略及其蕴含的自助与互助问题。

我曾先后 5 次前往河北南部的沙村进行实地调查。调查发现,许多老年村民都患有高血压、脑血栓、脑溢血、心脏病、糖尿病、哮喘等慢性病。2010 年 8 月,我利用沙村"第六次人口普查"的原始数据和自己的调查资料,计算出了该村一、二队人口的老龄化程度和慢性病流行情况。在两个小队中,60 岁及以上人口所占比例为 14%(66/446),老年人的慢性病患病率为 59%(39/66)。这表明,沙村已经是一个老龄化的村庄,并且,超过半数的老人都患有至少一种慢性病,其中 3/4 的慢性病人都患有两种以上的疾病。

需要指出,沙村并不是一个富裕村庄,该村的慢性病当然也不是"富裕病"。事实上,沙村所在的 G 县是一个经济落后的农业县,曾长期是国家级贫困县(1987 年被国务院定为"全国重点扶贫县",2001 年又被定为"国家扶贫开发工作重点县")。20 世纪 90 年代以来,G 县始终是民盟中央的定点扶贫县;时任民盟中央主席的费孝通曾在 1991 年、1994 年和 1996 年三下 G 县,试图帮助 G 县人民脱贫致富。经过几代人的努力,G 县在 2019 年终于退出了贫困县序列,实现了"脱贫摘帽"。农村老年慢性病人的生存策略涉及了疾病进程的方方面面,从患病早期的积极治疗和康复训练,到稍后的疾病认识、病痛应对和症状控制,再到患病晚期的后事处理。沙村的田野调查表明,在日常生活中,农村老年慢性病人并不是被动地适应慢性病的冲击,相反,他们积极进行药物治疗和康复训练,主动采取各种措施去认识、应对和管理慢性病,也会提前安排后事。③

---

① 郇建立:《乡村慢性病人的生活世界——基于冀南沙村中风病人的田野考察》,《广西民族大学学报》(哲学社会科学版)2012 年第 2 期。
② 郇建立:《病人照料与乡村孝道——基于冀南沙村的田野考察》,《广西民族大学学报》(哲学社会科学版)2013 年第 1 期。
③ 郇建立:《乡村慢性病人的生存策略——基于冀南沙村的田野考察》,《思想战线》2013 年第 1 期。

本文认为，农村老年慢性病人的生存策略体现了他们应对苦难的主体性，其本质不仅是"自力更生"的自助行为，还是"有难同当"的互助行为。农村慢性病人的自助行为与互助行为相辅相成，相互促进：没有自助行为，互助行为很难发生；没有互助行为，自助行为也很难实现。农村老年慢性病人的互助行为是互助养老的体现，而这种互助又同邻里互助、亲友互助和宗族互助交织在一起，它们共同构成了农村互助养老的文化传统和现实基础。

双管齐下：药物治疗与康复训练

慢性病人首要的生存策略就是积极争取治疗，努力做好康复训练。在患病初期，绝大多数病人都会在家人、亲戚或邻里的陪同下去相应的医院进行检查和/或治疗。如果家庭条件稍好，他们一般先去市级医院进行检查，确诊后再回县医院治疗；如果经济状况一般，他们则直接去县医院进行检查，然后拿着处方或药品回家治疗。医院治疗只能使病人摆脱生命危险，但不可能使他们完全康复。这意味着，病人出院后需要继续进行康复治疗，既包括相应的药物治疗，也包括大量的康复训练。在这一过程中，他们通常会尝试各种治疗手段，每次都希望奇迹出现，每次却又不免失望。在经历了数次希望和失望之后，许多病人都感受到了"技术阈限"：医疗技术解决不了问题，医生也治不好我的病。

（一）药物治疗

项伯的心脏病是 2007 年夏天浇地时发现的。① 当时他总是出汗，王医生看了之后初步诊断为心脏病。随后，他在堂弟向项林和几位亲戚的带领下直接去县医院看病，检查结果是心肌梗塞，医生建议动手术。项伯是个单身汉，根本无法承受巨额的手术费。他在医院住了 9 天就回家了，"当时是抬着出院的"，甚至主治医生也觉得他活不了多长时间。在住院期间，项林主动向医生说明了项伯的家庭情况，希望不用自费药，尽量用"花钱少、能治病"的常规药；同时，他还告诉陪床的那些亲戚要自理生活费。即便

---

① 根据学术惯例，本文中的人名和称谓都做了不同程度的技术处理。

在这种情况下，项伯的这次住院还是花了 2000 多元。尽管 2000 多元的医药费并不算高，但这对项伯来说，却是一个沉重负担。毕竟，项伯是一位地道农民，从未外出打工；他仅种了 2 亩地，养了几只羊，再加上每月 15 元的低保费，这就是他的所有收入来源。

项伯告诉我，心脏病的手术费至少要几万元，他根本没有这么多钱，他连一万块也没有，"即使花七八千元，咱也看不起"。他想过借钱看病，但又担心看不好，白白花钱；如果那样，他的处境会更糟。他也想过通过民政局的医疗救助去解决问题，但是，这个想法更难实现：一是他没有相应的社会关系，二是民政部门的救助能力很弱。即便如此，他仍然没有放弃治疗。从县医院回家后，他继续在村里看病。他首先想到了离家较近的刘氏诊所，但刘医生不敢给他看病，因为诊所没有相应的仪器，刘医生不敢乱用药。此外，刘医生也觉得自己医术有限，担心把病人耽误了，也怕因此而损坏自己的名声。为此，项伯只好去村东新来的李医生那里看病。堂弟项林也特意向李医生交待项伯的处境和难处，希望他不要推辞，"你看也得看，不看也得看，出了事不怪你！"在这种情况下，李医生只好接受。在随后的一段时间，项伯经常迈着虚弱的步伐去李医生那里看病；病情恶化时，他让邻居帮他请医生。病情稳定后，他不再从李医生那里拿药——为了节省药费，他让邻居帮他在集镇的药铺里买药，那里的药品稍微便宜些。

2008 年春天，项伯的身体状况极度虚弱，他无法继续放羊，更没有体力种地。于是，他变卖了几只小羊，还把耕地以每亩 430 元的价格租给了邻居。那段时间，他经常独自在家躺着，偶尔也去大门口坐会儿。我去看望他时，他大部分时间都侧身躺着，说话时声音微弱，充满了忧虑，他觉得自己"大难临头"，"恐怕不行了，到灭亡时候了"。这里，他用"国家灭亡"来指代"个体死亡"。每当身体难受时，他就把"速效救心丸"含在嘴里。在随后的半年中，他曾经去邻村诊所拿草药，也曾使用邻居为他提供的一个偏方。① 由于坚持治疗、注意调养，项伯的病情明显好转。2008 年秋

---

① 我听一位气喘病人说，项大爷的身体康复受益于偏方，他曾经去地里刨茅根。我几次询问项大爷的治疗经历，他都没有说及偏方的使用。后来，在说到项大爷病情好转时，杨半仙告诉我，他给项大爷弄了个偏方，就是让他服用艾草、茅根和藕头熬制而成的药水。不少慢性病人，尤其是经济状况欠佳和久治不愈的病人，都曾寄希望于"偏方治大病"。此时，"偏方"既是无奈的选择，也是无望的希望。

天，我再次见到他时，他又能放羊了，而且还经常去邻居家玩牌。在稍后的几年，项伯已经习惯了"带病生存"，同时，他还住上了村委会为"五保户"翻盖的新房。

在项伯的案例中，我们看到了一个心脏病人如何在极为困难的情况下积极寻求治疗。尽管他无法在县医院治疗，无法得到相应的医疗救助，也无法在离家较近的刘氏诊所看病，但他依然没有放弃治疗的希望。在患病初期，许多病人都像项伯那样想方设法地争取治疗。客观地说，正是这种相对及时的治疗，避免了慢性病人病情的突然恶化。

（二）康复训练

在进行药物治疗的同时，慢性病人也会在医生的指导和家人的帮助下进行大量的康复训练。许多人都明白康复治疗的重要性，甚至认为慢性病的康复"一半靠治疗，一半靠锻炼"。在田野调查期间，我看到了一幕幕病人进行康复训练的场景：我看见锐歌不停地活动着自己的左手和左腿——他一会儿握拳，一会儿张开，有时还费力地抬抬胳膊、弯弯腰；我看见育大爷一次次扶着箩筐从南院走到北院，然后又返回南院；我看见闫伯在昏暗的小屋里沿着炕沿、扶着板凳蹒跚行走，还看见他拄着拐杖沿着院墙走来走去。许多慢性病人都是长年累月地进行着类似的锻炼，从这个意义上说，这"一幕幕的场景"已经构成了病人日常生活的有机组成部分。

在病人康复训练的初期，家庭扮演着至关重要的角色。许多病人都需要在家人的搀扶下进行康复训练。如果病人有足够的照料者，那么，他或她的康复训练就会有时间保证。而且，患病季节也是影响病人康复效果的重要因素：寒冷的冬季会妨碍病人的外出活动，繁忙的秋季也会减少病人康复训练的时间。

2008年秋天，四旺描述了姚大娘2006年年初患脑血栓时的康复训练情况："她是夏天得的病，衣服穿得少，活动方便，（所以）没过多久就恢复过来了。最初是两人搀着她走，后来是一个人，再往后是她自己拄着拐棍慢慢地走。"应该说，正是有了照料者和时间方面的双重保证，姚大娘的康复训练才取得了不错的效果，以至于她在2007年春天时可以走着串门，也能从南院慢悠悠地走到北院，然后歇一会儿再回去。在康复训练中，不管是病人还是家庭成员都特别重视穿衣、吃饭、行走等基本生活自理能力的训练，这是因为，病人只有提高了生活自理能力，才不会成为家人的负担。

应该指出，犹如药物治疗，康复训练也只能在某种程度上缓解慢性病。随着时间的推移，康复训练的效果可能会日益减弱，身体状况的丝毫改善都极为困难。就脑血管病而言，最初的三个月是康复训练的关键期；如果病人的身体在三个月内还没有得到有效改善，那么以后也不会有大的改善。不少病人和医生都认为，"一旦超过一百天，再锻炼也就没有用了"。这表明，康复训练也有自身的局限性。

就许多病人来说，即便经历了长期的药物治疗和康复训练，他依然面临着身心分离的困境：他的心灵无法支配自己的身体。他觉得能做任何事情，但身体就是不听使唤。他想自己穿衣服，但无法抬起胳膊；他想系扣子，但无法摆动手指；他想系鞋带，但无法弯腰；他想走路，但无法迈开腿脚。这意味着，许多病人都不得不接受"病痛人生"，不得不学着认识、应对和管理慢性病，也不得不提前安排后事。

多措并举：慢性病的认识途径

认识慢性病是指病人要熟悉慢性病的相关知识，包括慢性病的成因、不同治疗手段的效果、症状的变化规律、治疗方案的执行和管理。从理论上说，病人只有认识了慢性病，才能更好地应对和管理慢性病。为此，他们会通过各种途径——咨询医生、询问病人和观看电视/阅读书籍——获取医疗知识和治疗信息。

（一）咨询仪式

在最初的治疗中，病人从医生那里获得了对疾病的基本认识。在随后的岁月中，他会不断地寻求治疗，并向不同的医生讲述病痛，咨询信息。正是通过一次又一次的"咨询仪式"，病人逐渐了解了所患疾病的病因、症状、生活禁忌，以及各种治疗手段的效果。

锐歌并不是一位老年慢性病人，他患病时只有40多岁。然而，它的治疗经历和就医行为在许多老年慢性病人那里都有体现。2006年秋天，锐歌在北京打工时患了脑血栓。从北京回家后，他先后去县医院和乡医院看病，或因为治疗费用高昂，或因为治疗效果不理想，他最终选择在村级卫生机构治疗。在最初患病的 3 年间,他先后在 4 个乡村医生那里接受治疗。刚回村不久,他就听说张村有位医生擅长治疗脑血栓,因为他行动不便,也因为张村离沙村较远,他只好租车去那里看病,又是针灸,又是电疗,因为治疗效果不佳,且成本较高,他去了十余次之后就放弃了。随后,他在刘医生那里看病,一边吃西药,一边进行输液预防,最初,他感觉治疗效果不错,后来进步缓慢。2007 年秋天,正当锐歌一筹莫展时,李医生来沙村行医,于是,他满怀希望去李医生那里进行针灸和中药治疗。经过半年多的中医康复治疗,锐歌的身体状况有所好转。自 2009 年春天李医生离开沙村后,他一直在毕业不久的史医生那里看病(拿药)。在患病最初的三年间,锐歌尝试了多种治疗方法,也从不同医生那里了解有关脑血栓的各种医疗知识。2010 年酷夏的一个夜晚,锐歌不仅对几个村医的"手艺"进行评价,还向我讲述了脑血栓的病因、症状和防治,俨然像一位医生。

(二) 病人群体

病人群体是慢性病人获取治疗信息的常见渠道。在沙村,许多慢性病人经常三五成群地聚在一起,或对骨牌,或打麻将,或玩纸牌,或闲聊,他们构成了"一个更加广泛更加松散的网络"①。在秦大爷家,每天上午都有中老年男性慢性病人去那里对骨牌;在邢大娘家,每天下午都有老年妇女去玩纸牌;而在锐歌家,每天上午、下午和晚上都会有村民去打麻将、玩纸牌,其中,大多数是慢性病人。在胡同口或街门口,许多慢性病人坐在那里聊天。恰恰在这些非正式的活动中,慢性病人彼此交流和分享着各种信息,包括各自的所见所闻、身体状况、用药情况及其效果,以及慢性病的病因、应对和管理。许多慢性病人都知道,脑血栓主要是由"高血脂"引起的,脑溢血是由"高血压"引起的,而高血压又源于生活水平的提高。

当然,"同病相连"的人通常会有更多的社会交往。辛叔得心脏病后,就经常拜访他的病友杨明,在诉说自己病痛的同时,也询问杨明的病情和用药情况。恰恰是在这样的交流中,辛叔熟悉了心脏病的不同类型、危害

---

① [法]菲利普·亚当、克洛迪娜·赫尔兹里奇:《疾病与医学社会学》,天津人民出版社 2005 年版,第 101 页。

程度和注意事项。闫伯患脑血栓后恢复较好，不少病友都前来问他是如何恢复到这种程度的，都吃哪些药，平常怎么锻炼。患有气喘的华大娘和郭大娘有时也会聚在一起交流患病感受和病痛管理。闽婶在县医院治疗脑血栓时得知，平常无需输液预防脑血栓。我在调查中发现，这个观点在许多脑血栓病人中流传，已经成为抵制村医"预防说"（"输液可以有效预防脑血栓"）的一个重要依据。

（三）大众媒体

随着电视传媒在乡村社会的普及，各种医疗广告已经成了慢性病人获取医疗知识的重要途径。我在田野调查时发现，G县及周边地方电视台弥漫着大量医疗广告，涉及了脑血栓、脑溢血、心脏病、糖尿病等多种慢性病。许多广告都对疾病的病因、危害和药品的治疗机理进行了详细介绍，并使用了本地病人的现身说法。在地方电视台上，一个又一个病人诉说着同样的事情："这个药真好，它治愈了我多年不愈的疾病，从此，我又过上了健康生活"。这些广告尽管有着明显的商业目的，也存在着夸大药效的欺骗行为，但在客观上促进了慢性病知识的传播，向不识字或识字不多的农民普及了相关的疾病知识。

当然，如果条件允许，有文化的慢性病人也会借用图书资料去获取相关信息。这里，我再举一个年轻病人的例子。高中毕业后，汪斌去南方当兵，后来又在杭州、深圳等地打工。2004年，他在深圳一家化工厂打工时被查出患有糖尿病，而且他的血糖值远远高出了正常范围。随后，他去书店查找了许多相关信息，包括糖尿病的起源、预防和治疗。2010年夏天，我询问他的患病经历时，他不仅诉说了糖尿病对他的身心影响，还详细讲述了糖尿病的起因（暴饮暴食、遗传和基因缺陷）和糖尿病防治的"五架马车"（拒绝暴饮暴食；坚持用药；适当锻炼；定期检查；注意心理调节）。他的讲解通俗易懂，生动形象，让我记忆深刻。

正是通过咨询仪式、病人群体和大众传媒，慢性病人逐渐认识了疾病和病痛，他们不仅熟悉了某类慢性病的成因和治疗措施，还会根据治疗效果调整用药方案，进而更好地控制症状。"病人不仅熟悉药物的直接效果，还十分熟悉长期服用药物的医学后果。犹如医生，病人也会从医学的角度权衡治疗的成本与利益"。① 田野资料表明,一旦病人变成内行病人,他非但拒绝治疗,甚至不接受医生的诊断结果。李大娘在县医院看气喘时,医生说她患有糖尿病,给她开了一堆药。回家后,李大娘把这些药全扔了,"俺不是那病,喝那干嘛?俺也不(多)喝水,也不(多)尿,体重也没减轻,怎么会是糖尿病呢?"言外之意,她并没有出现糖尿病"三多一少"(多饮、多尿、多食,以及消瘦)的症状,因而不可能是糖尿病人。

正常化:慢性病的应对方式

如前所述,认识慢性病是为了应对和管理慢性病。所谓慢性病的应对,是指病人在观念层面把慢性病融入自己的人生进程和生活背景,它涉及了个体在观念上如何处理慢性病与认同之间的关系。许多学者都把"正常化"(normalization)视为一种基本的应对形式。英国学者大卫·凯莱赫(David Kelleher)在研究糖尿病患者的适应情况时指出,"正常化"首先是指从心理上排除慢性病的冲击,以便尽量减少它对个人认同的影响;另一方面,"正常化"还意味着把病痛或治疗方案视为"正常的",从而把它更加充分地融入个人认同和公众自我。② 在田野过程中,我也发现了类似于凯莱赫的两种"正常化"策略:一类人总体上轻视慢性病,他们"我行我素",没有把自己当成病人,更没有因为慢性病改变自己的生活方式;另一类人则认真对待疾病,他们完全遵从医嘱,按时吃药,并为此改变了自己的生活方式。不管是"轻视"病痛,还是"重视"病痛,慢性病人都获得了相应的个人认同和自我价值,从而维持了生命的价值和意义。

(一)"轻视":慢性病应对的一种方式

高大爷同时患有高血压和慢性气管炎。虽然他经常吃降压药,但从来没有治疗过他的哮喘。他认为,这是长期积累而成的毛病,花上千儿八百

---

① Michael Bury, 1991, "The Sociology of Chronic Illness: a Review of Research and Prospects", *Sociology of Health and Illness*, Vol. 13, No. 4, 1991, pp. 451 – 468.

② David Kelleher, "Coming to Terms with Diabetes: Coping Strategies and Non-compliance", in Robert Anderson and Michael Bury (eds.), *Living with chronic illness: the experience of patients and their families*, London: Unwin Hyman, 1988, pp. 137 – 155.

也不一定看好。他之所以没有看病,一是因为他清楚地认识到慢性病的不可治愈性,二是因为他家的经济条件不是很好,没有"闲钱"看病。既然"看不好",又何必白白花钱?当然,更重要的是,他觉得这病不会带来生命危险——毕竟,他已经有30余年的哮喘经历,完全熟悉了这病的症状和危害。尽管高大爷对哮喘病"置之不理",但他比较重视高血压。高大爷之所以经常吃降压药,是因为他很清楚,高血压会导致"脑溢血",而后者的危害尽人皆知。即便如此,他也没有完全按时吃药,更没有"总是想着吃药";他通常一天吃两次降压药,有时也会隔几天不吃。这些年来,高大爷不仅坚持种地,农闲时还去县城和市里打工——要么"烧锅炉",要么"看门"。总体而言,高大爷比较乐观,他从来没有把病放在心上,"该干啥就干啥",更没有因此改变自己的生活方式。

面对症状和疾病,不少男性村民都采取了类似于高大爷的应对方式。2008年春天的一个下午,一位老年村民绘声绘色地给我讲述了他对待高血压的方式:年前,他觉得身体不舒服,几乎都要晕倒,他让邻居量了量血压,结果是高压二百二毫米汞柱。于是,他去卫生室看病,村医见他病情比较严重,让他输液。他说,"马上就要过年,拿几包药算了"。随后,医生给他开了六包药,还告诉他不要抽烟,也不要吃肥肉。他满口答应,而回家后"照样抽烟,照样吃肥肉"。而且,他也没有听从医生的指示,把六包药喝完——他只喝了三包。这位老年村民的身体状况一直不是很好,他年轻时患过脑膜炎,并因此落下了严重的残疾。他之所以没有把高血压"当回事",这可能是因为,他是个单身汉,身边没有人叮嘱他吃药,况且,他无法外出打工,只能凑合着种几亩地,经济状况很差。所以,症状稍微减轻些,他就不再吃药了。

不过,许多村民都认识到,精神状态是影响身体健康的重要因素。前面的高大爷就认为,一个人生病后,如果精神状态不好,那就完了。他举例说:每个人都告诉某个人,"这几天你的精神不好",结果,没过多久,这个人真病倒了,最后连饭也不能吃;后来,人们又换了一种说法,见到他的人都说,"这些天你的精神不错",不久,他的病慢慢地又好了。在访谈中,一位村民用自己的亲身经历说明了精神健康的重要性和医学的局限性:"我19岁时得过一次大病,医生说是肝癌,不能抽烟,不能吃肉,更不能喝酒。我先后去了七家医院都没看好,后来,我干脆就不治了,心里也想开了，于是又抽烟，又吃肉，又喝酒，结果没过多久，我的病反而好了。"

（二）"重视"：慢性病应对的另一种方式

在我接触到的慢性病人中，有些村民以"我行我素"的方式应对疾病，而另一些村民则认真对待疾病，并因此改变了自己的生活方式。曹大娘1990年得过一场大病，她描述说，每当太阳升起时，她就喘，有时浑身发冷。她去市医院检查过，但没有检查出什么毛病，回家后，她去邻村看病，一边让医生推拿，一边吃汤药。过了一段时间，她的病就好了，从那以后，她很少去地里干活。2008年秋天的一个上午，我去她家串门时，她正准备吃药。方桌上摆放着六瓶药，她已经把要吃的药片放在了手里，有治脑血栓的、有治心脏病的，还有治高血压的。我数了数她手里的药片，总共13片。她告诉我，她吃药已经20年了，"每顿都要吃药，一天三次"。她的老伴儿评论说，"她把病看得很重，每天吃药，一日三次，从不忘记"。

事实上，许多女性村民都像曹大娘那样，听从医生的建议，按时吃药，注意休息，即便去串亲戚时，她们也会随身带药。可见，她们是通过"适应"而非"对抗"的方式来管理疾病。在认知层面，疾病和治疗方案是她们关注的首要问题，因而是不可改变的，而先前的社会生活和原来的社会关系尽管重要，但相对而言是次要的、可以改变的问题。

当然，并非只有女性把疾病看得很重要，少数男性也是如此。许多村民认为，在中风病人中，秦大爷"最计较"。换言之，如同大多数女性，他也"认真对待"疾病。自从2004年得脑血栓后，他一直没有去过地里干活，也很少出远门。他在服用降压药时发现，"降压片吃少了血压就高，吃多了血压就低，药量不太好控制"。所以，他经常量血压，也不断琢磨着如何合理用药。不仅如此，他还在家人的建议下调整了饮食结构，开始吃一些粗粮。秦大爷的儿子评价说，"他十分胆小，怕自己的脑血栓严重了，怕犯了，总而言之一句话是怕死"，"胆小有胆小的好处，胆小不会出意外"。

前面的一些案例表明，村民得了慢性病之后会采取不同的方式来应对慢性病；至于采取何种应对方式，这不仅取决于症状本身的严重性，还取决于病人的性别和经济状况。如果症状比较严重，病人通常会重视疾病，女性比男性更倾向于重视疾病。家庭状况较好的人通常更加重视疾病，而那些经济状况较差的男性则倾向于采取"轻视"的方式对待疾病。从这个意义上说,"轻视"这种应对方式是贫困男性的一种"无奈的选择"。当然,家庭成员的态度和期待也是影响慢性病应对的重要因素。那些"重视"疾病的慢性病人,通常要得到家庭成员的支持,因为这种应对方式需要一定的社会资源,比如说是否有钱长期吃药,是否有人承担病人先前的社会角色(例如,子女或配偶是否愿意承担更多的田间劳动)。

虽然我把"轻视"和"重视"视为慢性病人应对疾病的两种截然不同的方式,但有必要指出,慢性病人的应对方式并非一成不变,而是一个持续的动态进程。如果慢性病突然恶化,换言之,如果症状严重妨碍了病人的日常活动,或者直接威胁了他们的生命,或者再次给家庭带来了沉重的治疗负担,那么,先前"轻视"型的慢性病人在这种情况下也不得不"重视"疾病,包括注意休息,调整饮食,严格执行治疗方案,等等。就"重视"型的慢性病人而言,当症状趋于消失时,当症状对身体、生活和劳动的影响微不足道时,当家人认为他们已经"康复"时,他们也会"轻视"慢性病,从而把自己视为"健康的人"。总之,慢性病人会根据病情的变化和他人的反应不断地调整他们的应对方式。

随机应变:慢性病的策略管理

在认识和应对慢性病的过程中,病人要做出大量的管理工作。犹如一个水手要熟悉大海的范围以及船只的适应情况,慢性病人也要逐渐了解自身的病痛和身体反应。[①] 因为慢性病不可治愈,且反复发作,所以,病人要想有效管理慢性病,他必须熟悉症状及其后果,必须根据病情的变化策略性地管理慢性病。如果病人不了解症状的出现和持续时间,不熟悉症状对其身体运动、工作能力、日常生活和社会关系的影响,那么,他就无法采取适当的措施去控制症状。事实上,如同前面已经指出的,慢性病人都会通过各种途径来认识病情和症状。在慢性病的管理进程中,认识慢性病只是其中的一个环节。更重要的是,慢性病人还要根据症状和病情的变化对慢性病进行策略管理。英国社会心理学家阿兰·拉德利(Alan Radley)指

---

① Juliet Corbin & Anselm Straus, *Unending Work and Care: Managing Chronic Illness at Home*, San Francisco & London: Jossey-Bass Publishers, 1988, p. 33.

出，慢性病的策略管理是"一套相关的实践"，它要求病人能够解决身体存在和社会生活的双重要求，而不是仅仅适应症状或社会期待。① 在各种资源有限的情况下，他们能实现上述目标吗，如果能，又是如何实现？随后我们就会看到慢性病人在探索用药效果和重建日常生活等方面做出的各种努力。

（一）探索用药效果

慢性病的进程复杂多变，即便医生能够"对症下药"，病人也不会觉得"药到病除"。因为在目前的情况下，药物只能减缓病痛，尚无法治愈疾病。即便是病痛的缓解，也离不开病人的摸索。由于病人的个体差异，医生无法确切地知道药物能否有效控制症状，更无法预料药物的不良反应给病人带来的诸多不便。事实上，慢性病人在执行治疗方案的同时，也在不断地探索用药效果。

在执行治疗方案时，病人需要了解药品的适应症状、用法用量、不良反应和注意事项。2008 年春天，孙大娘服用的药物多达 9 种，有治心脑血管病的，还有治糖尿病和肩周炎的；这些药品的用法用量也有所不同，有的需要饭前吃，有的需要饭后吃，有的需要吃 1 片，有的需要吃 2 片或 3 片。孙大娘不识字，她能记住复杂的用药方案吗？孙大娘告诉我，她每天要吃很多药，刚开始时根本记不住每种药要吃几片，于是，她就在每个药瓶上拴了红线，拴一根红线代表吃一片，拴两根红线代表吃两片，依次类推。与此同时，为了避免药品的不良反应和药性的相互抵消，她一般早饭前服用治糖尿病的两种药，饭后服用治脑血栓后遗症的四种药，中午时服用治疗肩周炎的两种药，晚上再次服用治疗脑血栓的药，还要加上早晨没有服用的阿司匹林肠溶片。"阿司匹林肠溶片吃多了刺激胃，老是做噩梦"，所以，孙大娘每天只服用一次。

2010 年酷夏，闫芹细致地描述了她的用药经历。那天上午，我去她家时，她正准备吃药，饭桌上的碗筷还没来得及收拾。她患有高血压、脑血栓后遗症和糖尿病，而且大腿经常抽筋，所以服用的药物很多，有降血压的卡托普利和阿替洛尔，有舒筋活血的脉通，有降血糖的格列苯脲片，还

---

① Alan Radley, "Style, Discourse and Constraint in Adjustment to Chronic Illness", *Sociology of Health and Illness*, Vol. 11, No. 3, 1989, pp. 248.

有降血脂的藻酸双脂钠片，以及强筋壮骨的钙片和益智的健脑丸。闫芹告诉我，她以前吃的降压药就有四种，后来逐渐减掉了尼莫地平和硝苯地平；她也想减掉阿替洛尔，但试了一次后发现血压升高，所以，她只好每次再喝半片。"是药三分毒，要尽量少吃"，她接着说，"你自己得掌握尺度，医生不可能总守着病人"。随后，她又给我讲述了服用降血糖药物的经历：她以前吃二甲双胍时不能正常吃饭，"因为这药刺激胃，饭后容易干哕"。后来，她试用了格列奇特片，没有肠胃反应，但额头上总是起疙瘩。随后，她换了格列苯脲片，"这药特别好，吃了之后血糖一直在正常范围内，也没有感觉到副作用"。她总结说，"吃药就得自己不断琢磨，看看吃啥药，吃多少"。

在孙大娘和闫芹的案例中，我们可以看出，病人具有很强的变通能力，他们并不会完全遵守医生的用药方案。事实上，如果当前的治疗方案不是特别有效，或者病人认为还有更好的治疗方案，比如说更有效、更便宜，那么，他们就会像前面提到的锐歌那样，不断地寻求其他的治疗方案。显然，病人不是一个被动的治疗对象，或者说被动地担当"病人角色"；相反，他是一个行动者：他会根据治疗方案的效果，以及自己的时间、精力和财力，及时调整治疗方案。慢性病人的用药实践表明，病人的智慧是无穷的，他们有能力在长期的实践中探索出一套适合自己的用药方案。

（二）重建日常生活

笔者在田野调查中发现，许多慢性病人都试图通过重建日常生活来控制症状，进而最大程度地减少慢性病的破坏性影响。大多数慢性病人都不同程度地调整了生活方式，一些人不再从事田间劳动，更多的人则重新安排饮食起居。即便是农忙季节，许多慢性病人三五成群地坐在街门口或胡同口聊天，而另外的一些人则在庭院内玩儿起了麻将或骨牌。

最近几年，不管是春夏秋冬，也不管是刮风下雨，如果不出意外，每天上午都有几位中老年病友去秦大爷家玩牌，他们通常 9 点开始，12 点散场。秦大娘戏称，"他们按时上班，按时下班"。换句话说，就慢性病人而言，玩牌就是工作，就是消磨时光、避免孤独的工作。从这个意义上说，玩牌也是慢性病人重要的交往方式：他们在玩牌时也会嘘寒问暖，海阔天空地谈论着各自的所见所闻、所思所想。在田野工作期间，我经常去秦大爷家,不止一次目睹了对骨牌的欢乐场面。尽管如此,慢性病人也不会整天玩牌。

秦大爷告诉我,如果下午继续玩牌,他晚上就会睡不着觉,如果晚上睡不好,第二天就会没有精神。为了保持"健康"的身体状况,秦大爷过着富有规律的生活。例如,在2010年夏天时,他每天早晨5点起床,然后到村边或南院的菜地里看看,有时也会干点儿农活,8点回家吃饭,9点至12点玩牌。午饭后,他小憩一会儿,然后看书或电视,5点钟去院子里休息,直到晚饭。晚饭后,他依然看会儿电视,9点钟上床睡觉。

我的田野资料表明,许多病人都希望通过合理安排日常生活来管理病痛。在寒冬腊月,哮喘病人会采取各种保暖措施,以防感冒后病情加重。在平时,许多脑血栓病人和高血压病人尽量少吃或不吃肥肉和油腻的食物,以免血压升高或血脂粘稠;糖尿病人不仅不会吃糖,还尽量少吃甜食和各种糖分较多的水果,以免血糖升高;心脏病人尽量不去热闹的地方,以免心烦意乱。

尽管慢性病人试图通过执行治疗方案、探索用药效果、调整生活方式等手段控制症状,但这并非易事。凯博文把慢性病描述为随时爆发的"火山","慢性病的潜流犹如火山,它还会爆发,而且难以控制"。[1] 有位科普作家则把慢性病视为战场上的"敌人","服药就如同只把敌人赶跑了,并没有消灭它,过了一会,它还会回来,你再去赶,它再跑"。[2] 如此看来,症状控制是一项旷日持久的工作,它需要慢性病人机智地管理病痛;有时,稍有不慎就可能引发难以挽回的灾难性后果——死亡。

未雨绸缪:后事的妥善安排

尽管慢性病人试图像正常人那样生活,但人终有一死,老年慢性病人更能感觉到死亡的降临。在传统丧葬文化依然盛行的沙村,不少村民都相信灵魂不灭的鬼神观念,即"死后生命的续存";[3] 即便是那些无神论者,

---

[1] Arthur Kleinman, *The Illness Narratives: Suffering, Healing, and the Human Condition*, New York: Basic Books, 1988, p. 44.
[2] 马悦凌:《温度决定生老病死》,南京文艺出版社2008年版,第40页。
[3] 郭于华:《在乡野中阅读生命》,上海文艺出版社2000年版,第8页。

在孝道文化的影响下也十分重视"隆丧厚葬"的传统，认为葬礼是"一辈子的事情"，不能马虎。因此，不少老年慢性病人在有生之年就开始考虑后事，包括送老衣（寿衣）的准备、棺材的选取和丧事的料理。

（一）送老衣的准备

我在调查中发现，大多数 70 岁以上的老年慢性病人都为自己甚至丈夫准备好了送老衣。华大娘是一位 75 岁的气喘病人，2010 年夏天，她从容地告诉我，她的同龄人多数已经做好送老衣，她也如此。10 年前，她经常犯病，于是就在集市上买了布料，为自己做了三件送老衣，包括红色夹袄、褐色棉袄和褐色棉裤。后来，她又做了一双花色的"送老鞋"。随着村民逐渐富裕，一些过世老人开始穿秋衣秋裤，她也与时俱进，把先前做的一件白布衫留着作送老衣。华大娘的丈夫当过兵，参加过抗美援朝，1976 年死于肺结核，当时，大儿子 19 岁，最小的女儿才 10 个月。在后来的岁月里，她独自一人把 5 个孩子养大成人，并让他们成家立业。岁月的磨练使她变得积极乐观。恰恰是在子女外出打工的日子里，她为自己做了送老衣。子女知道后都埋怨她事先做好了送老衣，说她用的布料太差。华大娘笑着说，"入土了还有啥好歹，埋在土里谁也看不见！"

我在收集村民近年死亡信息时还发现，甚至五六十岁的病人也准备了送老衣。祝大娘患有哮喘病，她在十几年前就做好了送老衣，当时她只有 50 岁。祝大娘心灵手巧，村里老人去世时，她经常被邀请去做"纸衣裳"。因为"做送老衣花不了几个钱"，她没有告诉丈夫和子女就买了布料，暗地里为自己做起了送老衣，每年做一两件。在过去的 10 多年中，随着送老衣样式和种类的不断变化，她也不断推陈出新。"她的送老衣很多，夹袄就有好几件，她自己根本穿不了"，靳大娘——她的亲家母在一次闲聊中如是说。

在询问"为什么事先准备送老衣"时，许多老年妇女都提到了三个相互关联的原因：一是"怕用时没有衣服穿"。刚刚提到的华大娘举例说，她的邻居十几年前去世时，家里没有准备送老衣，几个街坊只好立即去集市上买布料，偏偏那时布料又难买，当时家人万分焦急。经历了几番波折买到布料后，几位中年妇女匆匆忙忙帮她做了送老衣，"衣服的样子很难看，棉絮还露在外边"。几小时过后，等到给死者穿衣服时，她的身体已经僵硬，"衣服怎么也穿不上"。恰恰是这些活生生的经历提醒她们事先做好送老衣，否则就会出现各种尴尬现象。

即便现在随时可买到现成的送老衣，还是有许多老年慢性病人事先准备送老衣，原因在于"自己做的质量好"。一方面，"自己做的比较合身，买来的不是大就是小，不是宽就是窄"。郭大娘给我举了个极端的例子，"像俺大侄媳妇那样，个子本来就小，老时会抽得更小，根本没有那么小的衣服，一件送老袄就到了膝盖"。另一面，"买来的质量不好"。许多村民都抱怨说，买来的送老衣很薄，棉袄和棉裤的填充物都是人造棉，根本不是棉花。

"迟早要用"是老年慢性病人事先准备送老衣的第三个原因。既然每个人在过世时都要穿送老衣，"晚做不如早做"。这个原因同前面两个原因紧密相连：如果事先做好，"老人用时就能穿"；如果事先做好，老人就能穿上自己喜欢的送老衣。在2010年盛夏一个闷热的夜晚，一位70岁的心脏病人说，"现在新病特别多，说不行就不行了，做衣服根本来不及"。她还告诉我，有位高血压病人为了保存好新做的送老衣，还特意买了一组衣柜——她怕老鼠咬坏自己的送老衣。在许多村民眼里，如果没有事先做好送老衣，这是做事没有计划和安排的表现，在某种意义上也是慵懒的表现。

应该说，事先做或不做送老衣纯属个人私事，慢性病人无论做出哪种选择都无可厚非。但我想指出，慢性病人事先准备送老衣是一种积极的人生态度，她们更能从容淡定地正视死亡，走好人生的最后一站。

尽管老年女性更热衷于事先做好送老衣，但这并不是说，老年男性对送老衣漠不关心，有些人也会提出具体要求。姚大爷生前明确告诉子女，他喜欢大衣，不要袍子，"穿袍子不得劲儿"。因此，姚大娘准备送老衣时没有给他做袍子。后来，家人在县城给他买了件绿色大衣。谁料，姚大爷不喜欢，一是不喜欢颜色，二是嫌尺寸太小。随后，家人又给他换了件蓝色大衣。姚大爷甚至对头饰也有要求，他生前没有戴过帽子，死后也不愿戴帽子，"我头顶高，戴个帽垫就行了"。

（二）棺材的选取

如果说大部分老年病人都准备好了送老衣，但他们一般不会事先准备棺材，一方面棺材停放久了容易腐朽，另一方面，它的存放需要占用较大空间。同理，人们甚至不准备做棺材的木头。但这并不意味着他们对棺材的款式和材质漠不关心。事实上，许多头脑清醒的老年男性病人不仅对送老衣有特定要求，对棺材更是"挑三拣四"。姚大爷临终前告诉家人，他想要一个"四独"的棺材，也就是说由四块整木拼成的棺材（材底、材帮、材帽，都是整块木头）。之前，家人曾给姚大爷开玩笑，说想给姚大爷买个一千多块的棺材，他连忙摇头，"太便宜了"。家人又问，"给你买个一万块的呢？""那太贵了"，姚大爷接着说，"我用啥材无所谓，你娘死时一定要用个好材，别让娘家人说这说那"。姚大爷去世时，家人根据他的意愿花3000多元买了一副"四独"的松木棺材。也可以预料，当早已卧床不起的姚大娘告别人世时，家人也会用更好的棺材，以完成老人的夙愿。毕竟，姚家有四个儿子分担棺材的费用，这些钱算不上沉重的负担。

　　老年男性之所以十分重视棺材的选购，是因为棺材的质量是个人身份和家庭地位的象征。一般而言，家庭地位越高，老人去世时选用的棺材也越好。穷人的棺材一般1000多元，而富人的棺材会在5000元以上。由于棺材的花费较大，许多慢性病人在选择棺材时不得不考虑自己的经济状况和儿女的多少，一些贫困的老人甚至不愿意向子女说及棺材的事情。高昂的棺材费用让许多家庭感到惧怕，一位过惯了清贫日子的老年妇女抱怨说，"买个棺材也要花两三千块，死也死不起"。在问到棺材的选用时，许多被访老年病人都敷衍说，"棺材好坏无所谓，反正得沤掉"；也有人为使用便宜棺材寻找借口，"好棺材砸得重"。不过，在调查期间，村民多次提及，有位老人用了梧桐树的棺材，刚过一年，他的坟头就塌陷，还漏了一个窟窿。四旺也告诉我，在下葬时，四位村民每人一个角，轻而易举地就抬起了上述这位老人的棺材，而姚大爷的棺材，四个人只能抬起材帽。这也表明，村民还是希望尽量使用好棺材。

（三）丧事的料理

　　老年病人不仅会考虑送老衣、棺材的选取，还会考虑丧事的料理。在料理丧事时，村里的老人会（村治丧委员会）坚持从简原则，也就是说有军乐队和几个吹鼓手即可，不提倡念经、舞狮和唱戏。但是，如果富裕人家想多安排几个项目，老人会也不会强行阻拦。一位负责人说，"现在人们有钱了，为了表示孝心，总是想花"，"压也压不住"。事实上，丧葬的繁简完全取决于家庭的经济状况和老年病人的意愿。

当然，丧葬的形式并不完全取决于死者的个人意愿，对基督徒而言更是如此。按照基督教的教规，教徒去世时有教友"助丧"，教会内部的"铜鼓洋号"免费，但死者的家属不能报庙，不能烧香，不能做"纸马车"，更不能找道士念经。但是，在宗教观念淡薄的村庄，家庭通常不会因为死者的宗教信仰而放弃传统的葬礼仪式。葬礼不仅仅是死者的事情，它更多是活人的事情。君婶2009年病逝时，家人并没有按照基督教会的做法处理后事：一是她"信得不真"，二是周围人多数不信教，三是沙村尚未出现基督教式的葬礼。

有必要指出，村民不愿意采用基督教式的葬礼，主要是因为它与传统信仰之间的冲突，并非它不够隆重。沙村的讲道人华大爷栩栩如生地描绘了一次"助丧"场面：一位邻村教友去世时，包括华大爷在内的许多教徒都前去助丧。死者出殡时，马路上整整齐齐地行驶着数十辆汽车和三轮。华大爷回家时，一位村民问，"是谁出殡呢，闹腾这么大？"华大爷说，"是一个信耶稣的"。这问村民接着说，"我还以为是一位大官的父母呢！"

农村老年慢性病人的自助与互助

在本文中，我用大量的田野资料描述了老年慢性病人的生存策略。这些描述表明，这些人们眼中的"半病子"不是所谓的"等死队"，也不是被动地适应慢性病；相反，无论自身经济条件好坏，他们都会在力所能及的情况下积极进行药物治疗和康复训练，主动采取各种措施去认识、应对和管理慢性病，也会提前妥善安排后事。诚如美国社会学家安塞姆·施特劳斯（Anselm Strauss）所言，在日常生活中，慢性病人会采取各种策略去适应慢性病——他们不仅要活着，而且还要尽可能正常地活着。①

农村老年慢性病人的生存策略体现了他们应对苦难的主体性，其本质不仅是"自力更生"的自助行为，还是"有难同当"的互助行为。农村慢性病人的自助行为与互助行为相辅相成，相互促进：没有自助行为，互助行为很难发生；没有互助行为，自助行为也很难实现。从某种意义上说，

---

① Anselm Strauss, *Chronic Illness and the Quality of Life*, St. Louis: Mosby, 1975.

自助是互助的前提和手段,而互助则是自助的保障和目标。

在华北农村,互助传统可谓源远流长。早在两千多年前,《孟子·滕文公上》就描绘了"出入相友,守望相助,疾病相扶持"的邻里互助景象。在近代,社会学家李景汉和人类学家杨懋春都记录了华北农村的互助行为:前者详细调查了河北定县具有互助性质的民间信贷组织"摇会",并特别写道,贫苦农人在经济困难时都会到亲友之家寻求帮助,希望"凑成一会";①后者在分析山东台头村的家庭构成时指出,"在村民心目中,工具与家庭是联系在一起的";"好的工具很贵,并不是每个家庭都买得起的,因而成为家庭兴旺的象征",而工具的借用会增进村民之间的友好关系。②

如果我们能够充分利用农村互助传统,那么,老年慢性病人不仅是养老的主要对象,而且也是养老的重要力量。沙村的田野调查表明,绝大多数老年人都能够通过自助与互助的方式尽量过上正常生活,从而实现"老有所养"。这也意味着,老年人并不是"多余的生命",他们不仅可以安度有意义的晚年,也有能力继续为社会做出贡献。③ 事实上,农村老年慢性病人的互助行为是互助养老的体现,而且,如本文反复呈现的,这种病友互助又同邻里互助、亲友互助和宗族互助交织在一起,它们共同构成了农村互助养老的文化传统和现实基础。

在人口老龄化和农村城市化的双重背景下,农村互助养老不仅可以缓解国家和家庭的养老压力,还可以发挥老人的主体性和能动性,从而实现"积极老龄化"的愿景。当前,中国乡村振兴战略为农村互助养老提供了良好的基础设施和充分的资源支持。正因为如此,贺雪峰指出,互助养老是中国农村养老的根本出路。他进一步说,"在村庄熟人社会中,互助养老不是无奈的选择,而是最优的养老选择"。④

---

① 李景汉:《定县社会概况调查》,中国人民大学出版社1985年版,第739—746页。
② 杨懋春:《山东台头:一个中国村庄》,江苏人民出版社2001年版,第47页。
③ 景军、赵芮:《互助养老:来自"爱心时间银行"的启示》,《思想战线》2015年第4期。
④ 贺雪峰:《互助养老:中国农村养老的出路》,《南京农业大学学报》(社会科学版)2020年第5期。

第五章　心理危机守门人计划

孙薇薇* 　王　燕**

本文题目提到的"心理危机守门计划"是中国财经大学社会学系孙薇薇教授在这个国家社科基金项目启动以前就已经参与的一个大型研究。在国家社科基金支持下，我们决定对心理危机守门模式予以一次系统性的、方法论的以及概念化的学理分析。在本文，这一回顾性分析的重点是行动研究的意义以及行动研究带动了老年村民互助。

沈原教授早在 15 年前就提出行动研究或行动社会学对研究中国转型社会的意义。[①] 近年来，以提高行动质量为目标，将理论和与实践结合起来的"行动研究"日益得到学界重视。[②] 理论与实践的分离曾是社会科学领域较长时期存在的危机，将理论与实践结合是学者们一直致力解决的难题。[③] 为此，我国社会科学领域开始愈来愈强调研究的行动功能，研究者愈来愈重视研究对被研究者的实际意义以及实际工作者参与研究的可能性。2020 年，习近平总书记指出我国经济社会领域理论工作者应"从中国实践中来、到中国实践中去，把论文写在祖国大地上"。[④] 可见行动研究也是国家对理论工作者与学术研究者的一个要求。

---

* 孙薇薇，中央财经大学社会与心理学院，社会学系主任，教授，研究方向：医学社会学，老年社会学。

** 王燕，中央财经大学社会与心理学院研究生，研究方向：医学社会学。

① 沈原：《"强干预"与"弱干预"：社会学干预方法的两条途径》，《社会学研究》2006 年第 5 期。

② 郑金洲：《行动研究：一种日益受到关注的研究方法》，《上海高教研究》1997 年第 1 期。陈向明：《质的研究方法与社会科学研究》，教育科学出版社 2000 年版。

③ 文军、蒋逸民：《质性研究概论》，北京大学出版社 2010 年版。

④ 新华网，"习近平：在经济社会领域专家座谈会上的讲话"，2020 年 8 月 24 日。

本文基于2011—2018年在全国10个省市农村实施开展的老年心理干预研究为实证材料，以行动研究为视角，理论结合案例，初步探讨行动与研究之相互关系，剖析行动与研究相互嵌入的过程，探索行动者与研究者彼此影响的角色定位，阐明行动研究的学术价值与现实意义，为未来的行动研究提供借鉴与思考。研究团队在中国10个省市农村开展农村老年心理干预，包括黑龙江省（海林市与东宁县）、内蒙古自治区（赤峰市）、山东省（肥城市）、甘肃省（高台县）、河南省（濮阳市）、广西自治区（南宁市）、福建省（漳州市）、四川省（绵阳市与资阳市）、云南省（玉溪市）、北京（延庆区）。[①] 团队在每个干预点开展为期7个月的心理干预，采用科学实验法开展干预效果评估。结果表明，以"守门人"模式为核心的干预方案，以"基层干部引领、友邻同伴互助、家庭养老存续"的干预路径，能够系统性地提升社区内老年人社会支持，营造"老年友好的乡村共同体"情境，从而提升老年心理健康水平及晚年生活质量。[②] 干预所到之处，都深受当地群众的欢迎，促进了当地政府和民众对养老问题的参与和关注，更有效提升了老人的精神健康，一直被边缘化的老年心理健康问题得到了当地社会的重视，同时在社区层面营造了尊老养老敬老的良好社会风尚。

在我们的干预研究中，参与者包括四个群体，一是研究者团队，主要是干预的设计者、督导者和评估者；二是干预的"守门人"团队，包括两个层次，县乡镇政府工作人员作为干预项目地监管负责单位，村干部、村医、村里的热心志愿者等人作为干预的实际执行人员；三是老年人群体，本研究定位于社区层面的心理干预，全村老人均为被干预对象，参与相应的干预活动；四是专业支持团队，主要是精神科大夫、心理专家、其他相关专家等，主要承担守门人知识技能培训及干预的专业支持工作。心理干预采用以"守门人"为核心的分级干预模式，我们根据基线调查所获得的心理健康水平，将村里的老人区分为普通老人、临界点老人、高危老人三个层次，先期培训守门人，然后督导守门人面向不同层次的老人开展有针对性的心理干预。干预活动具体包括：开展健康知识科普、倡导公共娱乐活动、建立老

---

① 本研究项目的责任单位是清华大学公共健康研究中心，三个学术性合作单位是中央财经大学社会学系、中南大学公共卫生学院以及哈佛大学亚洲研究中心。
② 孙薇薇、景军：《乡村共同体重构与老年心理健康——农村老年心理干预的中国方案》，《社会学研究》2020年第5期。

年走访慰问机制、引导同伴互助、优化家庭代际关系、实施医疗转诊等。

此项研究所采用的"守门人"模式,目前是国外在社区层面针对疏离老人心理干预最为有效的方法之一。该模式主张通过动员和培训社区的普通人,在社区层面建立老年心理筛查网和保护系统;激励公众参与,链接政府、专家、公众等多元社区资源,激发社区内在效能;适用于多种社区环境,成本效益合理。[1]

在国家社科基金互助养老课题项目的支持下,我们对上述守门人模式,重新做了一次思想性和方法论方面的梳理。以下是我们对这一努力的描述和总结。

行动研究

起源于 20 世纪初的行动研究,由于其自身的复杂性和应用领域的广泛性,学界对其存在众多定义,至今未形成统一标准。[2] 美国社会心理学家勒温在 20 世纪 40 年代指出,行动研究是"研究课题来自实际工作者的需要,研究在实际工作中进行,研究由实际工作者和研究者共同参与完成,研究成果为实际工作者理解、掌握和实施,研究以解决实际问题、改善社会行动为目的。"[3] 英国学者埃利奥特认为:"行动研究是对社会情境的研究,是以改善社会情境中行动质量的角度来进行研究的一种研究取向。"[4] 华莱士在其研究中提出行动研究就是在现实环境中研究者、实际工作者和其他工作人员协同行动,及时找出研究中存在的问题并予以解决,以提高实际工作中的行为质量。[5] 中国学者认为,行动研究是一种由实际工作者在实际情

---

[1] Findlay, Robyn A., Interventions to Reduce Social Isolation Amongst Older People: Where is the Evidence? *Ageing & Society*, 2003, 23 (5): 647 – 658.

[2] 李小云、齐顾波、徐秀丽:《行动研究:一种新的研究范式?》,《中国农村观察》2008 年第 1 期。

[3] 陈向明:《什么是"行动研究"》,《教育研究与实验》1999 年第 2 期。张秋凌:《"行动研究"述评》,《内蒙古师范大学学报》(教育科学版) 2001 年第 3 期。孙亚玲、傅淳:《行动研究的几个理论问题》,《学术探索》2004 年第 1 期。

[4] Elliott, J., 1991, *Action Research for Educational Change*, Open University Press.

[5] Wallace, M. J., *Action Research: A Framework of Self Evaluation*, Institute of Education, 1, 1998.

境中所进行的、以解决实际问题和促进个人成长为目的的系统研究。①

总体上，行动研究（action research）是行动（action）和研究（research）两个词的结合，指的是"一种实践者为提高新的行动效果而对其进行的系统性研究"。② 行动研究的内涵包括以下四个维度：一是行动研究的社会功能：以行动解决特定情境中的实际问题，改善社会行动效果；③ 二是行动研究的方法：运用科学方法，具有专业性、系统性、反思性的研究类型；④ 三是行动研究的参与者，即研究者和行动者无论相互分离或合二为一，均为研究的主人；⑤ 四是行动研究的学术价值：可以在理论反思、方法创新、研究水平提升等方面实现社会科学研究宗旨。⑥

以往的研究通常将社会科学中的行动研究按照传统意义上的"研究者"与被研究者、实际工作者、当地行动者的定位，区分为以下三个类别：一类是研究别人的行动，即研究者和被研究者相互分离，独立存在，研究主体的目的在于改进研究客体的行动；第二类是研究自己的行动，即研究者亦是被研究者，目的是研究自己的实践并改进行动；第三类是研究主体参与到研究客体的行动中，与研究客体共同行动，同时进行研究，即行动与研究融为一体，这更多地被称之为参与式行动研究。⑦⑧

---

① 吴义昌：《行动研究法的历史演变及其对我国中小学教师研究的启示》，《徐州师范大学学报》2000年第2期。李桂芝：《浅淡"行动研究法"》，《北京青年政治学院学报》2002年第2期。张玲玲、刘永芳、张茜：《行动研究——欺负干预的适宜运作模式》，《山东师范大学学报》（人文社会科学版）2004年第3期。苏绣冠、吴继霞、范晓晖：《实施同伴评估：一个行动研究方法》，《苏州大学学报》2005年第6期。

② 文军、蒋逸民：《质性研究概论》，北京大学出版社2010年版。

③ Kemmis, S., 1985, Action Research in the national Encyclopedia of Education Vol. Ed By Husen, T., pp. 35. Wallace, M. J., *Action Research: A Framework of Self Evaluation*, Cambridge, Institute of Education, 1998. 李炯英：《行动研究：概述、理据及应用》，《四川外语学院学报》2003年第6期。孙亚玲、傅淳：《行动研究的几个理论问题》，《学术探索》2004年第1期。

④ Kemmis, S., 1985, Action Research in the National Encyclopedia of Education Vol. Ed By Husen, T., pp. 35.

⑤ Wallace, M. J., Action Research: A Framework of Self Evaluation, Cambridge, Institute of Education, 1, 1998. 李小云、齐顾波、徐秀丽：《行动研究：一种新的研究范式？》，《中国农村观察》2008年第1期。

⑥ Baskerville, Richard and Pries-Heje, Jan, Grounded Action Research: A Method for Understanding IT in Practice, *Accounting Management and Information Technologies*, 9: 1–23, 1999.

⑦ 陈向明：《什么是"行动研究"》，《教育研究与实验》1999年第2期。

⑧ 杨静、夏林清：《行动研究与社会工作》，社会科学文献出版社2013年版。

第一类研究广见于许多社会科学研究，特别是对社会行动提出建议的社会政策类研究；第二类在教育学领域大量存在，如20世纪50年代，在哥伦比亚大学师范学院前院长考瑞的倡导下，行动研究进入了美国教育研究领域，当时的教师、学生、辅导人员、行政人员家长以及社区内支持教育的人都参与到了对学校教育的研究之中。①② 第三类多见诸于社会工作和社会干预研究领域，在我国早可追溯至平民教育运动领袖晏阳初开展的河北定县实验，近则数清华大学李强教授近年推动的清河社区研究。③ 农民工和都市运动的社会学干预研究也在行动研究之列。④ 社会工作中开展的行动研究更有将研究化为行动的意涵。⑤

本文关注的是行动研究的第三个类别，即社会干预的行动研究。有学者提出，行动研究是为行动而研究、在行动中研究、由行动者研究（Research for action, Research in action, Research by actors）。⑥ "为行动而研究"指出了行动研究的首要目的是追求实际问题的解决和实践情境的改善，具有实用性；⑦ "在行动中研究"界定了行动研究的情境是实际工作者真实所在的、未经特别安排和控制的情境，其研究过程是实际工作者通过行动解决问题的过程；⑧ "由行动者研究"说明了行动研究的研究主体是实际工作者，而专家和学者是作为协作者的角色为行动提供咨询和意见。⑨ 本文认为，社会干预的行动研究则呈现为"行动与研究互为宗旨、行动与研究互为情境、行动者与研究者合作互惠"的特征。本文将以中国农村老年心理干预研究为实证材料，对这三个层面进行阐释。

---

① 陈向明：《质的研究方法与社会科学研究》，教育科学出版社2000年版。
② 文军、蒋逸民：《质性研究概论》，北京大学出版社2010年版。
③ 李强：《清河实验：基层社会治理创新研究》，《中国机构改革与管理》2015年第8期。
④ 沈原：《"强干预"与"弱干预"：社会学干预方法的两条途径》，《社会学研究》2006年第5期。
⑤ 龚尤倩、夏林清：《行动研究的社会探究之道——以台湾社工专业实践为例》，《中国农业大学学报》（社会科学版）2017年第3期。
⑥ 孙亚玲、傅淳：《行动研究的几个理论问题》，《学术探索》2004年第1期。
⑦ 孙亚玲、傅淳：《行动研究的几个理论问题》，《学术探索》2004年第1期。
⑧ 孙亚玲、傅淳：《行动研究的几个理论问题》，《学术探索》2004年第1期。
⑨ 孙亚玲、傅淳：《行动研究的几个理论问题》，《学术探索》2004年第1期。任燕：《对教育行动研究理论的认识与理解》，《延安职业技术学院学报》2009年第2期。董树梅：《主动，行动研究之魂——对行动研究本质的思考》，《天津师范大学学报》（基础教育版）2014年第2期。

行动与研究互为宗旨

长期以来，实用主义理论深植于行动研究之中。突出真理与效用的联系是实用主义区别于其它哲学社会科学的一大特色，实用主义更强调应立足于现实生活，把获得效用作为哲学社会科学的最高目的。[1] 巴斯克维尔等人[2]将行动理论视为应用中的理论（theory-in-use）",强调：所谓一个"好的应用中的理论"本应是"植根于社会现实的理论"（grounded theory）。杜威认为，观念意义、概念学说和体系的效能和价值，就全系于他们工具性工作的成功与否，如果成功了他们就是可靠健全有效好的真的，否则他们便是虚妄。[3] 在实用主义看来，抽象意义或理论既应该衍生于现实，并同时赋予现实效用或工具性价值，其科学价值才真正得以实现。实用主义的主张为行动研究以改善社会现实与行动为宗旨提供了理论基础。在行动研究中，研究能够帮助人们解决当下情境中所遇到的实际问题，实现行动价值；行动也能帮助研究实现学术价值，如理论贡献、方法创新等。[4] 我们所开展的农村心理干预研究，一方面是为了优化农村老年人的社会支持者的技能、理念和行为，借而提升老年心理健康水平；另一方面，干预行动也为研究提供了实证材料与科学验证，推动了学术理论与方法的进步。

干预研究的操作化过程，本质上就是以优化支持者的行动为直接目标，包括改变核心支持者的行动，即守门人的行动；改变相关支持者的行动，如同伴、友邻和子女；甚至改变老人自身的行动，如培育健康生活方式。

心理危机守门人计划的机制建立是最典型的改变被研究者行动的过程。干预前期守门人需要参与心理健康与干预知识技能培训，从认知上培育其对研究及干预的了解，为后续行动改变奠定基础。干预过程中守门人需在研究督导下完成相关行动，例如：建立守门人与组内老年成员的相互联系

---

[1] 文军、蒋逸民：《质性研究概论：Qualitative Research Method》，北京大学出版社2010年版。
[2] Baskerville, Richard and Pries-Heje, Jan, Grounded Action Research: A Method for Understanding IT in Practice, *Accounting Management and Information Technologies*, 9: 1-23, 1999.
[3] 周育国：《实用主义的哲学创新与启示》，《社会科学战线》2003年第5期。
[4] 李小云、齐顾波、徐秀丽：《行动研究：一种新的研究范式？》，《中国农村观察》2008年第1期。

登记制度；建立守门人对危险人群和高危人群的定期寻访记录制度；建立守门人定期组织开展老年同伴互助活动机制等。守门人中的村干部通过培训掌握了老年工作的技巧与方式，并融入日常基层工作，习得了与老人交往的技能，得到了老人和周围村民的认可；热心村民通过参与干预研究既实现了志愿行动的价值感，更累积了社会声望；老人不但培育了有利于心理健康的生活方式和社会行动，甚至还成为自助者和互助者。

村里有一个老人有轻微的精神问题，平常就在屋里就坐着，和子女关系也不好。我们（守门人）每次活动都喊她去，她本来不愿意去，我们就去叫她动员她。慢慢地我们一动员她就去，而且每次都愿意主动去。因为她自己感觉在家里闷无聊，到外面来多看看，会更高兴。每次去找她聊天，开头不愿说，后来开始愿意说，觉得有人看她。开头她不愿意理，她没有接触过，不信我们。后来慢慢她信任我。打开她的心结，心理好了，现在愿意说。以前很少找我们，现在还会主动找我们。现在精神状态好多了。"（四川绵阳访谈记录20120622）

82岁的赵大爷说："别看我80多岁，但我眼不花，耳不背，会读书，爱看报。可自从老伴去世，四姑娘得了精神病，我越发感觉活着一点意思也没有了。"为了打开老人心结，守门人多次来到赵大爷家与他谈心、聊天，对他进行劝慰开导。老人从不愿参加小组活动，到后来带头参与活动；从沉默寡言，到主动倾诉，发生了很大变化。镇干部中有位守门人，每次来到村里开展活动都会单独前往赵大爷家，给大爷送些生活物品，拉拉家常。赵大爷说"以前，我心里的苦从不向别人说，每周都会去老伴的坟上走一遭，说说话。自打这个项目开展了，关心我的人多了，陪我聊天的人多了。我真的要说声谢谢，谢谢你们在我心情最低谷的时候，拉了我一把。今后面对生活的不如意，我要正确对待，保持乐观，积极享受晚年生活。"赵大爷在感谢信中说"您就是我们的亲姑娘，我们的知心人……"他后来还成为了一门守门人，他说也要做身边同伴们的心灵守门人。（黑龙江海林访谈记录20140425）

于行动研究而言，通过研究实现并提升行动效能并非全部，更不是终点，科学指引与理论反思贯穿整个干预行动。我们的研究在 2011 年开展第一期干预试点时是不太乐观的。农村社区老年心理干预研究经验在我国尚为空白，我们又面临资金有限、干预周期短等困境；更为关键的是，我们的研究中执行干预的核心群体并非专业人士，而是动员和培训乡村中不具备专业知识的普通人，因而我们无法采用精神医学的药物治疗，也很难引入专业的心理咨询手段；干预能否有效，能在多大程度上有效，行动是此项研究寻找答案的唯一出路，也是验证干预假设的唯一证据。因此，干预研究从设计之始，就开展科学实验法，严格采用"干预前后纵向评估法"，以及"干预—对照横向评估法"，结合科学的评估工具对干预效果进行检验。实证研究结果表明，社会干预显著有效。① 这既为干预行动向更多省份铺开提供了有利支撑，也使研究获得了实证数据与资料，并助推了经验向理论的反哺与沉淀。例如，干预行动与结果证明了促进社会支持系统能够提升心理健康水平，而构建乡村共同体是增强老人社会支持体系的有力途径，能够有效地缓解社会转型背景下农村养老的困境，提升晚年生存质量；② 动员社区普通人、启动社区潜能是构建基层老年心理保护与筛查网的有效手段；基层干部参与老年关爱行动，有助于干部从"治"向"服务"身份的转变，是对以"服务"为核心的基层乡村治理模式的有益实践；③ 干预行动需与本土文化相结合，例如"诉苦"技术被作为同伴互助的破冰和融入手段。④

在行动研究中，研究旨在使理论获得现实行动的工具性意义，而行动在获得理论指导的同时，反哺于研究理论的验证演进，可见二者是互为宗旨，互为增益。应该说，实用主义是行动研究区别于其它常规研究最为突出的特征，更是其学术魅力之所在。

---

① 孙薇薇、景军：《乡村共同体重构与老年心理健康——农村老年心理干预的中国方案》，《社会学研究》2020 年第 5 期。
② 孙薇薇、景军：《乡村共同体重构与老年心理健康——农村老年心理干预的中国方案》，《社会学研究》2020 年第 5 期。
③ 孙薇薇、董凯悦：《从殊途到同归：案例中基层权力非正式运作的未预结局》，《思想战线》2020 年第 3 期。
④ 孙薇薇、聂瑞：《家庭养老困境中的"诉苦"——基于农村老年人心理干预的探索性研究》，《云南大学学报》（社会科学版）2020 年第 1 期。

行动与研究互为情境

常人方法论是行动研究重要的方法论基础之一。常人方法学从根本上动摇了传统社会科学的实证研究方法，要求研究者从循环往复的社会实践中理解社会活动的意义。[1] 在常规研究中，科学的至上性在某种程度上导致了不论是在自然科学领域，还是在社会科学领域的行动与研究的绝对。[2] 研究或研究者常常以凌驾或旁观的姿态来看待现实世界；行动或现实行动者因无法获得研究者的帮助，往往与研究保持距离。这样的研究内容脱离社会实际，既不能反映社会现实，又不能满足实际工作者的需求。[3][4] 常人方法学（ethno methodology）是"对日常生活的有组织、有技艺的实践所创造的权宜性的、不断进行的成就的索引性表达式和其他实践行为的理性特征的一种研究"。[5][6] 场景或情境是常人方法学所强调的，规则和行动都是一种索引性符号，其意义需要结合具体的场景来构建。常人方法学坚持对规则和社会活动进行本土化的研究，不将研究对象与其所在的场景相剥离，研究者在研究时要通过反复观察自然发生的数据的记录，尽力根据活动参与者在开展活动当下的真实情况来描述这些活动。生活世界和社会活动本身是研究者所唯一能依靠的东西，只根据外在的抽象模型和理论是无法理解和说明人们社会活动的合理性的，研究者必须结合现实情景加以分析。[7]

社会干预的行动研究将行动与研究互为情境，即在研究中行动（研究为行动制定框架、引导行动方向等），在行动中研究（行动为研究提供社会文化场景和实证资料等），且形成行动与研究彼此影响、环环相扣、螺旋推进的过程。在农村老年心理干预研究中，对现实情境的摸底是干预行动的前提，当地执行单位给予摸底报告、问卷调查和访谈为基础的基线调查报

---

[1] 杨述超：《常人方法学的基本主张及其内在逻辑》，《天府新论》2020 年第 5 期。
[2] 文军、蒋逸民：《质性研究概论》，北京大学出版社 2010 年版。
[3] 陈向明：《质的研究方法与社会科学研究》，教育科学出版社 2000 年版。
[4] 文军、蒋逸民：《质性研究概论》，北京大学出版社 2010 年版。
[5] Harold Garfinkel, *Studies in Ethnomethodology*, Prentice Hall, 1967.
[6] 杨述超：《常人方法学的基本主张及其内在逻辑》，《天府新论》2020 年第 5 期。
[7] 杨述超：《常人方法学的基本主张及其内在逻辑》，《天府新论》2020 年第 5 期。

告，使研究获得当地农村老年生存境况的全貌，这是干预开展的现实情境；其后，干预研究完全置于动态的干预行动情境中完成。在我们的研究中，尽管干预模式有固定的框架与准则，但是具体到行动的现实情境中，则必然与本土文化下的实践行动相结合。从活动口号的制定，到开展活动的形式，甚至守门人的选定都无法脱离在地性。

例如，在孝文化有着深厚历史积淀的山东，干预地制定的口号是"关心今天的老人，就是关心明天的自己"，但对于孝文化渐趋弱化且民风对养老问题更加宽容的地区，其口号则呈现折中倾向，如四川的口号是"有钱是有钱的孝顺法，没钱是没钱的孝顺法"。在所有干预点中，山东独特的地区文化特征，往往能使我们的干预与当地开展的其他公共活动结合起来，如进行"孝德家庭"评选，以及孝道"红黑榜"公示。因为良好的本土文化基础，山东干预点开展的活动在当地能够快速落地推进，深受村民的欢迎和响应。

> 我们村一直都开展"孝德家庭"评选，以前都是随便选。现在结合咱这个活动，村里重视了，加大宣传了，大家也都重视了。之前有一户，随便选的时候他家被评上了，结果现在（开展干预后）大家开始认真选，他家被评下去了，（他家）心里很不服气。以前他家并不和老母亲一起住，现在特意把老母亲接回家里住，就是想比一比。（山东肥城访谈记录20160414）
>
> 村民王丙水（音），一直在北京开公司，在回家过春节时，看到村里开展的活动深受感动。尽管他自己的父母已经过世，但他觉得也应该参与到关爱家乡老人的行动之中去。他自愿拿出2万多元钱，在新春之际为村里困难老人户送上了鱼、肉等慰问品和慰问金。（山东肥城访谈记录20140427）

福建干预点在守门人的选择上，直接引入了社会工作团队，使研究初始制定的两级守门人团队转变为三级："县乡镇政府—社会工作团队—村内守门人"，社会工作团队的进入使得当地项目在资源链接和专业帮助上全面提升。例如他们凭借对政策的精准掌握，为老人申请困难户危房改造补助，申请残疾人困难补助等，解决实际困难；他们还启动小组工作、个案工作等专业方法向村内守门人传授技能、干预老人心理健康。然而，其他干预点因当地社会工作发展不成熟或进入农村较为困难而不具备这一社会条件和环境。可见，研究初始根据理论所制定的干预框架，会随着行动情境的客观状况而发生调整和优化。

　　行动是研究的情境，而研究也是行动的框架，引导行动的走向。相较于日常普通人的生活实践，行动研究中的行动是旨在改善行动效果，且置于科学理论和方法论指导下的反思性行动。其它常规研究多为旁观行动的发生和结局，而行动研究是将行动置于研究的规范之中；特别是在社会干预研究中，研究甚至直接参与到现实场景中，成为现实场景的一部分。因而在行动研究中，我们所看到的行动，并不是天然发生的，而是在研究的控制下发生的，研究成为了行动的情境。在老年心理干预的研究中，社会干预的整体框架为行动限制了可能的情境。在基线调查中，我们发现，当前农村地区已呈现乡邻冷漠、疏离的趋势，守望相助的乡土情谊很难重现，尽管相识但并不相知很难相助，成为"熟悉的陌生人"。干预活动中，我们根据理论定制干预活动的框架，这些科学标准控制下的干预活动成为老人们日常行动的情境，并改变他们的行动。例如，守门人需定期对临界点老人和高危老人开展同伴互助活动，以改变老人之间的疏离状态，并促进他们彼此成为可以求助和互助的朋友乡邻。在干预开展后，笔者曾参加一次同伴互助小组活动，当我问及一位心理健康水平较低的老人，她有没有在组里交上好朋友，她指着与她互助结对子的老人，哽咽地告诉我："现在我最好的老伙伴就是她们姐俩了，我有啥事都和她们说，她们都会来帮我，和我说话……"而另外两位老人也在干预情境下，不但自身状况好转，甚至开始帮助他人。更值得一提的是，我们每次开展访谈、督导、评估座谈等研究内容，在守门人和老人们眼里，则是帮助、关爱老人的行动。在研究者看来，行动即研究；在当地行动者看来，研究即行动；二者的边界并非泾渭分明。

行动者与研究者合作互惠的行动研究

　　在许多常规研究中，研究与行动的分离，也使研究者与行动者相分离。研究者仅为个人兴趣或者个人利益而进行研究，对实践需要的考虑相对欠缺。现实行动者也不关心自己的处境与面临的问题如何解决，因为他们知道自身并得不到研究者的帮助，因而他们难以形成"有条理有成效"的行动。研究者"只是以旁观者的身份对某种社会现象进行观察描述与分析解释，与研究对象保持一定的距离，采取所谓价值中立的态度，不足以把握'充满张力的生活空间'，更不足以干预社会；而现实行动者也只是作为研究对象，被动接受研究者的指派、实验、解释，既不能理解，更不能有效地应用研究者所创造的学科专业知识"[1]。

在行动研究中，行动者或实践者的参与，却得到了极大的重视。一方面是因为，行动研究者更可能跳出"主位观"（emic）与"客位观"（etic）局限，前者被认为是局内人研究视角，后者被认为是局外人研究视角。对研究人员来说，"行动研究与常规研究最本质的区别在于自己与当地人之间的关系，或者说自己在研究中的作用不再是常规研究中'局外人'的角色。行动研究者主张，要增强研究与实际问题的相关性，实践者（当地人）的参与至关重要，因为只有他们最明白他们所面临的问题，而研究成果的利用也最终需要他们来落实。"[2] 另一方面原因在于，行动研究的学术旨趣之一就是让传统意义上被研究的"他人"获得解放，使他们接受训练，自己对自己有反思性研究，并找到现实问题的答案。[3] 因而，正如康沃尔等人[4]认为，行动研究尽管形式多样、纷繁复杂，但对研究者来说，最实质的体现是他们具有一套与常规研究者所不同的知识、态度和行为准则；而对于实践者来说，行动研究则意味着被赋权或解放的过程的孕育和发展。[5]

在行动研究中，研究者与当地行动者之间的关系、现代科学知识与本地乡土知识之间的关系发生了根本性的变化，当地行动者不再简单地被作为"信息的获取对象"，而是具有主观能动性的参与主体；研究者也从当地

---

[1] 柳夕浪：《反思行动研究》，《山东教育科研》2002 年第 10 期。

[2] 李小云、齐顾波、徐秀丽：《行动研究：一种新的研究范式?》，《中国农村观察》2008 年第 1 期。

[3] 陈向明：《什么是"行动研究"》，《教育研究与实验》1999 年第 2 期。

[4] Cornwall, Andrea and Jewkes, Rachel: What is Participatory Research? Soc. Sci. Med, Vol. 41 (12): 1667 - 1676., 1995.

[5] Baskerville, Richard and Pries-Heje, Jan: Grounded Action Research: A Method for Understanding IT in Practice, Accounting Management and Information Technologies, 9: 1 - 23, 1999. 载陈向明《什么是"行动研究"》，《教育研究与实验》1999 年第 2 期。

境遇的"局外人"或"旁观者"转变为"参与者",从只对"发现知识"感兴趣转变为担负起解决实际问题的责任。① 研究者和行动者达成合作模式。② 在农村老年心理干预研究中,研究者团队与当地行动者(守门人)建立合作关系,共同进行研究,研究的问题、干预方案的细化和落地都由专家和实际工作者共同协商提出与完成,并共同商定研究结果的评估策略。在干预过程,守门人需面向老人子女开展活动,例如参加健康科普讨论、参加家庭联谊会等。

守门人在落地实施时反映,农村现在空巢现象普遍,即使老人子女在身边,也因工作生活繁忙很难组织起来开展活动。但是家庭干预是干预体系中的一个环节,不能缺省。有守门人建议,利用春节前后老人子女多回家乡、且不太忙的时间来开展干预。研究团队随即设计相应的补充活动,例如定制附有关爱老人或健康知识科普的年画发放给老人,以利于春节子女回家看望父母时看到,这样既可以让子女了解健康小知识,又可以让他们感受到目前全村开展关爱老人的氛围,从而产生潜移默化的影响。与此同时,我们也进一步发现,过年本身具有思乡、回家、阖家团圆的象征意义,因而在春节前后开展家庭活动,子女参与活动的积极性高且易于激发共情。可见,不同于其他常规研究中的被动角色,当地行动者在行动研究中主体性彰显,知识不再是研究者的专利,而是研究者与行动者的共同产品,③ 行动者与研究者共同成为研究的合作者与推动者。

除了合作关系,研究者与行动者还可以在彼此的关系中获得自身的意义与价值,形成互惠关系。研究者不仅受益于当地行动者对干预的参与、合作、推进,帮助干预顺利完成,而且还受益于当地行动者的行动创新,推进了研究的设计优化与学术反思。对当地行动者而言,老人通过干预提升了社会支持与心理健康水平;守门人统一获得了技能与知识培训;村镇干部累积了政治声望,获得了民心;村中的志愿者实现了价值感,受到村民喜爱;所有乡民都耳濡目染守望相助的社区氛围。由此可见,当地的行

---

① 李小云、齐顾波、徐秀丽:《行动研究:一种新的研究范式?》,《中国农村观察》2008年第1期。
② 陈向明:《什么是"行动研究"》,《教育研究与实验》1999年第2期。
③ 沈原:《"强干预"与"弱干预":社会学干预方法的两条途径》,《社会学研究》2006年第5期。

动者也因研究者而受益。行动研究中，所有主体参与到研究过程中，各方通过体验和共同行动了解自己以及自己与对方的关系，通过合作性的研究和评估达到对世界的理解。①

学术研究不应该仅仅局限于追求逻辑上的真，还应该返回生活世界获得源头活水，关怀道德实践的善与生活取向的美，指导人们立身处世的生活实践②③。图海纳④认为研究者只有通过能动的干预手段，介入社会生活，与行动者建立对话机制，才能进入行动者所在的情境中，观察、理解并参与到行动中，才能发现社会关系的本质所在；在他看来，社会学知识不再是由社会学家独自创造出来的，通过社会学家积极参与到社会行动中，和行动者进行互动也能产生相应的社会学知识，知识来源于行动⑤⑥。行动研究有助于推进学术领域的"真理"与"行动"的紧密联系。目前在我国，行动研究的学术讨论较为零散，体系化的梳理尚未开始；在社会学或人类学领域对行动研究的讨论方兴未艾。总之，中国农村老年心理干预研究证明，基于行动研究的社会学干预在中国基层具有旺盛的生命力和广阔前景。

---

① 李小云、齐顾波、徐秀丽：《行动研究：一种新的研究范式？》，《中国农村观察》2008年第1期。
② 陈向明：《什么是"行动研究"》，《教育研究与实验》1999年第2期。
③ 齐学红：《研究者的立场问题——一个知识社会学的视角》，《上海教育科研》2003年第8期。
④ 图海纳：《行动者的归来》，商务印书馆2008年版。
⑤ 沈原：《"强干预"与"弱干预"：社会学干预方法的两条途径》，《社会学研究》2006年第5期。
⑥ 李明丽：《行动研究视角下的社会学干预》，博士学位论文，四川社会科学院，2010年。

第六章　安养院的灵性生活

齐腾飞[*]

中国处于人口老龄化、高龄化、病残化和空巢化的加速发展时期,[①] 人口的急剧变迁对养老方式的选择提出了严峻挑战。家庭养老、社区养老和机构养老是目前中国社会养老选择的三种类型。之相对应,各地出台了诸如"9073"或者"9064"的养老方式安排。然而,真实情况却不容乐观:家庭养老不堪重负,社区养老任重道远,机构养老不被信任。家庭养老之所以不堪重负,是因为除了大量的空巢老人以外,失能或半失能老人照护问题难以解决;社区养老之所以任重道远,是因为与社区养老相配备的日常生活设施、医疗照护资源尚未衔接;机构养老之所以不被信任,是因为市场化运作模式与老人的主体能动性相悖,养老机构仿佛是一个设施齐备的"牢笼"。

面临衰老之时,中国老人优先选择居家养老。居家养老是中国历来的孝道文化传统。孝道在民间的基本逻辑即是以家庭为轴心,每一代人在抚育下一代人的同时,还要承担起赡养上一代人的义务,由此实现人们对老有所依的期待。[②] 然而随着人口预期寿命的延长,高龄老人的子女往往也已迈过老年人定义的门槛,难以承担照料上一代老年人的重任。[③] 即便老人的子女尚年轻,但在生活压力日益增加的当下,他们很难抽出时间照料老人,

---

[*] 齐腾飞,深圳大学社会学系助理教授,研究方向:医学人类学、法律人类学。
[①] 穆光宗:《我国机构养老发展的困境与对策》,《华中师范大学学报》(人文社会科学版)2012年第2期。
[②] 费孝通:《乡土中国　生育制度》,北京大学出版社1998年版,第223—233页。
[③] 徐凌、陈茜、张雪梅:《老年人照顾者照顾困难情况及其影响因素分析》,《现代临床护理》2017年第4期。

也很难给老人以心灵的慰藉。此时，很多老人不得不品尝孤独所带来的压抑。即便老人的子女尚年轻且有时间，在照料老人方面也会经历体力和情绪的煎熬，常常感到疲劳紧张，发生抑郁或焦虑的情况十分频繁。① 中国俗语所讲的"久病床前无孝子"，即是此类情况。故当老人身体衰弱之时，家人往往将老人送到养老机构照料。

阿图·葛文德在《最好的告别》中所言，"衰老意味着一系列的丧失"。② 这种丧失不仅仅是身体机能的某些衰弱，而且是人之主体性的丧失。衰老所带来的丧失在养老机构被呈现得淋漓尽致。人在衰老之时，离开生活了几十年的家，而住进了设备齐全但与社会隔绝的养老机构。而养老机构优先考虑的问题是老人的安全，为了安全这个终极目标，老人的行为被限制、被规训，主体性渐渐丧失，尊严渐渐被剥离，成为"关"在养老机构的"犯人"。

当此时，我们不禁要问，难道衰老就意味着丧失尊严地苟且偷生？难道就没有别的养老方式为老人的生活"赋权"？"礼失求诸野"，我们渴望民间的养老智慧能为有尊严地老去提供某些普适性和可行性的思路。跳出家庭养老、社区养老和机构养老这三种养老方式之外，我们发现民间还有诸多养老方式，诸如寺院养老、教堂养老、冰玉堂姐妹传递养老、老人互助会、时间银行等。这些养老方式皆超脱家庭，而又未被过度机构化。本着文化相对主义的精神，我们从寺院养老入手，试图探究寺院养老的运作逻辑，并从中反思我们三大养老方式的文化缺失，借此，挖掘出宗教养老的普适性价值和意义。

田野调查地点

"南朝四百八十寺，多少楼台烟雨中"，时至今日，江南依旧庙宇林立，香火鼎盛。近年来，尤其是 2012 年《关于鼓励和规范宗教界从事公益慈善活动的意见》出台，江南寺院的寺院养老渐成规模。通过 CNKI 和搜索引擎搜索，出现在网络上的寺院安养院共有 53 家。

---

① 唐咏：《高龄失能老人主要照顾者心理健康与长期照护体系的建立》，《学术论坛》2012 年第 9 期。

② [美] 阿图·葛文德：《最好的告别》，王一方译，浙江人民出版社 2015 年版，第 52—55 页。

佛教安养院名录

所在地机构名称	建立时间	信息来源
上海市第一社会福利院佛教居士安养部	1986	中国知网
浙江省奉化清水庵佛教安养院	1992	中国知网
四川省乐至县报国寺念佛安养院	1993	中国知网
江苏省苏州市定慧寺安养院	1993	连云港民族宗教网
浙江省镇海市佛教老年安养院	1995	中国知网
浙江省宁波市居士林老年安养院	1996	中国知网
上海市松江区地藏庵安养禅院	1997	西林禅寺官网
福建省福州市沙县显密吉祥寺养老院	1999	中国知网
福建省泉州市开元寺安养院	2000	中国知网
湖南省岳阳汨罗市崇善寺安养院	2000	中国知网
江苏省镇江市古大圣寺安养院	2000	镇江古大圣寺官网
福建晋江市庆莲寺高山亭颐养院	2001	学习在线网
福建晋江市安海镇云水寺慈静敬老院	2002	学习在线网
山西省忻州市五台山老年公寓	2002	养老网
内蒙兴安盟突泉县居士安养院	2004	养老网
北京市海淀区双缘敬老院	2005	养老网
湖北省宜昌市玉泉寺安养院	2006	佛教在线
福建省石狮市龙海寺慈爱老人福利院	2006	学习在线
江苏省张家港市永庆寺安养院	2006	佛教在线
山西省五台山普寿寺养老院	2007	中国知网
福建省福州市旗山慈善敬老院	2008	中国知网
江苏省淮安市盱眙铁山禅寺安养院	2009	佛教在线
江西省九江市庐山东林寺慈善安养院	2009	中国知网
广东省梅州兴宁市念佛堂慈光安养院	2009	中华佛光文化网
福建省龙海市瑞竹岩大家庭养心苑	2009	中国知网
天津市北辰区慈愿养老院	2009	养老网

续表

所在地机构名称	建立时间	信息来源
湖北省罗田县佛教福利院	2010	罗田佛教网
江苏盐城东台市弥陀寺安养院	2010	中国知网
辽宁省大连市莲台山净土安养院	2011	佛教在线
福建省福州市开元寺安养院	2011	佛教在线
江苏省苏州寒山寺安养院	2011	中国知网
江苏省苏州灵岩山寺佛教安养院	2012	灵岩山寺安养院官网
江苏省南京市极乐寺居士安养院	2012	南京极乐寺官网
河南省开封市聚福缘老年呵护中心	2012	养老网
福建省惠安县平山寺佛慈安养院	2012	惠安新闻网
江西省抚州市大金山禅寺慈光安养院	2012	凤凰网
黑龙江省大庆市净觉寺敬义安养院	2013	佛教在线
江苏省常州市般若山大慈安养院	2013	常州市宝林禅寺官网
上海市金山区普度养老院	2013	中国知网
山东省淄博市恒台县华严寺大地慈养院	2013	中国知网
重庆市巴南区林海人家养老院	2013	养老网
南京市浦口惠济寺安养院	2014	南京市民族宗教事务局官网
内蒙古呼市观音寺下院安养院	2015	佛教在线
北京市一心关爱安养院	2015	弘善佛教网
郑州市卧佛寺妙明安养院	2016	郑州市卧佛寺妙明安养院官网
河北省沧州市盐山县渤海双缘养老院	2016	凤凰网
杭州南山讲寺安养院	2012	实地调研
苏州包山禅寺安养院	2011	实地调研
苏州皇罗禅寺弥陀村	2007	苏州相城方志办
西藏阿里地区普兰县楚果寺敬老院	1986	中国佛教协会官网
浙江省杭州市西湖区佛教协会安养堂	1985	养老网
浙江省金华市金东区佛教敬老院	2001	金华市金东区人民法院判决书
江苏省苏州市吴江市同里镇观音寺安养院	2011	世界工厂

中国佛教安养院主要集中于江浙闽地区，尤以江浙为盛。为了解寺院养老的真实运作情况，我们前往杭州南山讲寺、苏州寒山寺（清凉书院）、苏州灵岩山寺、沙县吉祥寺、苏州包山禅寺、镇江大圣寺、常州宝林禅寺和河北省沧州市盐山县渤海居士双缘养老院等地调研。

寺院兴办安养院缘起

寺院养老的历史由来已久，以往的寺院设置寮房，专门派遣年轻僧人照顾年老的僧人。之后，寺院开始从事公益事业，除了年老僧人外，也开始接收照顾鳏寡孤独之人。5世纪末，信奉佛教的南朝齐文惠太子萧长懋首立"六疾馆"以收养贫病之人，此后历朝历代均有类似收养贫病孤老的场所，如梁武帝时期的"孤独园"，隋唐的"悲田养病坊"，北宋的福田院，明代养济院，等等。这些机构由寺院设立，或由政府发起，但往往与佛教、寺院有着千丝万缕的联系。① 以宋代的浙江为例，收容鳏寡孤独的居养院或养济院多以佛寺为依托。②

中国目前僧人普遍年轻，对养老需求并不迫切。那么现在所建之养老院，则是为佛教徒或者普罗大众服务。在杭州南山讲寺、苏州寒山寺（清凉书院）、苏州灵岩山寺、沙县吉祥寺、苏州包山禅寺、镇江大圣寺和常州宝林禅寺等七地做调研之时，关于安养院的缘起，虽然有不同的说法，但原因不外乎三种。

一是寺院的传统。佛教教义主张慈悲为怀，从事公益救助是很多寺院的传统。以灵岩山寺为例，回溯历史，灵岩山寺一直有做慈善的传统，如印祖创建的弘化社，除了出版佛学典籍以弘扬佛法之外，也致力于慈善事业，如创办诊所、设木渎施粥厂、捐建灵岩小学等。如今，弘化社成立了慈善基金会，继续致力于慈善事业，如其设立的福慧斋，为周边低保、低收入群体、老年人、环卫工、流浪汉、乞讨者等提供免费爱心素食。

二是主持的经历和感恩之心。主持的个人经历对创办佛教安养院有直

---

① 方静文、齐腾飞：《老年临终关怀：来自佛教安养院的启示》，《思想战线》2018年第3期。
② 方静文、齐腾飞：《老年临终关怀：来自佛教安养院的启示》，《思想战线》2018年第3期。

接地推进作用。"文化大革命"时期，政府勒令和尚还俗，但灵岩山寺的明学大和尚一心向佛，不肯还俗。迫于无奈，只好到山下种地为生。期间，木渎镇的老百姓对明学大和尚没有落井下石，而是多有照顾。人世间的疾病、痛苦和衰老时时触动着明学大和尚的慈悲之心，他发愿：要为无依无靠的信佛老人建一个安养院，让其在念佛声中颐养天年。而大圣寺的昌法和尚因未见母亲最后一面，心生愧疚，深觉自己没有尽到孝道。他发愿：日后机缘转变，我将善待天下所有老人。沙县吉祥寺的照禅法师曾在1994年患骨癌，各大医院医生束手无策。疼痛不堪，大小便都无法下床，在痛苦绝望之际，法师便向佛许下大愿：我病若好了，我要办一个佛教养老院，收100个无依无靠的苦难老人居住，修身学佛，颐养天年。发此愿后，一个多月重病不医但渐渐自好，现虽长期得靠人照料，但已能靠双手支撑移动身体，坐禅自修。

三是维系寺院生存的需要。有一些寺院并非名刹，其香火不足，故采用兴办安养院的方式来维系寺院的生存。杭州南山讲寺位于乡野陵园，苏州包山禅寺则位于太湖中心小岛，其香客不足，发展受限。两寺采用认捐的方式兴办佛教安养院，打算来此养老的老人认购一间小屋，缓解了寺院的财务困境。

寺院安养院模式

根据我们检索到的信息和目前整理出来的实地调查材料，寺院养老尝试体现着至少三种有差异的接纳老人的机构运营方式。一是针对有较高社会地位的中老年，信奉佛教作为门槛，而且对入住者的选择以社会经济地位而论。二是针对无依无靠的老年人，不设宗教信仰门槛，但需具佛缘，务必遵守寺院规章制度，还必食素。三是针对年迈居士，仍然以佛教信仰作为门槛，入住人须每天念佛，按照寺院宗教仪式时间安排分配自己的日常生活。考虑到接受什么样的老年人之选择属于寺院养老发展的大方向问题，其重要性可升至三种模式而论。①

---

① 景军、高良敏：《寺院养老：人间佛教从慈善走向公益之路》，《思想战线》2018年第3期。

寒山寺模式

第一种模式可谓寒山寺模式，特征是以接受社会上层人士为主。寒山寺位于苏州市姑苏区，始建于南朝萧梁代天监年间，因唐朝诗人张继《枫桥夜泊》诗句名闻天下。寺院的机构文化因"和合二仙"而演化出"和合文化"。由于历史上拾得法师赴日本传道建立拾得寺，寒山寺与日本寺院保持着长期联系。[①] 寒山寺清凉书院管事隆印法师于 2016 年 11 月对我们介绍说，寒山寺的清凉书院办有一家和合安养院，一度用于招待社会名流在寺内暂住安歇，住宿收费规格颇高，非寻常百姓所能，之后暂时作为佛学院使用，由尼姑住所。[②] 我们后来通过其他途径了解到，和合安养院用为社会养老的名义兴办，在 2011 年由苏州和合文化基金会投资建成，占地 10 余亩，建筑面积 3000 多平方米，设有 48 个房间，80 个床位，配有套房、单间、标间三种类型，入住者参加法师主持的诵经、抄经、禅修、书画、古琴等文化活动。[③] 但这个安养院至少到 2013 年年底就随着社会风气之转变而名存实亡。我们查到的一份苏州天平会计师事务所审计报告显示，苏州和合文化基金会在 2013 年度接受捐赠近 170 万人民币，大多用于文化论坛和对外捐赠，用于安养院运营的支出不到 3 万 5 千元人民币，由此证实了和合安养院走高端服务道路之后反而变为尼姑住所的说法。[④]

试图走高端养老道路的寒山寺院模式并非孤立现象，至少曾经是部分寺院引以为荣的参与社会服务方式，以为社会提供养老服务为名，以法师宣讲佛学为形式，招揽社会名流在寺院下榻，修行安养融为一体。对这种安养模式的期待是入住者自己或利用社会关系带来的巨额捐款，其弊端是仅仅为社会上层服务的倾向。但若进一步思考，提供高端服务的做法如今不仅限于市场行为，而且渗透到公益性服务机构。譬如，公立医院特设 VIP 病房，服务对象恰恰就是富有之人。另外，在民办养老机构中，对高端服务的偏好远远大于为普通人服务的选择，比较知名的养老地产推出的养老

---

① 景军、高良敏：《寺院养老：人间佛教从慈善走向公益之路》，《思想战线》2018 年第 3 期。
② 景军、高良敏：《寺院养老：人间佛教从慈善走向公益之路》，《思想战线》2018 年第 3 期。
③ 景军、高良敏：《寺院养老：人间佛教从慈善走向公益之路》，《思想战线》2018 年第 3 期。
④ 景军、高良敏：《寺院养老：人间佛教从慈善走向公益之路》，《思想战线》2018 年第 3 期。

社区或老年公寓，因价格之高，老百姓望而生叹。所以，走不走高端养老服务道路的问题既是一个价值取向选择问题，也是一个机构生存发展方式的问题。鉴于此，笔者认为设在佛门的养老机构一旦对社会开放，就应该坚持为所有人服务的基本原则，服务对象既应该包括穷人，也应该涵盖富人，但在老人特别需要且穷途潦倒之际，寺院要尽量免费接收。① 假若这样处理问题，慈善之举与公益之举可以合二为一。②

显密吉祥寺模式

第二种模式可谓显密吉祥寺模式，以接受孤寡贫困老人为主，包括没有居士证的老人。这家寺院位于以小吃店闻名全国的福建省沙县，从县城乘坐5路公交车半小时到达琅口镇镇头村，沿着一条水泥路步行15分钟便可抵达。吉祥寺安养院在如今已90多岁的照禅法师领导下于1999年创办，到2016年11月共建30个房间。③ 我们在实地考察时发现该院90岁以上的长者共有5人，80岁以上的长者共有10人。安养院管理人员说，在最忙的时候照顾过90多位老人，很多老人住一段时间后会离开，回到家中住一段时间后还会返回。另据了解，吉祥寺安养院采取护法信众捐助供养、护法义工长期护理、老人互帮互助的管理方式，共有90多名义工辅助老人生活，院内设医务室，每周膳食菜谱列表上墙公布。为了遵从吉祥寺住持的强烈意愿，安养院免费接纳孤寡贫困或病残失能的老人，有一定经济能力的老人如果表示要缴纳入住费，可用功德钱替代。但我们现场了解到，除了一位来自北京的退休老人之外，其余入住者都是孤寡贫困或病残失能老人，没有用功德钱顶替全费的能力。④

寺院和养老院均由吉祥寺住持释照禅法师，统一领导，有各自的管理制度、财务独立。养老院院长为释照禅的弟子释能清法师，统一领导和管理养老院工作，并有负责内部事务的副院长法师一名和负责外事的义工一名。养老院有《院务管理规章制度》《安全保卫规章制度》《老年人自律规

---

① 景军、高良敏：《寺院养老：人间佛教从慈善走向公益之路》，《思想战线》2018年第3期。
② 景军、高良敏：《寺院养老：人间佛教从慈善走向公益之路》，《思想战线》2018年第3期。
③ 景军、高良敏：《寺院养老：人间佛教从慈善走向公益之路》，《思想战线》2018年第3期。
④ 景军、高良敏：《寺院养老：人间佛教从慈善走向公益之路》，《思想战线》2018年第3期。

章制度》《膳食管理规章制度》《医务护理规章制度》《沙县佛教养老院管理制度》《丛林要则》（百丈清规）。在沙县民政局登记注册为《民办非企业单位》《沙县吉祥寺养老机构》《宗教活动场所》《餐饮服务许可》《税务登记证》等。

寺院与养老院之间的关系是既独立又联合，联合性表现都是在寺院主持的统一领导下，共享共同的活动场所、生活环境、生活物资、共享共同的重大活动仪式，养老的老人也可以参加或不参加寺院的日常作息事件，如可以选择性地参加早晚课，但是都必须得遵守基本的生活作息制度。独立性表现在两个机构之间有独立经费管理、独立的管理制度，独立的外事行为。

根据释照禅法师的愿望，吉祥寺制定了老年人入住标准，即无偿性收住孤寡弱势老年群体，具体为：1. 身体相对健康，体检合格，无传染性疾病；2. 获得相应的家属、所在社区领导、村委领导等推荐，并有相应的联系方式；3. 具有一定的"佛缘"即在寺院期间必须遵守寺院的作息制度、规则制度，至少在寺院期间必须坚持吃素食；4. 如果病重，无法进行日常生活治理的老年人，养老院、家属或者社区必须雇用一个护工或者雇用已经在寺院的护工来对老年人进行护理。当然，寺院总体上不接受付钱入住，但是接受老人或老人家属以"功德"的形式资助养老院。

吉祥寺《膳食管理规章制度》中，共分为八条，结合老年人的特殊性、多样性来进行膳食的烹制，分为早餐、午餐、晚餐和病号饭，每日、每周均有不同菜肴，总体为4菜1汤，均为素食。法师、护工、义工、老年人均同时用同样的餐。

作息制度方面，养老院的作息时间与寺院相统一，具体为：4：30 晨钟、5 点早课、6：30 下殿、7 点早斋、9 点念佛、10：30 回向、11：30 午斋、14 点念佛、15 点回向、16 点晚课、17：30 下殿、18 点药石、20 点暮钟、20：30 熄灯。但是，根据老年人的身体状况和自我意愿，上课可以自愿选择参加，其他时间和寺院统一。

义工主要来源于定期或不定期到寺院进行无偿义务服务的人员，类型分为公司组织、社会团体、个人等，也有偶尔到寺院的旅游者，凡是义工可以在寺院免费吃住。义工的主要内容：帮助养老院打扫环境卫生、修理损坏建筑物、房间维护、参与组织、筹备各种重要节日活动、医务室退休医生、定期医疗巡诊等。如果老人无法实现自理，则需要老年人或其家属雇用护工进行护理。目前在寺院的护工有 2 人，照顾一个老年人可获得 400—600 元/月工资。寺院会出资雇用护工对失能或病重的老年人进行护理，家属以补贴为主。

第一，老年人以贫困、孤寡老人居多。遵从照禅法师意愿，无偿性接受孤寡、贫困、病残老人。如果有一定的经济能力的老人，养老院不接受金钱、物质的捐赠，但是接受以"功德"的方式，功德也主要用于养老院。因此，寺院里除了目前来自北京 1 位退休老人外，其余老年人均为孤寡、贫困、病残老人。

第二，老年人以高龄人较多，沙县本地为主，多为农民。从目前人口结构来看，养老院的老年人多为 70 岁及以上，年龄高达 93 岁，但是也有 1 位 50 岁左右的盲人。住持照禅法师已 95 岁、院长释能清法师也 84 岁。老年人多为沙县本地居民（占 90%），也有较少部分来自福建其他市、县，也有来自山东、浙江、北京、湖北的老年人到此养老（共不到 6 人）。

第三，长住与临时居住相结合。养老院里养老的 80 多位老年人中，大约有 60% 选择临时到养老院居住，40% 选择长住或永久居住。选择临时居住的原因主要为：老年人不习惯长期素食，身患一定疾病的老年人，或子女外出期间到养老院居住，当子女回来时回家居住；选择长期或永久居住的原因：孤寡老人、被家人或社区强行安置到养老院的残疾人、子女不孝的老年人。

第四，老年人年龄结构偏大，多为孤寡及贫困老人，健康与就医问题突出。养老的老年群体中，由于年龄结构偏大、多为孤寡及贫困老人，加之子女及亲属多在外地，时有健康问题产生，而养老院医务室仅仅能处理"小病"，对于一些重大的疾病不能处理，需要转介到沙县、三明市等医院。面临的诸如：谁来送病人就医？谁来承担这些病人产生的看病费用？医务室的常用药品及器械来自各级医疗机构的无偿捐赠。一旦碰到有老年人生重病或需要到较高级别的医院就诊时，养老院首先联系子女，但是子女多不予理睬，然后求助于老年人之前所在的街道等，但是部分老年人的就医问题通过上述途径也无法解决。无法解决的情况，养老院自己出钱送老年人前往就医。

第五，从老年人居住意愿来说，普遍对养老院有一定感情认同，或出于生活更加方便、能够浸润与佛教文化中以及喜爱周围良好的自然环境等原因，老年人基本都比较适应和喜欢养老院的生活，主观意愿较积极。由此，他们也倾向于在力所能及范围内帮养老院做事出力（例如北京老太太主动承担部分区域卫生管理的工作，表示愿为养老院做点贡献），这既是对养老院的回馈，也是老人合作互助的一种体现。

灵岩山寺模式

第三种模式可谓灵岩山寺模式，特征是以接受居士为前提。灵岩山寺佛教安养院位于木渎镇灵岩山脚下，依托于山上的灵岩山寺。据朱阿姨（起始时参与灵岩山寺佛教安养院的筹建和管理，现在包山禅寺管理寺院养老事宜）讲述，2002 年筹建之时，安养院内长满成人高的杂草，真可谓"筚路蓝缕、开启山林"。历时 10 年，安养院基本建成，占地面积 46 亩，建有念佛堂、斋堂、往生堂、宿舍楼、办公楼、会议室、图书室、保健室、公共浴室、洗衣房等基础设施，于 2012 年招收老人入住。①

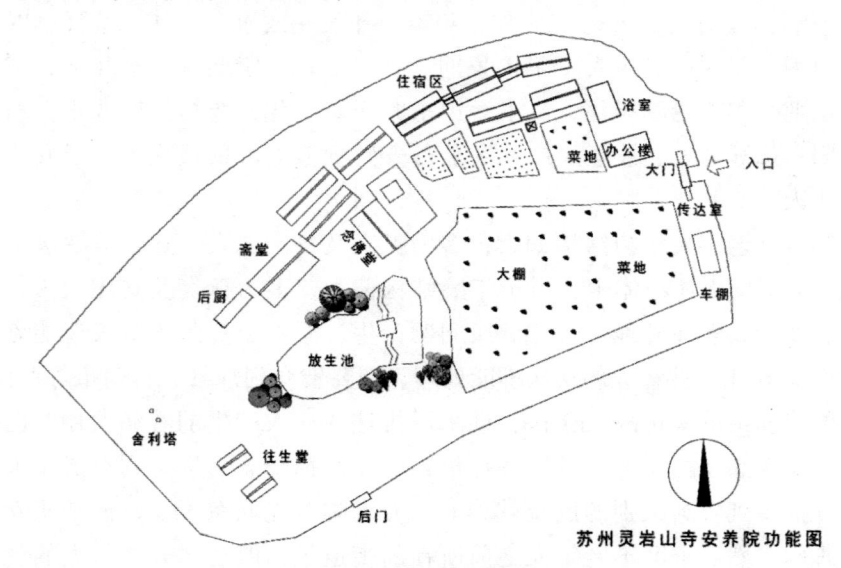

灵岩山寺佛教安养院功能分区图

---

① 方静文、齐腾飞：《老年临终关怀：来自佛教安养院的启示》，《思想战线》2018 年第 3 期。

目前，灵岩山寺佛教安养院的俯瞰图如图所示，主要功能分区主要有念佛堂、菜地、斋堂、住斋、往生堂、放生塘、舍利塔，等等。

念佛堂位于安养院的中间，被认为是安养院最神圣、最重要的建筑。每天早晚课，居士们来此诵经礼佛，进入前将外带物放置屋外，进入后不许交头接耳，而专注于佛事。

菜地目前开垦已有5000多平方米（合7.5亩），为安养院蔬菜的主要来源。

住斋共有八栋楼，1、2、3号楼只有一层，每栋楼5个房间，住的都是女居士。4、5、6、7、8号楼都是二层楼，每栋楼10个房间，其中4号楼为办公楼（内有办公室、保健室、客房），5号楼为义工楼，7号楼为夫妻居士楼（住有6对夫妻），6号楼和8号楼为居士楼。

斋堂为前观音殿、图书室，中食堂，后厨房格局。观音殿为一20多平米的方形房屋，中间供奉一檀木观音，为护持居士供奉灵岩山寺，而大和尚将其供奉于安养院。图书室规格与观音殿相似，内主要放置净土宗读物。食堂中间放置束腰式弥勒佛，弥勒佛左右两边各有几排桌椅，右手边为女居士用餐区，右手边为男居士、义工和客人用餐区。厨房主要有储藏间、配料间、操作间、洗漱处等。居士们用餐完毕，碗筷非自己负责，一般为义工洗涮。

放生池为放生祈福所用，为人工开凿的池塘，居士将各种水生动物如鱼、龟等放养在这里。被认为体现佛教"慈悲为怀，体念众生"的心怀，更是积德之举。放生池中央有和心亭，两边有通道可至，亭附有明学老和尚的对联"心平气和欣得长寿，念佛行善同登极乐"。

舍利塔位于安养院最深处，封存着德森法师和了然法师的佛骨舍利。德森法师和了然法师为十三祖印光大师的护持者，有点类似"哼哈二将"。逢佛历节日或俗家节日，居士往往于舍利塔前祭拜。

往生堂位于安养院后门处，为一四合院建筑，平时大门紧闭，只待诵念往生时才打开。居士来安养院居住、诵经礼佛，其最终目的为求往生。往生堂则是居士们生命历程的最后一站。当有居士即将逝世，灵岩山寺的和尚和安养院的居士会集体来到往生堂，为逝者诵经念佛，超度往生。安养院的作息制度模仿灵岩山寺，也根据老人的意见做了变更，形成如下作息时间表。

作息时间表

敲竹起床	4∶30	学习会	14∶00
早课	5∶00—6∶30	晚餐	16∶00
早餐	6∶30	晚课	17∶00—18∶00
上午课	9∶00—10∶00	休息	19∶00以后
午餐	11∶00		

每天早上四点半,门卫杨敏敲着竹板绕安养院住斋一周,通知老人起床。实际上,好多老人早已起床,在房间里念佛。之后,老人陆陆续续进入念佛堂做早课。老人的自理意识和能力都很强,即便是身材佝偻、鲐背之年的老人也拄着拐杖,一步一步挪到念佛堂。进入念佛堂之前,拄着拐杖的老人将拐杖倚在墙壁上,尽力抬腿迈过高30厘米的门槛。当然,年轻一点或者矍铄的老人看到之后,也会过去扶持一把,搀扶着进入念佛堂。早课诵经、礼佛、跪拜、绕佛三周等活动持续一个半小时,由一位八十岁的精神矍铄、健步如飞的女居士带领。这一过程中对体力的消耗挺大,我们的一个调研队员身体扛不住,到旁边的凳子上坐下休息,但是除了五个老人体力难以支撑去旁边诵经外,其余五十多位老人都参与了一个半小时的早课。鉴于我们一位年轻队员吃不消,早餐后采访了一位八十多岁的女居士,她觉着丝毫不累。这在我们看来,也许是长年累月习惯了这种作息,也许早课犹如体育锻炼,强劲了体魄。但是女居士认为这是一心向佛,佛祖所给的福报。饮食的事情在后面单独介绍,暂不描述。学习会每天下午在靠近大门口左边的会议室进行,通过放映佛法讲座或者网络直播的方式学习佛义和佛仪。目前,晚课的诵经和早课一样。晚课之后,就是自由活动时间,老人们洗涮一下,就歇息。晚上环顾住斋,发现基本上七点半时,大部分房间就熄灯了。睡得最晚的是被称为"皇亲国戚"的老奶奶,因为她要推迟到八点钟服用降血压的药物,只好八点半钟休息。

关于这个作息时间,现年84岁,做过医生,现在安养院负责保健室的冯医生提出过意见:一是早课时间在冬天不合适,容易诱发疾病;二是晚餐时间太早。不过这些意见未被采纳。

身居佛教安养院,吃素是必然的。日常的蔬菜大都是自产,诸如菜地种的地瓜、芋头、玉米、茭白、萝卜、生菜、大白菜、胡萝卜等。虽然说蔬菜能够自足，但有时服务部也会在集市购买蔬菜。安养院的米面从不购买，基本上依赖灵岩山寺。很多护法居士会给灵岩山寺供奉米面，由于寺院用不完，就通过弘义社（由印光大师首创，是一个济危扶困机构，后废止；明学大和尚重建，一方面济危扶困，服务福慧堂，另一方面作为食物中转站）的铁轨货车运到山下，供应安养院。油、盐、佐料则需要服务部购置。

现在斋堂由罗居士负责，每天他带领三个厨师和义工做饭。厨师是领取工资，义工则是完全义务，但居住在安养院的义工，安养院对其提供吃住待遇。4月6日傍晚，我们和厨师、义工一块摘菜，顺便采访了一个厨师。厨师是木渎本地人，老伴已去世，以前在灵岩山寺做饭，安养院建立之后，大和尚让他到山下帮忙做饭，月工资2000元，之后他便留在安养院。他经常回家居住，日常也喝点小酒。安养院的罗居士经常劝他戒酒向佛，但好像不起作用。每天早上当老人们在念佛堂念经的时候，厨师和常住义工就在斋堂忙活做饭，早餐一般为豆浆和白粥，有一些前一天剩下的配菜。上午十点左右开始准备午餐，考虑到很多老人过午不食，午餐较为丰盛，一般有清菜、馒头、米饭、地瓜等。下午三点左右，斋堂摘菜、准备第二天的午餐。晚餐较为随意，一般吃中午剩下的饭菜，如果不够则填补一点。

早上和中午进入斋堂，需要心存感恩，持续念佛直到厨师和义工将饭菜分发完毕。吃饭时，需要止语，保持安静。而在大圣寺调研之时，我们前往斋堂吃饭，虽说规定止语，保持安静，但却没有刻意地不停诵经念佛。吃饭必须恪守"光盘行动"，不能浪费。刚到灵岩山寺佛教安养院，义工往往给我们多打饭，搞得我们撑得打嗝也要忍着将其吃完。后来，在交谈中才知道，义工打饭时候，虽不能说话，但可以用掐手指的动作表明需要的饭菜份量。

吃饭的座次也有一定规矩，男女分列。在安养院，女居士数量上占绝对优势，坐在中间弥勒佛像的右边，远离门口；男居士坐在弥勒佛像的左边，靠近门口。义工或外来客人吃饭一般坐在男居士的后面。据管理居士王阿姨讲，以前发生过女居士为争座甩碗而去的事情，由于规定了座次，现在争位情况再没有发生。

另外，很多受戒的老人奉行过午不食的规则。之所以如此，是因为佛教认为：清晨是诸天的食时，午时是三世诸佛如来的食时，日暮是畜生食时，昏夜是鬼神食的时候。

安养院老人穿着较为朴素，平常以深色为主，偏重灰、黑、褐。① 安养院给居士们分发了两套衣服，一套是为日常穿，另外一套是为诵经礼佛穿。日常服装为上褂下裤，中灰色，材料有点类似麻布。② 诵经礼佛所穿为海青，宽袍大袖。一个上厕所的事情体现了居士对海青的崇敬。一个九十多岁的老太太记性不太好，有一天她找不到拐杖，怀疑被义工吴阿姨给她拿到伙房烧了，将这事告到王阿姨处。王阿姨当时分析现在伙房都用电，不可能把拐杖给烧了呀，肯定是她遗忘在什么地方了。王阿姨就模拟她一天的生活轨迹，在她房间坐卧起立，没有找到拐杖。而后去了卫生间，一开始没有看到，模拟去卫生间的动作。去卫生间是不能穿海青的，把海青挂在挂钩上，然后如厕。卫生间看着没有，但是一摸海青，找到了拐杖。这场风波才得以平息。在此，我们不是关注冲突本身，而是暗示服饰穿着存在某些禁忌。

安养院共有8栋住斋，分别为1—8号楼。1号、2号、3号、6号、7号、8号楼为居士楼，其中7号楼为夫妻楼。4号楼为办公楼和客房，5号楼为义工楼。当然在厨房后面还有几间房，是为厨师提供住宿方便。房间大约为18平米，内有卫生间，但没有淋浴。洗澡需要去大门右侧的公共澡堂。安养院配备诸多热水器和洗衣机，打水和洗衣服都比较方便。

安养院居士除了管理居士王阿姨和"皇亲国戚"奶奶外，都实行双人间。王阿姨不愿搞特殊，但是一来到安养院之时，因为被委托管理安养院，出于工作的方便被安排为一人间。"皇亲国戚"奶奶则是因为身份特殊，被安排为一人间。2人间对于7号楼的6对夫妻而言，相濡以沫几十年，生活习惯都已磨合好，自然无碍。但对于其他同住的老人却未必如此，其中有一个老太太因为与别人处不来，甚至换过4次房间。按照佛门规矩，"六和敬"的第一要求便是身和同住。老人来住时签署了六合敬公约，同时一起居住也是修行，然而矛盾也是无时无刻不如影随形。

明学大和尚办佛教安养院的初衷是为无依无靠的信佛老人提供庇护所。2012年，安养院开始营业之时，居士们每月需缴纳450元的食宿费和50元

---

① 陈昭、高良敏:《寺院养老的灵性生活秩序:从俗智到圣智的转变》,《思想战线》2019年第2期。
② 陈昭、高良敏:《寺院养老的灵性生活秩序:从俗智到圣智的转变》,《思想战线》2019年第2期。

的水电费。但也有两个老人曾经出过家，还过俗，无依无靠、没有收入，安养院免除了他们的费用。自 2016 年 7 月，灵岩山寺决定不再收取费用。但是老人们觉着僧人受十方供奉是可以的，但作为居士吃十方供奉是不可以的。按照佛义，受人恩惠而不回报的话，有"披毛戴角还"的代价。基于此，老人还是缴纳费用，但是更改了一个名字，称之为"功德款"。

老人进入灵岩山寺佛教安养院需要具备哪些条件呢？来此养老首先具备的条件是"三皈依"——皈依佛、皈依法、皈依僧，信仰限制在佛教安养院中普遍存在，调研的灵岩山寺、南山讲寺、包山禅寺、大圣寺和宝林禅寺都表示只接受佛教徒，而没有信仰限制的只有吉祥寺；其次为身体能够自理，不依赖他人，但来之后失能则需要自己聘请护工照顾，如果没有钱，则安养院代为承担；① 再次为"五戒"——不杀生，不偷盗，不邪淫，不妄语，不饮酒。这些条件，在家居士基本都能满足，但并不是想进安养院就能够进。由于招募名额有限，所以明学大和尚当时决定优先招募年龄大且居住本地的居士。目前在安养院居住的 76 位老人，大部分都是苏州本地人，其次是上海人，还有零星的来自无锡、哈尔滨、山东的老人。目前 90 岁以上老人 5 名、80 岁以上老人 32 名、70 岁以上老人 29 名。

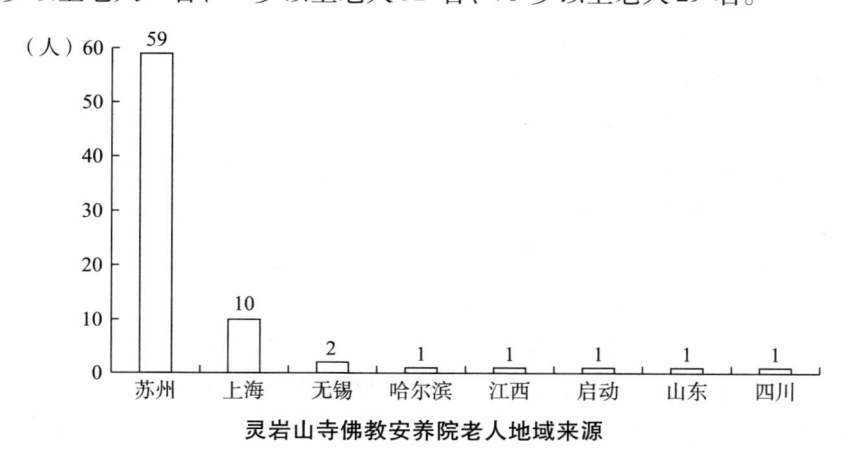

灵岩山寺佛教安养院老人地域来源

地域	苏州	上海	无锡	哈尔滨	江西	启东	山东	四川
人数	59	10	2	1	1	1	1	1

绝大多数老人在入住之前就是在家居士。按照佛教的规矩，居士需要奉养一个师父。很多老人就拜山上的大和尚为师。安养院建立之后，这些居士便有了优先入住权。安养院大多数老人就是通过这种方式第一批进入

---

① 方静文、齐腾飞：《老年临终关怀：来自佛教安养院的启示》，《思想战线》2018 年第 3 期。

安养院的。但之后，来此养老的门槛显著提高。之所以如此说，是因为后来入住的老人条件高，还因为普通老人进入安养院较难。在随机采访中，无意中碰到了在此养老的灵岩山寺二当家的母亲、灵岩山寺佛学院研究生的父母、靠跟大和尚的关系进入安养院的失能老人、曾担任国企女老板的王阿姨等，她们大都不是第一批入住者。除此以外，还听王阿姨讲过一个靠"碰瓷"进安养院未遂的案例。

2016年，一个老太太打算进入安养院，前往4号楼副院长办公室申请入住，副院长担心让她进入的话，不好应对后面申请进入的老人，所以不同意。中午敲竹，副院长找到一个离开办公室的借口，在他要离开时，老太太在门口拦住，不让他通过。副院长从空隙中钻出，不小心碰到老太太，老太太的手碰到门缝，破了一点皮。副院长走后，老太太挖了一下手，然后就报警说副院长殴打老人。不久警车到了安养院，要带副院长回去了解情况。王阿姨见状，觉着如果副院长被带走，那安养院的声誉必然受到影响，就带民警到副院长办公室了解情况。最后老太太也承认了自己的过失，但是由于想进安养院养老不能的无奈之举。民警说："既然你们这是安养院，干脆就把人家收留得了。"王阿姨面露难色，说："警察同志，如果靠碰瓷就能进入安养院，那么对安养院影响特别不好，也对以后入住的老人不公平。"警察无奈，只好劝老太太回家。

五年间，灵岩山寺佛教安养院公开招募老人只有一次。尽管现在安养院有五六十个空床位，但没有再对外公开招募过，只有几个因为"佛缘"或"福报"才进入这儿养老。灵岩山寺二当家的母亲是广西人，家里有两个人出家，她也来此终老，被老人们称为"师父娘"。一对辽宁的夫妇（男78岁，女76岁），以前做中学教员。他二儿子今年38岁，以前在大学当老师，因为笃信佛法，抛弃了妻子和孩子，出家为僧，现在中国佛学院灵岩山寺分院学习。辽宁夫妇自2015年来这看孩子，也就住在了山下的安养院。王阿姨刚来苏州时在清凉书院（寒山寺的佛学院），对戒律修持严格，之后来到灵岩山寺佛教安养院帮忙，院里鉴于其丰富的管理经验，故请她留在寺院，并牵头管理一下寺院的日常事务。寺院老人对他们的态度不是社会上那种"关系"决定论，而是认为他们有福报，佛缘深。

安养院之所以这么久不再公开招老人，是因为安养院管理跟不上。安养院的管理较为松散，就事论事，而不借助制度约束，适合管理数量不多的老人，一旦超过一定数量，则会左支右绌、捉襟见肘。还有一个原因是山上灵岩山寺现在的不稳定状态。明学大和尚圆寂已经四个多月，可是主持到现在还未确定。尽管明学大和尚指定了接班人弘法和尚（1955年生），但是苏州宗教局抓住弘法和尚青年时的错事大做文章，阻碍其接任，故局势一直僵持不下。宗教局之所以这么做，是由于利益之争。灵岩山寺为江南名刹，寺内还有馆娃宫（夫差为西施所建行宫）的遗址，游览参观者众。明学大和尚执掌灵岩山寺奉行印光法师简朴办寺的宗旨，门票几十年都是一块钱，寺院内部修缮也较少。宗教局打算建设盘山公路，修缮寺院，设置景点，提高门票，开发旅游。明学大和尚断然拒绝，甚至说"若如此，我当自焚"。慑于明学大和尚德高望重和中国佛教协会副会长的身份，这一动议只好搁置。这次明学大和尚圆寂给了宗教局一个旧事重提的机会。这次调研，我们看到灵岩山下新建了一些外表清丽的游客中心，或与此有关。灵岩山寺的寺内事务迟迟未能确定，处于不稳定状态，很难对安养院做出再次招募老人的批示。

虽然根据职责确定了一些管理架构，但是在实际运作过程中，机构的力量很弱，都是被指认管理人员的人一起忙活。

院长为灵岩山寺大和尚兼任，以前为明学大和尚，明学大和尚圆寂之后，由弘法和尚兼任，一般只发挥监督职能，不参与日常事务的管理，每个月审查佛教安养院上交的财务报表，每一季度听取工作汇报。

副院长为明学大和尚的俗家外甥，曾经担任过部队上的处长，由于身体原因转业。明学大和尚鉴于当时没人管理安养院，就拜托他过来帮忙。副院长常住北京，过来的时间较少。这次调研，其回家操办女儿的婚事，没有见到。也就是说，副院长基本上是挂名副院长。而2017年9月回访之时，山上派下五位和尚前来管理。但据悟戒法师所言，他们基本不介入安养院的日常管理，只是带领居士念佛，为其解答困惑。

服务部基本上由义工组成，主要负责诸如打扫卫生、蔬菜种植、物品采购、食堂服务等事务。① 目前负责人是吴阿姨。② 吴阿姨是工人出身，整

---

① 陈昭：《膳与善：素食斋饭作为安养文化的根隐喻——基于佛教安养院的饮食人类学考察》，《思想战线》2018年第3期。
② 陈昭：《膳与善：素食斋饭作为安养文化的根隐喻——基于佛教安养院的饮食人类学考察》，《思想战线》2018年第3期。

天闲不住，她来安养院之后，开垦菜地，管理食堂，督促义工，为安养院做了很多事。但是吴阿姨脾气急躁，有时会和老人吵架，不为一些老人所喜，有离开的想法。

打扫卫生的是来自福建的义工，她以前是做石材生意，现在夫妻和两个孩子都在木渎居住。听了几次关于养生的课，萌生了吃素的想法。前往寺院参加水陆法会，有皈依的念头，觉着自己以前开采石头实际是在伤害地球，放弃了以前的事业，目前通过在安养院1200元/月的工资和在外做小时工来维持生计。去年，因为孩子读书的事祈愿于佛祖，最后在寺院的帮助下，联系到信佛的校长夫人，办成孩子入读实验中学的事情。自此之后，对佛深信不疑。在安养院工作，整天乐呵呵的，被老人训斥，也逆来顺受，觉着是在修行。

负责蔬菜种植的是来自苏州农业职业技术学院园艺专业专科的小田。小田1996年生于贵州西部农村，家境不富裕，目前读专科三年级，也就是最后一年。2016年7月因为老师推荐前来安养院负责种菜，安养院一个月给他2000元工资。他来之后，对垦荒和种菜十分卖力，在院内义工、登山协会的帮助下，菜地面积由原来的4200平方米开拓到5000平方米，精耕细作，科学种植，蔬菜产量翻了十几倍，2016年产能为7420公斤，市值25295元。鉴于其种菜认真负责，安养院自2017年起，给他加了500元/月。小田觉着不好意思，故相应地多开垦了觉着差不多等值的新菜地。目前，安养院种植的蔬菜（地瓜、芋头、玉米、茭白、萝卜、生菜、大白菜、胡萝卜等以及很多时令蔬菜），基本能做到自足，还有剩余通过弘义堂铁轨运到山上寺院。不过，今年毕业后，小田不打算留在安养院。

物品采购的事情一般由吴阿姨统筹安排，或自己购买，或拜托义工采购。采购物一般为蔬菜、供奉用的瓜果和日常生活用品。

食堂事务由在此养老的罗居士负责，服务人员主要有厨师和义工。[①] 厨师有三人，皆领取工资，对佛教信仰并不强烈。非节假日，在食堂服务的义工主要有几位：上海来的揭阿姨，操着一口流利的上海话，普通话比较难理解，来这才一个月，打算在此养老；文艺气质、长相俊朗、学钢琴的

[①] 陈昭：《膳与善：素食斋饭作为安养文化的根隐喻——基于佛教安养院的饮食人类学考察》，《思想战线》2018年第3期。

大学生由于有抑郁症，不开口说话，父母将其送到安养院帮忙，希望佛法能够消除孩子的病魔；一个打算要去安徽出家的义工。周末和节假日，很多义工会过来食堂帮忙。

总务部名义上负责后勤，但是后勤的事情大部分由服务部的义工负责。总务部目前基本负责迎来送往的接待事宜。负责人是来自哈尔滨的王阿姨。王阿姨退休前为国有工厂厂长，早年由于政治环境影响，偷偷信佛。丈夫去世后，王阿姨通过佛友网络，来苏州清凉书院（隶属寒山寺）待过一段时间，之后来到灵岩山寺佛教安养院。由于其管理经验丰富、行事有魄力、且年纪较轻（72岁），被委托负责安养院的日常管理。王阿姨来到安养院是为了"求往生"。安抚他人时经常说"少说一句话，多念一声佛"，"在此养老，只拜佛，不靠儿，不靠女，给亲情松绑"。当看到有些八九十岁的老人行动不便时，心里受到触动，深感"人不怕死，但是怕老"。

归属总务部的传达室由一位姓包的居士（75岁）负责，主要负责前来安养院的人询问情况、外部电话咨询、民警等公职人员的接待。值得注意的是包居士以前不信佛，被妻子度化后开始信佛，与媳妇一起来安养院养老，居住在7号楼夫妻宿舍。

门卫由一个叫杨阳（40岁左右）的人负责。他的职责主要是打更和看大门。每天凌晨5点和上午11点，他都要敲着竹板环顾整个安养院，通知老人早起到念佛堂做早课和就斋。第一次和杨阳接触，被其"特立独行"的行事风格所震惊。4月7日傍晚和小田（苏州农业职业技术学院学生，现在安养院种菜）买茄子苗回来，安养院的大门此时已经锁了。我只好下车从小门进去，去抽开大门的栓。突然间，背后传来超过100分贝的一声"住手"。正狐疑间，一身卡其色打扮、脑袋有点左右不对称的门卫走过来，继续吼道"这是我的工作，不用你们插手"。之后，从安养院居士的交谈中才知道杨阳的过往。杨阳以前读过大学，结过婚，但是老婆跟别人跑了，自此精神受到刺激。本打算在灵岩山寺出家为僧，但因长得"歪瓜劣枣"被拒绝（一开始觉着是借口，毕竟一直觉着佛教认为众生平等，人人可为佛，但现在出家要求上的确有五官端正一项），只好待在安养院守门。这个门卫有很多惊奇的事迹：有居士前来安养院送米送面，但被杨阳拦着不让进门，居士无奈告到山上灵岩山寺，寺里建议安养院换人，但由于很难招到年轻一点的打更人，故安养院容忍了他的行为；木渎镇书记长得"溜光水滑",来安养院参观学习,走到门口,被杨阳拦住不让进,最终王阿姨他们赶到门口才避免了持续的尴尬;以前,杨阳不拿工资,2017年,总务部王阿姨考虑到过年回家需要钱,打算给他发2000元/月的工资,他向王阿姨咆哮道"你们给不给是你们的事,我拿不拿是我的事"。鉴于此,安养院的老人很少与其交流。

会计是聘请外面的会计每月来安养院整理一下安养院的财务。

老人纠纷调解委员会负责处理老人之间的相处矛盾,诸如多言、居住习惯、更换宿舍等。其实并没有严格意义的老人纠纷调解委员会,日常的调解主要由王聪杰阿姨负责。王阿姨内心觉着设立老人纠纷调解委员会没有意义,来此居住的信佛老人都是来求"往生"的,需要做到"六和敬"(身和同住、口和无诤、意和同悦、戒和同修、见和同解、利和同均),应该是没有矛盾的。但实际上老人之间也存在诸多矛盾,王阿姨对此也很失望,对此的解释是前期招募老人时标准不高,招了很多文化层次不高、信佛尚未虔诚的人。

观念与生活

老人在佛教安养院中生活,本身是一种"修行为主,养老为辅"的生活方式。由于入住安养院的首要目的是修行,院内老人十分强调自立,认为这是修行的一部分。而公共服务如打扫卫生、蔬菜种植、物品采购、斋堂服务、日常保健等主要由义工提供。义工们非但不领取薪酬,而且认为这是在为自己积累福报。也就是说在安养院里,我们一般所谓的施助者并不将自己的行为解读为施助,而认为是受助者给予自己修行的机会,受助者才是真正意义上的施助者,这是对于互助互惠行为的另外一种诠释。更能反映老年观念的则是对"求往生"的渴望。老人来到安养院,本身就是"求往生"的,其每一天的宗教生活都是对往生的一次次预演。

往生,就是往生西方净土。死亡是生命的终点这一预设并不是普遍的,在许多文化中存在重生、轮回等的认知,佛教即为一例。在佛家看来,死亡是寿、暖、识,即寿命、体温以及神识(相当于俗世所说的"灵魂")三者的分离和解体,但脱离肉体之后的神识不灭,死亡"不是游戏的结束,而是一期生命的终结,另一期生命的开端",由此进入没有终点的轮回,正如《心地观经》所言，"有情轮回生六道，犹如车轮无始终"。死亡不是一个瞬间，而是一个过程，呼吸心跳停止之后，神识离开身体是逐渐进行的，这一过程会持续一段时间。① 在此之后，除却超脱生死的圣者和罪业深重的恶人之外，众生都将经历生命的另一个状态——中阴期，即从神识脱离肉身到决定投生之间的阶段，前后约七七四十九天。② 在中阴期结束之后，神识才进入轮回的场所——六道，包括"三善道"——天、人、阿修罗和"三恶道"——畜生、饿鬼、地狱。③ 推动轮回之动力或决定轮回之去处的是"业"，包括恶业、善业和净业，每一种业（行为）都有其自身内在的基础和重心，以及客观外在的条件和机遇，最后形成结果，并且通过固定的模式表现出来，从而构成行为者直接感受的作用，这就是业的因、缘、果、报。④ 具体到个体，可经由临终者的临终状态进行判断。作为神识的表征，暖热在身上最后消失的部位便是神识最后离开身体的地方，据此可以判断之后的去向，有"顶圣眼天生，心人脐修罗，肛鬼膝畜生，双足堕地狱"之谓。

佛教认为死亡是痛苦的，老、病、死之苦乃是人生中最大的苦，而临终之苦尤甚，其时，寿、暖、识分离，神识脱离肉体，犹如乌龟剥壳，不仅痛苦而且相当缓慢。不过，死亡和临终的痛苦是有解脱之道的，解脱既得益于平日自身的修行，消除"我执"，学会放下，也可借助于他人之力，如净土宗的临终助念等。有鉴于死亡也是新一期生命的起点，若修行得当，死亡还可能成为升华生命层次的契机，乃至超脱生死轮回。而且，佛教认为在中阴期结束之前，一切尚无定论，还有机会通过助念、超度仪式等帮助往生者进入更好的轮回之道。

死亡是痛苦的，但是死亡之苦是可以解脱的，这是佛教临终关怀存在的前提和意义所在。死亡不是一瞬间的事情，而是一个相对漫长的过程，因此佛教的临终关怀也不仅限于现代医学意义上的临终之时，也包括往生后神识尚在的时间以及之后的中阴期。就目标而言，佛教的临终关怀也更为宏大和长远，"不仅要让临终者能够安详地逝去，还要让他们在这生命转

---

① 方静文、齐腾飞：《老年临终关怀：来自佛教安养院的启示》，《思想战线》2018年第3期。
② 方静文、齐腾飞：《老年临终关怀：来自佛教安养院的启示》，《思想战线》2018年第3期。
③ 方静文、齐腾飞：《老年临终关怀：来自佛教安养院的启示》，《思想战线》2018年第3期。
④ 方静文、齐腾飞：《老年临终关怀：来自佛教安养院的启示》，《思想战线》2018年第3期。

折的关键时刻把握机会，升华生命的层次"，其基本要求是在临终者行将选择善道和恶道之时，助其一臂之力，以进入善道，而最高目标则是在临终者临终之时或者中阴期，引导他们超越轮回的束缚，彻底解脱生死之苦。

以灵岩山寺佛教安养院为例，进入临终状态的老人，若入住时签有往生协议，即可送到往生堂。当然也有老人预知自己大限将至，主动请求进入往生堂以等待往生的。往生堂位于安养院后门，建筑结构类似于四合院，内有家属接待室和4个大厅，分别称为莲池厅、极乐厅、莲华厅、弥陀厅，以应对可能出现的不止一位老人往生的情况。5年来，往生堂共见证了12位老人的离开。山上寺院派来管理安养院事务的悟戒法师分享了他对于佛教临终关怀的理解。他说：修行在平日，就好比一棵树，平时已经向东弯了，遇到台风等外力，就很可能向东的方向折断。同时，人往生的一刹那非常重要，可决定死后的归宿，平日的修行都是为了临终这一刻。临终的念头必须要正，医学治疗会扰乱正信，增加临终者往生时的痛苦，是故临终者应该停止一切治疗措施。① 另外，临终者平时修行靠自力，但临终时，本人能做的很少，而需要依靠他力，即助念，所谓"上面有人拉，下面有人推"，才能缓解临终的痛苦。

根据法师的讲述，老人被送往生堂之后，接下来就是整个往生仪式最重要的内容——助念。② 由于灵岩山寺是印光法师驻锡地，在助念方面，安养院恪守印光法师的"临终三大要"。老人被放置在往生堂中心的床上后，助念团便开始助念。助念团均为发愿而来，自备饭食，分文不取，并将此视为莫大的功德。助念团4人一组，每2小时轮换一次，中间不能间断。③ 由于临终者气短，为了临终者能够跟上，助念团念佛号时不念"南无阿弥陀佛"，而只念"阿弥陀佛"。助念时，家属可以在场，但是不能哭闹，也不能与临终者讲家长里短，只能念佛号，防止临终者分心。助念一般持续时间长，且不能间断，对助念者的精力有很高要求，尽管也欢迎安养院的老人参加助念，送往同伴，但是助念的主力还是当地居士助念团。据一位助念团的成员介绍，苏州当地有很多居士助念团，有的人数多达百人。他

---

① 方静文、齐腾飞：《老年临终关怀：来自佛教安养院的启示》，《思想战线》2018年第3期。
② 方静文、齐腾飞：《老年临终关怀：来自佛教安养院的启示》，《思想战线》2018年第3期。
③ 方静文、齐腾飞：《老年临终关怀：来自佛教安养院的启示》，《思想战线》2018年第3期。

们出入寺院和安养院，也去普通人家，为信奉佛教的临终者助念。①

因为佛教认为人的神识不会在断气后立即离开，所以助念从临终开始，直至往生之后，仍需持续 12 小时，此后才进入擦身、换衣、盘坐、装龛环节。在安养院往生的老人可被送往灵岩山寺的塔院火化。在寺院火化是许多居士难以企及的愿望，但安养院的老人因为与寺院的关系而被赋予了这项"特权"，若事先已经在寺院里购得"仙位"，还可将骨灰放在寺里供奉。佛家认为，人死后 49 天之内，还没有被"定罪"，若在此期间做超度、放生等法事，能够帮其减轻罪孽。灵岩山寺也做超度法事，但往往几家同做，很少针对一家，因为他们相信"一日丽江，万川影视"，即与别人一起做法事，并不会减少公德。等超度仪式完成之后，往生者的死亡仪式才算正式结束。

在进入大圣寺之时，老人与寺院签订《往生协议》，此协议与灵岩山寺不同，为必选性协议。协议中规定，入住的老人须向大圣寺缴纳 2 万元人民币，服务内容包括与往生相关的一系列服务，如临终照护、助念、遗体火化、超度仪式等。大圣寺为净土宗道场，其临终关怀亦奉行印光法师的"临终三大要"，但在具体实施过程与灵岩山寺安养院存在差异。

差异之一在于大圣寺在临终关怀中对待现代医学的态度。上文讲到，灵岩山寺佛教安养院认为医学治疗会扰乱正信，增加临终者往生时的痛苦，所以建议临终者停止一切治疗措施，而大圣寺的处理办法却不同。大圣寺在往生堂之外还设置了临终关怀室。老人生病，先送医院积极治疗，若医院回天乏力，便接回寺院，进入关怀室。关怀室毗邻保健室，内有护理床，还有简单的急救设备。在关怀室中，由法师和居士组成的临终关怀小组会开示临终者，放下执著，并以念佛机的念佛声加以辅助。但与此同时，并不停止医学治疗和其他积极的行为，如可以继续输氧、输液，可以服用止痛药物，也可以应病人需求喂水、喂粥等，一切以减轻病人的痛苦为宗旨。当被问及医疗与佛教临终关怀的关系时，法师认为二者并不冲突，"佛教是信仰而非迷信"。

差异之二在于往生后的测温环节。如前所述，佛教认为往生者最后温热停留的地方是判断轮回去处的依据，测试体温因而被视为往生过程中的

---

① 方静文、齐腾飞：《老年临终关怀：来自佛教安养院的启示》，《思想战线》2018 年第 3 期。

重要环节。传统上，探查体温由法师"手触"完成，这也是大圣寺以往的做法。不过，2003 年，红外线测温仪作为 SARS 危机的"遗留物"开始取代"手触"测温。① 在安养院调查之时，正好在其黑板报上看到了近期一位往生者的测温数据。

一位往生者的测温记录（单位：摄氏度）

日期	时间	脚底	膝盖	腹部	胸口	眉间	头顶	枕温
9.13	6：00	4.2	12	26.8	25.8	25.5	25.7	21.7
9.13	10：00	13.3	16.4	25.5	25	25.9	26.2	24.2
9.13	12：00	15.5	17.1	24.2	24.3	25.8	26.1	24.9

从中可以发现这位往生者，往生后第一次体温检测时发现腹部温度最高，按照"顶圣眼天生，心人脐修罗，肛鬼膝畜生，双足堕地狱"的说法，将坠入饿鬼道。但经过四个小时助念后，再次测温，发现已经变成头顶温度最高，如此便意味着老人可以转凡入圣，往生西方净土。既然头顶温度已经最高，那么为何还要继续两个小时助念，并测温呢？法师说之所以如此，在于担心温度不稳定，故再助念两个小时，以确定头顶温度最高为恒定。

借助于科技产品红外线测温仪测量身体多部位体温并加以记录，颇有现代统计学对比试验的意味，而更值得关注的是对于佛教教义的理解和调适。往生后有一个好去处是每个佛教徒的愿望，但最终能否达主要还是看临终者平日自身的修行和造化，临终助念只能起到辅助之功效。所以，助念会有一个相对固定的时长，即神识完全离开肉体的时间，一般而言是12—24 小时。助念结束时根据最后的温热所判定的去处，无论好坏，都是需要暂时接受的结果（中阴期或许还有机会改变）。② 但在大圣寺安养院的实践中，情形并非如此。在这里，每一位佛教徒都被期望能往生极乐，所以往生之后的助念并没有固定的时长，而会一直持续，直至达到期望的结果，而测温除了传统的作为判断往生后去处的途径之外，也被赋予了新的意义，

---

① 方静文、齐腾飞：《老年临终关怀：来自佛教安养院的启示》，《思想战线》2018 年第 3 期。
② 方静文、齐腾飞：《老年临终关怀：来自佛教安养院的启示》，《思想战线》2018 年第 3 期。

即验证助念之功效。①

截至 2017 年 7 月底,累计有 268 人在大圣寺安养院往生,有数据记录的 215 人。在这 215 例中,第一次测温最高温度在腹部(意味着转生恶鬼道)的为 107 例,占 49.8②最高温度在胸口(意味着转生人道)的为 100 例,占 46.5%;③胸口和腹部相同的为 8 例,占 3.7%。简言之,如果没有助念,一半老人可能堕入三恶道。④而经过助念之后,这种情况得到明显改观:助念结束时,最高温度在眉间(意味着往生天界)的为 30 例,占 13.95%;最高温度在头顶(意味着超凡入圣)的为 182 例,占 84.65%,助念的有效率达到 98.6%。对于仅有的 3 个助念失败的个案,安养院自有其解释。比如对其中一例的解释是老人临终时其子用密宗方法同时为其助念,与净土宗助念方法相悖导致助念失败;对另外一例的解释则是因为其本人生前信邪教而使助念无果。这一实践是对于原来"规则"的微调,原本体温决定去向的结果在 12 或 24 小时助念结束之后是既定的,但在这里助念的时间被延长,有 4 例甚至长达 90 小时以上,希望因此加大经由助念来改变结果的机会。

助念结束之后,木龛坐化、追福超度等程序同灵岩山寺安养院类似,所不同的是大圣寺没有类似塔院的火化场所,而需要送去附近的另一座寺院。⑤大圣寺的下属寺院长山寺,着重地宫建设,以安排往生者之"仙位"。调查之日,正值上述往生者"三七",先是在佛堂举行了超度仪式,随后进行放生仪式。⑥在寺院附近的运河边,寺院的法师带领寺院的义工和居士家属面对家属准备好的黄鳝、泥鳅等,诵经念佛,而后放生,为死者超度亡灵,积累福报,该仪式持续约一小时。⑦待老人过完"七七"之后,整个仪式过程才会最终落下帷幕。

---

① 方静文、齐腾飞:《老年临终关怀:来自佛教安养院的启示》,《思想战线》2018 年第 3 期。
② 方静文、齐腾飞:《老年临终关怀:来自佛教安养院的启示》,《思想战线》2018 年第 3 期。
③ 方静文、齐腾飞:《老年临终关怀:来自佛教安养院的启示》,《思想战线》2018 年第 3 期。
④ 方静文、齐腾飞:《老年临终关怀:来自佛教安养院的启示》,《思想战线》2018 年第 3 期。
⑤ 方静文、齐腾飞:《老年临终关怀:来自佛教安养院的启示》,《思想战线》2018 年第 3 期。
⑥ 方静文、齐腾飞:《老年临终关怀:来自佛教安养院的启示》,《思想战线》2018 年第 3 期。
⑦ 方静文、齐腾飞:《老年临终关怀:来自佛教安养院的启示》,《思想战线》2018 年第 3 期。

灵性生活的多方面

尽管寺院养老也会出现这样或那样的龃龉，但整体而言，宗教养老的老人活得更有尊严。这种尊严的获得来自寺院的工作人员，更来自自身。安养院的工作人员，信仰佛教，他们将照料老人看作自己的修行，不会出现虐待老人的情况。之所以说尊严的获得更来自自身，是因为老人的主体性得到了切实的保障。

选择宗教养老的老人，特别强调自理能力，他们将自理也视为自己的修行。① 自主性的意义在于自始至终保持自我的可控感觉，因而始终保持着生命的尊严。而在临终之时，佛教安养院的老人可以自主地选择自己死亡的方式、死亡的地点以及死后的安排。

在调研寺院养老的过程中，萌发出一种"寺院养老与世俗属性的消解和残存"的想法：寺院养老构筑了一种"修行为主，养老为辅"的生活方式。在适应这种生活方式的过程中，老人本身的世俗属性或被消解，或被残存。在器物方面，衣食住行由多元回归到一元；在结构方面，以己为中心的差序格局，被以佛为中心的"善行序列"所代替；在观念方面，日常的修行和仪式赋予了老人思维的神圣性。家庭的探视、知情、接住等权利被保留，而照顾、丧葬等责任则由寺院所承接。寺院养老化繁为简的生活方式，或许也是"被赋权""有尊严老去"的一种途径。

在人口老龄化日益加剧的当下，有尊严地老去仿佛已成为世俗社会的奢求。而宗教养老为我们反思世俗社会的养老方式提供了一个"取法的张本"。安养，不仅仅是提供一个房子让老人度过余生，而是一个具有深层次文化意义的范畴。安养，首先在于"安身"，老人老有所居，日常生活能够得到扶持和护理；其次在于"安心"，老人内心充实，有所信仰，有所期盼；再次为"善终"，也就是俗世所讲的"临终关怀"；最后为"安魂"，老人能够选择自己心仪的丧事模式。

---

① 陈昭、高良敏：《寺院养老的灵性生活秩序：从俗智到圣智的转变》，《思想战线》2019年第2期。

第七章　从灵性生活走向临终关怀

陈　昭[*]　齐腾飞[**]

截至 2019 年年末，我国 65 周岁以上老年人口为 1.76 亿，约占全国总人口的 12.6%。[①] 随着人口老龄化程度加剧，涉及养老尤其是临终照护的很多问题亦随之显现。老年人的生理和心理健康问题，相较于其他年龄段来说，更容易被低估和受到忽视；而生命末期老年人的生活和生命质量，相比其他年龄阶段人群的同类问题，更不易作为医学和社会问题而受到特别关注。

很多社会问题在人们处于晚年临终时并不会消失，而是持续存在于临终和死亡的各个阶段。例如，在老年人群体中，依赖概念（无法照顾自己）和自主概念（自我指导和选择的能力）之间的冲突在经济的不平等状况下都将更为明显。[②] 经济收入情况较好的老年人可能能够负担在家居住时长期护理的费用，而相对贫困的老年人必须选择离开家、接受费用可以承担的医院或养老机构的治疗和护理；并且，接受临终护理的老年人很可能因生理上对护理服务的高依赖程度，而使其自主性受到忽视。

一些与老年人临终关怀相关的文献中提出了关于临终老年人护理的参考意见，例如给老年人提供关于治疗和护理的选择，包括选择在家里死去（如果老年人有此意愿），并要求在临终护理中保持老年人的尊严等。[③] 然

---

[*]　陈昭，贵州民族大学民族学与历史学学院，副教授，研究方向：文化人类学。
[**]　齐腾飞，深圳大学社会学系助理教授，研究方向：医学人类学、法律人类学。
[①]　国家统计局：《中华人民共和国 2019 年国民经济和社会发展统计公报》，https://www.gov.cn/xinwen/2020－02/28/content_5484361.htm，最后访问时间：2020 年 1 月 10 日。
[②]　Arber S., Evandrou, M., "Mapping the Territory: Ageing, Independence and the Life Course", *Jessica Kingsley for the British Society of Gerontology*, London, 1993, pp.9－26.
[③]　Health D. O., "National Service Framework for Older People: Executive Summary", *Department of Health*, London, 2001.

而，例如满足老年人在家中去世的愿望就很难达成，其原因一方面是由于我国的死亡证明、户籍管理等制度和规定限制了在家中去世的可能性；一方面则是由于当临终期的老年人变得高度依赖他人照护时，在自己家中的获得护理服务的成本过于高昂。

对处于生命末期的老年人而言，自主性是"善终"（good death）的重要因素。Age Concern England 提出了 12 条构成善终的原则，其中包括：能够控制正在发生的状况、对自身临终状态的认知和意识、对治疗方案和去世时在场者的选择和控制权、尊严和隐私、信息获取、精神和情感上的支持、临终关怀、发布预先指令的能力、把握道别的时机（包括具备不再延长寿命的能力）。① 上述原则所理想的"善终"是围绕着与自主性相关的掌控、选择、决定能力的，并在此框架中保障着临终期老年人的权益。

诚然，临终老年人所受到的生理性和社会性的约束与其自主性的发挥之间存在着固有的张力。② 老年人对外界依赖性随着身体机能的衰退而不断增强，在此过程中对自主性的诉求将有可能被视为超过极限的要求。一方面，自身权益由于年龄而呈现削弱趋势的老年人维护与临终期和死亡相关的权利并非易事；另一方面，如果说临终老年人的自主性是在较有个人主义色彩语境中提出的要求，那么其自主性的生效是否有可能影响更广大背景下的社区及社会利益，也是需要有所考量的，即社会群体本身的相互依赖性亦不容忽视。

在对民间养老模式的调研中，我们发现在日常实践中老年人群体内部有着多种形式的互助行为，既体现着老年人之间的相互依靠、互相帮扶，同时很多老人在帮助他人的过程中也完成了自我价值的实现。由此，本文希望继续探讨，老年群体内部的互助行为是否也能够在临终照护中有所体现，并对临终关怀的理念和方法做出反思。

依赖与自主：临终老年人的医疗自主权

人们对于临终时的自主性和尊严日益重视。在我国，较早提出的与之

---

① Kurrle S. E., "End-of-life Issues", *Policy Position Paper, Age Concern England*, London, 177 (1), 2002, pp. 54–55.

② Lawton J., "The Dying Process: Patients' Experiences of Palliative Care", *Routledge*, London, 2000.

相关的概念是"尊严死",即在生命的终末期,放弃抢救或者不使用生命支持治疗,让死亡自然来临。在这个过程中,最大限度地尊重患者的个人意愿,使其有尊严地辞世。① 而后,生前预嘱的推广为"尊严死"提供了切实可行的选择。

生前预嘱（living will）的概念由美国律师路易斯·库特纳首次提出。② 法律制度中存在的遗嘱制度可以保障财产在自然人死亡后按照意愿进行处分,相较于身外之物的财产都可以事先表达进行处分,个人对于自己身体的处分意愿也应当得到制度保障。在个人意识清醒的时候,医疗方案应由自己决定。那么在个人陷入昏迷等无意识状态时,他们的决定权不应随之丧失,事先对医疗选择所做的安排也是个人意愿的表达,应该得到支持。

"生前预嘱"是在"预先指令"（advance directive）的基础上被提出的,更为强调人道治疗的概念,其适用对象不仅只是临终患者,而是包括老年人群在内的所有群体。*The Oxford Handbook of BIOETHICS* 第十五章"自主权推进临终指令"中明确提出：建立在尊重自主原则的基础上,病人有权自行决定如何治疗,哪怕是临终患者失去了决策能力,也不能失去临终决策权利。③

2000 年,中国台湾通过了"安宁缓和医疗条例",成为亚洲第一个生前预嘱合法化的地区。2015 年台湾在此基础上通过了"病人自主权法",进一步强化了民众对生前预嘱临床适用条件的熟知度,并于 2019 年开始实施。④ 大陆生前预嘱的推行还处于可行性探讨阶段,还未制定生前预嘱的相关立法。在家长制关系模式的医患关系中,医生认为患者的生命和健康高于患者自身的临终医疗意愿,不会因为患者的要求而放弃患者的生命。⑤ 而近年来随着人们对于临终患者尊严和自主性的重视和观念的变化,生前预嘱已逐步开始在国内一些医院的安宁疗护病房推广,尝试性地应用于缓和医疗

---

① 丁映轩：《生前预嘱的伦理问题研究》,硕士学位论文,遵义医科大学,2019 年。
② Kutner L.,"Due Process of Euthanasia: The Living Will, A Proposal", *Indiana Law Journal*, 44 (4), 1969.
③ 丁映轩：《生前预嘱的伦理问题研究》,硕士学位论文,遵义医科大学,2019 年。
④ 王凯强、白羽、常翰玉等：《论我国生前预嘱的立法保护》,《医学与哲学》2017 年第 38 卷第 11 期。
⑤ 丁映轩：《生前预嘱的伦理问题研究》,硕士学位论文,遵义医科大学,2019 年。

中。生前预嘱不仅是达成善终理想的途径之一,也是人们对生命尊严的维护和自主性选择的体现。临终老年人的医疗自主性将更为直接地体现在其生前预嘱中。

在考察我国部分佛教安养院时,我们注意到在河北 S 安养院、江苏 L 安养院等一些佛教安养院入住的老人都根据自己的意愿签署了《往生协议》。协议中包括了"为老人提供临终关怀、命终助念、火化、海葬等服务""临终不采取任何医疗措施进行无效抢救""遵从老人安排,进行临终关怀和命助念服务"等具体说明,体现了临终老人自身对身后事的安排意愿;并且,在往生协议中涉及到的助念、海葬等环节的实践中,都可见老人之间的互助行为。这一系列具体实践过程中,并未片面强调老年人的依赖性或自主性,而是在尊重老年人医疗自主选择的前提下,以院内老人互助互惠的方式顺利完成了对老年人的临终照护。

互惠互助:作为一种社会法则和伦理思想

马塞尔·莫斯(Marcel Mauss)以《论礼物:古代社会里交换的形式与根据》开启了人类学、社会学学科理论中礼物领域研究。[①] 书中强调了送出礼物和荣誉、威望、地位的紧密联系,"混融"一词体现了全书要点,并通过神话、宗教等隐喻指出各种物品、价值、契约与人的融合。结论部分,莫斯彰显了政治——道德关怀,面对现代性逐渐降临和展开的时代环境,提倡以一种群体性道德来建构社会纽带,并回应了"社会如何可能"的问题。正如莫斯所述,"礼物交换不同于买卖或以货易货,基础是道德,目的是建构人情。所以送礼实际上等于将自己的一部分赠予他人,这是一种自我造物和人性的表达。收礼者得到的是对方精神本质的一部分。"[②] "礼物范式"虽可被视为物的研究,但其研究内容更关涉人类群体关联和互动的方式,核心是互惠和道德义务。

英国社会政策学者 Titmuss 在著作 *The Gift Relationship* 中将无偿捐献的

[①] [法]马塞尔·莫斯:《社会学与人类学》,余碧平译,上海译文出版社 2014 年版。
[②] Mauss Marcel, *The Gift: The Form and Functions of Exchange in Archaic Societies*, New York, NY, Norton & Company, 1954, p.17.

血液称作"生命礼物"（gift of life），视为捐献者送给病人的礼物；① 我国学者景军、余成普等人以此概念分析献血、器官移植、人体组织捐献等问题，认为生命礼物同莫斯提出的礼物之灵一样，都体现了人与物的混融，拓宽了对"礼物"的理解。② 随着礼物研究的拓展，"礼物"渐渐淡出，关键词继而变为"互惠""交换"等。

不以礼物为载体的互惠，最普遍的就是劳动或服务层面上的互惠。例如我国乡土社会中广泛存在的劳务互助体系。吴泽霖在《么些人之社会组织与宗教信仰》中，就描绘过云南丽江地区的么些人在农忙时通力协作的场景；③ 而在当代城市生活中，日本旭子水岛女士开创的"时间银行"养老模式，即以照顾老人的志愿行为换取之后自己被照顾的时间的行为，也可被视为一种互助互惠。④

除了劳动和服务以外，情感互惠也是一种重要的互惠类型。Edward L. Schieffelin 在《独者的忧伤与舞者的灼伤》（the Sorrow of the Lonely and the Burning of the Dancers）中描述了巴布亚新几内亚 Kaluli 部落的 Gisaro 仪式。在这一仪式中，结伴前来的客人要为主人表演歌舞，以哀怨悲伤的歌曲纪念主人逝去的亲人。这种歌声会引起主人强烈的悲痛，以至于用火把灼伤表演者，这种反击提供了短暂的情绪释放。当地人对这种仪式极富热情，事后的很多天里，歌曲内容、舞者的伤痛、在自身仪式中的哭泣等都会成为主人一方讨论的焦点。⑤ 互惠原则不仅是物质交换、部落结盟或显示社会地位的手段，Kaluli 人在多种交易场合都会举行的这一仪式，也是对感情互惠的肯定。

国内人类学领域关于病友互助的研究也涉及到了不同性质的互惠。侯莹有关癌症患者的研究、王剑利有关糖尿病患者的研究，分别分析了病友互助的形式和文化逻辑。侯莹以抗癌组织为例，集中分析了病友互助的情

---

① Titmuss R. M., *The Gift Relationship*, New York: the New Press, 1997.
② 景军、余成普：《遭遇公田悲剧的生命赠予——对血荒的新分析》，《探索与争鸣》2014年第8期。
③ 吴泽霖：《么些人之社会组织与宗教信仰》，《边政公论》1945年4—6合刊。
④ 景军、赵芮：《互助养老：来自"爱心时间银行"的启示》，《思想战线》2015年第4期。
⑤ Schieffelin E. L., *The Sorrow of the Lonely and the Burning of the Dancers* (Second. Edition), New York: Palgrave Macmilian, 2005.

感互惠基础;① 王剑利以糖友组织为例,探讨了病友互助包括的医学知识分享。② 孙璞玉论证了造血干细胞捐献这一互惠过程中带有的生命伦理色彩,并以捐献案例回应了道德与伦理两个概念之间的张力。③

作为一种社会法则和伦理思想的互惠,如莫斯所理解的,送出的礼物是人情与人性的表达,获得者得到的是对方精神本质的一部分而非仅限于物质层面。因此,Titmuss 将来自陌生人的无偿献血视为"生命礼物"或"生命赠予"表达的也是这一精神,这种赠予的回报是为公共利益服务,由此建构每个人都有可能受益、并具有社会整体意义的互惠精神。④ 上述提到的我国的病友组织、无偿捐献的相关研究也都已具有了生命伦理的意义,强调的是互动中精神上的支持和回馈。

本文关注的是我国部分佛教安养院的临终关怀实践,尤其是与安养生活最后一站的老人"往生"相关的助念环节。助念,是当患者医药无效、寿命已尽时,请别人念佛,送临终者走完人生最后一程。佛教教义中认为,临终的痛苦是人生中之大苦,"深识脱离肉体,犹如乌龟剥壳,不仅痛苦而且相当缓慢",而平日的修行和临终时他人的助念,可帮助临终者从痛苦中解脱并往生极乐。⑤ 有关安养院老人自发助念和结成"助念团"为院内往生老人和其他莲友⑥助念的行动和思想的考察分析,将在循环式互助互惠的视角下,探讨安养院内老人之间的互助和其精神生活秩序,进一步去理解强调老年人的独立与自主性的"积极老龄化"与老年人群体内部的互助行为之间的关系。⑦

信仰与生活:安养院老年人的善终往生之愿

本文中考察的安养院模式,是我国佛教界介入机构化养老和临终关怀

---

① 侯莹:《情性互惠和群体互惠研究》,硕士学位论文,清华大学,2014 年。
② 王剑利:《互助、情感与知识分享——糖尿病病友组织的人类学研究》,博士学位论文,清华大学,2017 年。
③ 孙璞玉:《一种生命伦理互惠:关于造血干细胞捐献的人类学研究》,博士学位论文,清华大学,2019 年。
④ Titmuss, Richard M., *The Gift Relationship: From Human Blood to Social Policy*, London: LSE Books, 1997, p. 181.
⑤ 达照:《饬终:佛教临终关怀思想与方法》,浙江大学出版社 2005 年版,第 4、169 页。
⑥ 念佛修行的居士们之间,互称莲友。
⑦ 陈昭:《寺院养老的灵性生活秩序:从俗智到圣智的转变》,《思想战线》2019 年第 3 期。

的一种组织形式。由于我国国家宗教局联合其他部门出台了鼓励宗教界兴办养老院的文件等政策原因,近10多年来,我国国内有50多家佛教安养院先后建成,以接受年迈的居士为主,也有一部分对没有居士身份的孤寡老人开放。① 本文作者所在的研究小组自2016年起考察了苏州、杭州、镇江、河北等地的多家安养院,通过与安养院内的老人及其家属、工作人员等进行的深度访谈和相关资料的收集整理,深入了解安养院的运作和入住老人的生活,尤其是围绕往生助念的安养院临终关怀实践。

在此,我们暂时搁置对于宗教世界观和佛教相关教义的探讨,而首先聚焦于对安养院老年人安养生活与其精神信仰的呈现,从而揭示在老人晚年生活细节中体现的与往生有关的主观意愿,这也将是达成"善终"的重要因素。

出于佛教信仰,入住安养院的老人并不讳言生死,来到安养院"养老为辅,修行为主",而日常念佛诵经的修行之目的,便是"求往生"。② 安养院的建筑设施安排,如念佛堂、往生堂、舍利塔等,也正与老人的这一心愿相契合;③ 而安养生活的如日常饮食、修行、就医等细节之中,也都可见老人对于往生的追求。

在饮食方面,安养院内绝大多数老人都有吃素的习惯,"吃斋念佛"是日常的重要部分。老人们相信佛经所言,认为食肉之人死后会堕入恶的轮回中受苦,所以平日忌讳荤腥。无论去斋堂用餐或是到念佛堂诵经,每日都恪守佛法礼仪,以恭敬积功德,认为恭敬于神明、虔诚于佛法,因果轮回之中,都是积善报以安魂之举,能够修得往生极乐。④

在日常修行中,老人们颇为自立与自律,认为这是修行的第一步,而过多地依赖或麻烦他人可能会有损福报,影响往生。大家为往生极乐的心愿主动恪守清规戒律,所以任何违规之举,都因为会减损往生后的圆满而被大家自觉规避。其实平日在安养院一起生活,不太可能完全不依靠他人

---

① 陈昭、高良敏:《寺院养老的灵性生活秩序:从俗智到圣智的转变》,《思想战线》2019年第2期。
② 方静文、齐腾飞:《老年临终关怀:来自佛教安养院的启示》,《思想战线》2018年第3期。
③ 方静文、齐腾飞:《老年临终关怀:来自佛教安养院的启示》,《思想战线》2018年第3期。
④ 陈昭、高良敏:《寺院养老的灵性生活秩序:从俗智到圣智的转变》,《思想战线》2019年第2期。

或帮助他人，例如早课时体力好的老人搀扶体弱的老人迈过念佛堂 30 厘米高的门槛，有老人重病时其他老人轮流帮其打饭、送热水。但有趣的是，当我们和几位老人聊天，问到平时是否和其他人互帮互助，老人却都不肯举例。后来告诉我们，这也是因为如果总记着帮别人做了什么或者说出来可能会损伤福报。

在医疗方面，也可以更为直观地看到安养院老人对于疾病和生死的态度。以河北 S 安养院为例，它与所在市中心医院有合作关系，市中心医院分院就紧邻安养院而建。医院除有对外接诊的大门之外，还专门修建了与安养院内的老人房间直接相通的送医连廊，可保证院内老人有就医需求时能够直接被从房间内送往医院急诊部。我们与安养院义工一起从一老人房间内穿过安养院楼道和送医连廊，到达医院急诊处只需不到五分钟；一路无任何阻碍物，楼道和连廊宽度都在三米以上，足够带有万向轮的活动病床顺利通行。但令人有些意外的是，这一便捷的送医连廊的利用率并不高。因为 S 安养院提供临终照护服务，有很多老年人是在得知身患绝症后专程来到安养院度过生命的最后阶段、并接受往生助念的，所以在病重时往往选择不去医院抢救。院内老人平时有慢性病或不严重的感冒等小病时，一般都选择到安养院的保健室拿药。医院急诊科值班大夫也介绍说，印象中只接诊过为数不多的几位安养院老人，平时来看病的绝大多数还是非安养院的本县居民。

L 安养院的就医条件远不及 S 安养院便利，院内只有一个康复医生，今年 82 岁，也是在院内养老的老人，平时主要给其他老人量血压、做推拿等。在我们得知由于位置偏僻，老人如需前往医院，只能由院内的一辆面包车将其送往医院后，曾担忧老人是否会因此贻误病情。然而实际上自 2012 年安养院建成并有老人入住以来，并未出现任何送医不及时或老人对就医条件不满的情况。这主要是因为有很多老人当感觉自己病重时，会主动申请到院内的往生堂度过生命的最后一程，而不是到医院进行抢救。

往生是佛教用语，是指摆脱过往的恶业束缚而获得新生；往生极乐，是入住安养院的老人对肉体死亡的寄托。① 老人们时时挂念的"求往生"，

---

① 陈昭：《膳与善：素食斋饭作为安养文化的根隐喻——基于佛教安养院的饮食人类学考察》，《思想战线》2018 年第 3 期。

是借助自身的修行、念佛祈愿，希望得以善终。① 所以在安养院度过的晚年时光中，老人不讲究饮食的精致和服饰、居住条件的档次，反而更愿意在简朴的生活中平静而专注地诵经礼佛、参禅悟道。老人们追求的往生、善终，在生命终结、去往彼岸极乐之外，更表达对这个世界"善意的告别"。向死而生，"善终"成为一种积极的自主安排，而非消极被动的接受照顾。②

前文提到老年人的依赖性与自主性之间的冲突，如果说在日常起居、修行中可见的更多是安养院老人晚年生活中的独立和对往生的自主性安排，那么下文中当临终一刻真正来临，我们看到的似乎应是临终者对外界的依赖。但老人们自发助念的实践活动却将临终者的脆弱与无助大为化解，以互助互惠的临终照护陪伴往生者、与其共同面对死亡。

此身终老处：互助互惠的往生助念实践

在熟人社会中，互助行为是互惠伦理对社会生活的折射，重在礼尚往来的交情；源自陌生人的帮助亦可具有互惠的意义，因为收益者"得到了对方精神本质的一部分"，③ 并可对此回报以公益之心，由此建构具有社会整体意义的互惠精神；④ 在安养院，互助互惠行为的主要形式是"往生助念"，即是由"助念团"陪伴临终老人坚定佛门生死信念，达成"自在圆寂"。⑤

在考察中，我们不仅亲历了多家安养院院内的往生助念，还参与了院内的"助念团"外出助念活动，并了解到随着时代发展老人们开始尝试的新兴的网络远程助念。以下将以江苏、江西、河北的四家安养院较为成熟的往生助念实践为个案，展示佛教安养院互助互惠的助念实践及其意义，

---

① 陈昭：《膳与善：素食斋饭作为安养文化的根隐喻——基于佛教安养院的饮食人类学考察》，《思想战线》2018年第3期。

② 陈昭、高良敏：《寺院养老的灵性生活秩序：从俗智到圣智的转变》，《思想战线》2019年第2期。

③ Mauss Marcel, *The Gift: The Form and Functions of Exchange in Archaic Societies*, New York, Norton & Company, 1954, p. 17.

④ Titmuss, Richard M., *The Gift Relationship: From Human Blood to Social Policy*, London：LSE Books, 1997, p. 181.

⑤ 周帅：《宗教志愿者参与临终关怀的实践经验与借鉴研究：以A佛教组织为例》，硕士学位论文，南京理工大学，2017年。

探讨超越对于自主性与依赖性的片面强调的临终照护的可能性。

院内往生助念

　　往生堂和助念室是佛教安养院特有的为临终老人而设的往生之所。江西D寺安养院、江苏L安养院、D安养院往生堂布置的很多细节和往生助念时的相关要求，不仅是出于美观整齐和对参与助念的生者的考量，更是人们对于往生及其过程的理解，以及对临终者感受的充分尊重和照顾。

　　江西D寺安养院往生堂房间宽敞、整洁，临终者的床位在房间最里侧，是最安静而不易受到打扰的地方。室内的天花板和墙壁，也就是临终者目光所及之处，都是描绘西方极乐净土之景象的壁画图案，提示着临终者将要去往的方向。床位向往1米处有帘子将其与窗户和屋内其他空间隔开，以保证往生过程中，减少对外界的光、声音、气息等对临终者过大的冲击。室内也绝不会有蚊虫或小动物，室内卫生间在往生后停用以避免阴寒之地的污秽冲撞亡灵。

　　江苏L安养院往生堂在靠近院内后门的一个独立小院内，内有家属接待室和莲池厅、极乐厅、莲华厅、弥陀厅四个大厅，以应对可能多位老人同一时段往生的情况。老人被送入往生堂后，将置于往生堂中心位置的床，助念团便开始助念。助念团4人一组，每2小时轮换一次，中间不间断。助念时，家属可以在场，但是不能哭闹，也不与临终者讲家长里短，只念佛号，防止临终者分心。助念一般持续时间较长且不间断，对助念者的精力有很高要求，主要由当地居士助念团和同住安养院的老人参加。

　　江苏D安养院除往生堂之外还专门设置了临终关怀室。遇有老人重病，可先送医院治疗，若医院无法医治，便接回院内关怀室。关怀室和保健室相邻，内有护理床和一些简易急救设备。在关怀室中，由法师和居士组成的临终关怀小组开示临终者放下执念，并辅以念佛机的佛号之声。与此同时，也并不停止医学治疗，如可以继续输氧、输液，也可以应病人需求喂水、喂粥等，一切以减轻病人的痛苦为宗旨。①

　　一位老人在看到往生堂"如理如法"的安置，并参加完同院老人的往

---

① 方静文、齐腾飞：《老年临终关怀：来自佛教安养院的启示》，《思想战线》2018年第3期。

生助念后感慨,"感觉过程一点也不痛苦,去的很安详"。临终之时,被认为是众苦煎迫的人生最为艰难的时刻,环境的助力和助念佛号的感召都被认为是能够缓解临终者痛苦的。助念的人们用一句佛号帮助往生者提起正念、走出困境,也换来自己成就他人的往生因缘。

我们调研的多家佛教安养院都以净土宗印光法师提出的"临终三大要"为往生助念原则,即一要开导安慰、令其正信;二要换班念佛以助净念;三要忌讳搬动和哭闹。① 自发组成的助念团均为发愿而来,院外前来助念的人分文不取,有时还自备饭食,院内老人更是积极参与,并将此视为莫大的功德;院内在老人往生后会有"这是本院送走的第 X 尊佛"的说法,安养院也将送走了多少位往生菩萨到极乐世界成佛理解为净土宗利益众生、利益社会的渠道之一。

外出助念活动

安养院的老人一般很少自行外出,但可以参加本院组织的活动,外出助念是河北 S 安养院老人最为积极参与的活动。

在调研期间,我们正巧遇到了一次 S 安养院老人外出参与的法事活动。一位家住本地的 59 岁妇女在村口出车祸去世,其信佛的女儿通过莲友邀请 S 安养院的僧人为其超度。安养院中的老人得知可以提前几天报名一起去参与助念活动后都非常积极地报名,听说可能因为乘车座位有限而不能保证报名者都有机会前往后,不少老人赶紧打听自己是否排在了外出名单中。2018 年 7 月 8 日凌晨四点时,已有很多老人在楼前集合等待,五点左右报名参加法事的老人和僧人共计四十余人集合完毕,乘坐大巴经过一个半小时到达目的地。参加法事的老人们身着海清、双足并立、精神抖擞,于灵柩前分立两排,口念"南无阿弥陀佛",诵经超度亡灵。我们也参与式地加入超度行列,在持续一个半小时的诵念中,调研的几位同事都不时双腿晃动,需要交替休息,而身边从 60 多到 80 多岁的老人皆双腿直立、面态从容、诵念有序。步行前往坟地安葬后法事结束,大家坐大巴离开,途中在一处素食餐馆用餐。虽然餐馆设施简陋,老人们却都心情很好,饭后念佛

---

① 印光法师:《印光法师文钞续编下》,灵岩山寺弘化社 2008 年版。

答谢施主。

整个活动期间和仪式全程,从前往法事地点到集体助念和送往墓地下葬,没有人痛哭流涕,事主和助念人员都面容平和、从容淡定。事主感谢安养院前来助念的人员帮助他们了却了心愿,参与助念的老人则说,"给别人念佛,也是给自己念佛",也同样满心感恩。

网络助念的新兴形式

遇有不住在安养院的老人或其他莲友去世,院内老人除了可以在现场助念外,也可以远程助念,甚至可以通过网络助念。正如一位老人所说,"人不能去现场,阿弥陀佛可以去!"。

河北S安养院的负责人佛宣经常通过微信朋友圈为大家转发公众号"虚空堂"上发布的往生助念信息。推送标题通常为"我在虚空堂发起助念,恳请您来帮忙"或"我在虚空堂超度亡故亲人,恳亲您来帮忙",表示发起人为即将离世或已经去世的亲朋发起助念。老人只需点开微信推送链接,点击上面的"去远程助念"图框,便可看到往生者的信息;之后点击开始计数,手机也同时有助念的佛号声传来,助念者边念佛号边在手机上计数,最后点击"报数",就可以看到"××为往生者念佛××声"的提示和"今日共有×××位莲友远程助念×××声"的即时更新数据。①

很多院内的高龄老人腿脚不好,不便参加外出助念活动,但都积极参加网络助念,有时还会有多位老人相约聚在同一个房间内,一起为远方的素不相识的莲友助念。有几次我们拜访院内老人,敲门后屋里的老人赶紧示意我们屋内正在集体助念,不便交谈;而其他老人则专注于口念佛号,并在微信平台上捐赠数量不等的佛号声。

对于新兴的网络助念形式,老人们的看法也不尽相同。有老人觉得"佛家讲究万法唯心,带着什么样的心念来助念,就会带给往生者什么样的能量。网上助念虽然方便了生者,但是对往生者仿佛不是很真诚",但稍后又补充,"但是无法亲自到场,能有网络的新形式帮助别人,尽己所能,也

---

① 陈昭:《从"灵性生活"走向"灵性护理":以我国佛教安养院临终关怀实践和思想为例》,《中央民族大学学报》(哲学社会科学版)2021年第3期。

是好的"。

访谈中，一些老人表达了自己对往生和助念的理解，"我们都不真正了解死亡，但希望尽量做些我们认为对往生者好的事"。"日常的修行是平常的功课，往生那一刻是需要更多修为的。往生时好像面前有好多条路，一步迈出去就决定了你要去往哪里，所以大家帮忙一起用佛号帮他去往极乐。"言语之间，体现着老人对助念的感悟和希望帮助他人的诚意。①

互惠互助与"积极老龄化"

在多家佛教安养院的以往生助念为主要形式的临终关怀实践调研中，我们看到了对于互助互惠的一种新的诠释。首先，在安养院内为重病临终的老人提供帮助、为同伴助念的健康老人，在自己临终时也将得到他人的以助念形式为主的临终照护，可被视为一种循环式的互助互惠。另外，老人为他人助念都是无偿的自发行为，并且认为能够有机会帮助他人往生也是为自己积累福报，是他人对自己的成全；在这一过程中，参与助念的老人帮助他人的善念也使他们通过往生仪式，坚定了关于死后世界秩序的认识，参与助念的老人因得到了一次修行积福的机会而欣喜，就如老人所说"给别人念佛，也是给自己念佛"，从而实现了互助互惠。

以往生助念为主要形式的临终照护可被视为一种灵性照护，其中的灵性是指人之精神，在心理学研究中最早出现的对灵性定义是指人类超越自身的精神。有研究表明，即使是死亡这一被认为是至高无上的个人体验，而人在生命临终时刻仍有着被陪伴的深切需要。② 本文中涉及的对生命末期的照护，即相互陪伴共同面对生死，以此解除精神上的迷惘与痛苦，并以助念的方式帮助临终者实现往生之愿，也是一种灵性照护的实践。

本文开篇提到老年人，特别是临终老年人的生理和心理健康问题，相比其他年龄段，更不易作为医学和社会问题而受到重视。流行于当代政策话语之中的"积极老龄化"概念，强调老年人能够以最为接近独立自主的

---

① 陈昭：《从"灵性生活"走向"灵性护理"：以我国佛教安养院临终关怀实践和思想为例》，《中央民族大学学报》（哲学社会科学版）2021 年第 3 期。

② LLOYD, LIZ, "Mortality and Morality: Ageing and the Ethics of Care", *Ageing & Society*, 24(2), 2004, pp. 235-256.

方式生活和发挥自身价值。而与此同时，对于安养院老年人往生时刻的关注使我们看到，人在晚年或临终时的脆弱，看到依赖性本就是人类正常体验的一部分。在各种旨在减缓老年病冲击的行动中，我们的目光往往投向老年群体外部的力量，如国家政策、医疗保险、医护人员等。得到来自外部力量的支持无疑是老人带病生存之必须，然而互助互惠也是老年人积极生活的一种内源性事理。老年人之间的互惠互助将更有助于倡导"积极老龄化"的生活方式，即老年人以积极的心态面对身体的可能出现的身体疾患，同时在互助中消减对于离世的忧愁和对死亡的恐惧。

此外，对安养院老人的考察分析，也让我们了解到现代社会中的老年人是一个极具异质性和多元需求的群体，而这一事实很容易被忽视。老年人群体中存在着属于不同的文化价值观的人群，但少数民族等不同文化、不同信仰的老年人在获得照护和支持服务方面尤为困难。文化信仰差异也会引起关于临终服务是否适当等具体问题，例如在医院和养老院中如何理解和处理宗教和文化需求。① 近年来，我国包括不同宗教养老机构在内的多元化养老机构的发展，也可作为一种尊重老年人不同文化价值观的有益尝试。本文中对老年人之间发挥自身主体性作用的互助互惠实践的分析，也为审视临终照护的提供了另一种新的思路。②

---

① Henwood M., *Future Imperfect? Report of the King's Fund Care and Support Inquiry*, London, The King's Fund, 2001.
② 陈昭:《从"灵性生活"走向"灵性护理"：以我国佛教安养院临终关怀实践和思想为例》,《中央民族大学学报》（哲学社会科学版）2021 年第 3 期。

第八章　互助养老时间银行可行性

陈心仪[*]

随着我国当代社会城市化程度的不断加深，和人口流动性的不断增强，"空巢老人"现象愈发普遍。老年人与其他家庭成员分居的现状带来一些很现实的问题：城市里的老年人在到达退休年龄、退出劳动力市场后，其闲置的劳动力用于何处？当老年人不可避免地遭遇机能老化、难以自我照料的情况时，谁来提供相应的老年照护服务？独居或与老伴儿同住的老年人的精神文化生活、身心健康何以保证甚至改善？在这一背景下，时间银行作为一种国外较为成功的新型养老模式，一种舶来品，得到了国内政府和社会各界力量的关注。从理念上来说，它似乎是一种应对我国人口老龄化的完美补充模式。然而事实究竟如此吗？

时间银行实践缘起于日本，在美国和英国得到大规模和多样化的发展，随后被引进中国。它指代一种用时间取代货币来作为流通手段的银行的组织形式，即个人将为别人服务的时间时限存入银行，日后再取出时间来购买他人为自己提供的服务。中间流通手段由货币变为时间后，服务与服务之间就可以实现直接交换。应用到养老领域里，低龄老年人就可以在身体尚健壮时服务高龄老年人，等到自己步入高龄后再支取时间来获得新的低龄老年人群体的帮助。因此，时间银行不仅减轻了家庭、社会养老的压力，又重视了老年群体的能力与贡献、使老年人感受到价值和尊严；是一种十分适合用来吸纳空巢老人闲置劳动力、以实现群体内部互助养老的组织形式。自20世纪90年代开始，时间银行被我国各地政府引进并应用于城市养老体系中。虽然时间银行被引入中国已经30年，然而，早期的时间银行纷

---

[*] 陈心仪，新加坡国立大学社会学与人类学系博士研究生。

纷倒闭，时而新建的时间银行们也都举步维艰，更重要的是，大部分都沦为了"面子工程"，空有框架而并没有在实质上实现照料空巢老人和积极老龄化的功能。

苏州杨枝社区时间银行为什么符合互助精神？

杨枝社区位于江苏省苏州市沧浪区，在过去原本为一个村，随城市化的浪潮被建设成一个看起来平平无奇的城市社区。但它却孕育出了一个麻雀虽小五脏俱全、运行良好持久的时间银行，以新型的养老组织形式成功应对老龄化社会的新态势。社区总共有居民4000余人，其中老人有1370余人，占社区总人口比率约三分之一。杨枝社区开展时间银行的最大优势在于，该社区由一个村子发展而来，有一定熟人社会基础，邻里之间彼此相对熟识。

2008年，苏州市要求各社区居委会进行社会管理创新和社区创新，机缘巧合下时任居委会书记召集了一群退休党员，计划共同成立一个社区时间银行来让退休的年轻老人帮助独居生活的年长老人，得到了热烈响应。此后的十年里，杨枝社区经历了3任书记，时间银行也经历了3个发展阶段：从仅具备简单时间存储功能、到成立时间银行客服中心、到建设"红杨时间超市"，由简入繁，也愈发规范化。

第一阶段的杨枝社区时间银行的运作简单、支出低廉而高效，主要服务内容为解决自理能力较好的空巢或独居老年人的日常生活需求，例如帮忙买菜、擦洗空调、换灯泡、生小病时提供陪伴并且通知老人的子女等。操作上，每个会员会被分配到一本笔记本，自行手写记录服务日期、服务内容，以及一本"时间银行存折"用于记录提供劳动的时间积分，1个小时记为1分。由于不符合申请政府经费的资质要求，因此在没有经费来源的情况下，杨枝社区时间银行每年组织2—4次党员捐款，总计收取4000—5000元的运转资金，基本可以覆盖所有日常开支。每个会员采取结对模式帮助老人，1个会员固定服务多个老人。

杨枝社区时间银行会员群体内部采取"老带新"的传统，有经验的会员手把手传授经验、提醒注意事项、以及传递关爱老人的精神。当时的时间银行主要组成为社区里的退休老人和党员，其运作主要依赖于"党员志愿者"的"雷锋精神",因此几年内所有会员的"时间银行存折"上只因为提供服务存入了时间,而没有支取时间。但这一具有艾克所定义的"以群体为中心的网络式广泛交换"特征的简单管理模式,奠定了早期时间银行会员之间、以及时间银行与居民之间的熟人社会网络基础,而这一网络是此后时间银行得以持续发展的最重要的土壤。

杨枝社区时间银行的第二阶段开启于新老书记交接之时,年轻的陆书记对时间银行开启了制度化改造:成立时间银行客服管理中心。客服中心由社区居委会指派的 1 个工作人员组成,负责与时间银行相关的一切事物与内外联系。包括:组织上,专门负责时间银行会员招纳与管理、将会员笔记本上的服务内容整理成电子版存档、以及联系被服务的老人进行服务效果追踪;负责管理会员的结对情况,以居委会官方名义对接服务者与被服务者,提供服务开展的信任基础。会员若想支取自己"时间银行存折"里积攒的时间积分,也须通过客服中心进行操作。对外联络上,尝试与其他社会组织或爱心企业开展合作,例如与医疗照护企业合作上门检查服务、与社工组织合作定期探访孤寡老人服务。不过这一尝试遭遇到较强的阻力,不仅居民抱有较强烈的反对心理,社工们也因服务所要求的专业技能低、烦琐而价格低廉,逐渐不再承接服务要求。因此第二阶段的时间银行,也主要依赖会员们为社区里的孤寡老人或独居老人提供服务;由于时间银行的会员与老人们同住一个社区,不仅可以迅速快捷地了解老人情况,在老人有紧急需求时,也能立即响应、提供帮助。会员管理上,设立会员卡制度,会员提供服务时长到达一定数量后,可以享受时间银行客服中心给予的一次性奖励(例如毛巾之类的小礼品),或节假日上门探访等服务。简而言之,这是客服中心通过将服务"送上门"的方式来激励会员实现时间兑换、解决会员们"只存不取"的情况。这一举措的意义在于,一旦有人开始兑换,其他会员也会纷纷效仿,在自己真正享受到时间兑换服务后,社区居民对时间银行的信任便建立起来。这一阶段的会员数量增加到了约 50 人,并且在不断的服务与互动中,会员之间结成社交网、扩展了基于时间银行的熟人交换网络。

一如既往,时间银行的第三阶段开启于第三任董书记 2018 年任职之时。新官上任三把火,最新的书记对时间银行进行了大刀阔斧的改革,成立了"红杨时间超市",寓意上结合了"社区党建"与"杨枝社区"两个元素。

改革涉及了会员管理制度、储存兑换机制和对外合作等各方面。首先，时间银行建立了更为规范标准的会员管理制度，每一个已经或新加入时间银行的会员，都需要签订"协议""认证身份"，才能进行时间的存储与兑换；同时，根据服务时长的不同，继续享受会员卡附带的额外服务。

时间银行的会员群体管理也与居委会开展的居民自治网格机制结合起来。杨枝社区所在辖区在地理上被划分为6个网格，每个网格任命了"一长四员"，即一个居民网格长和四个配合网格员。"一长"负责管理自己网格内的所有居民事物，包括家庭纠纷、邻里关系、居民诉求，"四员"负责配合；"一长四员"也是时间银行签约的正式会员，其服务时间存储进时间银行中、可以在红杨时间超市里随时兑换。这种"精细化管理"的方式获得了居民认可，一方面"一长四员"们对于自己被赋予的"权力"感到十分荣耀、具有极高的积极性；另一方面普通居民们能够更快地向居委会提出自身诉求和解决问题。目前各"一长四员"均为退休老年居民，与时间银行的会员群体高度重合，也充分发挥了时间银行在关照老年人居家生活情况方面的优势。

其次，时间的储存与兑换不仅管理得更为规范，也扩展了可兑换的范围，这也是"红杨时间超市"主要承担的功能。储存上，新增了时间转赠给他人的规定，但仅能转赠给直系亲属。兑换上，除了服务外，荣誉优先权、福利政策和实物也可以用时间兑换，因此，时间银行也为时间设定了与人民币挂钩的兑换标准，目前1个小时约等于8元人民币。

最后，引入"协同单位"，即社区周边或苏州市内的企业和社会团体，来为时间银行志愿者和老年人提供服务。目前的16家协同单位覆盖的服务领域包括养老、医疗、配送、家政、维修和娱乐等，可以看到，基本上囊括了老年人生活的各个方面，并且比时间银行会员们更具专业性。协同单位以合作形式与社区居委会签订协议，定期或定点提供免费或优惠服务给社区居民们，其中时间银行的志愿者们可以用自己存储的时间优先兑换相关服务。而协同单位可以从居委会处获得一定的政策帮扶——尤其是在评选社区、街道或市"社会责任企业"时得到优先推荐——荣誉宣传和一定的信息反哺——例如精准定位社区孤寡老年人群体开展社工服务项目。以这种形式，红杨时间超市、时间银行会员和协同单位围绕杨枝社区的老年居民形成了良好的互动模式，三方都能通过交换实现自己的特定目的：居委会希望完成居民自我管理、自我教育、自我服务的基层群众性自治组织使命，时间银行会员希望充实退休生活并为未来"投资时间"，协同单位发挥企业社会责任并寻得政府官方荣誉认可；同时，又都能最终服务到老年人群体上，切实地实现"居家养老"。

居委会引入协同单位的作用主要有二：一是企业和社工组织可以补充时间银行会员们无法提供的部分专业护理服务，例如某家政服务公司每月免费为2家老年人上门清洗油烟机，一家老年人陪护机构"相伴医路"为老年居民提供门诊就医全程陪伴服务、并负责处理过程中产生的交通费用和保险费用等。二是企业和社工组织有相较而言更专业和规范的团队，可以为时间银行的会员开展老年服务提供示范性作用，甚至培训。而作为直接受益者，时间银行的老年会员们对于引入协同单位也基本均持支持态度。

截至本文开展之际，杨枝社区时间银行组织社区老年人开展了丰富的社会服务形式，也为老年会员们提供了多样化的时间兑换内容。一位王阿姨认为协同单位的引入使得包括时间银行会员在内的社区居民都享受到了优质服务，但同时也让原本会员之间的简单劳动交换减少了开展空间：

> 协同企业来为居民服务，居民享福了，志愿者们（时间银行会员）也来享受。上次他们来给老年人洗脚，我也过来了帮张老师（时间银行资深老会员）洗……洗完后我自己也享受了一下，嘿嘿……虽然有时候觉得志愿者（时间银行会员）没什么事情可以做了，但新的东西还是好的，他们年轻人（董书记）思想和想法更先进开放一点。

董书记认为，老年人出门不便，去剪发要排队，所以上门剪发服务很受欢迎，也受到了会员群体的热烈追捧：

> 我们有一个会员，在社区里面免费帮老年人剪头发已经好几年了。那天我们的协同单位搞了个义剪活动，也喊她过来剪了，她笑得开心死了。我还有她的照片给你看……这些活动我们都有搞的，不给你看照片视频你可能还不相信。

一位方阿姨认为，杨枝社区时间银行还具备老年大学功能：

> 我现在很充实，早上 7 点要去打太极拳，下午有时候要上免费的微信课、唱歌、摄影等，都是退休老年人教的课。以前自己一个人在家里不知道做点什么，来了时间银行之后参加各种各样的活动，心情很好。时间银行的活动都是现任书记来了后才多起来的。

一位李阿姨还提到在学习的过程中，老年人走出家庭，可以变得更为包容。

> 最近几年时间银行搞得很规范，每个月上一次课，教教学学，谜语、舞蹈、唱歌、丝麻花各种各样的，有一个带头老师，丰富多彩。
>
> 大家在一起总归有摩擦，嘴长在人家身上，有些人还是会背后讲，但是不要管这些，客客气气的，稀里糊涂地跟大家关系就蛮好的。有时候人家传给我听，他讲他的，我照样跟人家笑嘻嘻的。老年人有时候会啰里八嗦，观念想法看法都不一样，就包容一点。想想自己年纪大了说不定还更啰里吧嗦的，得了痴呆症还没话说的。

杨枝社区时间银行的会员均为 55 岁以上的退休老年居民，共有 100 人左右。从老书记时期 20 人、到陆书记时期的 50 人、到董书记时期的 100 人，杨枝社区也迎来送往、经历了老居民迁出和新居民搬入，其会员群体早已超越最初的村民熟人网络，吸收了新移民与新一批退休居民。时间银行内部也生产了错综复杂的熟人关系，会员们既经由这个平台丰富了退休生活、认识新朋友、扩展社交网络圈子，也会因为彼此的性格不合或行事方式的差异而偶有摩擦、关系存在亲疏远近之分。不过也正因如此，才验证了时间银行培养出来的熟人社会交换网络吸引的是一群具有多样化观点、需求、能力、态度的个体，在老龄化社会的大背景下主动地建构自身独特丰富的退休生活。时间银行给予了会员亲和力，存续十年之久的缘由正在于此。

现在用几个时间银行会员的案例，串联起杨枝社区时间银行成立十年来的居民们接力互助的故事，以展示熟人社会模式时间银行在中国所具备的强大生命力和可持续发展能力。

第一个故事主人公是张老师。2006年，张老师从苏州某小学退休，开始在杨枝社区固定当志愿者。2008年，时间银行成立，作为一个党建项目，在社区里广泛招纳党员居民作为会员、为其他居民服务，张老师义不容辞，成为时间银行最早的元老。在随后的8年里，张阿姨长期结对照顾过3个老人，都是独自生活在家中、儿女很少照顾的孤寡老人。老人们均有基本的生活自理能力，但年事已高，出门买菜、换灯泡等日常琐事都很难完成，而这些日常琐事也很难把儿女叫回来替自己处理；但在杨枝社区居住了几十年，又不想离开自己习惯了的家。在时间银行成立之前，他们都孤独地待在家里，过着最为简单的生活。张老师经常拜访结对的3位老人，陪他们聊天，主动帮忙检查家中的电器、生活用品是否需要更换。

2016年，考虑到张老师年事已高，居委会"强行"为78岁的张老师结对了一个"弟子"王阿姨：除了教导弟子如何服务老人外，张老师也"被迫"接受弟子的照料。王阿姨性格豪爽热情，即便张老师总是不好意思接受服务，声称自己作为党员以前只是履行"雷锋精神"，王阿姨还是坚持时常上门探访、照顾张老师的生活起居，她们的"师徒情"在长期的"强行服务"中加深。这8年里，张老师所结对的3个老人中1个已经过世，1个于2016年7月被家人送去了当地的一个敬老院，1个仍然在接受她的服务。

张老师以党员身份为自豪，认为作为党员就该帮助别人：

> 她（王阿姨）很热情，经常问我需不需要帮忙，让我有问题不要不好意思。但是我是党员，服务人民是应该的，要别人帮我，我还是会不好意思的啦！

张老师对于时间银行有着深厚的感情，希望它能一直存续下去，她表示将来自己和自己的朋友都会在杨枝社区生活，如果能够居家养老，也不会给儿女添太多麻烦，还是不想去敬老院的。对于张老师而言，时间银行是一个可以帮助自己留在家里生活、每天仍然能和朋友聊天交往的一个保障。2018年，张老师的丈夫因病去世，张老师在巨大的打击下身体迅速衰弱、减少了与外界的往来，也从时间银行中"退休"了。但居委会十分重视张老师及她在社区居民自治活动，包括时间银行中曾发挥的重要影响，仍然每年组织时间银行会员们节假日上门探访张老师。张老师作为目前唯

——个"金卡 VIP"会员，正在逐渐地兑换自己十年里存储的时间，她兑换的不仅仅是服务，还有来自于"弟子"和受到她精神感染的年轻老人们的真诚关怀。

张老师的弟子王阿姨继承了张老师的衣钵，成为时间银行最为活跃的会员之一。王阿姨 56 岁，从百货公司退休加入时间银行后积极参加时间银行和居委会拜托帮忙的各种大小活动，包括节假日跟随居委会工作人员一同探访社区老年居民、每年给退休工人发放体检单并送报告上门、帮助在社区街道和老人家里打扫卫生，等等。甚至，她在居委会的推荐下，作为时间银行的优秀会员考取了司法局"人民调解员"，这意味着她今后可以在时间银行中承接在法律方面更为专业的服务诉求。值得一提的是，或许是受到张老师的影响，王阿姨很享受时间银行的"党建"特色背景，尤其是作为非党员的她，对于能参与基于时间银行的"党组织生活"感到"挺高兴的"，也会和其他党员会员一起每年为时间银行捐款两次。从她身上可以看到，党领导下的红色活动对于一些普通群众而言具有吸引力，他们感觉自己仿佛参与了一项更为伟大的事业，而时间银行建立了他们与这项事业的联系。

王阿姨与另一位时间银行会员——李阿姨之间的友情，清晰地显示出时间银行在维系熟人关系上具有卓越的表现；而李阿姨自己在时间银行里发生的故事，更是凸显了基于时间银行所发生的一系列交换、互助行为，如何强化了会员群体之间的纽带。李阿姨今年 60 岁，和王阿姨曾是百货公司的同事，2008 年搬到杨枝社区后，在王阿姨的推荐下也一同加入时间银行。除了跟随时间银行工作人员和居委会参与探访老年人等活动外，李阿姨还始终关注着一个独居老人邻居，老人在两年前摔伤了股骨头无法自如行动，李阿姨便每天与老人聊聊天、帮忙处理一些生活琐事。在董书记上台并扩展了时间银行中提供的老年人娱乐服务项目后，李阿姨就开设了一个"串珠"教学班，每个月一次教社区里的居民，尤其是退休老年居民制作串珠手工艺品，并以此储存时间。

杨枝社区时间银行导致的社区亲和力是李阿姨深有感触之事：

> 以前感觉就是一个理念，现在更隆重，事情蛮多，正式启动起来了，蛮热闹的。社区的群众也觉得蛮好蛮支持的，大家聚一聚交流一

下好像是培养感情，大家不聚的话好像生疏了一样，现在大家天天见热情得不得了……

2018年10月，李阿姨的丈夫确诊了脑瘤晚期，李阿姨与丈夫决定采取保守治疗方法，将丈夫送到护理院居住定期服药，有关开销基本上花光了两个人每月所有退休金。李阿姨心系丈夫，每天都骑电动车给其送午餐，风雨无阻。即便在这种情况下，李阿姨仍然没有间断在时间银行里帮助老年人的活动。然而祸不单行，2019年年初，李阿姨在送饭途中不慎摔倒骨折，在开刀做完手术后两个月仍然只能卧床修养、无法行动。除了自己的弟弟和女儿外，与母亲、妹妹关系不甚好、多年未联系的李阿姨，没有将自己的消息告诉其他亲人。在她受伤住院以及回家后，最为关心她的是曾经一同在时间银行服务老人的会员，尤其是王阿姨。时间银行的协同单位之一，一家眼镜店在听到李阿姨的事例后，免费为李阿姨的女儿配了两副眼镜。时间银行的存在，使得原本关系可能十分生疏的社区居民之间得以建立起友情和实在的熟人关系，情感互惠尽在其中。

李阿姨认为邻居来医院探望她就是因为她在时间银行的参与：

都来医院看我，我还觉得不好意思，大家家里总会有事情的。回家了大家还有书记也都来看我。有时间银行才认识了这么多人，有这么一个范围，大家才聚到一起来。

一个与李阿姨一同在时间银行中开设兴趣娱乐班的王伯伯，也成功建立起了基于时间银行的熟人网络。王伯伯退休后成为了时间银行的正式会员，每月一次开设摄影班，教社区里的老年人和其他居民摄影。2018年10月，王伯伯带领其他时间银行的会员和居民前往杭州写生时突发心脏病，同行人员当即送他入住杭州的病房，一住便是接近半年。住院期间，时间银行的会员们和居委会曾几次相约前往探病。2019年3月初，王伯伯回到家后，和太太一同买了礼物赠送给关心他的会员们。

除王阿姨外，张老师曾经还邀请了云阿姨加入时间银行。云阿姨是一名癌症康复者，在36岁患癌后就从国企下岗。一开始，治病生活十分单调无聊，因为其他人有意无意对癌症病人的疏远与隔离，云阿姨大部分时间都待在家里无事可做，只有偶尔和下岗的老工人聚一聚。后来，云阿姨加入了社区的癌症病人互助小组以及时间银行，生活立马丰富了起来，尤其是曾经在生活里缺失的倾诉欲望和情感交流得到了补充。现在，云阿姨在时间银行开设了缝纫班，逢年过节也跟随其他会员一同拜访、看望老人，在2019年初春节期间，还为社区内的孤寡老人做"年夜饭"。虽然云阿姨已经搬离了杨枝社区，在苏州另一个区的新小区安家，但是只要时间银行给她发送微信提出邀请，她便义不容辞，回到杨枝社区参与活动。她对时间银行的交换形式十分认可，用自己的服务时间兑换了一些米、油等生活物资，还邀请了另一个阿姨加入时间银行，在她看来，只要参加过时间银行的活动，就会建立起对这个组织的信任。以这样口口相传的方式，时间银行得以不断地扩展会员群体规模和服务范围。

以时间银行和癌症病人互助小组为代表的互助组织对云阿姨而言是社会参与（social engagement）的重要渠道。老化、疾病、意外等极易使老年人与社会脱节、进而进一步危害健康。对老年人或病人/疾病康复者而言，或许最重要的就是第一步，首先要走出去，走到社区和社会里去。互助组织在这一方面则具有显著优势。

> 这种病正常人不理解，有些人还生怕被传染。在加入时间银行和阳光情之前，在家里没事做，后来每个月有一次聚在一起聊天的活动，开心一点，病友们聊聊心里话。除了时间银行外还有其他志愿组织，大家在各个组织里面都参加活动，收到微信都来，大家都还挺热情的。有的人在家不出来，有的玩玩讲讲就出来了。天天在家里要老年痴呆了。

可行性

时间银行得到退休老年人的认可与追捧最重要的原因之一是其所倡导的劳动交换维持了晚年生活的价值和尊严。上一小节所展示的时间银行会员的共通之处在于，他们对社区老人、或其他会员的服务与关注，在一开始是抱着一种"志愿为先，兑换随缘"的心态进行的。他们大多认可时间银行存储与兑换的模式，但却不急于兑换时间、换取利益。甚至可以认为，他们更享受参与时间银行活动本身。对于杨枝社区时间银行的老年人会员们而言，通过时间银行建立自己的社会交换网络不仅能帮助维持退休后的人际关系网络，减轻退休后失去工作、生活状态的变化带来的不适，还能证明自己仍然具备劳动能力和生活自理能力，进而一定程度上减轻在他们的生活中"缺席"的家人的担忧。不能否认的是，杨枝社区时间银行内老年人具有的身份相对均等化的特征——相当一部分人是老同事——是其社交网络得以顺利建立和扩展的原因之一，刘精明的研究就曾指出，客观社会阶层会相当程度影响人们的社会交往和社会认同。①

时间银行这种基于社区开展养老服务的模式，相比起社工组织这种基于机构开展养老服务的模式，在简单的服务内容和关注独居老人生活情况方面具有优势。例如，2018年，杨枝社区有一个没有家人、也不喜欢与他人交往的独居老年人在家中猝然离世，他所在辖区的网格长在2天后就发现了异常、通知居委会，居委会和民警破门而入时，老人的电视还开着。

杨枝社区时间银行依托于熟人社区而取得的成功展示出了民间力量的自组织能力——虽然有政府的在场，即由居委会引进互惠模式、负责维持与管理、且部分依靠政府资金和政策支持，根本上也离不开居民们不可多得的自发性与主动性。因此，即便没有高昂的管理费用或精英管理团队，仍然能直接发挥作用、解决日常养老最迫切寻常的需求。梁肖月等的研究也指出了鼓励居民发动解决自身需求比政府由上至下发起"拍脑袋惠民工程"更能发挥社区营造的正面作用。② 已有的熟人社会基础，是时间银行运作的丰沃土壤，而时间银行对熟人网络的巩固与扩展，又与原有的熟人社会构成了良性循环。

杨枝时间银行的成功也脱胎于苏州市本身对于志愿公益、企业社会责任和积极老龄化的长久政策性引导。在杨枝社区所处的街道，除了时间银行外，还存在着数十个或由企业成立的、或由社工组织开设的志愿服务团队，以及各类互助团队，例如云阿姨所加入的"阳光情癌症病人俱乐部"即是一个互助组织；以及时间银行成功建立起联系的几个协同单位。因此，时间银行不是生于无物，而是享受了特定文化环境的滋养。

---

① 刘精明、李路路：《阶层化：居住空间、生活方式、社会交往与阶层认同——我国城镇社会阶层化问题的实证研究》，《社会学研究》2005年第3期。
② 梁肖月、罗家德：《大栅栏街道社区自组织培育历程研究》，《城市建筑》2008年第25期。

杨枝社区时间银行是一个具有典型"中国特色"的时间银行实践，党建是贯穿始终的基调，也着实因此吸引了很重要的一部分会员中坚力量。这也启示着其他实践者和研究者关注时间银行本土化的过程中，如何有效地调动起已有的结构性力量来发挥正向作用。

杨枝社区时间银行也面临着几个局限之处，主要包括：会员平均年龄高，绝大多数为60岁以上的老年人，如何吸纳一些年轻的50多岁的年轻退休老人、培养后续力量是一个核心问题。政府的支持力度较小，在苏州市大力推广志愿服务的背景下，时间银行却始终难以得到官方背书，如果能得到政府的官方支持，那么扩展服务区域、形成地域间的联动或许更有可能。资金短缺，也使时间银行难以应对突发情况，例如李阿姨在摔倒后，时间银行及其会员除了提供情感性支持外，难以在物质层面给予支援。若志愿者在时间银行中存储的时间能够兑换一份"保障"，那么其吸引新会员的力度则会大大加强。规范性仍不足，导致难以防范风险，例如部分会员会担心在服务过程中老人如若突发意外，那么自己有可能"跳进黄河也洗不清"，因此一定程度上规范性不足也是阻碍新会员加入的一个因素。

很多互助养老时间银行为什么走形了？

2014年10月，南沙时间银行正式启动。南沙时间银行由广州市南沙区民政局建立，具有典型的美国模式的特征，把时间货币化，但它又因利用了互联网构建服务交换平台而更与时俱进。南沙时间银行开发了互联网平台：官方网站和手机app（适用于安卓和IOS系统），设定虚拟货币"时间币"作为服务交换的中介。即，A发布自己的服务需求，并标注完成后自己会支付多少时间币，B通过承接及满足A的服务需求来获得时间币。所获得的时间币可以选择自己保留，或转赠给其他会员——尤其鼓励转赠给老年人会员。时间币与人民币存在一定兑换比例，并每3年进行一次调整，以保证时间币不贬值。兑换比例为，广州平均工资与最低工资的平均值向上取整，每五分钟的数额即为1时间币的价值。所有在南沙时间银行任意一个互联网平台上注册过的会员可以查看、发布、承接服务需求来赚取时间币。一开始，南沙时间银行的线下推广并不顺利，居民或抱怀疑态度、或兴致缺乏，因此南沙开放了将"虚拟货币"——亦即"提供服务"——转换成"现实购买力"的可能性,即,南沙时间银行的会员可以在淘宝上购买商品,选择由南沙时间银行代付,并减除相应数量的时间币。此举显著地提升了会员的数量。

在南沙时间银行开展过的老年服务包括:为老人买/取货物(例如去医院取药)、帮老人打扫卫生或修理家电、为老人送餐、老年人义诊、老年人义剪(理发)等。高龄的、不会使用互联网的老年人可以将相关需求反馈给时间银行工作人员或居委会工作人员后,由后者帮忙发布至时间银行的各平台上。截至2018年6月,南沙时间银行共有超55000位会员,服务事件完成8700余件。

南沙时间银行吸纳的会员群体分布至各个年龄段,而目前主要推行、鼓励关爱老年人活动。因此,时间银行积极配合南沙区"居家养老"的相关政策,同时也为了动员社区居民参与敬老爱老活动,作出示范,于2016年11月启动了"爱心食堂"活动,为孤寡老年人解决就餐需求,首选地位南北台社区。

南北台社区是一个南沙本地居民居多的居民区,因南沙以往经济水平低、就业机会少,本地居民中的年轻劳动力者大多迁往周边的番禺区,留下了数量众多的孤寡老人。这些孤寡老人中一部分在改革开放前是国企南沙采石场的员工,有3000元左右的退休金。每周五,居委会协助南沙时间银行工作人员统计本社区下一周需要用餐的老人数量与用餐日期,午餐餐费标准为10元,80岁的老人打6折,70岁的老人打7折,60岁的老人打8折,折扣的部分由政府居家养老经费承担。随后南沙时间银行工作人员将收上来的餐费和经费兑换成等额的时间币,在时间银行的官方网站上发布需求:支付一定数量的时间币,征集提供爱心午餐的商家和负责打饭及打扫的会员。会员可以通过时间银行的任意一个互联网平台承接打饭及打扫服务;商家或个人可以承接并提供菜谱进行竞争,由时间银行工作人员和老人亲自对菜谱进行把关,为老人专门制定的营养均衡、荤素搭配得当、适合老年人清淡饮食需求的菜色。每天中午,老人们前往社区内的"老年人活动中心"就餐。午餐结束后由会员负责收拾碗筷、打扫卫生,老人们会对吃过的午餐进行评价——如果不好吃就换掉这次的厨师;也会对会员的服务作出评价,例如是否有耐心、态度好不好,一切运作均以老人们满意为评价标准。活动结束后,会员和商家都将收到时间币。会员中有些将积攒的时间币兑换成了大米、洗衣液等生活用品；有些始终把时间币存在账户里，已经积累了上千时间币；有些将时间币反赠给了老人。而只有商家可以直接将时间币提现成人民币。

几次订餐后，老人们选定了一个本社区的居民——"萍姐"固定提供饭菜。萍姐50多岁，原本是全职家庭主妇。她为时间银行提供了大约半年的午餐，因没有低廉的食材进货渠道、对菜品质量把控严格，利润微薄，因而萌生了停止供餐的想法，但又因为和老人们建立起情感联系而迟迟未能下决定。此时南北台社区附近的一家餐馆因认可萍姐的能力，将她招聘为后厨主管，同时也继续负责"爱心食堂"的供餐。被餐馆接手后的"爱心食堂"也开始提供晚餐，社区内一些年龄大、身体状况不佳行动不便、或记忆力严重衰退的老年人开始全天在爱心食堂用餐。截至2017年年底，南北台社区老人注册者数量达50人，一年来除了台风天气，几乎没有中断过供餐。南北台社区一位有失忆症的独居老年人说道：

> 这里饭菜很好吃，也很方便，我不用自己做了，工作人员又很热情……我想以后一直在这里住，在这里几十年了，出去很麻烦，希望爱心食堂一直搞下去。

在爱心食堂开展得十分顺利、规范有序后，时间银行工作人员也开始和承接打扫服务的会员们协商为社区内85岁及以上、身体有残障的老人提供会员送餐上门服务。南北台社区虽不算大，但道路高低不平、甚至有一些陡坡，对一些腿脚不便的老年人而言从家里行走到爱心食堂也颇具难度。几名会员欣然同意。后来，时间银行又在南北台社区开展了为孤寡老年人做室内卫生清洁的活动，频繁承接此项服务的也基本是这几名会员。笔者采访了其中的一名50岁的女性会员，她认为自己参加时间银行是出于悲悯情怀：

> 这些事情在家做也是一样做，但是出来挣一点时间币更好……这些老人好可怜，也走不了路，自己做饭天天吃白菜豆腐，有一个记性不好老是忘记关煤气，我们可以帮他们看一下……能帮一点是一点，广东话俗语也说：你好我好大家好。

南沙时间银行还联系上孤寡老年人的家人,建立爱心食堂微信群,每天将饭菜拍照发到群里,方便家人及时掌握老年人的就餐情况和生活状况。这样一来,如果家人信任时间银行,可以直接帮老年人缴纳爱心食堂的餐费、或者帮老年人在时间银行的互联网平台上发布其需求,即便不在场,也能够参与进这场互动活动里。

爱心食堂的实践显示,线上化运营可以更快捷高效地招纳会员、对接服务信息,并且因为完成服务这个事实本身能够在互联网平台上展示出来,又能吸引新的会员加入、以及接受社会的监督。将时间货币化的原因,很大程度上是因为南沙区流动人口数量多、缺乏熟人社会网络基础,因此需要缩短交换和互惠的反馈路径和时间,才能吸纳居民参与进"陌生人互惠"行为中。但这种货币化没有改变在时间银行中发生的为老服务作为一种社会交换的本质,亦即并不意味着它变为了经济交换,这既是因为会员付出的劳动远远低于市场价格,也是因为会员中也存在着将时间币存起来留待自己在将来兑换他人的服务的情况。会员们,尤其是女性会员和年轻老人会员,并不期望自己在时间银行里找到了一份工作,而更偏向于抱着一种在家庭场所之外发挥自己的劳动价值的心态,因此他们或满足于兑换一袋洗衣液、一卷家用纸巾,或安于将时间币储存起来。在这个过程中,由于与老年人的频繁接触,会员也开始和老年人建立起情感联系,照看这些老人仍然不是自己的义务,但却成为一个自己愿意主动做出的选择。可以说,这是一场时间银行在城市社区、陌生人社会生活环境中建立熟人社会网络的较为成功的社会实验。

自 2015 年起,南沙时间银行在区下属的街道、镇中选取了 30 个社区作为试点,设立办公室或活动室,承担线下宣传时间银行的功能。在南北台社区的爱心食堂开展得一帆风顺之时,时间银行原本打算在这 30 个社区都复制同样的模式,解决老年人的就餐问题。而正当与相关居委会、街道办公室等沟通之际,广州市政府一纸公文,将时间银行的工作方向转向了"长者饭堂"。

长者饭堂是广州市民政局于 2016 年开启的居家养老服务改革创新工作的重点,忽如一夜春风来,截至 2018 年 2 月,全市在名义上已经建立了近 1000 个长者饭堂,并制作了电子版食堂地图供人们便捷地选择最近的就餐点。与爱心食堂类似,长者饭堂在各街道、社区开设饭堂,为老年人提供餐饮服务。但不同点在于:运作资金摊平到 4 个主体上,"企业让一点、政府补一点、慈善捐一点、个人掏一点"；老年人用餐的折扣力度更高，其餐费标准是 12 元，比起南北台爱心食堂的餐费标准高了 2 元，而除了 60 岁及以上的老年人每餐缴纳 8 元餐费外，三无、五保、低保低收入等老年人群体缴纳的费用在部分地区低至 5 元；采纳因地制宜的供餐模式，各区、街道、社区可以根据自身情况选择是与商家合作、与高校饭堂合作、自建食堂等，绝大部分下辖区，包括南沙区，采取了"配给制"，由固定的食堂采购食材、制作餐食、统一配餐。南沙时间银行因为已经洽谈了不少社区，又有一个独特的线上运营平台，被南沙区民政局指定，以"爱心食堂"名义完成长者饭堂的建设任务。

时间银行主导成立的爱心食堂旨在动员民间力量，在工作人员的协助下，依靠民间自组织解决当地老年人用餐问题。长者饭堂则相反，它是广州市民政局将全区居家养老工作制定总体目标后，以科层制的强大推动力层层推进下去的行政任务。这是一把双刃剑，一方面可以对下层执行机构施以重压，使其以超强的执行力迅速完成目标；另一方面，也使执行机构为了达成目标，不得不选择先搭建骨架、再往里面填充血肉。短短 2 年时间，成立近 1000 个高效运作的长者饭堂，无论从人力还是资金成本角度，都是一项极大的挑战。事实证明，这个任务的确不容易。

不包括南北台社区在内，南沙区总共设立了 31 个长者食堂配餐点，由地理上位于区中心的黄阁镇养老院的食堂负责餐食制作，再配送至全区。同南北台社区类似，老人们在固定时间、固定地点统一就餐，部分老年人也可以享受送餐上门服务；但不同的是，从食材采购员、司机、厨师、就餐志愿者到送餐志愿者，都是时间银行专门一个一个洽谈下来的正式员工。此外，南沙区的地理面积较大，从餐食做好装盘、到运输到各个就餐点，之间的间隔可以长达 2 个小时。在这个漫长的运输过程中，即便采购员从凌晨 4 点就采购了最新鲜的食材、厨师根据老人的口味专门制定了菜谱，饭菜送到老人手里时也已经不香了。其结果是，31 个爱心食堂中，离黄阁养老院越近的食堂活动开展效果越好，越远的食堂就餐人数减少的速度越快。例如，在珠江街街道某家庭综合服务中心设立的长者食堂，原本覆盖了周边多个社区的餐食供应，一开始，到位的宣传工作使其成为了最火热的食堂，超过 500 名老人登记用餐，但仅仅两三个月月用餐人数便锐减了一半。并且，在居民的高期望和低满意度产生冲突后，老年人开始失去对时间银行的信任，而这进一步导致了老年人对政府居家养老工作的不信任。临危受命，时间银行基于已有的与各街道、社区的沟通基础，的确出色地完成了被指派的长者食堂建设任务，然而这已经与最初动员民间力量的设计背道而驰。名义上，长者饭堂仍旧基于时间银行这一平台上运营着，但时间银行已经失去了对这 31 个就餐点的实际运作能力，沦为更高层意志的执行机构。然而高层却很难看到项目真正的执行情况，或者即便看到了也难以针对实际问题作出灵活的调整，当政策覆盖面太大而又没有给予充分的时间培养公共信任基础时，庞大就意味着笨重僵化。

而反过来，政府却在官方渠道大肆宣传长者食堂的社会力量参与程度之高、食堂建设速度之快、老年人就餐人次数量之多，以及实现了"互联网 +"模式的创新。从官方数据上看，这似乎是一项十分成功的动员邻里力量帮助解决居家养老中老年人就餐问题的新举措，然而从参与这项活动的各岗位工作人员到老年人，都没有建立起对时间银行的参与感和归属感，工作人员将自己定位为被政府招聘，老年人将就餐理解为政府在做民生工程，自己在享受政策福利。一方给予，一方享用，既不能建立起可以延续下去的社会交换和互惠链条，也没有转变老年人作为被照料者的角色。这种被政府财政支撑起来的"为老服务"，既难以复制到其他地区，也难以持续，一旦政府财政吃紧或调整了补贴力度，其结果将会是服务质量的降低和老年居民的不满。政府试图用权威指导社会交换过程，但目标和执行效果之间却出现了基础性偏差，其结果就是在实现科层制目标的强大力量面前，运用民间力量的计划迅速败下阵来。

广州南沙时间银行的组织管理方式为一个"总行"下辖多个基于社区的"分行"；在组织运作方式上，采用劳动价值平等化的时间币。但它又有典型的中国特色与时代特征：中国特色在于强政府特色，从组织目标、目标执行到效果评估，都在政府的年度规划与监督机制中运作；时代特征在于对互联网的运用达到了史无前例的程度，这是在互联网高速成长的时代才有的后发优势。值得一提的是，南沙时间银行所开发的网络平台可以作为大数据的一种代表平台为学界进行社会网络研究提供宝贵资料。另一方面，南沙时间银行与苏州杨枝社区时间银行不同之处是前者的正式员工不仅仅是连接时间银行会员的掮客，同时也是地方政府的公职人员，承担着保证时间银行运作正常甚至良好的行政任务，所以他们自己也经常参与到时间银行的活动中去。这带来的另一个问题是，时间银行的工作人员是科层制的底层员工，对于时间银行的运作方式和未来发展规划几乎没有话语权，他们需要服从上级安排，换句话说，时间银行需要按照更高级政府的整体社会福利事业规划、和对时间银行的"想象"来运作。

时间银行"走形"问题也存在于以下两个案例当中（已做匿名化处理）。

在上海市火车站不远处，政府规划了一片绿色养老专项用地，用于建设养老地产。一家国际投资集团获得授权，在此处建设了上海市首个绿色养老建筑项目——"家园"，而集团下属的公益基金会专职负责运作"家园"中的时间银行项目，名为新源。从上海市火车站往"家园"的方向驾驶，一路的景象展示了一个地处偏远的小城镇努力转型成大城市的样貌，一半是崭新但空旷的高楼，另一半是陈旧破败的老屋。但甫一进入"家园"的地域，景象又大有不同，道路平整、绿植茂盛，兼具现代文明的干净整洁与养老住所的静谧。"家园"将自身定位为"高端养老地产"，相对应地，配套设施设计得十分完善：交通便利、每栋房屋都有无障碍设施、地产内部设有可以报销医保的中医院、专门的佛教场所供给有信仰的老人，等等。当然，入住资格也比一般的养老场所高得多，会员须办理数百万元的服务套餐，才能让家庭里的老人入住"家园"。

2016年年底，笔者拜访新源时间银行时，新建的房屋还未正式开始出租给老人居住，但时间银行已经成立了一年半，且已经邀请了一些上海市本地影视剧明星加盟注册成为时间银行会员，写成新闻发布在各媒体刊物上。笔者与新源时间银行的负责人进行了长达2小时的深度访谈，了解到她任职之前，在媒体公司以及公益扶持机构工作过多年，对公益组织发展模式、传媒宣传事务有丰富经验。负责人介绍道，投资集团自2003年建立以来已经有了相当数量的资本的原始积累，董事长计划将新源时间银行作为第一站，打造长三角地区的大型等价服务交换网络。截至2016年年底，新源时间银行的系统中已有400—500名志愿者，主要包括自己的员工、开展合作的社工组织本身的志愿者以及上海市当地的社会名流。

雄厚的资金支持、数量不算少的志愿者规模、社会名流做代言、媒体经验丰富的负责人运营宣传，时间银行的先天条件十分优厚，然而活动开展情况却难说差强人意。成立以来，有记录的活动主要为投资集团员工前往养老院做义工服务并捐献物资，开展健康类型的咨询讲座、与老年人一同包饺子、开展读书会，以及举办文艺汇演活动等。又如，2017年上海市马拉松活动中，这家时间银行争取了12个志愿者名额，活动结束后奖励了每名志愿者5小时的志愿服务时间。可见，新源时间银行并未发生过服务兑换的案例，也就是没有人既存时间又支取时间，也没有实质性地倡导邻里互助，而是专注大大小小的志愿活动、购买物资赠送给敬老院。这一方面的问题体现出负责人对志愿服务与劳动交换的概念混淆。表面上看，这个问题印证了时间银行不能以商业化模式运作的担忧，然而实际上问题不在对时间银行实现商业化或市场化，而在于商业机构运作时间银行的目的在于作为房地产这一母项目的亮点吸纳客户群体，时间银行本身脱离了劳动交换的范畴和互惠精神。

上海唯创时间银行也是另一案例。它成立于2014年10月，其主要发起人是上海市唯创集团投资有限公司；而其启动仪式可谓规模盛大：由中国社会福利基金会指导、联合人民网、环球时报等共同发布。有趣的是上海唯创时间银行打着的"倡导社区邻里互助、以关爱老人为目的"宗旨与南沙时间银行有着异曲同工之妙。2016年年底笔者探访南沙时间银行时，负责人费先生提到，在2014年4月南沙时间银行发布后不久，有两个位于上海市的ID在其官网注册了会员账号；紧接着有自称是上海市某知名杂志的工作人员致电南沙时间银行，电话约访了费先生。本着推广时间银行的心态与期望，费先生知无不言言无不尽，但始终没有等到该杂志刊登相关文章。然而几个月后，上海唯创时间银行宣告成立，其网站设计、运作模式和相关理念与南沙时间银行几无二致——除了网站界面更为精美之外。

在上海唯创时间银行官方网站上显示成功完成的服务事件，往往都集中在某几天大规模出现，例如网站显示：2016年2月29日成功完成的帮助老人的服务事件超过50件，而当月其余日期寥寥分布了总计数十件；而从2017年8月21日后，直到2019年4月，一起活动都没有发生过。笔者利用网络进行民族志资料收集时，仅仅能找到两种上海唯创时间银行的相关服务案例：一种是组织其老年志愿者团队前往敬老院为老人剪指甲、发放物资，或组织老年志愿者团队慰问福利院孩子，为孩子发放物资的机构新闻。虽是爱心之举，但所发放的物资来源并无交代，如果是花钱购买来的物资，那么这样的活动只能算作是企业的爱心捐赠，并不具有持续性；并且，在新闻中反馈出来的照片里，老年志愿者经常会举着手机对准被服务的、卧病在床的老人进行拍摄，而在平常的服务场景里，这种情况是十分怪异的。

唯创集团旗下业务有一个居家养老社区服务站——幸福9号商城值得注意。该商城除了提供服务外，还销售老年保健产品，包括老年保健药品、按摩仪、老年养生商品等等。幸福9号在上海布置了超过1000间门店，而现在上海唯创时间银行的主要志愿者（据上海唯创时间银行自称）基本上全部为幸福9号的员工，这些门店摇身一变成为了时间银行的志愿者基地，也为附近社区的居民提供加入时间银行的志愿者培训。并且，上海唯创时间银行支持会员用人民币购买时间币，以及将账户里的时间兑换成的实物，但实物只能通过幸福9号商城进行购买。原本时间银行利用已有为老服务门店设立平台、拓展规模是一举两得，然而，邀请老年志愿者到售卖老年人保健品的门店做培训、鼓励老年人用时间币兑换该商家的保健产品，却十分耐人寻味。

上海唯创时间银行号称"开创了O2O互助公益模式，将互联网与传统公益进行完美结合"，其野心不可说不大。上海唯创时间银行显示了商业机构尝试联合大型福利基金会、以商业模式运作一个新形式的公益机构的努力，但同新源时间银行一样，优渥的先天条件哺育出的是外强中干、只求"面上好看"的低质量工程；而且，商业逻辑被引入后，其真实诉求似乎不是服务老人、鼓励老人互助，而是实现自身商业利益。

2016年年底，笔者在准备拜访上海唯创时间银行之前曾与其取得联系，被要求准备多种材料、反复验证身份，终获同意。待笔者抵达上海市后与其工作人员约访具体时间时，又被借故拒绝接待。不同于宣传的规模之大，上海唯创时间银行接受检验的勇气似乎小了不少。

笔者在上海市调研的两个时间银行，一方面在目标上有重合，即在愿景上都想发展成一个规模至少覆盖整个上海市区域范围的服务交换平台，并以社区为站点、以敬老助老为当下核心工作内容；另一方面，它们都展露出来了一个共性——基于商业逻辑来运作。新源时间银行的核心功能在于宣传新型养老模式、来吸引富裕老人注册会员并入住，而上海唯创时间银行的一个并不难以看出的目的是促进老年保健品的销售，彼此的目标都要以自身影响力的扩大为基础。两个地缘相近、先天优异的时间银行如若可以合作，创建一个大规模的高效运作的时间银行是很有可能的。但它们的核心关怀都不是真正想要发挥时间银行敬老爱老的作用、而只是自身商业目标的实现，因此合作的收益在要远远低过单干。这样各自发展下去，本可以共同利用的资源没办法实现良好互通，各自的发展前景也难说光明。

商业运作模式的时间银行有得天独厚优势——丰厚的资本条件可以支持任何组织平稳地度过早期的艰难的起步阶段；商业模式的引入也使得时间银行可以及早实现自我造血。但2个时间银行共同的问题在于，2年时间过去，都没有实际发生过一起宗旨里所追求的"邻里互助"事件、也没有在任何层面上体现出时间银行跨时兑换的特色。它们并不是没有效率，商业逻辑主导下执行力与效率都可以购买得到，问题只在于时间与精力并未专注在慈善与公益的实践上，而是聚焦在宣传事务上。

互助养老时间银行何以正宗？

时间银行同时具备新旧意涵。所谓旧意涵，指代时间银行所鼓励的老年群体互助互惠在人类文化里有着历史悠久的民间实践。早至汉唐时期就已经有相关历史材料记录耕织结合的传统社会时期的劳动互助，例如后汉书中记载的两汉邻里间在婚丧、祭祀、贫困救济、慰问老人的互助，生产方面包括交换耕作工具和劳动力；① 元代王祯《农书》中记载了锄草互助，以及其他变工、拨工、扎工等形式。② 费孝通于1939年在江苏开弦弓村调查的基础上指出，乡邻互助是超越血缘关系的互惠行为，③ 也是属于汉人乡

---

① 刘廷兰：《汉代民众互助行为在当代全面脱贫中的现实意义》，《河西学院学报》2017年第6期。
② 贺文乐：《改造传统：晋西北抗日根据地的农业劳动互助》，《太原理工大学学报》（社会科学版）2018年第1期。
③ 费孝通：《江村经济》，北京时代华文书局2018年版。

村社会关系的重要一环。除了基于共同的居住场所，即地缘的互助互惠外，同一行业、帮会、同乡会等也彼此关照。中国古代、近代的行会在发挥主要的经济联合职能，以规范行业规章、维护同行利益之外，[①] 部分行会还具有明显的同乡会性质，例如康熙年间浙江绍兴银号商人所建公馆的公议条规即明确规定："如有忠厚之人，横遭飞灾，同行相助，知单传到，即刻亲来，各怀公愤相救，虽冒危险不辞，始全行友解患扶危之宜。嗣议之后，知传不到，逢险退避者，罚银十两"。[②]

在生活和劳动互助外，情感互助也十分常见。侯莹的病友互助研究，揭示了情性互惠在抗癌组织中发挥的核心作用，即在医学知识分享之外，癌症病友之间的情感交流使得原本为陌生人的患者群体得以建立起熟人关系和归属感，并树立生存信心[③]。Schieffelin 对于巴布亚新几内亚 kaluli 山地部落人 Gisaro 宗教仪式的研究显示，当地人通过舞者歌舞和死者亲属用火把抽打舞者、并在此后送礼表达对舞者忍受灼伤的慰问的方式缅怀死者，互惠原则不仅仅是物质交换、部落结盟或展示社会地位的手段，也包括以宗教仪式为载体的情感互惠。[④] 中国进入现代以来，也有一些关于互助养老的实践和研究，以中国农村老人会研究为多，老人会的功能包括组织祭祀活动、协助维持社区安定、兴办娱乐活动、调解邻里纠纷以及问病探老；所谓问病探老就是用老人会储备金购买礼物慰问生病的老年人，此乃很多老人会支出的大头。[⑤][⑥][⑦][⑧]

而时间银行的新意涵首先在于接力式互助与传统互助互惠行动有别。

---

① 冯兵、黄俊棚：《隋唐五代时期"行"与城市工商业管理》，《河北学刊》2017 年第 6 期。

② 金志霖：《试比较中英行会的组织形式——兼论中国行会的特点》，《华东师范大学学报》（哲学社会科学版）2006 年第 3 期。

③ 侯莹：《情性互惠与群体互惠研究》，博士学位论文，清华大学，2014 年。

④ Edward L. Schieffelin, *The Sorrow of the Lonely and the Burning of the Dancers*, Palgrave Macmillan US, 2005.

⑤ 仁杰慧：《把"无缘"变"有缘"：中国农村养老模式研究》，《西南民族大学学报》（人文社科版）2018 年第 7 期。

⑥ 阮云星、张婧：《村民自治的内源性组织资源何以可能？——浙东"刘老会"个案的政治人类学研究》，《社会学研究》2009 年第 3 期。

⑦ 甘满堂：《乡村草根组织与社区公共生活——以福建乡村老年协会为考察中心》，《福建行政学院福建经济管理干部学院学报》2008 年第 1 期。

⑧ 周爱萍：《社会参与视野下福建农村老人会研究——以福建省蒜岭村老人会为例》，《绥化学院学报》2013 年第 11 期。

例如，中国农村老年会的互助方式之一是中国农村传统的老人互助组织收纳会费，转为贷款后的所得利息作为组织运作之用，会员之家如遇丧事，可使用积累的会费支付居丧费用，是一种简单的互助方式①。而时间银行以劳动时间计算付出与回报，相比会费制度更为复杂，以循环递进的方式实现老年人之间直接的劳动交换。这种交换发生的频率多于一次性的会费缴纳和使用，因为简单的劳动，比如帮助送水、帮忙剪发、帮助缴纳水电费等等劳动，其发生的频率更为频繁，因而直接形成的人际互动关系也就更为密切。进一步地，这种邻里互助人际关系，可以将在社区生活中将"疏离"老年人变为"参与"的长者，将年迈之人的个体生活结合到群体生活之中。②

时间银行的第二个新意涵在于可以依靠网络平台和时间币将老年人之间的互助互惠扩展到陌生人。传统及现代社会的其他互助实践，大多依赖熟人社会开展，包括亲缘、地缘、业缘、情感基础之上的各类互惠行为。例如，癌症互助组织的病友之间虽原本为陌生人，但共同的生命困境遭遇提供了彼此建立关系的基础，病友们至少是同属一个组织的、彼此容易移情的成员。而南沙时间银行和美国的时间银行（Time Bank USA）都制作了专属网站和手机 app，网络提供了前所未有的信息传递效率，帮助链接互不相识的陌生人，对接服务需求与服务供给。同时，要求陌生人开展互助活动并接受时间的延迟兑换本身是一个巨大困难，南沙时间银行设置"时间币"就显得很有意义。"时间币"作为一种劳动积分，使社会关系中的"信任"条件得以可见地表征。只要账户里存有"时间币"，那么基本就能保证自己将来能实现劳动交换。加上互联网具有前所未有的扩展交换网络的速度和效率，以及同质化产品性质的能力，突破陌生人之间的信任桎梏就显得更为容易。

新意涵之三在于以劳动交换方式避免搭便车问题，这也是一个社区公益或志愿活动的弊端之一。在无数个政府文件中，居民们自愿、志愿、无私、无偿的奉献，被视为城市社区发展的核心。奉献者却屡屡不能见到这种奉献带来的亲和力，主要原因是受益者的无动于衷，因为受益者将其视为政府组织的奉献，所以没有必要付出回报。毕向阳等针对公益捐赠行为

---

① 卞国凤：《近代以来中国乡村社会民间互助变迁研究》，博士学位论文，南开大学，2010 年。
② 裴晓梅：《从"疏离"到"参与"：老年人与社会发展关系探讨》，《学海》2004 年第 1 期。

的社会学分析提出，中国的公益事业动员因素会随社会自主空间不断扩张的过程逐渐弱化、自主性将愈发占据上风，然而这将会是一个相当长的过程。① 那么在漫长的协调过程中，既不能放弃对公益慈善的追求、又不能片面地寄希望于人们的利他行为，互助友爱何所依？时间银行的回应是将无私奉献改写成为接力式互助、循环互惠，将给予的一方与受益的一方之间的关系纳入一个系统的回报，同时将两者之间的关系个人化、私人化、情感化、具体化，形成一种有付出也有回报的社会参与活动。但是时间银行并不排除无私的风险，只是不将无私的奉献作为宗旨，在实践过程中，时间银行强调的回报未必都能实现。城市邻里关系的一个特点即是搬迁，长期居住在一个地方的城里人反而越来越少，一旦迁移，劳动时间记录在一个没有时间银行的社区必然无法兑现，而人们若仍然坚持参与时间银行互动，那么当下的互助行动则将变为将来的无私奉献。实际上，笔者访谈过的许多人都将时间银行视为为他人做贡献的机遇，从中得到的益处并非将来的劳动时间兑现，而是参与社区生活的愉悦感。但至少，时间银行开启了单纯公益之外的新的可能性。

时间银行最大的新意也许在于对我国城市社区发展提出的挑战。毕竟直到目前，只有屈指可数的几个时间银行可谓成功者，其余或者失败案例、或者假象伪装、或者面子工程、或者篡改之作。前者的精神受制于后者盈利的思维、政绩的驱动、无私奉献的话语以及公益活动的刻板套路，以至于社区发展的价值观发生严重的错位现象，后果是城市社区的亲和力之缺乏。盈利的思维无法营造社区的亲和力，政绩的驱动因崇尚面子工程，往往导致无法接受时间检验而分崩离析的结局，无私的奉献与搭便车纠缠在一起，影响人人继续奉献的热诚，公益活动的老套路屡屡缺乏人情味，不能形成长期的人际友好关系需要的私人情感。

时间银行将一个相对简单的社会交换概念提交给城市社区，可谓一份检验我国社区发展价值观定位的考卷。时至如今，考试失败者为多，成功者为极少。由此提出一个城市社区发展价值观是否错位的问题。苏州杨枝社区时间银行可谓为检验此等错位的尺度。

---

① 毕向阳、晋军、马明洁、何江穗：《单位动员的效力与限度——对我国城市居民"希望工程"捐款行为的社会学分析》，《社会学研究》2010年第6期。

第九章　时间银行互助原则的变质

卢鑫欣[*]　陈心仪[**]

随着中国老龄化进程的加速发展，养老问题已成为政府和学界关注的核心议题。截至 2021 年年底，我国 65 岁以上人口数达到 2 亿，占人口总数比例为 14.2%。[①] 面对如此庞大的老年人口规模，传统的家庭养老方式已难堪重负。在转型期劳动力外流和独生子女政策等因素的影响下，中国空巢家庭的数量不断增加，空巢老人的照护需求难以满足。[②] 当越来越多的老年人陷于无人赡养的窘境和危机时，探索发展家庭以外的多元化养老途径在中国就有着极大的必要性和紧迫性。

作为一种超血缘的社会养老方式，互助养老在近年来得到了政府的大力支持[③]。该方式以老年人之间的互助行为为特征，强调老年人的主动性和社会参与，是积极老龄化的一种实现可能。相比传统家庭养老的"反馈模式"，互助养老能够"打破血缘界限，召唤他者参与，辅佐家庭养老，为社会和机构养老提供补充性或替代性服务"，[④] 是解决养老难题的一种有力可行的方案。目前，国内已发展出多种互助养老形式，其中最受推崇的就是名为"时间银行"的互助养老模式。

2018 年，民政部明确将"'时间银行'纳入全国居家社区养老服务改革

---

[*] 卢鑫欣，清华大学社会科学学院社会学系博士研究生，研究方向为医学人类学。
[**] 陈心仪，新加坡国立大学社会学与人类学系博士生，研究方向：为老龄化、健康与性别。
[①] 数据来源：中国政府网：2021 年度国家老龄事业发展公报。
[②] 根据老龄办官方网站的数据显示，中国目前空巢老人占总体老年人的比重已高达 50%，并预测在 2016 年—2020 年期间该数字会上升至 70%。
[③] 2018 年，李克强总理在《政府工作报告》中强调要"发展居家、社区和互助式养老"，详见 http://www.gov.cn/zhuanti/2018lh/2018zfgzbg/2018zfbgdzs.htm#book7/page26 – page27。
[④] 景军、赵芮：《互助养老：来自"爱心时间银行"的启示》，《思想战线》2015 年第 4 期。

试点范围",① 随后，国务院办公厅在2019年印发的官方文件②中，专门提到了要"积极探索互助养老服务"，"积极探索'时间银行'等做法"。此后，各地政府相继出台了关于时间银行养老模式试点的相关政策文件，时间银行开始如雨后春笋般涌现。与此同时，学界对于时间银行的关注度也在不断上升。若以"时间银行"和"互助养老"为关键词在知网上进行检索，结果显示有427篇文献，其中尤以最近两年的发表数量为多，共计发文261篇。可见，时间银行正在日渐成为养老领域的焦点，被赋予了能帮助有效解决当前养老难题的角色期待。

然而，在鼓励和期待之外，我们必须要考虑这样一个问题：时间银行是否能够真正担此重任，成功发展出一条可持续的互助养老途径？这一问题并非是无端的怀疑和揣测，而是基于时间银行的现实发展状况提出的疑问。事实上，起源于国外的"时间银行"概念早在20世纪90年代就被引入了中国。首批时间银行的发展得到了政府的官方支持，被视作新型的互助养老形式来应对人口老龄化的挑战。1998年，上海成立了国内第一家时间银行，其他部分城市随后也开展了不同程度的尝试。但是，在这30年间，这些时间银行的运营却多以失败而告终，绝少能坚持五年以上。③ 早期的时间银行纷纷倒闭，时而新建的时间银行也举步维艰，其中大部分都沦为了"面子工程"，空有形式而没有真正实现使老人得到照料的功能。④

为什么这些时间银行都纷纷失败了？这正是本文想要解答的核心问题。对于当前正重新兴起的时间银行互助养老浪潮，首先需要警惕的就是重蹈此前时间银行发展的覆辙，否则每一次轰轰烈烈的开始都有可能沦为惨淡的结局。因此，本章力图系统分析作为互助养老模式的时间银行在中国运行失败的原因，首先厘清"时间银行"这一概念在国际上的发展，以及它在中国本土化过程中发生了怎样的变化；其次对实践中已经发展起来的几

---

① http://www.mca.gov.cn/article/gk/jytabljggk/rddbjy/201810/20181000011820.shtml。
② 国务院办公厅：《国务院办公厅关于推进养老服务发展的意见》，《中华人民共和国国务院公报》2019年第12期。
③ 陈友华：《时间银行的性质与运营问题》，《探索与争鸣》2019年第8期。
④ 本文的笔者之一曾通过网络查询、电话咨询等方式对20个最常在中国相关文献中被提及的时间银行进行追踪，发现仅有8个仍处于存续状态，12个已经无法追踪或关闭，包括最早期成立的几个时间银行。

种时间银行模式机制进行理论分析，进一步总结其失败的深层原因。

课题组成员于2016—2018年间分别前往上海、苏州和广州的四家时间银行进行了实地调研，考察了每家时间银行的运作机制、组织方式、实际开展情况和参与特征，并对参与时间银行的相关人员进行了深度访谈。本章正是基于这些足够充分的一手田野材料进行分析，以期为当前的时间银行互助养老模式探索提供有说服力的反思性在地经验。

时间银行的国际模式

到底什么是"时间银行"？尽管在国内，时间银行被普遍认为是一种互助养老模式，但对于这一概念却尚未形成一个统一、清晰和完整的定义，不同学者对时间银行的理解五花八门，甚至相互之间还存在着矛盾。例如，有学者将时间银行定义为以时间储蓄为机制的志愿服务模式[1]，而有学者却认为，时间银行因其有偿性而不属于志愿服务的范畴[2]。这种对时间银行性质理解的模糊性很大程度上会导致实际运行的混乱，因此，有必要追本溯源，以对时间银行的基本性质和特征进行一个清晰而明确的梳理和界定。

"时间银行"的概念发端于国际上的两个源头：日本和美国。1973年，大阪市的一个家庭主妇旭子水岛女士，提出了时间银行的雏形构思并将之付诸实践，她联合本地妇女成立了用时间积分进行劳动交换的"志愿劳动银行"（VLB）[3]，由此，日本诞生了世界上第一家时间银行。巧合的是，美国律师埃德加·卡恩在7年后也萌生了类似的想法，并在20世纪80年代开始尝试在美国建立一种以"时间美元"为服务交换中介的货币体系[4]，这种时间银行模式随后在英国乃至全球都得到了推广。虽然日本和美国的时间银行有着各自不同的渊源和社会背景，但时间银行在这两个国家的创立都并非空穴来风，而是源自社会中特定的现实问题，其实际运作背后都有着一套完善的理念和价值体系来支撑。

---

[1] 陈功：《中国特色：时间银行的本土化创新》，《探索与争鸣》2019年第8期。
[2] 桂世勋：《志愿服务：时间银行养老的悖论与破解》，《探索与争鸣》2019年第8期。
[3] Miller E. J., *Both Borrowers and Lenders: Time Banks and the Aged in Japan*, Australian National University, Doctoral Thesis, 2008.
[4] Cahn E. S., Christine G., The Time Bank Solution, *Stanford Innovation Review*, 2015.

在美国，时间银行的实质是一种社区货币（Community Currency）。"社区货币"属于补充性货币的一种形式，意指对法定货币体系进行补充、在社区范围内进行兑换的一种交易媒介①。美国推广的时间银行系统被视为第二波社区货币浪潮②，因其创始者埃德加·卡恩在最初提出时间美元的理念构想时，就是为了解决以金钱货币为交换媒介的资本主义经济体系所导致且难以弥补的种种社会问题。卡恩认为，美国现行的市场经济体系造成了以资本衡量一切的单一文化氛围③。一方面，市场以人创造利润的能力为标准，将人和劳动按照价值等级来划分：失业者、穷人和老年人等社会弱势群体被完全排斥在经济交换领域外，被判定为负担和无价值；而一些重要的公共服务工作，如照料和维修，则因其简单技能被贬为底层劳动，以低薪偿付，使从业者失去了价值和尊严。④ 另一方面，社会中弥漫的经济理性还导致了社区里的人情淡漠，邻里之间缺乏联结，群体割裂，个体孤立。

为了克服和弥补这些后果，卡恩构想了一种以时间代替金钱作为货币媒介的服务交换体系，即时间银行。具体而言，时间银行的运作方式是：自愿加入的参与者可以通过为他人提供帮助和服务来赚取时间积分，⑤ 每一个小时的劳动时间等同于一个时间积分，赚来的积分可以用来兑换同等时间的他人服务，或是捐赠给社区和有需要的人。用以交换的服务都是简单的日常劳动，如帮别人买菜、提供陪伴、修理家具等。

不同性质的劳动一律被视为等值的，这是时间银行最基本的原则。其目的是要剔除市场经济下的劳动价值等级，重新建立起一个更加平等的交换体系，并传递这样一个关乎社会正义的理念：任何劳动都是同等有价值的，都是值得回报的。因此，时间银行能够使帮助被主流经济体系排斥在外的社会边缘群体重新融入交换领域，让他们成为社会的资产而不是负担，

---

① 贝多广、罗煜：《补充性货币的理论、最新发展及法定货币的挑战》，《经济学动态》2013年第9期。

② Seifang G., Tackling Social Exclusion with Community Currencies: Learning from LETS to Time Banks, *International Journal of Community Currency Research*, Vol. 6, 2002.

③ Cahn E. S., Christine G., The Time Bank Solution, *Stanford Innovation Review*, 2015.

④ Cahn E. S., Time Dollars, Work and Community: from 'Why?' to 'Why not?', *Futures*, Vol. 31, 1999, pp. 499 – 509.

⑤ 时间积分即"时间美元"。

并在服务他人的过程中实现自尊和自我价值。

除了平等原则外，时间银行还遵循着另一个关键原则：每一个参与者都同时既是服务的给予者，也是服务的接受者。这被卡恩称之为"协同生产"（Co-production），① 是美国时间银行的核心理念。以时间为中介的交换遵循着互惠形式，这使每一个时间银行的成员都能积极地参与进来，用自己的技能交换他人的服务，不仅能够促进广泛的互助和自助行为，还能在社区范围内形成成员之间相互支持的社会网络。原子化的个体在不断发生的社会交换中被整合进社区，彼此间能够产生信任和情谊，生成社会资本，这是时间银行最重要的功能所在。

美国时间银行的运营主体是多元化的社会组织和社会团体，多数都有持续的基金资助，政府仅提供法律支持。目前，美国共有200多个规模不一的时间银行②，服务于各种各样的社会目标，③ 在养老领域也得到了应用。为老年人提供医疗服务的健康维护组织Elderplan就将时间银行作为项目之一，使参与的退休老年人之间能够形成互助网络，提供基本的生活照料服务和社区活动。老人们在过程中扮演了积极能动的角色，摆除了长期被认为是依赖者和被照料者的刻板印象，身心健康得到提升，并建立起有益的社会联结。④

和美国时间银行不同，日本的时间银行模式并不是理念先行，而是生发于民间实践。20世纪50年代，第二次世界大战结束后的日本国民经济遭受重创，民生困苦，政府却无力承担重建社会的责任，导致民众信任流失。为了能让生活有保障，民间开始自发建立志愿团体来支持社会复建。日本最早的一批时间银行就诞生于这一背景，其中最具代表性的就是1973年旭子水岛成立的"志愿劳动银行"（VLB）。⑤

VLB建立的初衷是在社区中形成持续性的互助网络，以使人们能够在

---

① Cahn E. S., Time Dollars, Work and Community: from 'Why?' to 'Why not?', *Futures*, Vol. 31, 1999, pp. 499–509.
② 数据来自TimeBankUSA网站：http://timebanks.org/about/。
③ 例如，有专门在社区内进行物品修理服务交换的时间银行，还有由患有精神疾病儿童的家长组成的时间银行，彼此间提供相互支持和临时帮助。
④ Miller E. J., *Both Borrowers and Lenders: Time Banks and the Aged in Japan*, Australian National University, Doctoral Thesis, 2008.
⑤ VLB也是今后大阪市规模最大的民间互助组织"志愿劳动网络"（VLN）的前身。

不安流离的艰难时期里重新拥有对生活的掌控和稳妥的未来保障。[1] 为此，旭子水岛动员自家小区中年轻的家庭妇女，共同成立了一个邻里互助团体（即 VLB），将各自家庭内部沉重的家务和照料负担变成一项公共事务来共同承担，如此一来，社区中的每个成员，尤其是老人和儿童的日常生活都能得到基本保障。在当时经济萧条和通货膨胀的情况下，旭子水岛认为，时间是比日元更加稳妥的交换媒介[2]，因此她应用了以时间积分为中介来进行志愿服务交换的时间银行形式。

具体而言，VLB 的成员每月要至少拿出两个小时的时间来进行志愿活动，活动包括两种类型：一种是其成员为社区中的非成员提供志愿服务来积攒时间积分，主要针对的是老年人群体。服务内容都是非专业的日常照料，包括料理家务、购物和陪伴等，每一个小时的服务时间可换取一个时间积分，所有服务内容均等值。这种活动不是分散性的，而是限于由固定的成员—非成员组成的小团体内，因此相互之间能够彼此了解并建立起熟人关系。第二种活动类型是成员之间的劳动交换。成员可在需要的时候即时使用积攒的时间积分，来兑换其他成员提供的志愿服务；或是在未来使用储蓄的时间积分，等到成员步入老年阶段时，可以换取其他成员提供的养老服务。从而，基于这两种志愿服务类型，VLB 不仅在社区内部建立起了紧密的横向互助网络，还形成了代际接力式的纵向互助循环。

这种时间银行运作模式一直延续至今，在 VLB 进一步组织化为现在的 VLN 后，横向互助和纵向的代际接力也依然能顺利维续。其根本原因在于，VLN 的运作不是依托于统一的机构化管理，而是扎根于地方社区中的各个小团体。在扩大规模后，VLN 发展出了很多小的分支，一般都不超过 10 个人，这样每个成员都可以在结对群体中保持活跃，作为邻里他们可以随时相互拜访，从而能在持续的服务交换中建立起信任、友谊和归属感。事实上，这也正是 VLN 有效实现代际接力互助的关键。参与成员之间紧密的交往关系使其中很多人都成为了彼此重要的朋友，因此他们不愿中途退出组织，直到迈入老年，他们开始成为志愿服务的接受者，可用之前储蓄的时

---

[1] Miller E. J., *Both Borrowers and Lenders: Time Banks and the Aged in Japan*, Australian National University, Doctoral Thesis, 2008.

[2] Miller E. J., *Both Borrowers and Lenders: Time Banks and the Aged in Japan*, Australian National University, Doctoral Thesis, 2008.

间积分为自己换取养老服务。VLN 覆盖了其成员从中年到老年的生命历程，这使时间银行"现时储蓄—未来兑换"的接力机制才得以成为可能。

随着日本社会的老龄化程度愈发加剧，因缺少家庭和社会支持网络而出现高龄老人"无缘死"的现象屡见不鲜，为老年人建立起社会联系有着相当迫切的需要。① 于是又先后出现一批以养老为目的的时间银行组织，它们吸纳的成员对象主要就是退休的健康老年人群体。② 相比 VLN，这些时间银行最大的不同点在于：老年人在其中的角色发生了改变。他们不再只是志愿服务的被动接受者，而是在接受的同时也可以帮助他人。从而，在老年成员之间能够形成一种直接互助，不仅满足了彼此需要，还能重建社会联结，并找回已在逐渐消失的自我价值和人生意义。

时间银行的基本定义与核心理念

基于上述对美国和日本时间银行模式的梳理，可以发现，尽管两个国家的时间银行发展起源于不同的历史与社会背景，在具体的运作模式上也存在着差异，但是两者之间至少有三点特征是根本相同的：第一，时间银行并不是真正经济学意义上的"银行"，而是一种具有社会功能且服务于社会目的的交换体系；第二，时间银行以时间代替金钱作为交换媒介；第三，尽管在交换方式和参与主体上存在殊异，但时间银行的根本意义在于形成基于社区团体网络的持续性互助行为。因此，根据这三点，笔者认为"时间银行"的定义应该是：参与成员以时间货币或时间积分为中介进行志愿服务交换的一种互助形式。

必须要注意的是，这个简单定义是由更为复杂的价值理念所支撑的，而正是这些理念才构成了时间银行的实质和意义。笔者根据国际上时间银行的运作模式发现，时间银行的核心理念可以总结为四个，缺少以下其中任何一个要素其运行都可能难以为继：

平等（equality）：时间银行拒斥金钱和市场逻辑下的劳动价值等级，认

---

① "无缘死"又称"孤独死"，是指老人孤独终老，失去了血缘、地缘和业缘关系，以至于在去世时也没有任何人能及时发现。

② Miller E. J. , *Both Borrowers and Lenders: Time Banks and the Aged in Japan*, Australian National University, Doctoral Thesis, 2008.

为一切任何劳动都是同等有价值的和值得回报的；在时间银行中交换的服务无需专业性和特殊技能，是各人力所能及的简单日常劳动。

互惠（reciprocity）：时间银行强调交换中的双向性，参与者在这一交换体系中同时既是给予者也是受惠者；交换行为依托于社会网络，每一次志愿服务交换也是一次互惠的完成，双方的社会关系能得到建立和巩固。

赋权（Empower）：时间银行的参与者不是只会接受服务的消极被动者，而是能够发挥自己力量为他人提供帮助和服务的能动者，交换志愿服务的过程可以增强其成员（尤其是弱势群体）的社会参与能力。

志愿（volunteer）：时间银行的参与和服务交换完全出于个人意愿，而非社会压力强制。但这里的志愿精神需要和传统的志愿精神进行区别；时间银行的志愿精神不是好心施舍，也不是一味奉献、不求回报的利他精神，而是需要以时间货币（积分）及其兑换的服务内容作为回报，目的是使给予者和接受者能够处于平等地位，防止双方陷入某种不平衡的权力关系。

被误读的概念

时间银行的概念在传入中国后，被视为一种互助养老方案而得到接纳。作为一种互助形式，时间银行完全适合应用于互助养老领域，国际的实践经验也表明了这种应用是可行的。但是，为什么在中国，诸多时间银行互助养老的尝试却失败了呢？笔者认为，一个最关键的原因是：''时间银行''这一概念在中国本土化的过程中遭到了误读。目前，学者们对时间银行的认识大多有误，具体表现在：首先，没有理解时间银行的根本理念；其次，没有搞清时间货币的根本性质；最重要的是，时间银行中的互助内涵完全被忽视了。

购买养老服务：银行货币逻辑的''时间银行''——国内对于时间银行的第一种主流解读是基于银行货币的逻辑。简单来说，持有这种逻辑的学者们真的把时间银行当成了''银行''来认识，并认为时间银行成功的关键就是和银行一样建立一套完善的时间货币通存通兑系统。因此，这些讨论走向了货币金融学的思路，关注重点是时间货币的存取与兑换机制[1]、时间

---

[1] 徐大丰：《时间银行中的承兑风险与保证机制》，《探索与争鸣》2019年第8期。

货币发行的供求关系①、不同服务的价值计量②，以及时间银行的信用保障等问题。遵循这一逻辑的时间银行研究成果可谓是"硕果累累"，甚至已有学者著书立作，运用多种复杂的经济学模型说明了时间银行这种"金融创新"对于互助养老的"战略意义"。③

然而，这种逻辑存在着相当多的问题。首先，它破坏了时间银行的平等理念。无论是在美国还是日本，时间货币的兑换方式和衡量计算都是时间银行运作中最简单的一部分，因其初衷之一就是为了克服市场主导的主流货币经济体系的缺陷，所以只遵循一个原则——所有劳动皆等值，一小时服务等于一个时间货币。但是，国内学者却反而将市场经济的价值原则复制到了时间银行的运作中，认为不仅应当将养老服务按照专业化程度来进行价值等级差异的区分，还应当根据服务内容来对时间货币进行标准化换算。这样一来，时间货币就基本等同于另一种形式的金钱货币，不但无益于社会正义，甚至还会产生更多问题，例如时间货币可能出现资产的保值增值问题、延期兑换的风险问题等，陈友华一针见血地指出，"银行发展遇到的所有问题，时间银行都会遇到，而银行发展遇不到的问题，时间银行也可能会遇到"④。因此，货币逻辑下的时间银行发展必然艰难。

问题的根源在于，这些观点片面地将时间银行理解为一种遵循市场规律的经济交换，认为其实质就是"劳动成果的延期支付"，⑤却忽视了时间银行作为社会交换的本质。事实上，时间货币的象征意义要远远大于经济意义。时间货币必须存在，是因为它标志着交换主体之间的的平等和双向性，这是形成互助的基本前提，而不是购买养老服务的经济手段。在国际的时间银行模式中，有很多人加入时间银行并不是为了时间货币的兑换，而是为了能够结识新的朋友、帮助他人并融入社区。⑥

这也说明了该逻辑背后的"理性经济人"预设是多么站不住脚。以为

---

① 陈体标：《时间银行的基本规律与货币逻辑》，《探索与争鸣》2019 年第 8 期。
② 许加明：《"时间银行"模式应用于居家养老互助服务的思考》，《社会工作》2015 年第 1 期。
③ 郑红：《互助养老与社区时间货币》，中国经济出版社 2019 年版。
④ 陈友华：《时间银行的性质与运营问题》，《探索与争鸣》2019 年第 8 期。
⑤ 陈功、杜鹏、陈谊：《关于养老"时间储蓄"的问题与思考》，《社会保障研究》2001 年第 6 期。
⑥ Miller E. J., *Both Borrowers and Lenders: Time Banks and the Aged in Japan*, Australian National University, Doctoral Thesis, 2008.

只要设计好一个有效顺畅的时间货币金融体系就能自动实现互助养老的想法未免天真，因为互助是一种社会行为，需要考虑到行动者在实践中的社会情境、复杂动机和情感；也因为这种逻辑根本上就不是互助养老，而是在以时间货币购买养老服务，本质上还是一种经济性的互利。

　　为老服务：公益逻辑的"时间银行"——秉承志愿精神，组织青年志愿者群体为老年人提供志愿服务是中国时间银行发展的一种本土逻辑。这种逻辑依托于志愿服务组织管理平台，以高校大学生志愿者为主要参与者，通过个人或团体的形式来为提供老服务，而后志愿组织将志愿者的服务时间记录下来，折算成时间积分，可在未来兑换养老服务。表面上看，这种形式似乎满足"以时间货币或时间积分为中介进行志愿服务交换"的时间银行定义，但其实际的运作逻辑和真正意义上的时间银行却有着本质的不同，并且具有内在的矛盾性。

　　关键在于，这种时间银行的侧重点是"志愿服务"，而不是"交换"。在我国，"志愿服务"是指"志愿者、志愿服务组织和其他组织自愿、无偿向社会或者他人提供的公益服务"。① 因此，它本质上是一种公益逻辑的时间银行，其中只涉及到志愿者为老人单向性地提供服务，而不存在任何服务的双向交换。这种单向的施—受关系无疑与时间银行的互惠理念相悖，即"参与者同时既是给予者也是接受者"，也因之打破了交换中的权力平衡。老年人在其中的唯一角色就是接受志愿者服务的被动客体，其定位仍然是社会需要扶助和救济的负担，从而无法发挥他们在互助中作为主体的价值和积极能动性。

　　除此之外，它也与时间银行的志愿理念不相符。这里的志愿服务遵循的仍然是传统的志愿精神——无私奉献，不求回报，正如有学者专门强调，"心中无我的志愿精神是维系时间银行互助养老模式的纽带"②，但这一点恰好也是矛盾所在：既然已有无偿的利他主义作为支撑和动机，那么设置时间积分的必要性又是什么？因此，在公益逻辑下，"以时间为志愿服务交换中介"的时间银行形式其实完全可以取消。而一些学者所认为的以青年志愿者提供为老服务实现代际接力互助，在志愿精神逻辑下极有可能会卡在

---

① 《志愿服务条例》，《中华人民共和国国务院公报》2017 年第 26 期。
② 高和荣：《互助：时间银行养老的基础与挑战》，《探索与争鸣》2019 年第 8 期。

"只存不取"的死结上。①

总之，公益逻辑的时间银行使平等的互惠交换变成了单向的公益扶助，因而无法形成为老年人赋权的直接互助，也难以形成代际接力的间接互助。那么，论其实质，这种时间银行就既不是时间银行，也不是互助养老，而只能称之为是以时间积分作为激励的一种志愿公益养老形式。

社会化养老服务：银行货币＋公益逻辑的"时间银行"——上述两种逻辑的时间银行形成了两个相对立的极端：银行货币逻辑使时间银行只具有互利性质而缺少社会文化属性；公益逻辑的时间银行则以利他精神弱化了时间货币的交换属性。为了寻找平衡，学者们提出了一条中间道路，认为应当将两种逻辑结合起来，打造出一种既有志愿服务文化，又有通存通兑时间储蓄机制的时间银行模式。这种模式已得到了学界的主流认可，并被视为是中国时间银行的本土化创新。两种逻辑结合以后，时间银行就"既是'公益银行'，也是'互助养老储蓄银行'，在突出其志愿服务的同时，应积极维护其时间储蓄的功能，实现公益和互助的双重属性"②。这样一来，似乎两种逻辑就可以彼此互补，实现双赢。

但是这个表面说得通的思路，在细想之下却令人困惑重重：公益逻辑和市场逻辑完全相反，二者究竟如何能做到兼容统一？并且，"公益"和"互助"具有本质差异，前者是不求回报的单一馈赠，后者是彼此帮助的相互交换，这两者可以同时实现吗？再次，结合两种逻辑的时间银行就可以解决此前各自逻辑下难以解决的现实问题吗？

事实上，基于这种逻辑的时间银行在现实中得到了政策的大力支持，目前已在全国各个城市开始试点。其运作模式设计可谓相当复杂③：由政府、社会和市场三方联动，居委会或社会组织进行运营，重点为社区中的空巢老人提供时间银行养老服务；政府负责牵头主导，提供政策、经费和制度化保障，建立统一的时间银行管理体系和通存通兑的时间货币存兑机制；社会层面则发动社工和党员力量，引入志愿者组织作为个人或团队形式的志愿养老服务提供者，依托互联网平台实现志愿者信息化管理、服务

---

① 陈功：《中国特色：时间银行的本土化创新》，《探索与争鸣》2019年第8期。
② 陈功：《中国特色：时间银行的本土化创新》，《探索与争鸣》2019年第8期。
③ 可参考南京市政府2019年发布的时间银行实施方案（试行）：http://www.nanjing.gov.cn/xxgkn/zfgb/201908/t20190827_1637201.html。

需求对接和时间货币计量；在必要时发挥市场功能，联合企业提供可持续的资金支持和多元化的养老服务。这种时间银行模式的最终目标也极具野心：实现"全国性的时间银行联合体"①，建设独具特色的中国"时联"。②

整个庞大结构的设计其实都是为了解决两个核心问题：时间银行运行的激励性和可持续性。为了让时间储蓄在几十年后仍然生效，政府需要以公信力保证时间货币的统一价值和长期信用；为了能够有充足的人力源源不断地加入服务，需要有公益利他精神的带动和激励；为了管理组织的有效运转并确保服务的质量，需要市场收益来维续资金。不可否认，如果这些链条都能够顺利运转并且接合顺畅的话，那么"时联"的目标或许可以实现。但现实并非如此。

已有学者经过试点调研指出，这种模式的时间银行发展面临多重困境，难度极大，几乎无法付诸于实践。③ 首先就是有效的运营管理和管理经费难以保证，承办时间银行的主体多为社区居委会和社会组织，而中国的社会组织本就处于风雨飘摇之中，时间银行的运营远远超过了其组织能力范围；④ 此外，时间货币的通存通兑机制如何实现依然无解，而它如何与志愿精神相兼容也仍是一个问号。

可见，银行货币逻辑和公益逻辑相结合的时间银行不仅没有解决此前各自的问题，还增添了更加复杂的新难题。若要保证时间银行的长期可持续运营，需要不断投入大量的人力、物力和财力，要在志愿服务无私奉献和时间货币价值激励之间寻找平衡，同时还要解决管理机构科层制内部的种种效率问题，最终的结果可能是——打造出一个超大型的社会化养老服务体系，服从于行政管理。但这种形式已不再能称之为是互助养老。某种意义上，被要求承接长者饭堂以及其他志愿服务功能后的南沙时间银行就属此列，事实证明，唯一保留了互助特色的南北台社区成为了最稳定和长久且深受居民信任的时间银行试点。

---

① 高和荣：《互助：时间银行养老的基础与挑战》，《探索与争鸣》2019 年第 8 期。
② 陈功：《中国特色：时间银行的本土化创新》，《探索与争鸣》2019 年第 8 期。
③ 桂世勋：《志愿服务：时间银行养老的悖论与破解》，《探索与争鸣》2019 年第 8 期。
④ 陈友华：《时间银行的性质与运营问题》，《探索与争鸣》2019 年第 8 期。

"互助"何在？

在本土化的过程中，"时间银行"这个概念似乎被"祛魅"了。一个由"平等、互惠、赋权和志愿"核心价值理念支撑的社会交换形式，却在学术讨论中成为了经济计量、公益组织和行政管理的问题，"时间银行"因此被分别理解为一种养老服务的交易机制、一种公益养老形式和一个社会化服务养老体系，而唯独不是互助养老。

根本原因在于，很多实践者和国内学者既没有真正理解时间银行，也没有真正理解何为互助。如上文所述，时间银行的定义是"参与成员以时间货币或时间积分为中介进行志愿服务交换的一种互助形式"。学界将讨论的重点全部放在了"时间货币"和"志愿服务"上，却忽视了"交换"和"互助"。但事实上，前者只是工具和手段，后者才是时间银行的真正目标和根本意义所在。这种手段和目的的混淆也使时间银行的激励问题成为了一个令学者们最头痛的难题：到底应该怎样才能让时间银行有充足的动力持续运行下去？为此，他们设计了种种方案，但每一种方案都有内在的矛盾性，都存在不可化解的难题，即便付出相当高的代价也无法保证其顺利运行。

虽然上述每一种时间银行模式都给自己贴上了"互助养老"的标签，但讽刺的是，老年人——互助养老的真正主体——却没有得到任何关注。没有人考虑：老年人愿意接受陌生志愿者的服务吗？愿意让陌生人进入自己家里提供陪伴和照料吗？他们在接受不求回报的服务时会不会感到压力甚至失能感？在社会化服务和专业养老服务之间，他们难道不会更偏向后者吗？在我国，互助养老的背后的理念是积极老龄化，即老年人不再被视为负担，而是能发挥自己的力量，在接受帮助的同时也能够为他人提供帮助。这也是时间银行赋权的核心理念。但是在目前的几种逻辑中，老年人都没有任何积极参与，只被默认为是需要接受照料服务的被动客体，这并不符合互助养老的实质。

所谓互助，即相互需要，彼此帮助，本质上来自于人与人之间的一种自发的关怀和情感，而这种关系只能依托于社会网络才能形成。因此，如果将重点放在时间银行的"交换"和"互助"性质上，对于时间银行激励问题就可以换一种问法：如何才能让人们愿意参与时间银行，愿意维持持续性的服务交换、互帮互助？那么，答案似乎就变得很简单：对于参与者（老年人）来说，这应当是一件有意义的事情。他们乐意去接受别人的服务，也乐意为他人做些力所能及的事情，并将其视为自己生活中很重要的一个部分。为了实现这一点，关键就在于：参与成员之间需要建立起彼此熟识的、自然的社会交往关系。一旦成员间形成了紧密的关系网络，时间银行自然就有了可持续的动力。正如日本 VLN 的运作模式，其成员在志愿服务过程中逐渐建立起深厚友谊，不仅形成了相互间的直接互助，还实现了可持续的代际接力互助。

不可否认，制度和形式当然很重要。顶层设计、管理制度、信息化建设和宣传等都是建设时间银行的必要因素，但这些都属于外在激励。依托于社会网络的互助意愿才是时间银行的内在激励，一旦缺失了这一点，即便有庞大的资金和人力资源来维持，时间银行的长期运行也很可能失败。总而言之，目前国内对于时间银行的定义和理解是破碎、片面和单薄的。这些本土化认识误读了时间银行的核心理念，并使"互助养老"沦为了一个外在标签，生硬地和已被替换了实质的"时间银行"捆绑在一起。此外，现有的时间银行探索错把手段当目的，将大量精力和成本投入到时间银行的形式和外在框架建设中，试图将其打造为一个宏伟精致的大厦，但互助的内涵却在过于宏大的顶层设计下被架空了。

中国的时间银行运营多以失败而告终，根本上还是因为在认识和理解上存在误区。在本土化的解读中，时间银行的理念和意义遭到破坏，变成了银行货币逻辑下的养老服务购买模式、公益逻辑下的为老服务模式，以及两种逻辑结合下的社会化服务模式。事实上，互惠的逻辑才是时间银行的本质属性，也只有互惠逻辑下的时间银行才能最终通往互助。但在目前，无论是理论分析还是实践探索，时间银行的互惠逻辑都被忽视了。因此，笔者认为，有必要开辟新的研究路径，使时间银行不仅是属于经济学、管理学和统计学的问题，而要成为社会学与人类学的研究主题，需要开展更多的田野调查，结合互惠理论进行讨论，并用行动人类学的路径去探索在互惠逻辑下时间银行互助养老模式何以实现。

第十章　幸福院体制建设的迷失

张仁烨*　高良敏**

互助幸福院源于河北省邯郸市肥乡区前屯村村民的一次集体尝试。① 十多年前，为应对老年人口空巢化问题，当地村民集体出资将村内闲置的小学校舍改建成一个互助养老幸福院，用作村内 25 名长者的免费养老住所，入住要求是老年人应以互助的方式实现集体养老。肥乡区政府了解其情况之后，开始在全区范围内推广这种做法。不久后，河北省政府便将这一模式推广至全省，并将其称为"肥乡模式"。2012 年全国社会养老服务体系建设工作会议在河北邯郸举行，② 肥乡互助幸福院作为河北养老工作的亮点工程被当作养老示范模式推向全国，③ 随后甘肃、山东、湖北、四川、广西、内蒙古等地都掀起了发展农村幸福互助院的浪潮。随着互助幸福院风靡全国，全国农村幸福院到 2014 年时达到了 3 万多个。然而，在备受好评的同时，农村互助幸福院却频繁出现空置或被挪用的现象。④

为何互助幸福院在向全国推广的过程中无法正常运转？这是本文的核心问题。

首先通过文献梳理我们可以发现，互助幸福院被媒体誉为农村互助养老的主要形式。政府文件也将其视为农村老年人自我管理、自我服务、抱

---

*　张仁烨，清华大学，博士研究生，研究方向：非洲华人华侨。
**　高良敏，清华大学国际与地区研究院，助理研究员，研究方向：医学人类学和全球健康。
①　钟仁耀、王建云、张继元：《我国农村互助养老的制度化演进及完善》，《四川大学学报》（哲学社会科学版）2020 年第 1 期。
②　李潇婷：《肥乡互助养老模式及其推广应用研究》，硕士学位论文，天津财经大学，2018 年。
③　李潇婷：《肥乡互助养老模式及其推广应用研究》，硕士学位论文，天津财经大学，2018 年。
④　韩振秋：《我国农村幸福院问题、成因及对策——基于五省调研数据分析》，《学术探索》2020 年第 5 期。

团互助的一种形式。① 目前有关"互助幸福院"的学术研究大多以综合类为主,主要从公共管理、社会保障、社会福利的视角出发,分析这一养老模式的优势及弊端。张健、李放运用定量分析,综合家庭关系、求助对象、居住条件、生活开支、医疗服务、休闲方式、精神状态等多个方面考察了肥乡互助养老的实施效果,认为农村互助养老改善了农村老人的老年生活。② 高坤利用抽样调查的方法,通过比较入住互助幸福院老人和未入住幸福院老人的养老需求满足情况,从物质、精神、生活照料、居住条件和医疗保健等多个方面,认为互助幸福院有利于满足入住老人的养老需求。③

总体而言,对幸福院的研究认为这一新型互助养老模式能够以较小的投入满足老年人的物质、精神和照料等养老需求,值得向全国推广。④

但是另外一部分研究者却认为,幸福院在日益扩张的过程逐渐出现了异化。⑤ 这部分研究者认为,幸福互助院受各地政府推行力度以及文化习俗的差异影响,在满足老年人的基本日间娱乐需求外,没有因地制宜地缓解空巢老人的养老难题,导致很多幸福院生活设施普遍闲置,整体入住率偏低,甚至出现关门或者空置的现象。⑥ 韩振秋对全国五省份十多个乡镇农村幸福院的老人进行问卷调查后发现,互助幸福院普遍存在建设和使用相分离、服务内容单一、设施严重不足等问题,与其初衷背道而驰,演变为当地政府部门的政绩工程。⑦

除了作为养老机构存在的问题,也有学者质疑了幸福院所标榜的互助养老的可行性。⑧

一些学者还从文化观念方面分析问题背后的原因。这部分学者认为,

---

① 王伟进:《互助养老的模式类型与现实困境》,《行政管理改革》2015 年第 10 期。
② 张健、李放:《农村互助养老的成效及价值探讨——以河北省 f 县农村互助幸福院为例》,《社会福利(理论版)2017 第 3 期。
③ 高坤:《农村老年人互助养老需求分析——以河北省肥乡县幸福互助院为例》,硕士学位论文,河北大学,2015 年。
④ 马昕:《农村互助养老模式研究》,硕士学位论文,河北大学,2014 年。
⑤ 王忠信:《农村互助幸福院建设中的问题与对策》,《中国集体经济》2018 年第 18 期。
⑥ 袁书华:《供需视角下农村幸福院可持续发展对策探究——以山东省 LY 县幸福院调研为例》,《山东师范大学学报》(人文社会科学版)2019 年第 64 期。
⑦ 韩振秋:《我国农村幸福院问题、成因及对策——基于五省调研数据分析》,《学术探索》2020 年第 5 期。
⑧ 高灵芝:《农村社区养老服务设施定位和运营问题及对策》,《东岳论丛》2015 年第 36 期。

农村老年人长期以来具有养儿防老的观念,家庭养老是老年生活的首选,入住养老院会让家人背上道德枷锁。① 对于留守农村的老年人而言,在熟人社会中即便身边没有子女,也能在家中得到亲戚、邻里以及同村人的照顾,因此缺乏入住幸福院的刚性需求,在一定程度上降低了幸福院的入住率。② 此外,老年人对互助养老服务缺乏一定的信任感,误以为互助养老不仅是市场盈利行为而且缺乏应有的保障,缺乏对于互助的价值共识,使得幸福院在农村的发展遇冷。③

除此以外,幸福院的建设和发展还缺乏持续长效的资金支持。④ 尽管国家拨款 2 万—3 万元用于每一个幸福院的基本建设,但当前其发展资金主要依赖于村集体的投入,因此出现了村集体经济积累越薄弱、在幸福院的投入上越少的局面。⑤ 另外,一些幸福院尝试招纳专业人才在院内为老年人提供养老服务,但由于资金、职业发展等方面的限制,导致人才缺失,服务水平相对低下。

不仅如此,制度法规也是幸福院遇阻的重要原因。国家一直推行自上而下的建院路线,以满足当下老年人的养老需求为目标,缺乏长远的顶层设计和制度规划。⑥ 在具体操作中,政府关注到了互助养老幸福院的建设需求,却忽视了广大村民作为主体的积极性和团体性,因而导致了互助主体责任感不强、互助形式模糊等问题。⑦ 不论是管理者的任命还是具体的规章制度,自上而下的幸福院设计指导意见忽视了农村老年人的主动性和积极性。⑧⑨ 而

---

① 王强:《河北省农村互助养老模式研究——以肥乡县为例》,硕士学位论文,河北经贸大学,2013 年。
② 高灵芝:《农村社区养老服务设施定位和运营问题及对策》,《东岳论丛》2015 年第 36 期。
③ 钟仁耀、王建云、张继元:《我国农村互助养老的制度化演进及完善》,《四川大学学报》(哲学社会科学版)2020 年第 1 期。
④ 马昕:《农村互助养老模式研究》,硕士学位论文,河北大学,2014 年。
⑤ 孟丹:《河北省农村社区互助式养老模式研究——以肥乡"互助幸福院"为例》,《时代金融》2016 年第 35 期;王佳昕:《农村幸福院养老方式构建——以厦门市翔安区为例》,硕士学位论文,厦门大学,2017 年。
⑥ 李歆:《农村互助养老服务问题及对策研究》,硕士学位论文,东北财经大学,2018 年。
⑦ 甘颖:《农村养老与养老自组织发展》,《南京农业大学学报》(社会科学版)2020 年第 20 期。
⑧ 李俏、刘亚琪:《农村互助养老的历史演进、实践模式与发展走向》,《西北农林科技大学学报》(社会科学版)2018 年第 18 期。
⑨ 陈昱阳:《肥乡农村集体互助养老模式推广问题研究》,硕士学位论文,吉林财经大学,2019 年。

地方政府在政策配套方面的作为较为有限。① 除了缺少落地的政策，互助幸福院也缺乏法律保障，如若发生意外事故，很容易导致事故责任认定不清晰，因此多数农村互助幸福院只限于招收有自理能力的老人。② 另外，幸福院还受到孝文化的制约，缺乏必要的卫生服务，因此在各地的发展遇到了较大的阻碍。③ 在《农村互助养老——幸福院的案例与启示》一书中，作者张彩华提出幸福院面临一系列困境的主要原因是管理政策压制了民间的自主性，互助精神反而成为次要因素。④ 刘妮娜在《互助型社会养老——乡土模式的理论与实践》中还指出，互助养老幸福院的关键是组织和动员以老年人为主的自助和互助，而非硬件设施建设。⑤

通过文献分析，我们发现越来越多的学者都意识到互助幸福院这一养老模式面临诸多问题。然而，对于这一系列问题的挖掘及呈现形式却有待商榷。从既有研究的方法论上看，大部分研究采用问卷调查法，很少利用田野调查方式探索互助幸福院的现状。从理论上看，尽管大部分研究综合性较强，但是理论支撑较为有限，囿于需求理论、社会支持理论、社会资本、社会支持网络等理论，鲜有将理论和实践情境相结合的研究成果。从具体内容看，这些研究着重于探讨互助幸福院作为一种养老模式或家庭养老之外的补充，对"互助"理念加以分析的反而较少。特此，本文试图在既往研究的基础上，利用田野调查的经验，将互助幸福院嵌入其发展历程中，探讨制度的形成与演变对其发展的影响。

从一个村到一个省

2019 年 12 月，笔者前往河北省邯郸市肥乡区前屯村互助幸福院开展实

---

① 钟仁耀、王建云、张继元：《我国农村互助养老的制度化演进及完善》，《四川大学学报》（哲学社会科学版）2020 年第 1 期。
② 孟丹：《河北省农村社区互助式养老模式研究——以肥乡"互助幸福院"为例》，《时代金融》2016 年第 35 期。
③ 赵志强：《河北农村互助养老模式分析》，《合作经济与科技》2012 年第 10 期。
④ 张彩华：《农村互助养老——幸福院的案例与启示》，社会科学文献出版社 2020 年版，第 166 页。
⑤ 刘妮娜：《互助型社会养老——乡土模式的理论与实践》，社会科学文献出版社 2020 年版，第 1—4 页。

地调研,对院长及居住老年人进行了访谈。为了客观地了解互助幸福院的发展状况,笔者还与专门研究河北省养老状况的学者进行了深入交流。前屯村互助幸福院位于前屯村内中心位置,从主干道下车步行10分钟可达,幸福院与村委会、支委会、社区卫生服务站相邻而设,周边分布着大大小小的庙宇,逢年过节十分热闹。幸福院外墙壁上配有以孝为主题的壁画。社区卫生服务站之所以设置在养老院周边,是为了及时满足院内老人的就医需求。幸福院正门口是村里交通主干之一,其良好的地理位置一方面方便家属探望,另一方面也为机构内长者的出行提供了便利。

走进互助幸福院,一眼便能看到"集体建院、集中居住、自我保障、互助服务"16个醒目的大字竖挂在养老院正中位置。前屯村互助幸福院总面积约为1800平方米,整个机构配有院长室、厨房、餐厅、室内活动室、户外庭院、幸福菜园、公共卫生间等公共空间。据院长所述,幸福菜园为1亩地,幸福院每年花1500元租用该土地,主要用于丰富老年人的日常生活,鼓励老年人种植蔬菜,平时由养老院老年人自行耕种并轮流打理。虽现正值冬天,但仍可见葱、萝卜等蔬菜。

幸福院内总共有两层楼,计30个双人间,可容纳60位老年人居住。每个房间内有2张床位,暖气管道,急救呼叫系统。走廊两边设置一米左右高度的扶廊,方便老年人行走。一楼一间房门口挂有"结对帮扶门牌卡",显示为肥乡区委办挂靠扶贫点帮扶对象2户。一旁为食堂,食堂共分为两间。外面一间放置有6张桌子、2个冰箱、4个柜子,主要为老人们用餐处;里面一间为厨房,为老年人自行做饭时所用,有电磁炉、煤气等设施。截至2019年12月31日,幸福院内入住长者共计32人,其中男性长者14位,女性长者18位。

根据调研和幸福院院长的介绍,前屯村互助幸福院从萌芽到发展经历了一个漫长过程。20世纪90年代后期,随着社会经济快速发展,前屯村外出务工人员逐年增加,村内空巢老人、留守老人不断增多,其中不少长者单独居住,发生意外的风险较大。2006年前后,前屯村发生多起独居长者在家中去世却无人知晓的事件,在村内引起很大反响。为避免悲剧的再次发生,时任村支书蔡清洋想到了组织化互助养老,希望"通过这种方式将独居老人聚集起来,搭伴养老,形成24小时不间断的互相照顾,既保障老人安全,又能解决打工子女的后顾之忧"。在蔡清洋的积极组织下,前屯村着手筹措互助幸福院的建设。2007年秋,村委会将村集体土地补偿款中的2万元用于改建闲置的小学校舍,进行内部装修,可容纳12人。① 2008年春对院内厨房也进行了改建,互助幸福院也基本落成。

建院初期,村里长辈对养老院比较排斥,碍于"养儿防老的传统观念,顾及面子都不愿意入住"。(访谈资料20191216)面对入住的难题,蔡院长首先想到要明确入住互助幸福院的对象:年龄满60周岁、单身老人、具备生活自理能力、无传染疾病、自愿且征得家人同意。在明确入住对象后,蔡院长召集村内干部动员村内满足条件的6名长者入住互助幸福院。

蔡院长说:"那时候这6人也是费了好多力气才请他们来入住的,但住进来以后都不想走了"。(访谈资料20191216)在这些老人中,84岁的老人张喜凤是其中一员,她老伴去世快40年,一个女儿已出嫁,三个儿子都有工作,老人生活比较孤单。村委会动员她进入养老院之时,她起初也坚决反对,怕入住养老院被村里人笑话。之后"蔡院长来找了我好几次,一直劝我试一试试一试,那时候就想试一试就试一试,不行就搬走,没想到一住就是十多年。住进来以后,大家都有个伴,也不孤单了,什么事情有商有量,后来我还劝村里像我这样的老人都住进来,真的好"。(访谈资料20191216)

在不到一年的时间里,互助幸福院有了起色,村委会决定将村集体剩余征地款项的一部分用于老人入住后的日常运营。2008年年底,村内互助幸福院受到上级部门关注,肥乡县政府决定从2009年开始根据入住长者的人数给予每人每年500元的日常补贴。

随着幸福院步入正轨,床位数量已经不能满足长者的入住需求。加上设施过于老旧,蔡清洋决定向镇里申请经费增加床位数量并改善硬件设施。经河北省财政厅拨款,2012年前屯村新建的互助幸福院落成,新院可容纳60位长者,每个房间约15平方米,一屋两人。院内的设计和装修也参考了其他养老机构的设置,配备了无障碍走道、扶手及防滑地面,为保证长者安全还在每个房间安装了呼叫铃。同时,为了方便长者就医,互助幸福院西侧设立了社区卫生服务站。此外,幸福院还设有活动室、户外健身器材、停车棚。新建的幸福院以燃煤供暖取代电暖风取暖,并在厨房配备了蒸箱、

---

① 张彩华:《村庄互助养老幸福院模式研究:支持性社会结构的视角》,博士学位论文,中国农业大学,2017年。

冰箱、电磁炉、私人储物格等。

目前，入住新建幸福院的长者大多具有较强的自理能力。在院内，公共区域的卫生需要长者互助轮流完成。笔者访谈正值午餐时间，用餐结束后，有两位长者自发留下来打扫餐厅卫生、清理厨房等。一位打扫的长者表示，"大家住在这里，就是个集体，这些打扫卫生的事情好比家务活，在家里干的事情，在这里也轮流着干"。（访谈资料20191216）餐后，一位长者行动不便，也有身体较好的老人上前搀扶。当被问及是否有长辈不愿意承担类似的公共职责时，蔡院长很强硬地说，"那只能请他离开。我们这里都是需要互相帮助，没有光享受不付出的道理，国家给了我们这么好的条件，水、电、暖都是集体承担的，我们不能再给国家、给集体添麻烦"。（访谈资料20191216）

2010年，肥乡区民政局开始在前屯村周边7个村庄开展互助养老幸福院试点工作。这一另辟养老途径的做法受到国家民政部关注。在2011年，时任民政部部长专程前往前屯村调研。同年3月河北省民政厅发布《关于推进农村社会养老幸福工程的实施意见》，决定在全省范围内推广前屯村互助幸福院模式，按照入院老人之间互相帮助、互相服务的原则实行。从此，互助幸福院逐渐在河北省全面推广开来。[①] 2012年，河北以省委、省政府1号文件等形式，将互助幸福院列入"幸福乡村计划"，在全省40%的农村建设了互助幸福院。[②] 2015年，河北省民政厅组织召开了第二届中国河北国际老年产业博览会表示，河北省的互助幸福院已覆盖到全省60%的农村。[③] 2016年省委省政府印发《加快推进美丽乡村建设的意见》、2017年民政厅等联合印发《2017年开展养老院服务质量建设专项行动实施方案》、2018年民政厅等联合印发《2018年省政府民政民生实事工作方案》等一系列政策性决策。这些政策的出台和实施进一步推进了河北省农村互助幸福院的建设。[④]

---

① 刘沛、徐琳、王建岭、王晓彭、路项媛、胡建梅：《新农保全解析：河北肥乡县样本》，《第一财经日报》2013年1月17日。

② 刘沛、徐琳、王建岭、王晓彭、路项媛、胡建梅：《新农保全解析：河北肥乡县样本》，《第一财经日报》2013年1月17日。

③ 冯叶露：《"抱团养老"政策探索研究——基于"农村互助养老幸福院"与"城市老人自发抱团生活"的实例分析》，《管理观察》2019年第4期。

④ 冯叶露：《"抱团养老"政策探索研究——基于"农村互助养老幸福院"与"城市老人自发抱团生活"的实例分析》，《管理观察》2019年第4期。

从一个省到各地农村

2012年在全国社会养老服务体系建设工作会，会上政府将前屯村互助幸福院作为示范典型。① 2015年年底，肥乡县已有240家农村互助幸福院，覆盖全县所有村落，合计3800多张床位，入住人次达到3892人。② 肥乡区还将互助幸福院分为三类，按照经济发展条件及其相应规模定位一类幸福院、二类幸福院、三类幸福院。

另一个快速发展的例子是河北省平乡县。该县有253个行政村，自2011年启动首批60个"幸福院"建设，到2012年年底106个行政村建起幸福院。仅在一年时间内，这一覆盖面超过了河南省既定的50个百分点目标。③ 平乡县幸福院分为"标准型"（入住在20人以上）、"普通型"（入住20以上），相应一次性扶持资金分别为2万元至5万元不等，还根据实际入住情况给予运营补贴，并积极倡导社会各界通过捐助的方式来支持幸福院的发展。在河北省邢台县，2012年年底全县幸福院覆盖率已到40%以上，2014年年底高达60%。④

如果说互助幸福院在河北的发展有着一系列社会切实诉求和民间自觉的影子，那么走向全国的过程更多是制度化推动的结果。2012年，全国社会养老服务体系建设工作会议于邯郸召开，成为互助幸福院走向全国的标志性事件。⑤ 随着政府政策的积极推广和新闻媒体的大力报道，全国各省市前往肥乡参观、学习，互助幸福院模式及其经验也逐渐从地方走向全国。2013年，国家财政部和民政部联合颁布《关于印发〈中央专项彩票公益金支持农村幸福院项目管理办法〉的通知》（财综〔2013〕56号），《通知》声明自2013年至2015年由财政部安排中央专项彩票公益金，支持开展各地

---

① 李歆：《农村互助养老服务问题及对策研究》，硕士学位论文，东北财经大学，2018年。
② 李歆：《农村互助养老服务问题及对策研究》，硕士学位论文，东北财经大学，2018年。
③ 祁麟、李红、窦孟朔：《农村新型互助养老模式探析》，《邢台学院学报》2014年第1期。
④ 陈志斌、起建凌：《农村互助养老模式探讨——以邢台县互助幸福院为例》，《当代经济》2014年第17期。
⑤ 贾磊：《我国农村互助养老模式探讨》，硕士研究论文，河北师范大学，2016年。

农村幸福院的设施修缮和设备用品配备等工作。① 2012 年后，互助幸福院被赋予"肥乡模式"，作为样本向全国推广。在山东、陕西、四川、安徽、内蒙古等全国都逐步形成了村村办幸福院的图景。

在国务院出台的十三五和十四五规划中，老龄事业和养老体系建设都成为了民政事业工作重心，并鼓励支持兴办农村幸福院，希望大力发展农村互助养老。②

在全国范畴内，内蒙古农村幸福院的推广工作也走在全国前列。2009年，乌兰察布市化德县采取"集中居住、分户生活，自治管理、互助养老"的养老模式。2014 年，乌兰察布市出台了《农村互助养老幸福院管理办法》。③ 这个办法规定，老人在幸福院内分户生活，每一户入住一套房子，老人自备粮食蔬菜及生活用品，根据大家口味和生活习惯调剂伙食，救济款物分到每家每户。④ 在河南省，2018 年农村幸福院共有 10400 个，其中长葛市 2015—2018 年共建设幸福院 41 个。⑤ 河南省汝阳县 2013 年投入资金 2050 万元建设幸福院 125 个，覆盖全县 60% 行政村。⑥

山东省在借鉴河北肥乡经验的基础上，开启全省农村互助幸福院建设工作。2014 年，山东省政府办公厅下发《山东省人民政府关于加快发展养老服务业的意见》，要求 60% 以上的农村建立农村幸福院。⑦ 山东省于 2017

---

① 张静：《依托幸福院打造村级养老服务平台　河南省农村居家社区养老服务调查与思考》，《中国民政》2019 年第 3 期。

② 孙永浩：《我国农村幸福院养老服务问题与对策——基于对 S 省 B 市调研》，《山东行政学院学报》2019 年第 5 期。

③ 所谓"三为主，三结合"原则，即以入住幸福院的老人自我管理、民主管理为主，与行政管理、统一管理相结合；以自我服务、互助服务为主，与政府购买服务、志愿者服务相结合；以自我保障、子女赡养为主，与政府救助、社会公益资助相结合。载邓俊丽《社会治理创新视域下的互助养老及地方路径研究——一项对内蒙古农牧区幸福院的调查》，《前沿》2016 年第 3 期。

④ 兰继华：《创新内蒙古农村牧区养老模式——化德县互助幸福院调研报告》，《实践》（思想理论版）2015 年第 3 期。

⑤ 张静：《依托幸福院打造村级养老服务平台　河南省农村居家社区养老服务调查与思考》，《中国民政》2019 年第 3 期。

⑥ 张静：《依托幸福院打造村级养老服务平台　河南省农村居家社区养老服务调查与思考》，《中国民政》2019 年第 3 期。

⑦ 袁书华：《供需视角下农村幸福院可持续发展对策探究——以山东省 LY 县幸福院调研为例》，《山东师范大学学报》（人文社会科学版）2019 年第 64 期。

年提出，到2020年全省力争建设12000个幸福院，力求实现农村社区全覆盖。① 在2013年民政部启动幸福院建设行动之后，广西将贺州市列3个试点市之一，仅用一个多月就在贺州市建成了15个幸福院。② 在贵州省，2013年贵阳市启动幸福院建设工作，到2016年年底共修建了409个幸福院。根据贵州省政府要求，全省到2020年要有2500个幸福院。③ 不仅如此，幸福院建设之风还吹到了新疆省哈密市的农村。④

综上可见，河北省互助幸福院的建设以前屯村为原点，逐渐推广至全国各地。这一趋势的推动力至少来自两个层面，一个是制度安排，一个是一定程度的民间诉求。需求是互助养老自下而上的根基，尽管这一单向路径不可避免地存在被绑架的风险，但其凸显的是民间社会现实及其企图解决养老问题的自觉。由于前屯村幸福院被打造成为模版，自上而下的力量逐步取代了由下而上的自觉。随着前屯村经验在河北省和全国的推动，这种自觉却变得越来越少。

再说前屯村

经过调研，我们发现前屯村互助幸福院虽然取得了一定成绩，在运行上也有一定渠道的定期资金保障，但仍然面临一系列困境和挑战。对此我们着重从如下三个方面来阐释。

第一，前屯村互助幸福院的运行模式仍就未能脱离在农村敬老院内形成的"孤寡老人"的养老模式，其区别是"孤寡"的定义改变了，并非是指没有子女，而是指女子在外面打工。易言之，让留守老年人相互照顾即是前屯村互助幸福院创建的初衷。幸福院里的老年人多为60岁以上长者，大多可以自己做饭，也可以从事负担不重的田间劳动。按照幸福院接收老

---

① 袁书华：《供需视角下农村幸福院可持续发展对策探究——以山东省LY县幸福院调研为例》，《山东师范大学学报》（人文社会科学版）2019年第64期。
② 唐躜、兰瑞芳：《农村幸福院建设的创新实践探讨——以贺州市为例》，《河北工程大学学报》（社会科学版）2014年第31期。
③ 许鹿、杨朵：《协同治理视域下农村幸福院养老服务供给的运行逻辑——以贵阳市农村幸福院为例》，《贵阳市委党校学报》2019年第2期。
④ 亚森江：《农村幸福院互助养老存在问题及对策研究——以新疆维吾尔自治区哈密农村幸福院为例》，《社会福利》（理论版）2019年第2期。

年人的要求，老年人自己或者家人必须负责饮食和日常生活必需的开支，而且入住者必须是健康的老年人。这一规定也就将失能的老人和经济生活极为困难的老人排除在外。

第二，前屯村互助幸福院中虽有互助元素，但内容过于局限。在实地走访后，我们发现"互助"一词伴随着该养老院的对外宣传策略。然而遗憾的是，老人们在食堂依旧自己做饭、炒菜、热饭、洗碗，甚至自己带饭，缺乏互助的影子。在住宿方面，两人一间，很多老人吃饭在养老院，其他时间则回到自己家中，除了大家聚集在一起相互聊天外，实质性互助较少。一系列制度性的条条框框让民间智慧逐渐失去光环。①

第三，为了体现幸福院的示范作用，老年人入住的标准是活动能力好的、经济基础好的、思想觉悟高的。其他老年人，尤其是失能老人，则难以入住。虽然幸福院也允许了一些孤寡老人和经济能力较弱的老人入住院内，但基本原则却是这些老人不至于因生病或突然死亡而影响到该院的声誉。而这样的期待与建院的另一初衷是相抵触的。前屯村互助幸福院院长之前当过村支书 10 余年，其间几位老人在无人知晓的情况下死于家中，对村民震动很大，也是这位老支书决定建立前屯村幸福院的起因。如今，这一初衷却在幸福院发展的过程中逐渐被遗落。

总而言之，全国互助幸福院的产生虽然有其实际的需求，也得到了政策的大力支持，但以肥乡县互助幸福院为例，互助院在发展过程中逐渐从"互助"原则脱轨，脱离了老年人实际的养老需求，没有很好地体现"互助"原则，使其在发展过程中受到了一定程度的影响。幸福互助院在今后的建设和发展过程中，应当因地制宜地贴合老年人的养老需求，切实解决老年人的养老难题，并积极贯彻将"互助"原则，将"互助"精神真正地运用于养老机构的发展。

---

① 孟丹：《河北省农村社区互助式养老模式研究——以肥乡"互助幸福院"为例》，《时代金融》2016 年第 35 期。

结语　有无长者的世界

景　军

　　自然、社会、地区或国家，没有什么或缺失什么的问题，可以成为我们认识世界的一个独特视角。《没有我们的世界》一书描述了大自然被破坏之后在无人干扰的情况下自我复苏的能力。《欧洲与没有历史的人民》一书依据历史人类学研究批判了西方学界有关北美土著民族极为缺乏与外部社会联系的偏见。在《没有哭泣的死亡》中，作者描述的是贫困导致的女性情感扭曲。我国学者杨晋涛在《塘村老人》研究中阐释了华南地区一个村落养老格局仍然有序的根源。我们的同事张玉萍在《南门口》论著中则是从湘西一个镇子老人家庭生活缺乏亲密性的视角分析了老年男性的商业化性行为。

　　人世间从来就是有长者的世界，但是老年人的相对稀有，从初民社会到前工业社会，一直是历史事实。作为一个相对的概念，有无长者的世界之说，可以升华我们的研究意识。这个概念的相对性适用于长者的人口规模、人们死亡的平均年龄、出生后预期寿命以及老龄后预期寿命的多寡或高低。譬如，新中国成立之际，中国人的出生后预期寿命大约三十五岁。那时的中国虽然并非没有一定数量的长者，但是其绝对数和人口占比都比较小。

　　在相对的意义层面，没有长者的世界必然是老年人备受排斥的世界。在权益、尊严、社会联系以及工作就业等方面，一部分长者从较高的社会地位上跌落下来，另一部分从社会生活的主流被挤压到边缘，还有一种情况是继续被边缘化，整体而言的结果是自信心的动摇，社会苦难的身心化、不正常问题的正常化、各种丧失的自然化以及基本权益被削弱的合理化。

　　本书希望呈现的是一个有长者的世界。在这一努力过程中，我们深感国内外学界有关人口老龄化的探索，仍然缺乏一个思想性集中的内核，或者说是缺乏一个理论灵魂。社会科学理论源于马克思、韦伯、涂尔干等人，早期西方社会科学理论对长者问题的探索极为薄弱，人口老龄化问题在那个时期还不是一种表现十足的社会问题。西方社科界对人口老龄化问题予以理论阐释以"脱节理论"作为开端。其后，西方社会科学界对人口老龄化问题的探索变得更为理论化。中国学界相关人口老龄化的理论探索以1999年出版的《社会老年学》一书所说的"健康老龄化"学说作为起点，并以穆光宗和郭于华之后提出的"丧失理论"以及"剥夺理论"作为延续的典型。

总体而言，社会学是从社会歧视、生命历程、社会资本、社会网络以及社会性别等方面，关注长者群体的命运。人类学是从文化比较和象征意义的建构等方面试图说明价值取向和生活方式的变化对长者生活的深远影响。经济学的相关理论主要关注人口老龄化与经济增长的关系，以人口红利说为轴心而展开。政治学则是从治理视角分析社会保障、监护人、财产纠纷、养老院及临终关怀等问题。如上所述，社会老年学还仍然缺乏一个理论灵魂。本报告试图以社会正义观作为经线，并以文化价值观作为纬线，努力地去找到这个灵魂。

因此，我们的分析和阐释坚持了互助论，以有益于老年人健康生命的长者互助作为互助养老的基本定义。这是将互助精神视为可以一种建立美好社会的力量。

老年人之际的互助，具备一部分特别的互助养老作用。互助养老是社会养老的一种形式，与家庭养老并不矛盾，是一个提供着更多的社会性连接的链条。这是我们希望阐释的一个具体事理。这个事理的深层意义是，任何一个相对美好的社会之生成都离不开社会成员的共情。

参考文献

一 中文著作

鲍思陶（点校）：《国语》，齐鲁书社 2005 年版。

北京大学历史系考古教研室：《元君庙仰韶墓地》，文物出版社 1983 年版。

卞国凤：《近代以来中国乡村社会民间互助变迁研究》，博士学位论文，南开大学，2010 年。

陈兵：《生与死——佛教轮回说》，内蒙古人民出版社 1994 年版。

陈俊傲：《西藏林芝林牧区养老模式研究——基于发展型社会政策的视角》，博士学位论文，华东理工大学，2013 年。

陈向明：《质的研究方法与社会科学研究》，教育科学出版社 2000 年版。

陈昱阳：《肥乡农村集体互助养老模式推广问题研究》，硕士学位论文，吉林财经大学，2019 年。

陈子展、杜月村：《国学经典导读 诗经》，中国国际广播出版社 2011 年版。

崔高维：《礼记》，辽宁教育出版社 1997 年版。

达照：《饬终：饬终：佛教临终关怀思想与方法》，浙江大学出版社 2005 年版。

党俊武：《中国城乡老年人生活状况调查报告—2018》，社会科学文献出版社 2018 年版。

丁映轩：《生前预嘱的伦理问题研究》，遵义医科大学 2019 年版。

方有国：《礼记正义》，山东画报出版社 2004 年版。

费孝通：《江村经济：中国农民的生活》，江苏人民出版社 1986 年版。

费孝通：《乡土中国》，上海人民出版社 2006 年版。

费孝通：《生育制度》，生活·读书·新知三联书店 2014 年版。

费孝通：《江村经济》，商务印书馆 2002 年版。

费孝通：《乡土中国》，人民出版社 2008 年版。

费孝通：《乡土中国 生育制度》，北京大学出版社 1998 年版。

费孝通：《江村经济》，北京时代华文书局 2018 年版。

费孝通：《江村经济》，上海人民出版社 2006 年版。

郭丹阳：《中国农村互助养老模式可行性研究》，硕士学位论文，福建师范大学，2013 年。

郭于华：《在乡野中阅读生命》，上海文艺出版社 2000 年版。

郭于华：《死的困扰与生的执着：中国民间丧葬仪礼与传统生死观》，中国人民大学出版社 1992 年版。

高坤：《农村老年人互助养老需求分析——以河北省肥乡县幸福互助院为例》，硕士学位论文，河北大学，2015 年。

国家卫生健康委员会：《2019 中国卫生健康统计年鉴》，中国协和医科大学出版社 2019 年。

韩朝忠：《近代华严宗发展研究（1840—1949）》，博士学位论文，吉林大学，2015 年。

侯莹：《情性互惠和群体互惠研究》，硕士学位论文，清华大学，2014 年。

黄楠楠：《社会工作视角下癌症患者社会支持网络研究》，硕士学位论文，山东大学，2013 年。

季羡林：《佛教十六讲》，长江文艺出版社 2010 年版。

李景汉：《定县社会概况调查》，上海人民出版社 2005 年版。

李景汉：《定县社会概况调查》，中国人民大学出版社 1986 年版。

李明丽：《行动研究视角下的社会学干预》，硕士学位论文，四川社会科学院，2010 年。

李歆：《农村互助养老服务问题及对策研究》，硕士学位论文，东北财经大学，2018 年。

梁其姿：《施善与教化：明清时期的慈善组织》，北京师范大学出版社 2013 年版。

林耀华：《凉山夷家》，商务印书馆出版社 1947 年版。

刘丽娜：《互助型养老》，社会科学文献出版社 2020 年版。

刘宁：《民间组织发展历程中与政府互动的策略分析研究》，硕士学位论文，华东理工大学，2013 年。

刘燕舞：《农民自杀研究》，社会科学文献出版社 2014 年版。

路遥等：《义和团运动史研究》，齐鲁书社 1988 年版。

马悦凌：《温度决定生老病死》，江苏文艺出版社 2008 年版。

马昕：《农村互助养老模式研究 ——以河北肥乡互助幸福院为例》，硕士学位论文，河北大学，2014 年。

祁进玉：《群体身份与多元认同：基于三个土族社区的人类学对比研究》，社会科学文献出版社 2008 年版。

全国人大内司委内务室：《中华人民共和国老年人权益保障法》读本，华龄出版社 2013 年版。

孙璞玉：《一种生命伦理互惠：关于造血干细胞捐献的人类学研究》，博士学位论文，2019 年，清华大学。

孙颖：《向死而生：癌症患者的日常生活》，硕士学位论文，南京大学，2018 年。

沈啸寰，王星贤：《礼记集解》，中华书局 1989 年版。

释印顺：《太虚法师年谱》，宗教文化出版社 1995 年版。

唐志岚：《郭林新气功乳腺癌病历采集规范化的研究》，硕士学位论文，北京中医药大学，2012 年。

田汝康等：《滇缅边地摆夷的宗教仪式 中国帆船贸易与对外关系史论集 男权阴影与贞妇烈女：明清时期伦理观的比较研究》，复旦大学出版社 2015 年版。

脱脱等：《宋史》，中华书局 1985 年版。

王剑利：《互助、情感与知识分享——糖尿病病友组织的人类学研究》，博士学位论文，清华大学，2017 年。

王铭铭：《村落视野中的文化与权力》，生活·读书·新知三联书店 1997 年版。

王强：《河北省农村互助养老模式研究》，硕士学位论文，河北经贸大学，2013 年。

王思斌：《社会工作概论》，高等教育出版社 2014 年版。

王宗培：《中国之合会》，中国合作学社 1931 年版。

文军、蒋逸民：《质性研究概论》，北京大学出版社 2010 年版。

吴飞：《浮生取义：对华北某县自杀现象的文化解读》，中国人民大学出版社 2009 年版。

吴光华：《汉英大辞典》，上海交通大学出版社 1993 年版。

吴泽霖：《民族研究文集》，民族出版社 1991 年版。

吴泽霖：《么些人之社会组织与宗教信仰》，1945 年。

相丽均：《村庄公共组织的内源性初探——浙东刘村个案的社会资本诠释》，硕士学位论文，浙江大学公共管理学院，2010 年。

许钧伟：《先秦文观止》，学林出版社 2015 年版。

许烺光：《祖荫下：中国乡村的亲属、人格与社会流动》，南天书局有限公司 2001 年版。

阎云翔等：《礼物的流动》，上海人民出版社 2000 年版。

阎云翔等：《私人生活的变革》，上海书店出版社 2009 年版。

杨逢彬注译，战国孟轲著，杨伯峻：《孟子》，岳麓书社 2000 年版。

杨静等：《行动研究与社会工作》，社会科学文献出版社 2013 年版。

杨懋春：《一个中国村庄》，江苏人民出版社 2001 年版。

杨西孟：《中国合会之研究》，商务印书馆 1935 年版。

姚远：《非正式支持的理论与实践》，知识产权出版社 2005 年版。

叶敬忠等：《静寞夕阳》，社会科学文献出版社 2008 年版。

印光法师：《印光法师文钞续编下》，灵岩山寺弘化社 2008 年版。

俞伟超：《中国古代公社组织的考察》，文物出版社 1988 年版。

曾蔚：《和谐生态，从心开始——佛教生态伦理的建构》，硕士学位论文，复旦大学，2009 年。

曾运乾等：《尚书》，上海古籍出版社 2015 年版。

赵永波：《小组工作在癌症患者心理治疗中的应用研究》，硕士学位论文，苏州大学，2016 年。

张彩华：《农村互助养老——幸福院的案例与启示》，社会科学文献出版社 2020 年版。

张瀚亓：《差序格局视域下大连市老年人精神养老服务体系构建研究》，硕士学位论文，辽宁师范大学，2020 年。

张纪仲：《中国长寿大典》，华龄出版社 2003 年版。

张恺悌等：《美国养老》，中国社会出版社 2010 年版。

张恺悌等：《新加坡养老》，中国社会出版社 2014 年版。

张乐天：《告别理想：人民公社制度研究》，上海人民出版社2005年版。
张时飞：《上海癌症自助组织研究：组员参与、社会支持和社会学习的增权效果》，博士学位论文，香港：香港中文大学，2001年。
张有春：《贫困、发展与文化：一个农村扶贫规划项目的人类学考察》，民族出版社2014年版。
章有义：《中国近代农业史资料—第三辑（1927—1937）》，生活·读书·新知三联书店1957年版。
郑杭生等：《社会学概论新修》，中国人民大学出版社2007年版。
郑红：《互助养老与社区时间货币》，中国经济出版社2019年版。
中国青少年发展基金会等：《处于十字路口的中国社团：中国第三部门研究年鉴（2000）》，天津人民出版社2001年版。
中国社会科学院语言研究所词典编辑室：《现代汉语词典》，商务印书馆1989年版。
周帅：《宗教志愿者参与临终关怀的实践经验与借鉴研究》，南京理工大学2017年版。
周婷婷：《20世纪上半期山东乡村互助研究》，山东大学2012年版。
周秀玲：《癌症患者的自助组织参与与社会支持利用》，硕士学位论文，上海师范大学，2016年。
朱俊丰：《民国时期乡村婚丧互助组织研究》，硕士学位论文，华中师范大学，2012年。
朱洗：《互助论》，平明书店1948年版。
庄孔韶等：《"离别"东南：一个汉人社会人类学的分解与组合研究》，中国社会科学出版社2020年版。

二　中文译著

［法］阿兰·图海纳：《行动者的归来》，商务印书馆2008年版。
［美］阿图·葛文德：《最好的告别》，浙江人民出版社2015年版。
［法］埃米尔·涂尔干：《社会分工论》，渠东译，生活·读书·新知三联书店2000年版。
［法］菲利普·亚当、克洛迪娜·赫尔兹里奇：《疾病与医学社会学》，天津人民出版社2005年版。

［俄］克鲁泡特金：《互助论：进化的一个要素》，商务印书馆 2009 年版。
［英］莫里斯·弗里德曼：《中国东南的宗族组织》，上海人民出版社 2000 年版。
［日］日本 NHK 特别节目录制组：《无缘社会》，上海译文出版社 2014 年版。
［美］苏珊·桑塔格：《疾病的隐喻》，上海译文出版社 2003 年版。
［美］詹姆斯·C. 斯科特：《农民的道义经济学》，译林出版社 2001 年版。

三　期刊、报纸

巴金：《互助论序言》，《自由中国（汉口）》1941 年第 1 期。

白剑峰：《善终也是一种权利》，《中国医学人文》2017 年第 5 期。

贝多广、罗煜：《补充性货币的理论、最新发展及对法定货币的挑战》，《经济学动态》2013 年第 9 期。

本刊编辑部：《2017 年中国最新癌症数据》，《中国肿瘤临床与康复》2017 年第 5 期。

毕向阳、晋军、马明洁等：《单位动员的效力与限度——对我国城市居民"希望工程"捐款行为的社会学分析》，《社会学研究》2010 年第 6 期。

卜艳艳：《农村留守老人心理状况的研究综述》，《湖北开放职业学院学报》2019 年第 14 期。

蔡少卿：《关于天地会的起源问题》，《北京大学学报》（人文科学）1964 年第 1 期。

曹曙红：《"上海佛教界迎世博环保论坛"在玉佛寺举行》，《法音》2010 年第 5 期。

陈功、杜鹏、陈谊：《关于养老"时间储蓄"的问题与思考》，《人口与经济》2001 年第 6 期。

陈功：《中国特色：时间银行的本土化创新》，《探索与争鸣》2019 年第 8 期。

陈洪：《盂兰盆会起源及有关问题新探》，《佛学研究》1999 年。

陈洁：《民间志愿服务组织管理情况探析——以上海市癌症康复俱乐部为例》，《社会福利》（理论版）2013 年第 10 期。

陈津利、莫邦豪、冯可立：《乳腺癌患者在自助组织中的情感支持：一个探索性的研究》，《Hong Kong Journal of Social Work》2003 年第 2 期。

陈美球、廖彩荣:《农村集体经济组织:"共同体"还是"共有体"?》,《中国土地科学》2017年第6期。

陈体标:《时间银行的基本规律与货币逻辑》,《探索与争鸣》2019年第8期。

陈向明:《什么是"行动研究"》,《教育研究与实验》1999年第2期。

陈勋:《乡村社会力量何以可能:温州老人协会研究》,浙江省社会学学会第六届会员代表大会暨2010年学术年会,2010年。

陈艳、邬力祥:《农村老年人精神健康的公共卫生服务资源特征及政府责任》,《求索》2016年第12期。

陈友华:《人口红利与人口负债:数量界定、经验观察与理论思考》,《人口研究》2005年第6期。

陈友华:《时间银行的性质与运营问题》,《探索与争鸣》2019年第8期。

陈增春、陈其中:《福州市区1973—1987年恶性肿瘤死亡率的变化》,《福建医科大学学报》1989年第3期。

陈昭:《膳与善:素食斋饭作为安养文化的根隐喻——基于佛教安养院的饮食人类学考察》,《思想战线》2018年第3期。

陈昭、高良敏:《寺院养老的灵性生活秩序:从俗智到圣智的转变》,《思想战线》2019年第2期。

陈志斌、起建凌:《农村互助养老模式探讨——以邢台县互助幸福院为例》,《当代经济》2014年第17期。

答旦:《中国自杀研究五十年》,《医学与社会》2001年第4期。

邓棣今:《心理干预对老年慢性病患者焦虑、抑郁状态的影响》,《中国社区医师》2019年第23期。

邓俊丽:《社会治理创新视域下的互助养老及地方路径研究——一项对内蒙古农牧区幸福院的调查》,《前沿》2016年第3期。

全国人民代表大会,《第十二届全国人民代表大会第一次会议关于国务院机构改革和职能转变方案的决定》,《中华人民共和国全国人民代表大会常务委员会公报》2013年第2期。

董树梅:《主动,行动研究之魂——对行动研究本质的思考》,《天津师范大学学报》(基础教育版)2014年第2期。

杜鹏、王红丽:《老年人日常照料角色介入的差序格局研究》,《人口与发展》2014 年第 5 期。

方静文：《从互助行为到互助养老》，《中南民族大学学报》（人文社会科学版）2016 年第 5 期。

方静文：《超越家庭的可能：历史人类学视野下的互助养老——以太监、自梳女为例》，《思想战线》2015 年第 4 期。

方静文、齐腾飞：《老年临终关怀：来自佛教安养院的启示》，《思想战线》2018 年第 3 期。

费孝通：《论中国家庭结构的变动》，《天津社会科学》1982 年第 3 期。

费孝通：《家庭结构变动中的老年赡养问题——再论中国家庭结构的变动》，《北京大学学报》（哲学社会科学版）1983 年第 3 期。

费孝通：《三论中国家庭结构的变动》，《北京大学学报》（哲学社会科学版）1986 年第 3 期。

冯兵、黄俊棚：《隋唐五代时期"行"与城市工商业管理》，《河北学刊》2017 年第 6 期。

福建省民政厅理论研究组：《社会保障组织的一种新形式——福建省老人会的调查分析》，《福建论坛》（经济社会版）1987 年第 5 期。

冯叶露：《"抱团养老"政策探索研究——基于"农村互助养老幸福院"与"城市老人自发抱团生活"的实例分析》，《管理观察》2019 年第 4 期。

甘满堂：《福建村庙文化与社区公共生活》，《宗教与民族》2014 年第 4 期。

甘满堂、娄晓晓、刘早秀：《互助养老理念的实践模式与推进机制》，《重庆工商大学学报》（社会科学版）2014 年第 4 期。

甘满堂：《乡村草根组织与社区公共生活——以福建乡村老年协会为考察中心》，《福建行政学院福建经济管理干部学院学报》2008 年第 1 期。

甘满堂：《传统宗教文化与中国企业家慈善事业——以胡润百富慈善榜闽籍企业家群体为研究对象》，《世界宗教文化》2011 年第 2 期。

甘满堂、邱玮、吴家玲：《老年协会办食堂与农村社区居家养老服务创新——以福建省南安市金山村为例》，《社会福利》（理论版）2014 年第 12 期。

甘满堂、王瑶：《福建乡村老年协会承办社区居家养老服务的模式》，《福州大学学报》（哲学社会科学版）2019 年第 5 期。

甘满堂、吴杏兰：《乡村老年人协会规范化建设指标体系设计探索——以民政部福彩公益金资助项目为例》，《社会福利》（理论版）2016 年第

5 期。

甘颖:《农村养老与养老自组织发展》,《南京农业大学学报》(社会科学版) 2020 年第 2 期。

干咏昕:《中国民间互助养老的福利传统回溯及其现代意义》,《今日中国论坛》2013 年第 7 期。

高和荣:《互助:时间银行养老的基础与挑战》,《探索与争鸣》2019 年第 8 期。

高和荣、张爱敏:《中国传统民间互助养老形式及其时代价值——基于闽南地区的调查》,《山东社会科学》2014 年第 4 期。

高利平、孔丹:《山东省老年人口居家养老调查研究》,《山东社会科学》2009 年第 2 期。

高灵芝:《农村社区养老服务设施定位和运营问题及对策》,《东岳论丛》2015 年第 12 期。

高强、李洁琼、孔祥智:《日本高龄者"孤独死"现象解析及对中国的启示》,《人口学刊》2014 年第 1 期。

龚尤倩、夏林清:《行动研究的社会探究之道——以台湾社工专业实践为例》,《中国农业大学学报》(社会科学版) 2017 年第 3 期。

谷永诚:《弘扬汉传佛教环保主义》,2012 年。

桂世勋:《志愿服务:时间银行养老的悖论与破解》,《探索与争鸣》2019 年第 8 期。

国务院:《志愿服务条例》,《中华人民共和国国务院公报》2017 年第 26 期。

郭佩:《日本养老看护服务体系的重构——以"看护四边形"理论为视角》,《东北亚学刊》2019 年第 6 期。

郭于华:《传统亲缘关系与当代农村的经济、社会变革》,《读书》1996 年第 10 期。

郭于华:《代际关系中的公平逻辑及其变迁:对河北农村养老事件的分析》,《中国学术》2001 年第 4 期。

国家统计局:《中华人民共和国 2019 年国民经济和社会发展统计公报》,2019 年。

国务院办公厅:《国务院办公厅关于推进养老服务发展的意见》,《中华人民共和国国务院公报》2019 年第 12 期。

韩凌轩：《关于五四时期具有初步共产主义思想的知识分子的几个问题》，《近代史研究》1983年第2期。

韩振秋：《我国农村幸福院问题、成因及对策——基于五省调研数据分析》，《学术探索》2020年第5期。

郝亚亚、毕红霞：《我国农村社区互助养老模式研究综述》，《老龄科学研究》2017年第2期。

何慧丽：《新乡村建设试验在兰考》，《开放时代》2005年第6期。

何建明：《人间佛教的百年回顾与反思——以太虚、印顺和星云为中心》，《世界宗教研究》2006年第4期。

何兆泉：《宋代浙江佛教与地方公益活动关系考论》，《浙江社会科学》2009年第10期。

贺文乐：《改造传统：晋西北抗日根据地的农业劳动互助》，《太原理工大学学报》（社会科学版）2018年。

贺雪峰：《互助养老：中国农村养老的出路》，《南京农业大学学报》（社会科学版）2020年第5期。

洪修平：《太虚与近代佛教的革新运动及人间佛教的提倡》，《佛学研究》1994年。

郇建立：《乡村慢性病人的生活世界——基于冀南沙村中风病人的田野考察》，《广西民族大学学报》（哲学社会科学版）2012年第2期。

郇建立：《病人照料与乡村孝道——基于冀南沙村的田野考察》，《广西民族大学学报》（哲学社会科学版）2013年第1期。

蒋英菊：《苏村的互助——乡村互惠交换体系的人类学分析（上）》，《广西右江民族师专学报》2004年第1期。

金志霖：《试比较中英行会的组织形式——兼论中国行会的特点》，《华东师范大学学报》（哲学社会科学版）2006年第3期。

景军、余成普：《遭遇公田悲剧的生命赠予——对血荒的新分析》，《探索与争鸣》2014年第8期。

景军、张杰、吴学雅：《中国城市老人自杀问题分析》，2011年。

景军、赵芮：《互助养老：来自"爱心时间银行"的启示》，《思想战线》2015年第4期。

兰继华：《创新内蒙古农村牧区养老模式——化德县互助幸福院调研报告》，

《实践》（思想理论版）2015年第3期。

李桂芝：《浅淡"行动研究法"》，《北京青年政治学院学报》2002年第2期。

李炯英：《行动研究：概述、理据及应用》，《四川外语学院学报》2003年第6期。

李强：《清河实验：基层社会治理创新研究》，《中国机构改革与管理》2015年第8期。

李俏、刘亚琪：《农村互助养老的历史演进、实践模式与发展走向》，《西北农林科技大学学报》（社会科学版）2018年第5期。

李小云、齐顾波、徐秀丽：《行动研究：一种新的研究范式?》，《中国农村观察》2008年第1期。

李欣、刘红燕：《高血压、糖尿病前期的老年患者人群焦虑抑郁现状及影响因素分析》，《中华保健医学杂志》2019年第4期。

李玉华：《佛教对中国殡葬文化的影响》，《社会福利》2001年第3期。

梁巧惠：《城镇社区老年群体"互助养老"模式研究》，《经济视角（下）》2012年第12期。

梁容：《人间佛教的全球化与地域化之论述——论人间佛教的生态实践》，《第三届两岸四地佛教学术研讨会》2009年。

梁肖月、罗家德：《大栅栏街道社区自组织培育历程研究》，《城市建筑》2018年第25期。

刘东山：《试探佛教的"心灵环保"思想》，《福州大学学报》（哲学社会科学版）2004年第3期。

刘精明、李路路：《阶层化：居住空间、生活方式社会交往与阶层认同——我国城镇社会阶层化问题的实证研究》，《社会学研究》2005年第3期。

刘理生：《癌症患者的心态》，《中国保健营养》1995年第9期。

刘廷兰：《汉代民众互助行为在当代全面脱贫中的现实意义》，《河西学院学报》2017年第6期。

刘文、焦佩：《国际视野中的积极老龄化研究》，《中山大学学报》（社会科学版）2015年第1期。

刘训智：《广西恭城瑶族习惯法中的老人会制度研究》，《广西民族研究》2015年第5期。

刘艳、于阳：《农村互助养老模式研究——以肥乡县互助幸福院为例》，《山西农经》2020年第22期。

刘燕舞：《农村老年人自杀及其危机干预（1980—2009）》，《南方人口》2013年第2期。

刘燕舞：《农民自杀研究》，社会科学文献出版社2014年版。

刘亿、吴奇超：《经济转型期家庭社会资本与"空巢"老人养老问题研究》，《市场论坛》2006年第10期。

柳夕浪：《反思行动研究》，《山东教育科研》2002年第10期。

林永萍、孙桂兰：《群体抗癌让更多的癌症患者康复》，《抗癌之窗》2011年第1期。

卢晖临：《老人会的故事》，《中国改革》（农村版）2004年第4期。

鲁可荣、楼海波：《浙江省农村老年协会建设与管理现状及促进政策》，《社团管理研究》2012年第7期。

鹿美华、王蕾：《发挥社区民间组织优势 创建社区互助养老新模式》，《中国民政》2007年第10期。

马贵侠：《论"时间银行"模式在居家养老中的应用》，《南京理工大学学报》（社会科学版）2010年第6期。

马陵合：《城市特殊群体社会救助制度的历史考察——以人力车夫为例的研究》，《近代史学刊》2007年。

买文兰：《中国农村家族势力复兴的原因探析》，《华北水利水电学院学报》（社科版）2001年第3期。

孟丹：《河北省农村社区互助式养老模式研究——以肥乡"互助幸福院"为例》，《时代金融（中旬）》2016年第12期。

缪方明：《注重"心灵环保"的当代人间佛教——圣严法师人间佛教思想之探析》，《宗教学研究》2006年第1期。

缪方明、于姝：《台湾人间佛教发展考察》，《宗教学研究》2009年第3期。

穆光宗：《老龄人口的精神赡养问题》，《中国人民大学学报》2004年第4期。

穆光宗：《丧失和超越：寻求老龄政策的理论支点》，《市场与人口分析》2002年第4期。

南玉泉、张志京：《再论周人的结婚年龄》，《北京理工大学学报》（社会科学版）2004 年第 6 期。

潘鸿雁：《一个社会组织的生存策略与价值意义——对 X 区癌症康复俱乐部的考察》，《天府新论》2013 年第 4 期。

潘丽萍：《民间社团的社会话语身份研究——民间抗癌俱乐部话语身份建构分析》，《外语学刊》2008 年第 6 期。

裴晓梅：《从"疏离"到"参与"：老年人与社会发展关系探讨》，《学海》2004 年第 1 期。

彭正波、王凡凡：《西南民族地区农村社会组织参与村寨治理的路径分析——以贵州西江千户苗寨"老人会"为例》，《贵州民族研究》2017 年第 10 期。

齐学红：《研究者的立场问题——一个知识社会学的视角》，《上海教育科研》2003 年第 8 期。

祁麟、李红、窦孟朔：《农村新型互助养老模式探析——以河北省平乡县幸福院为例》，《邢台学院学报》2014 年第 1 期。

冉万里：《略论唐代僧尼的葬制》，《乾陵文化研究》2005 年。

任杰慧：《把"无缘"变"有缘"：中国农村养老模式研究》，《西南民族大学学报》（人文社科版）2018 年第 7 期。

任燕：《对教育行动研究理论的认识与理解》，《延安职业技术学院学报》2009 年第 2 期。

阮云星、张婧：《村民自治的内源性组织资源何以可能？——浙东"刘老会"个案的政治人类学研究》，《社会学研究》2009 年第 3 期。

山田明尔（日本）：《印度早期的佛教与丧葬》，《东南文化》，1992 年。

沈关宝：《从民间互助到社会保障的制度改革与观念转变》，《探索与争鸣》1993 年第 3 期。

沈原：《"强干预"与"弱干预"：社会学干预方法的两条途径》，《社会学研究》2006 年第 5 期。

石田浩（日本）：《内山雅生著『中国華北農村経済研究序説』》，《アジア研究》2014 年第 37 期。

史薇：《澄清对"积极老龄化"的三个认识误区》，《劳动保障世界》2020 年第 9 期。

释常惺：《中国佛教徒护国和平之意义》，《佛海灯》1937 年第 7 期。

舒远招:《互助论进化伦理学——克鲁泡特金的"进化伦理学"构想》,《山西师大学报》(社会科学版)2008年第5期。

苏绣冠、吴继霞、范晓晖:《实施同伴评估:一个行动研究方法》,《苏州大学学报》2005年第6期。

孙薇薇、董凯悦:《从殊途到同归:案例中基层权力非正式运作的未预结局》,《思想战线》2020年第3期。

孙薇薇、景军:《乡村共同体重构与老年心理健康——农村老年心理干预的中国方案》,《社会学研究》2020年第5期。

孙薇薇、聂瑞:《家庭养老困境中的"诉苦"——基于农村老年人心理干预的探索性研究》,《云南大学学报》(社会科学版)2020年第1期。

孙亚玲、傅淳:《行动研究的几个理论问题》,《学术探索》2004年第1期。

孙永浩:《我国农村幸福院养老服务问题与对策——基于对S省B市调研》,《山东行政学院学报》2019年第5期。

谭同学:《亲缘、地缘与市场的互嵌——社会经济视角下的新化数码快印业研究》,《开放时代》2012年第6期。

唐踔、兰瑞芳:《农村幸福院建设的创新实践探讨——以贺州市为例》,《河北工程大学学报》(社会科学版)2014年第2期。

唐咏:《高龄失能老人主要照顾者心理健康与长期照护体系的建立》,《学术论坛》2012年第9期。

汪苗、肖国华:《试述癌症患者的社会支持》,《医学与哲学(A)》2012年第8期。

王汉生、刘世定、孙立平等:《"浙江村":中国农民进入城市的一种独特方式》,《社会学研究》1997年第1期。

王凯强、白羽、常翰玉等:《论我国生前预嘱的立法保护》,《医学与哲学》2017年第11期。

王铭铭:《幸福,自我权力和社会本体论:一个中国村落中"福"的概念》,《社会学研究》1998年。

王伟进:《互助养老的模式类型与现实困境》,《行政管理改革》2015年第10期。

王勇:《论汉代下层民众的互助活动》,《中国社会经济史研究》2009年第1期。

王泽淮：《时间银行——社区志愿者服务的新形式》，《社区》2003年第12期。

王昭茜、翟绍果：《老年人精神健康的需求意愿、影响因素及社会支持研究》，《西北人口》2018年第5期。

王忠信：《农村互助幸福院建设中的问题与对策》，《中国集体经济》2018年第18期。

魏德东：《佛教的生态观》，《中国社会科学》1999年第5期。

魏瑞雪：《青岛市四方区——创建互助养老新模式》，《社会福利》2008年第2期。

魏赞道：《中国癌症康复事业的回顾与发展途径探讨》，《中国康复医学杂志》2007年第8期。

温锐、蒋国河：《20世纪90年代以来当代中国农村宗族问题研究管窥》，《福建师范大学学报》（哲学社会科学版）2004年第4期。

文军：《中国社会组织发展的角色困境及其出路》，《江苏行政学院学报》2012年第1期。

邬沧萍、姜向群：《"健康老龄化"战略刍议》，《中国社会科学》1996年第5期。

吴言生：《深层生态学与佛教生态观的内涵及其现实意义》，《中国宗教》2006年第6期。

吴义昌：《行动研究法的历史演变及其对我国中小学教师研究的启示》，《徐州师范大学学报》2000年第2期。

夏乐敏：《从"五年生存率"谈起》，调研世界2013年第6期。

肖景榕、陈增春、张其忠等：《福州市区恶性肿瘤发病高峰年龄分析》，《数理医药学杂志》2000年第2期。

肖水源、杨德森：《社会支持对身心健康的影响》，《中国心理卫生杂志》1987年第4期。

萧贞贞：《从佛教谈现代的环保》，《浙江学刊》2011年第3期。

徐大丰：《时间银行中的承兑风险与保证机制》，《探索与争鸣》2019年第8期。

徐俊、俞宁：《中国空巢老人"孤独死"现象研究——基于网络媒体报道的内容分析》，《北京社会科学》2015年第7期。

徐凌、陈茜、张雪梅：《老年人照顾者照顾困难情况及其影响因素分析》，《现代临床护理》2017 年第 4 期。

徐天基：《村落间的仪式互助——以安国县庙会间的"讲礼"系统为例》，《宗教人类学》2013 年。

许加明：《"时间银行"模式应用于居家养老互助服务的思考》2015 年。

许鹿、杨朵：《协同治理视域下农村幸福院养老服务供给的运行逻辑——以贵阳市农村幸福院为例》，《贵阳市委党校学报》2019 年第 2 期。

薛江谋：《星云人间佛教的环保思想探析》，《南京林业大学学报》（人文社会科学版）2014 年第 4 期。

亚森江：《农村幸福院互助养老存在问题及对策研究——以新疆维吾尔自治区哈密农村幸福院为例》，《社会福利》（理论版）2019 年第 2 期。

颜廷健：《社会转型期老年人自杀现象研究》，《人口研究》2003 年第 5 期。

杨红燕：《去商品化与去家庭化：老年照护服务体制的国际比较——以欧洲 14 个典型国家为例》，《江淮论坛》2019 年第 2 期。

杨丽云：《农村天主教徒互惠行为研究：以金秀江洲村为例》，《广西民族学院学报》（哲学社会科学版）2004 年第 6 期。

杨森：《晚唐五代两件〈女人社〉文书札记》，《敦煌研究》1998 年第 1 期。

杨述超：《常人方法学的基本主张及其内在逻辑》，《天府新论》2020 年第 5 期。

叶小文：《赵朴初先生的"无尽意"》，《北京文摘》2017 年。

于继增：《中国最后的女词人吕碧城》，《文史精华》2008 年第 9 期。

余瑞萍：《农村老年协会的功能与发展困境分析——基于社区发展的视角》，《闽南师范大学学报》（哲学社会科学版）2014 年第 1 期。

俞可平：《中国公民社会：概念、分类与制度环境》，《中国社会科学》2006 年第 1 期。

袁书华：《供需视角下农村幸福院可持续发展对策探究——以山东省 LY 县幸福院调研为例》，《山东师范大学学报》（人文社会科学版）2019 年第 1 期。

袁同成：《"义庄"：创建现代农村家族邻里互助养老模式的重要参鉴——基于社会资本的视角》，《理论导刊》2009 年第 4 期。

张春忠、林文銮：《福州市区 1988—1993 年肿瘤发病趋势分析》，《肿瘤防治研究》1996 年第 6 期。

张健、李放：《农村互助养老的成效及价值探讨——以河北省 F 县农村互助幸福院为例》，《社会福利》（理论版）2017 年第 3 期。

张静：《依托幸福院打造村级养老服务平台》，《中国民政》2019 年第 3 期。

张玲玲、刘永芳、张茜：《行动研究——欺负干预的适宜运作模式》，《山东师范大学学报》（人文社会科学版）2004 年第 3 期。

张岭泉、邬沧萍：《应对人口老龄化——对"接力"模式和"反哺"模式的再思考》，《北京社会科学》2007 年第 3 期。

张敏杰：《论"家庭养老"模式》，《浙江学刊》1987 年第 3 期。

张秋凌：《"行动研究"述评》，《内蒙古师范大学学报》（教育科学版）2001 年第 3 期。

张新梅：《家庭养老研究的理论背景和假设推导》，《人口学刊》1999 年第 1 期。

张雄：《上海癌症俱乐部的"群体抗癌"机制及其组织发展问题》，《华东理工大学学报》（社会科学版）2000 年第 2 期。

张有才：《往生与临终关怀——佛教净土宗的生命伦理观》，《五台山研究》2006 年第 3 期。

张友琴：《老年人社会支持网的城乡比较研究——厦门市个案研究》，《社会学研究》2001 年第 4 期。

赵凤：《社会支持与健康：一个系统性回顾》，《西北人口》2018 年第 5 期。

赵朴初：《佛教常识答问》，《法音》1981 年第 4 期。

赵朴初：《中国佛教协会三十年——在中国佛教协会第四届理事会第二次会议上》，《法音》1983 年第 6 期。

赵志强：《河北农村互助养老模式分析》，《合作经济与科技》2012 年第 10 期。

郑金洲：《行动研究：一种日益受到关注的研究方法》，《上海高教研究》1997 年第 1 期。

郑荣寿、孙可欣、张思维等：《2015 年中国恶性肿瘤流行情况分析》，《中华肿瘤杂志》2019 年第 1 期。

郑颂英：《当前佛教三大事》，《佛教文化》2001 年第 2 期。

郑永福：《近代中国民事习惯中的合会与互助会》，《郑州大学学报》（哲学社会科学版）2006 年第 6 期。

钟仁耀、王建云、张继元：《我国农村互助养老的制度化演进及完善》，《四川大学学报》（哲学社会科学版）2020 年第 1 期。

周爱萍：《社会参与视野下福建农村老人会研究——以福建省蒜岭村老人会为例》，《绥化学院学报》2013 年第 11 期。

周爱萍：《蒜岭村老人会对农村留守老人情感的支持作用研究》，《学会》2012 年第 1 期。

周海旺、沈妍：《老龄化时代城市养老的时间储蓄与公益志愿——以上海为例》，《上海城市管理》2013 年第 1 期。

周红云：《社会资本：布迪厄、科尔曼和帕特南的比较》，《经济社会体制比较》2003 年第 4 期。

周育国：《实用主义的哲学创新与启示》，《社会科学战线》2003 年第 5 期。

朱虹：《乡村宗族文化兴起的社会学分析》，《学海》2001 年第 5 期。

朱建宏：《成功老龄化的研究概况》，《中国老年学杂志》2008 年第 7 期。

朱婧：《小组工作模式在癌症康复中的效用——以南京癌友协会为例》，《呼伦贝尔学院学报》2016 年第 24 期。

四 外文文献

Adamsen L., Rasmussen J M. "Sociological Perspectives on Self-help Groups: Reflections on Conceptualization and Social Processes", *Journal of Advanced Nursing*, No. 35, Vol. 6, 2001, pp. 909 – 917.

Affairs D0EA, Division P., *World Population Prospects: The 2015 Revision*, United Nations, 2015.

Antze, P., "The Role of Ideologies in Peer Psychotherapy Organizations: Some Theoretical Considerations and Three Case Studies", *The Journal of Applied Behavioral Science*, Vol. 12, NO. 3, 1976, pp. 323 – 346.

Arber S, Evandrou M., "Mapping the territory: Ageing, independence and the life course", *Jessica Kingsley for the British Society of Gerontology*, 1993.

Baskerville, Richard and Pries-Heje, "Jan: Crounded Action Research, Accounting Management and Information Technologies", *Accounting, Management and Information Technologies*, Vol. 9, No. 1, 1999, pp. 1 – 23.

Borman, Leonard, "Action anthropology and the self-help/mutual aid movement", in Robert Hinshaw edited, *Currents in Anthropology: Essays in Honor of sol Tax*, Berlin: walter deCruyter, 1979, pp. 487 – 513.

Burnette C, Ramchand R, Ayer L., "Gatekeeper Training for Suicide Prevention: A Theoretical Model and Review of the Empirical Literature", *Rand Health Quarterly*, Vol. 5, NO. 1, 2015, p. 16.

Bury M., "The sociology of chronic illness: a review of research and prospects", *Sociology of Health &Illness*, Vol. 13, NO. 4, 1991, pp. 451 – 468.

Cahn E S., "Time dollars, work and community: from 'why?' to 'why not?'", *Futures*, Vol. 31, NO. 5, 1999, pp. 499 – 509.

Cahn E S, Gray C., "The Time Bank Solution", *Stanford Innovation Review*, Vol. 13, No. 3, 2015, pp. 41 – 45.

Camille, B., Wortman, et al. Social Support and the Cancer Patient: Conceptual and Methodological Issues", *Cancer*, No. 53, Vol. 10, 1984, pp. 2339 – 2360.

Chesler M., "Professionals' Views of the 'Dangers' of Self-Help Groups", *Crso Working Paper*, 1987.

Corbin J M, Strauss A., *Unending Work and Care: Managing Chronic Illness at Home*, San Francisco & London: Jossey-Bass, 1988.

Cornwall A, Jewkes R., "What is Participatory Research?", *Social Science & Medicine*, Vol. 41, 1995, pp. 1667 – 1676.

Cumming B E, Henry W E., *Growing Old, the Process of Disengagement*, New York: Basic Books, 1961.

Cutrona C E, Russell D W., "Type of social support and specific stress: Toward a theory of optimal matching", in Sarason Barbara et al., *Social support: An Interactional view*, New York: John Wiley & Sons, 1990.

Dept of Health, *National service Framework for Older People*, UKCovernment, 2001.

Diener E, Lucas R., "Explaining Differences in Societal Levels of Happiness: Relative Standards, Need Fulfillment, Culture, and Evaluation Theory", *Journal of Happiness Studies*, No. 1, 2000, pp. 41 – 78.

Elliott J., *Action research for educational change*, Open University Press, 1991.

Feenberg A L, Licht J M, Kane K P, et al., "The online patient meeting", *Journal of the Neurological Sciences*, Vol. 139, 1996, pp. 129 – 131.

Findlay, Robyn A., "Interventions to reduce social isolation amongst older people: where is the evidence?", *Ageing & Society*, Vol. 23, No. 5, 2003, pp. 129 – 131.

Florio E R, Raschko R., "The Gatekeeper Model", *Journal of Aging & Social Policy*, Vol. 10, No. 1, 1998, pp. 1 – 19.

Gartner A, Riessman F., *Self-help in the human services*, San Francisco: Jossey-Bass, 1977.

Glassman M., "Mutual Aid Theory and Human Development: Sociability as Primary", *Journal for the Theory of Social Behaviour*, Vol. 30, No. 4, 2000, pp. 391 – 412.

Goodwin, Pamela J., "Group support in breast cancer: realistic hope, realistic benefits", *Expert Review of Anticancer Therapy*, Vol. 2, No. 2, 2002, pp. 135 – 136.

Habermann U, *Det TredieNetvñrk (The Third Network)*, Copenhagen: Academic Press, 1987.

Helen, Cleak, Judith, et al., "Social Networks and Use of Social Supports of Minority Elders in East Harlem", *Social Work in Health Care*, Vol. 38, No. 1, 2004, pp. 19 – 38.

Henwood M., *Future imperfect? Report of the King's Fund Care and Support Inquiry*, London: The King's Fund, 2001.

Horner B, Boldy D P., "The benefit and burden of 'ageing-in – place' in an aged care community", *Australian Health Review*, Vol. 32, No. 2, 2008, pp. 356 – 365.

Kaufmann, C. L., "The lion's den: social identities and self help groups", *The Community Psychologist*, Vol. 29, No. 1, 1996, pp. 11 – 13.

Katz, Alfred H. and Eugene I. Bender eds., *The Strength in Us: Self-Help Groups in the Modern World*, New York: New Viewpoints, 1976.

Kelleher D., "Coming to terms with diabetes: coping strategies and non-compliance", in *Robert Anderson and Michael Bury* (eds.), Living with chronic illness: the experience of patients and their families, London: Unwin Hyman, 1988, pp. 137 – 155.

Kleinman A., "Concepts and a model for the comparison of medical systems as cultural systems", *Social Science & Medicine Part B Medical Anthropology*, Vol. 12, 1978, pp. 85 – 93.

Kleinman A., *The Illness Narratives: Suffering, Healing, and the Human Condition*, New York: Basic Books, 1988.

Kurrle S E., "End-of-life issues", *Policy Position Paper, Age Concern England*, Vol. 177, No. 1, 2002, pp. 54 – 55.

Kutner L., "Due process of eutanasia: The living will, a proposal", *Indiana Law Journal*, Vol. 44, 1969, p. 44.

Lawton J., *The Dying Process: Patients' Experiences of Palliative Care*, London: Routledge, 2000.

Leach ER., "The Heart of the Matter", *New Society*, No. 21, 1971.

Levine M. "An analysis of mutual assistance", *American Journal of Community Psychology*, Vol. 16, 1972, pp. 167 – 188.

Levy, L. H., "Self-Help Groups: Types and Psychological Processes", *Journal of Applied Behavioral Science*, No. 12, Vol. 1976, pp. 310 – 322.

Lieberman M., "Self-help groups and psychiatry", *American Psychiatric Association Annual Review*, Vol. 5, 1986, pp. 744 – 760.

Little K., "Some Traditionally Based Forms of Mutual Aid in West African Urbanization", *Ethnology*, Vol. 2, No. 1, 1962, pp. 197 – 211.

Lloyd, Liz., "Mortality and morality: ageing and the ethics of care", *Ageing & Society*, Vol. 24, No. 2, 2004, pp. 235 – 256.

L. M. Lesko, J. Ostroff, K. Smith., "Life after cancer treatment: Survival and beyond", in J. C. Holland, L. M. Lesko, M. H. Massie (Eds.), *Current concepts in psycho-oncology*, New York: Memorial Sloan-Kettering Cancer Center, 1991.

Magee S., Kathy Scalzo., *Picking Up the Pieces: Moving Forward after Surviving Cancer*, New Brunswick: Rutgers University Press, 2007.

Mathews H., "Negotiating Cultural Consensus in a Breast Cancer Self-Help Group", *Medical anthropology quarterly*, Vol. 14, 2000, pp. 394 – 413.

Matzat J., "Self-help groups in West Germany Developments of the last decade". *Acta Psychiatrica Scandinavica Supplementum*, Vol. 76, 1987, pp. 42 – 51.

Mauss M., *The Gift: The Form and Reason for Exchange in Archaic Societies*, New York: Norton & Company, 1954.

Miller E J., *Both borrowers and lenders: Time banks and the aged in Japan*, Australasian Journal on Ageing, 2008.

Mok, H. B., "Cancer Self-Help Groups in China: A Study of Individual Change, Perceived Benefit, and Community Impact", *Small Group Research*, Vol. 32, 2001, pp. 115 – 132.

Morgan K LM., "The Anthropology of the Beginnings and Ends of Life", *Annual Review of Anthropology*, Vol. 34, 2005, pp. 317 – 341.

Nan L, Alfred D, M. E W., "Social Support Scales: A Methodological Note", *Schizophrenia Bulletin*, No. 1, 1981, p. 73.

Neuling S J, Winefield H R., "Social support and recovery after surgery for breast cancer: Frequency and correlates of supportive behaviours by family, friends and surgeon", *Social Science & Medicine*, Vol. 27, 1983, pp. 385 – 392.

Radley A., "Style, discourse and constraint in adjustment to chronic illness", *Sociology of Health & Illness*, Vol. 11, No. 3, 2010, pp. 230 – 252.

Rajasekharan Nayar et al., "Self-Help: What Future Role in Health Care for Low and Middle-Income Countries?", *International Journal for Equity in Health*, No. 3, Vol. 1, 2004, p. 1.

Register, M., Elizabeth., "Connectedness in Community-Dwelling Older Adults", *Western Journal of Nursing Research*, No. 4, Vol. 32, 2010, pp. 462 – 479.

Rene Mastrovito., "Emotional Considerations in Cancer and Stroke. In cancer", *New York State Journalof Medicine*, No. 72, Vol. 23, 1972, pp. 2874 – 2877.

Rockwood K, Fox R A, Stolee P, et al., "Frailty in elderly people: an evolving concept", *CMAJ*, Vol. 150, No. 4, 1994, pp. 489 – 495.

Salem D, Reischl T, Randall K., "Helping Mutual Help: Managing the Risks of

Professional Partnerships", in Louis Brown and Scott Wituk, *Mental Health Self-Help: Consumer and Family Initiatives*, New York: Springer, 2010.

Schetter C D., "Social Support and Cancer: Findings Based on Patient Interviews and Their Implications", *Journal of Social Issues*, Vol. 40, 2010, pp. 77 - 98.

Schieffelin E L., *The sorrow of the lonely and the burning of the dancers: Second edition*, Palgrave Macmillan US, 2005.

Schwab J J., "Emotional considerations in cancer and stroke. In stroke", *New York State Journal of Medicine*, Vol. 72, No. 23, 1972, pp. 2877 - 2880.

SetoyamaY, Yamazaki Y, Nakayama K. "Comparing support to breast cancer patients from online communities and face-to-face support groups", *Patient Education &Counseling*, Vol. 85, No. 2, 2011, pp. 95 - 100.

Seyfang G., "Tackling social exclusion with community currencies: learning from LETS to Time Banks", *International Journal of Community Currency Research*, Vol. 6, 2002.

Shepherd M D, Schoenberg M, Slavich S, et al., "Continuum of professional involvement in self-help groups", *Journal of Community Psychology*, Vol. 72, No. 1, 1999, pp. 39 - 53.

Matthew Shepherd et al., "Continuum of Professional Involvement in Self-Help Groups", *Journal of Community Psychology*, Vol. 27, 1999, pp. 39 - 53.

Simmons L., "Attitudes toward aging and the aged; primitive societies", *J Gerontol*, Vol. 1, No. 1, 1946, pp. 72 - 95.

Simmons L., "Aging in Primitive Societies: A Comparative Survey of Family Life and Relationships", *Law and contemporary problems*, Vol. 27, No. 1, 1962.

Simmons L, *The Role of the Aged in Primitive Society*, Yale University Press, 1965.

Strauss, Anselm L., "Chronic Illness and the Quality of Life", *American Journal of Nursing*, Vol. 76, No. 1, 1975, p. 82.

Sung K T., "Family support for the elderly in Korea: continuity, change, future directions, and cross-cultural concerns", *J Aging Soc Policy*, Vol. 12, No. 4, 2001, pp. 65 - 79.

Titmuss, R., *The Gift Relationship—From Human Blood to Social Policy*, London: LSE Books, 1997.

Tracy, S. G., "Self-Help Health Groups: A Grass-Roots Response to a Need for Services", *Journal of Applied Behavioral Science*, Vol. 12, 1976, pp. 381 – 396.

Ussher J, Kirsten L, Butow P, et al., "What do cancer support groups provide which other supportive relationships do not? The experience of peer support groups for people with cancer", *Social Science & Medicine*, Vol. 62, No. 10, 2006, pp. 2565 – 2576.

Wallace, Anthony F. C., "studies in Ethnomethodology (review of Harold Carfinkxs work)", *American sociological Review*, Vol. 33, No. 1, 1968, pp. 124 – 126.

Wallace, M. J., "Action Research: A Framework of Self Evaluation", *Cambridge Institute of Education*, Vol. 1, 1998.

Wallston B S, Alagna S W, Devellis B M, et al., "Social support and physical health", *Health Psychology*, Vol. 2, No. 4, 1983, pp. 367 – 391.

Yaskowich, K. M., "Cancer narratives and the cancer support group", *J Health Psychol*, Vol. 8, 2003, pp. 720 – 737.

Zheng R, Zeng H, Zhang s, et al., "National estimates of cancer prevalence in China, 2011", *Cancer Letters*, No. 370, Vol. 1, 2016, pp. 33 – 38.

Zola I K., "Self, identity and the naming question: Reflections on the language of disability", *Social Science & Medicine*, Vol. 36, 1993, pp. 167 – 173.

李鸿章未刊书札四通

程道德 整理

编者按： 本篇所录四函，均为李鸿章致其兄李瀚章的私人信函，时间虽不连贯，然于当时政情、军情均有相当反映，亦反映了李鸿章的真实思想。查已刊李鸿章资料，均未收录，今刊出，冀于相关研究有所补益。

一

哥哥大人左右：

连接八月初五、初七日八十五、六号手书，敬悉慈躬强健，阃署顺平为慰。七月初八以前所寄家信已到。八月初一驿递一书，初六、十八交成俞卿、孔戈什各带一函，计亦接收矣。

倭使大久保①抵都月余，与总署往复驳辨，迄无成议。兹将十七、八等日各照会稿抄呈，可知大略。廿五日大久保、柳原②同至总署晤谈，翻来复去，总以番境为无主、野蛮，无中国所设官与兵，确据府志等书，悉不足凭云。拟即日回国。看此情形，决裂恐不能免。柳原催觐，复以展觐为和好，称兵为不和好，必须台事议定，即奏请办理。似大久保之去，是占番

---

① 大久保利通，日本人，1874年以特使身份来华与清政府签订结束日军侵略台湾问题的《中日北京专条》。
② 即柳原前光，1874年为日本第一任驻华公使。

境不退兵之象。柳原若不得觐而去，以我为轻藐其国书，或是全局失和，扰我各口之渐。各国公使皆欲允给兵费为调停之计。昨法使过津，弟告以此层万不能行，允与各使商议。闻英使持之甚力。将来若令伊等转圜，即换名目，其数目仍是兵费行径。总署意极为难，诚未知如何结局耳。前总署函商定购马梯呢后门枪，来往信稿抄呈。枪炮铁船为海防急务，各省既不讲求，武将亦多粗率，良可危惧。兄在鄂虽防务稍松，然军实亦须时时加意也。

又，幼丹抄寄七月廿九日折片及上总署函、复柳原文并抄呈览。幼丹洋务军务渐已入门，志气强劲，洵推一时健者。闻瑞相病已垂危，若能承乏，亦海疆之长城。仲仙来函，决计引退，为周达武饷事所迫。前请荳拨廿万，似难应命，未便相强。内召数公，只沅翁启行有日。厚庵闻以亲老辞，筠仙闻仍引疾，确否？雨生云，俟秋冬之交再出都，人多不谓然，似亦难于位置。秦晋两抚皆将销假，翁玉甫尚无缺眼，沅翁或有入蜀之望耶。子务全军已抵沛宁，月协二万，前据鄂台禀饬裁减，来单核为五千余两，已算宽裕。惟该军自省三统率西征，局面大开，所收闲散员弁过多。子务人太宽厚，颇以裁遣为难。带兵人最不敢刻薄营混。此辈月得数金、十数金，便觉终身之靠，明知养闲虚縻，亦犹持家者，由奢入俭难也。仁山谓与子务商定具禀，自是体卹军情之意。雨棠至扬，能即裁酌会禀否？即添协若干，弟必批令将报效无用员弁逐渐裁减，将来仍收到张秋驻防局面为妥策。尊论鄂台暂缓裁并，亦是稳著。但嫌鄂、扬相去已远，距直更远，前后气脉久不甚贯。兄在鄂一日台留一日，尚可就近招呼。蔗农才分本短，驻关遥制，更属渺茫，不过藉虚名以羁縻之。即仁山才具虽好，圆通活动，官气尤重，亦不甚放心，惟系旧人，情形熟悉，只得将就敷衍。鄂台既暂不裁，扬局报销自应仍旧禀办。雨棠谨守有余，其于各路盈虚亦恐未甚筹画，望时加策励为要。

军兴年久，文武多疲，苶无志气，无长进，文正师所谓暮气是也。可惧可恨。李光昭拟斩监候，已照准。朝论舆评称快，将来须入情实。十次免勾，例得减等。彼已六十八岁，其能久活。洋木奏明作海防炮架，园工已停，无须转解，鄂、湘采办之木似亦应停缓也。圣心未始不稍怜惜，无如国法定例。何劼刚大打秋风，至优仅赏京卿，亦不能候缺当差。弟妇病愈，饮食稍进。楞侄败类已成，闻在沪勾留日久，不知何时抵家。儿辈读书如常。母亲大人曼福。顺问近履、侄儿女均好。弟鸿章谨上。八月廿七夜。①

二

哥哥大人左右：

五月廿八日以前四缄、六月初四交蒯俭浦带去信件计均收到。初八日接五月廿三日一百〇四号手书，敬悉一一。

滇案始末，总署必早抄寄，无待奏请。宋宝华系奉总署文，派令伴送英员赴滇，在沪驻候两月。威使日内方著孟领事转述，因事耽延，甚对不住。写至此，适接宋丞初五日来禀，附呈威使著格维纳至鄂会晤。所议若何？彼启行想亦在即，宋丞自须遵原议一路伴送，到滇后尽可派充随员。宋丞洋务当属明白，胆气颇好，但文理平常，因系琴轩营中旧人，故令前往通气，月给薪资百五十金，所署海防同知，并未开缺，以示体卹。前令格参赞等由川赴滇，缘恐湘黔驿路凋零，易生枝节。蜀东为彼族习游之径，官民可无惊疑。兄今由湖南、贵州行走，较为直捷。格酋等如亦欲改道，即请尊处查照弟原文咨行

---

① 该信无年代，根据内容，应为同治十三年，即1874年。

各省为便。至中国办案，向未准外人会审，天津九年之案为此斫斫辩争，各使不服。今威使原派格酋前往访查观审，断难允其会审。定案时应准其侧坐听观，不发一言。将来望切记酌办，以符体制。蒋亦谢已否回鄂？笔下心思尚细，但洋务无甚阅历。殷象贤不知何如？据诸肖菊云，曾在夔石汉关差委得力，或文笔尚佳耶。此行能请觐堂同往，最为上策；若觐翁老退，不欲任事，就事办案，似亦可了。委员太多，既耗费用，亦恐不甚得力。昨阅廷寄，有酌办通商之说。此节似应推交疆臣与总署筹议，不必作十成死煞语也。威使闻派兄往查，必甚惬意，绝不至遂开边衅。但真正罪人不得，以后口舌方多。调甫出缺，或方谓宜将彦卿调开，内意欲俟由尊处发动。审几度势，究应如何办法，大才当有权衡。七月半后天气稍凉再行，耽迟不耽错，固自无妨。万一岑抚接此信并总署续函，竟肯将李珍国交出听候讯办，似到滇后亦无甚延搁，否则须费周张矣。三、四弟有赴鄂者否？家事如何计议？老人家近年夏秋畏热，严冬畏风，稍不及检即出毛病，此诚极可虑之事，断不可无老成人奉侍左右，主持医药。兄万一有量移之命，或回住皖省，或回李楼，当与诸弟从长妥筹，似皖较肥尤便，酌之。

尊眷回住金陵，似经畬年轻，亦尚未能担当，可暂不可久也。秘鲁来津换约，昨已奏请派雨生承办。幼丹坚辞两江兼吁入都，来书拟先撤回唐军（病疫过甚）十三营再行内渡。辞固不获，或得就商大略。畿境雨水调匀，秋成可望。津署上下均平，匆匆祗叩。（崇朴山赴奉天，奏明随员均给公费。此行辛苦，似应由鄂局提银备用）慈亲大人起居万福。顺颂近祉、侄儿女、侄媳均佳。弟鸿章谨上。六月十一夜。①

---

① 该信无年代，根据内容，应为光绪元年，即1875年。

三

哥哥大人左右：

六月廿八九、七月初一日连次由驿递一百廿六、七、八号函件，计已达到。初三日与威使往来议论节略并致总署函，照抄呈览，可知详细。威公愤愤不平之气固由天骄，亦总署办理此案始终敷衍软懈，有激而成。伊深衔文、沈二相，谓文从前尚好，近则老病糊涂，惟沈言是听。沈不明白事体，又不忠信明使，似当文公跟班。此二人不出军机总署，通商外务日坏，即国家政事日坏云云。所言虽少失实，然评骘人才亦颇允当。此等话不便写出，余则无遗漏矣。其于我兄往滇办案，亦似不相信服，是以格参赞随同赴京，不遂定计。威使于李四大即置不足较，谓腾越镇总兵主持调兵，当如成禄案一样办罪，腾越厅当如天津府县办法。弟谓即使查实是其主谋，自应参革，彼以失察，即应参办，况主使耶。此节亦不便写出，致有滞碍。弟前信谓调兵调团，文武预谋，将来不能不参，亦知彼族话难说也。雨生谓，兄到滇后应先将原派查办不实各员摘顶，树之风声，俟定谳时再分别奏参，是亦津案办法。但欲避汉奸之名，绚官绅之誉，则必办不到，而案亦必不能结，且恐掣动大局，望三思百思而行。看威使愈逼愈紧，中朝何足当之，恐有决裂之一日。相隔万里，审慎操纵而已。觐翁是否能来，丁价汉已否续调，兄定于何日启程，约计何时可到，均深惦系。北方天气酷热，昼夜不得眠食，南省想更难堪。天变人变，决非好事。慈躬如何调养，念念。公私交急。琴轩五月廿一日信抄阅，又自悔前言，老实可笑，亦可悯也。匆匆。敬叩行祺。弟鸿谨上。七月初四日。①

---

① 该信无年代，根据内容，亦应为光绪元年。

四

哥哥大人左右：

廿二日密布一百九十七号书计应达到。旋又传询王道之眷于密室，伊乃将实情吐露，缘（寄谕有人奏，系彼处另得京信云云，敝处别无所闻，想当不错）李小轩侍御廷萧奏参樊口拆坝一案，营勇致伤多命，并坏船多只，沿河沿湖农田多被冲没。刘维桢纵勇殃民，武昌方守因沿湖渔税私利夤惠上司，力主拆坝之说，并添许多夤听话头，拟请派彭杨密查严究等语。先是鄂中京官接家信，谓沿湖数县激成民变，号召远近数万人与拆坝官兵为难，纷纷惊徙，群问计于贺云甫。云甫不肯具疏。小轩由军机章京为侍御，声气较广，乃自参奏。闻枢廷迟疑数日而后发动。既是指派，则非出自上意矣。雪翁素不满意于刘幹臣、方菊人。据王云伊为再三解说，而成见未化。现经微服访查，该处绅民断无不含怨造谤者，若竟据事直书，刘、方皆不免波及，且尊处两次奏办，若指为错谬，处分亦必不轻，深为惦系。（闻雨棠以亲族遇害请回避，改派薛觐翁，确否）四川东乡之案至今未了，不意鄂中又兴此狱。老彭以奉使为荣，讦激为能，为民伸冤，不顾大局，即欲翻案参官，恐后来者亦难永远遵守。王道人尚明白，颇以准令筑坝建闸蓄泄为两全办法，劝雪翁不必苛求，未知肯见听否。弟已将日前咨送拆坝折稿抄令带回。雪翁拟一两月在附近各县查明后仍回金陵。托钱子密缮折或由王道先与子密密商，从旁解劝，请其放重笔用轻笔。王道即日回焦山原营，亦未知果办到否。雪既变服密查，只知百姓一面话，在官案卷全不得见。若论查办定例，未有不行提卷案人证者，彼固懵懂无知者也。鄂中能否有人密讽，以办法否耶？本日又接总署函抄英国传署使武昌教案欲求办法加增节略。该使既不再提参官一层，或者略赔银钱，可以议结。弟前函谓必须由外间设法议给，此事须责令何芝舶设法与领事商办。

威使八月廿八自英起行,封河前必到京。渠为滇案颇怨兄之颠顶,将来必有藉口,早结亦省一小波澜也。闽省英国教堂八月初三被绅民拆毁,小宋春帆甚著慌,弟告以不过拿凶赔钱,速办速结为妙。该使欲重办为首主谋之举人林姓,则恐办不到,亦结不了也。夔石尚关切尊处,或将武昌决坝改为建闸一节(前还津相约有要话可如此办)详叙巅末,专函告知。不言钦使查办,俾得传观各堂,胸有成竹,内意未必有能胜楚督之人,雪翁即有违言,或不遂动。津署长幼平顺。匆匆密布,敬颂起居、闽署均吉。弟鸿谨上。八月廿七日。①

---

① 该信无年代,根据内容,应为光绪四年,即1878年。

俊明两等小学堂章程

张秀玉 整理

说明：俊明小学兴办于停办科举（即1905年）之后，位于江西赣州城区东北部的桥儿口巷。所谓两等小学，是初等五年及高等四年的学制。课程设置涵盖思想、文史、地理、数学、物理、图画、体育等课程，是现代学校教育的雏形。这份学堂章程是传统教育形式向现代教育形式转变的佐证。

原件为竖排铅印，横长幅，存于安徽省图书馆。

奉上谕，停科举，造就人才，舍学堂无由，而起点尤在小学。官立小学无多，不亟为私立以辅翼之，教育安望普及？爰集同志，开办俊明两等小学以佐官立之不足。择定赣城桥儿口徐家园内，以黄君洁吾、石君意轩、黄君仿鲁任中文教员、算学、体操教员，另聘徐君祝钧允任本堂名誉教员兼经理员，黄君禹三、卢君惇武、黄君聘珍允任本堂名誉教员。教法悉遵钦定章程，以德育、智育、体育为宗旨，以修明伦理，不染嚣张为要义。学生拟分高等、初等两级，无论土著、客籍，有志向学皆拟收入。开办之始，报官立案。卒业之后，与官立公立小学堂一体送考，听候给予出身。谨将教科并规则十八条开列于后。特事经初办，缺漏不免，深恐贻误学徒，尚望通人匡所不逮，或面语，或函告，堂本〔本堂〕酌量能行者，随时改良，无不乐于拜受，以臻完美是幸。

初等学生教科表

学科	修身	习经	国文	历史	地舆	算术	格致	图画	体操	计合
第一年	择讲古今嘉言懿行之浅近者，读有益风化之古诗歌，讲读后实验其言语容止、行礼作事、交际出游等项。用积分法与各门科学同记分数。	孝经四书，兼讲其浅近之义。每日诵读一点钟，讲解挑背一点钟。	讲动静虚实各字之区别，兼授以虚字与实字联缀之法。习字，即以所授之字告以写法。	讲中西历史之极浅显明白者。	讲中西地舆之极浅显明白者。	数目之名。实物计数二十以下及百以下之算术、度量衡、货币及时刻之计算。	讲常寻习见之动物、植物、矿物，使知其作用及名称。	浅近之单形。	有益之运动及游戏。	
每星期钟点	二	十二	六	二	二	三	一	一	三	三十二
第二年	同上	同上	讲积字成句之法，并令以俗话二三句联贯一气写于纸上。习字同上。	同上	同上	珠算之加减法，笔算之加减法。	同上	同上	有益之运动及游戏，普通体操。	

续表

学科	修身	习经	国文	历史	地舆	算术	格致	图画	体操	合计
每星期钟点	二	十二	六	二	二	三	一	一	三	三十二
第三年	同上	同上	讲积句成段之法，随指事物令联贯俗话七八句写于纸上。习字同上。	同上	同上	珠算之因乘归除，笔算之因乘归除。	讲重要动物、植物、矿物之形象，使观察其生活发育之情状。	简易之形体。	同上	
每星期钟点	二	十二	六	二	二	三	一	一	三	三十二
第四年	同上	礼记节本，讲读同上。	令联贯俗话十余句。习字同上。	讲中国近世史之大要。	讲中国地舆之大要。	同上	同上	各种之形体。	同上	
每星期钟点	二	十二	六	二	二	三	一	一	三	三十二
第五年	同上	同上	教以俗话作日用书信。习字同上。	同上	同上	诸分法。	讲人身生理及卫生之大略。	同上	同上	
每星期钟点	二	十二	六	二	二	三	一	一	三	三十二

高等学生教科表

学科	修身	习经	国文	历史	地舆	算术	格致	图画	体操	合计
第一年	讲四书之切于身心日用要义，读有益风化之古诗歌，讲读后实验其言语容止、行礼作事、交际出游等项。用积分法与各门科学同记分数。	诗经，每日诵读一点钟，讲解挑背一点钟。	读古文，即授以命意遣词之法策，使俗话、缛文话写于纸上。习楷书。	西中历史之大要。	中西地舆之稍详者。	开平方，兼习天元。开立方，开诸乘方。	动物、植物、矿物及自然物之形象。	简明之分图，各种之形体。	有益运动、普通体操及兵式体操。	
每星期钟点	二	十二	六	四	二	三	二	二	三	三十六
第二年	同上	诗经、书经，讲读背同上。	同上	同上	同上	诸比例，借衰盈朒。	授寻常物理、化学之形象。	简明之全图，各种之形体。	同上	
每星期钟点	二	十二	六	四	二	三	二	二	三	三十六
第三年	同上	书经、左传，讲读背同上。	读古文，作短篇记事文。习行书。	补习中西历史前二年所未及讲授者。	补习中西地舆前二年所未及讲授者。	方程兼习代数勾股、三角测量。	原质及化合物，简易器具之构造作用。	详明之分图，各种之形体。	同上	

续表

学科	修身	习经	国文	历史	地舆	算术	格致	图画	体操	合计
每星期钟点	二	十二	六	四	二	三	二	二	三	三十六
第四年	同上	同上	读古文,作短篇记事文、说理文。习字同上。	同上	同上	割圆八线,更面更体。	植物、动物之互相关系及对人生之关系。人身生理卫生之大要。	详明之全图,各种之体形。	同上	
每星期钟点	二	十二	六	四	二	三	二	二	三	三十六

——本堂以每年正月二十日开学,十二月十五日散学。

——本堂开学、散学及朔望、孔子圣诞日应由教习带领学生随班行礼。其开学、散学,学生见教习行一拜礼。各生相见互行一揖礼。

——恭逢圣节、圣诞放假一日,清明、端午、中元、中秋、冬至放假三日。每星期放假一日。暑假一月。然不过停止功课,必须在堂温习,以免荒疏。

——本堂专重考核学生品行,如有品端学勤者,即推为领班生,以资表率。

——学生在课堂时,各宜肃静,研究功课毋许交谈下位,致乱心志。

——教习上课堂时,各生起立致敬。教习坐,然后皆坐。倘有疑问,俟讲毕然后请质,不得越次纷扰。

——本堂初等小学各生资格难免不齐，同学生聚处，务宜和蔼相亲，彼此切磋，不得自逞智能；即有争执，宜告监学或教习处置，不得互相侮辱。

——本堂学生适有万不得已之事请假，必须父兄面陈，或函告均可。所有各科功课应于休沐日补习。

——初来学生尚未知其程度，应由本堂试习后再定。高等、初等照章纳费，不由送入者自定阶级。

——高等学生拟收费十二元，初等收费八元。三节缴收送费。逾额者即作捐助。如捐伯〔百〕元，应永远免学生一人，纳费五十元免半。

——各学生所用书籍应由本堂酌量编定，各人自备。至于本堂所储各种书报，学生均可借阅，倘有污损，应照价赔。如囗外亲友借观，尽可来堂查阅，惟不得借出，缘本堂随时需考证。

——本堂学生凡暑假、年假大考一次，各季小考一次，出表评定高下，以觇学识。囗则七日内各科分轮命题考试。

——本堂春冬六点钟启门，九点钟锁门，夏秋五点钟启门，九点钟锁门，十点钟一律就寝。

——本堂遇有同志相访，若功课未毕时，应请客房少坐，课毕再会来访。学生者应向监学指名何事，然后得与学生晤谈，但不得过久。

——本堂膳规均有一定时刻。各学生或送膳，或归膳，均听其便，惟不得与定时相悬过久，致妨功课。如愿在堂附膳者，每人每月约先缴银一元八角。

——本堂功课已定时数，宴会过多必致间断。凡各学生家、春茗等宴概不领赴。本堂非遇休沐等日亦概不宴客。

——本堂学生凡周围所种花木蔬菜，以及池塘动物，在散步时尽可随意考究玩赏，切不可摧摘捕钓，违者议罚。

——本堂雇使役一名，专司堂内洒扫、茶水等事，凡学生每人每年应帮茶水役费六角。

附：功过表

——品学兼优毫无习气者　　　　奖银牌
——品行端正文理中平者　　　　奖图书
——学有心得行无疵累者　　　　奖文具
——学业勤敏进步甚速者　　　　奖同前
——志向远到才堪造就者　　　　奖同前
——行止庄重者　　　　　　　　奖同前
——记悟颇佳者　　　　　　　　奖同前
——文理尚顺者　　　　　　　　奖同前
　　右功格

——品污学劣不识伦理者　　　　记大过一次，至三大过立时退学
——不守学规气焰嚣张者　　　　禁假四期
——屡犯过失学反退步者　　　　禁假三期
——志向卑陋难望有成者　　　　禁假二期
——文理可观好勇斗很〔狠〕者　禁假一期
——功课懈怠者　　　　　　　　罚同前
——戏侮同学者　　　　　　　　罚同前
——言语欺诈者　　　　　　　　罚同前
　　右过格

中国海关《十年报告》选译
（1902—1911）
——教育改革史料

郭大松 选译

说明：本篇所译为海关《十年报告》（1902—1911）第15项"教育"部分。该项下集中展示了本期报告十年间各口岸教育现代化进程的概况，除重点介绍这一时期中国政府、社会力量和私人兴办现代教育的情形以外，对外国传教士兴办现代学校教育的情况也作了较为详细的记述。报告内容涉及各级各类学校的创办时间、办学概况、经费来源、师资来源及演变、课程设置、学生入学年龄和资格及待遇、毕业生去向，以及各地各级各类现代学校的数量统计、师生数量统计、教科书情况等等，全方位展示了清末新政时期教育改革的面貌。报告中对教育改革同政府政策的关系、兴办现代教育的动力和阻力及困难、辛亥革命对教育改革进程的影响等，也均有所评述。本期报告由于各口岸之间进行协调，一般每省均有一个主要口岸在介绍其本口情况的同时，也对全省情况作简略概述，而各口岸除介绍其本口情况外，均对该口腹地作较为详细的记述。因此，本篇资料大致反映了清末教育改革的全貌以及外国在华教会学校教育的发展概况。

由于相关中文史料不尽完备，为准确回译各学校的名称、各种课程设置等，尽量减少失误，译者尽可能地查阅现有资料进行核实，凡未能查证的均以（ ）形式抄录英文原文。个别无法回译的小地名,则保留英文原文。为了读者查阅或使用资料方便,本资料迻译时舍去了原《十年报告》内容中的项目序号"15"和各口该序号下的"教育"标题,另在各口岸前按原资料所载顺序依次加"1、2、3…"序号标记,并于各口岸名称后以()形式表明各该口岸资料所在原资料的卷数和页数。如:8. 秦王岛(Vol. 1. P. 185—187),即表明秦王岛口岸资料译自本期《十年报告》第一卷,第185—187页,是原资料第一卷编排顺序中的第8个口岸。页下注释均为译者所注。

北方及长江各口

1. 哈尔滨

(无教育内容——译者)

2. 吉林(Vol. 1. P. 34—35)

上谕饬令自1906年初废除旧教育体制,吉林政府立即采取措施予以落实。

1907年,设立了两所中学,学制5年,开设修身、读经讲经、国文、外国语(包括蒙语)、历史、地理、算学、化学、博物、法制及理财、图画、体操等课程,入学年龄为15—18岁。1908年,设立了3所两等小学,翌年,又增设了7所初等小学和3所高等小学。这些学校均开设修身、读经讲经、国文、算术、中国历史、地理、格致、体操,高等小学加设绘画。初等小学学制4年,高等小学学制5年,学童初始入学年龄为7岁。截至1911年底,这里只开设了这些普通学校,共有学生1681名。

早在1906年,就建立了一所师范学堂,同时教授初等师范和高等师范课程，计有修身、教育学、读经讲经、国文、历史、地理、算学、化学、博物、习字、图画、体操、日语、英语、法制及理财、心理学、生理学、格致、地质学等课程。初等师范课程5年，高等师范3年。

1907年，设立了一所农业中学堂，开创了实业学堂。1910年，加设初等工业学堂和初等商业学堂。1911年，增设了初等农业学堂。

1906年，还开办了法政专门学堂，开设政治学、法制及财经、国际法、宪法、刑法、民法等课程。

1908年，开办了一所女子师范学堂和一所女子初等学堂，开始进行系统女子教育。女子师范学堂开设修身、教育学、国文、历史、地理、算学、格致、图画、家政、剪裁、手工、音乐、体操等课程。学制4年，入学年龄15岁。完成4年学业之后，学生需要教学3年。女子初等学堂分为两级，初级班开设修身、国文、算学、缝纫、绘画、音乐，高级班除开设低级班的全部课程外，加设历史、地理、博物，学制均为4年。初级班入学年龄7岁，高级班入学年龄11岁。

1911年，开办了一所蒙养学堂。

上述各类学校共计24所，目前在校学生2678名，其中女生411名，所有学校均归吉林提学司管辖。除住宿费外，不收学费，但学生必须通过入学考试。

其他唯一一所由政府开办的学校是陆军学堂，1906年创办。该校开设国文、修身、历史、俄语、日语、地理、数学、几何、代数、博物、图画、战术、军训、体操等课程。

由于政府开办的学校因缺乏食宿条件而拒绝大量学生入学，依然有大量私立学校。在私立女子中学，所设课程不受政府监督，而是根据教师的能力和偏好。由于聘不到其他教师，这些私立女子学校的教师大都是旧式私塾先生。结果，这类学校规模很小，各校学生几乎都不到 20 名。

还应提到爱尔兰长老会开办的女子学校，该校开办于 1904 年，是吉林女子学校的先驱。爱尔兰长老会医院的格芮英（Gring）医生，在该校教授医学。

3. 珲春（Vol. 1. P. 66—67）

咸丰元年（1851）以前，这里似乎以没有教育而闻名，或许在某种程度上说有教育的话，那也都是由私人开办的。1851 年，开办了两所公立学堂，教授汉语和满语。光绪 17 年（1891），在城北门里为了纪念孔子建了一座书院，名为"昌明书院"。这座书院一直办到 1900 年俄国人占领了珲春和书院为止。此后直到 1908 年，这里似乎一直没有学校教育。是年，昌明书院重新恢复办学，但却仅用汉语，开办现代教育。这所现代学校两个班，40 名学生。教员包括校长和两名助手。大约与此同时设立了两所县级学堂，一所在高丽城，另一所在马圈子，分别位于珲春城东、西 20 里处。

1909 年，前道台郭宗熙开办了一处工艺传习所，教授编织、木工、箱柜制作等。很不幸，这一有用的机构 1911 年因缺乏经费而关闭。1910 年署理同知（Acting T'ing）梅颐开办的一所女子学堂，也因同一原因关闭了。

为成年人举办的短期讲习所在各地开办起来，由一名教师负责，开设地点计有二道营子、西水湾子、南芹目、泡子沿、桦树底等地，所有这些讲习所均位于珲春城 20 华里以内。每处讲习所约有 30 名学生。

现代男校在农村人那里不是很受欢迎，农村人更喜欢接受旧式教育。虽然不知道有多少真正的理由，但他们倾向于认为至少男孩子在旧教育体制下的旧式学堂里学到了某些东西，而现在无论是新式学堂还是旧式学堂，学不到任何东西。

4. 龙井村

无所陈述。

5. 安东和大东沟（Vol. 1. P. 104—105）

就教育设施而言，兴凤道[①]还是不错的，但由于人民贫穷，父母不情愿失去孩子这个帮手，因而上学的不多，估计只有四分之一的孩子入学。1908年以前，兴凤道仅有几所私立学校，为旧式私塾教育。然而，自1910年以来，已经有了显著的进步，这主要应归功于本地自治会官员们的通达干练。

下列比较数字，可作为儿童入学情况改进及当局积极提供求学方便设施的标志：

	1910年	1911年
学校数	16	81
教职员数	42	117
班 数	26	92
学生数	893	2636

地方官员们使用官方经费建造学校，学校开办费用则由这些地区征收的土地税支付，不收取学费。1911年全部学校开销38648元[②]。

---

① 兴凤道原称"东边道"，驻凤凰厅，1906年移驻安东县，1909年始改称兴凤道，仍驻安东。下设兴京府、凤凰厅、庄河直隶厅和岫岩直隶州。兴京府下设临江、通化、怀仁和辑安四个县；凤凰厅下设宽甸和安东两个县。

② 原文没有注明货币单位，译者认为应该是中国银元，因为1910年清政府通令规定国币单位为元，以银为本位。

兴凤道教育行政区，包括安东、大东沟和5个分行政区，1911年共有学校81所，教职员117名，分布如下：

	学　校	教职员
安东城	11	24
大东沟	2	4
大东沟周围乡村	15	26
五个分行政区	53	63

安东城不计日本租界共有11所学校，具体为一所师范简易科，一所商业中学堂，一所女子小学堂，8所初等小学堂。这些学校的课程设置情况如下：

师范简易科——学制4年，设国文、修身、教育学、物理学、化学、中国历史和地理、算术、图画、体操。

商业中学堂——预备科2年，每周30学时，主要课程同师范简易科，但以外语替代教育学。正科2—5年，设农学、林学、养蚕养鱼学、兽医学。

女子初等小学堂——学程不限，设国文、算术、图画、缝纫、体操。

初等小学堂——设置通常课程，包括体操，有些学校设军训课。

凤凰城有8所学校：一所高等小学堂，一所师范学堂，一所实业学堂，5所初等小学堂。

6. 大连（Vol. 1. P. 130—131）

1904年，俄国人即在大连为外国人和中国人分别各设了一所初等学堂；在旅顺开办了一所由军政署（Army Department）

直接管辖的军官预备学堂（Preparatory School），一所女子预备学堂（Preparatory Girls School），一所普斯金（Pooschkin）初等学堂，以及数所为中国人开办的学堂。据说普斯金初等学堂是一所良好的为中国人开办的俄语学堂。所有这些学堂的在校生总计400名。日俄战争前夕，旅顺正在筹建一所商业学堂和一所女子高等学堂，大连则忙着筹建男、女中学堂。战争爆发后，所有筹建工作化为泡影。

1905年，当日俄战争进行时，大连开办了一所中国人的女子学堂。三个月之后，旅顺开办了一所同样的学堂。1906年，旅顺和大连分别开设了日人初等学堂。同年底，估计日本学龄儿童数为528名，其中入校学习者490名。截至1910年底，日本在这里的学龄儿童数为4234名，其中2974名分别在8所学堂学习。同年，租借地已建有中国学堂7所，在校生1250名。考虑到中国儿童的入学年龄为8—15岁，1910年中国学龄儿童为83654名，接受初等教育的就学率仅为1.5%。还有两所中国私立初等学堂和22所蒙学堂，共计学生1088名。蒙学堂是旧式中国初等教育。铁路沿线，中东铁路公司为日本人开办了15所初等学堂，1341名日本学龄儿童中有1319名就读。该公司还在开平开办了一所蒙学堂。

1909年，旅顺开办了一所中学堂，翌年，开办了一所女子高级学堂。1910年还开办了一所工业学堂，开设机械学、电学、矿学等课程。在大连，有一所私立商业学堂和一所私立女子高等学堂。2—3年间，有望开办一所中学堂和一所女子高级学堂。1911年，中东铁路公司在大连开办了一所工业学堂，在沈阳开办了一所中学堂，中学堂既收中国学生，也收日本学生。

7. 牛庄（Vol. 1. P. 140）

本十年中教育事业取得了显著进步。1901年以前，盛京省没有政府开办的学校,是年,俄国人在营口开办了一所俄人学校。后来日本人将该校改为一所中日实科学堂(Sino-Japanese School of Practical Science),最终演变为一所中等商业学堂,后来又建了一所高等学堂和一所女子学堂。各府、县和大型村庄,都设立了中、初等学堂。牛庄现有各类学堂8所,在校生1000多人,每年经费估计16000两白银。这里教育事业的发展有两个特点,其一是为女子开办学校,过去女孩教育依赖教会;其二是技术类学校教授技艺和技能。

8. 秦王岛(Vol. 1. P. 185—187)

本府①现代教育始于义和拳骚乱之后。永平府开设了一所中学堂,教授英语、中国经典、地理、历史、算学,也鼓励进行体育锻炼。这所学堂有50名学生已被保定的省级大学堂、天津以及北京的其他学堂录取,准备到那些地方读书。各城镇和乡村,设立了大量初等学堂。各地的初等学堂生源很好,许多申请入学者因学堂食宿条件有限而被拒绝。山海关只有一所高等小学堂,学生40名,有11所初等小学堂,学生245名,这些初等小学堂的学生数20—30名不等。副都统衙门(在山海关——译者)里也设有一所贵胄学堂(Bannerman School),招收满洲驻防兵子弟,有50名学生。各地初等小学堂学习初等地理、算学以及各种按西方模式编撰的课本。

各类学堂的经费由官方资金支付。牲畜税是财政收入来源之一,屠宰一头牲畜收税0.25元,进口一头收税0.50元。

昌黎有两所教会学校,一所男校,一所女校,均归美以美会指导。男校1910年秋开办于昌黎。数年前,有两所小型学堂,

---

① 指永平府。秦王岛当时属永平府临榆县,临榆县治所在山海关。这里报告的是秦王岛所在的永平府的情况。

一所在滦州，一所在山海关，两所学堂都办得卓有成效。成美学馆（指男校——译者）建成之后，这里的小型学堂被合并，学生进入成美学馆，进行 4 年制现代中等教育。该学馆有 2 名美国教师，4 名中国教师，109 名学生。一名专门教师负责的一所日校（day school），附属于寄宿学堂，该校有 18 名学生。维持成美学馆的经费有三个来源，一是教会每年拨付的资金，二是学费，三是中外人士的捐助。男生来自本府各地，有的来自于长城以外的地方。

昌黎教会女校名为"贵贞学馆"（the Aldermen Memorial Boarding School），1910 年开办于昌黎。该校先前设在北京，那时是一所高等学堂的预科，由于发展迅速，需要分离，于是迁移至昌黎山（Changli Hills）附近一处有益于健康的地方。这所学堂学制 5 年，104 名学生，3 名女教员，2 名男教员。该校经费依靠美国一些学者的捐助和少量学费。

唐山路矿学堂是本府最著名的教育机构。该校由一位有留学经历的中国绅士 S. S. Young 先生进行有效的管理，有 7 名教授担任教职，4 名英国人，2 名美国人，一名中国人。简单勾画一下该校的历史，或许是件很有趣的事。

唐山路矿学堂是督办关内外铁路大臣袁世凯、会办大臣胡燏棻于 1905 年发起创办的[①]。是年 8 月，位于滦州铁路线上的唐山镇被确定为最理想的校址，因为那里的工厂可为工程学的学生提供专门方便。校舍建在一片铁路的土地上，约 24 英亩，1905 年动工，1906 年秋建成，包括容纳 160 名学生寄宿的宿舍，一

[①] 唐山路矿学堂前身为 1896 年创办的"山海关北洋铁路官学堂"，1900 年因八国联军侵华而停办，校舍为俄军占领。这里的所谓创建于 1905 年，事实上是恢复原校，初确定学堂名称为"山海关内外路矿学堂"，为便于学生实习，校址选在唐山铁路机器厂附近的唐山。1906 年开平矿务局又请招收矿科班学生，故改名为唐山路矿学堂。

个餐厅，两座讲堂，一个游泳池，以及监督（校长）和教职员宿舍。首批学生在香港、上海、天津通过考试选拔，入选者应精通英文、中文、初等数学、历史、地理。1907年初，120名学生入学，分两个班，每班60名。是年，一座大讲堂、绘图室、图书馆及教室建成。鉴于缺乏优秀生源，1910年该校设立了预科，并加建了容纳150人的校舍，包括一座新餐厅，数间工作间以及工程实验室等。

唐山路矿学堂头两年由山海关内外铁路总局直接管辖，1907年，铁路划归邮传部管理，该校从那时起至今即一直由政府直接掌控。该校最初的计划仅仅是培养铁路工程师，这一计划一直在修正，现在是要为邮传部各部门培养工程师，已经加设了机械、电力方面的课程。

唐山路矿学堂正规学习课程为时4年，学习期满毕业的学生授予唐山路矿学堂专科文凭。去年夏天（指1911年——译者），举行了第一次毕业考试，28名学生获得毕业文凭。28名学生中，现已有20名成功通过了在汉口由总工程师克林森（Collison）先生主持的京汉铁路竞争见习工程师和助理工程师考试。

1910年12月，马家沟（Makiakou）的滦州矿务局（本称"北洋滦州官矿有限公司"，习称滦州矿务局——译者）开办了一所训练采矿工程师的学堂，最初20名学生，1911年有30名学生。

京奉铁路总局（即原山海关内外铁路总局，1907年8月改为现名——译者）在滦州创办了一所训练电报员的学堂。

1905年，秦王岛商务分会创办了秦王岛商业学堂，但随着该商务分会解散而停办，只存在了3年。

从以上的评述可以看出，直隶这一地区的教育现在无论如何也不能说是落后的了，这里的教育已经取得了相当的进步，科学培训方面的进步尤其显著。

9. 天津 （Vol. 1. P. 218）

过去十年间，本省设立了许多各级学堂和其他教育机构，但在目前情况下，难以获得这些学堂和教育机构的数量、地域分布以及新模式教育工作价值的可靠情报。

10. 烟台 （Vol. 1. P. 230—231）

本地区政府和私人创办了许多新式学堂，但由于普遍缺乏称职的教师，结果令人失望。了解粗浅英语或其他外语的中国人大量增加，然而人们担心，这只是以牺牲自己的语言和文学知识为代价才得以实现的。

烟台最著名的教育机构是海军学堂，建于 1903 年。该学堂校舍宽敞，设施良好，有充足的活动场地，位于烟台外人居住区 1.5 英里处。学生入学年龄 13—16 岁，全免学费。学堂有监督、庶务长、教务长、教师，共计 16 名教职员。学生共 192 名。课程有英语、地理、数学、航海、枪炮演练以及其他科目。

11. 胶州 （Vol. 1. P. 254—256）

过去十间间，现代教育取得了很大进步。1898 年，光绪皇帝下诏废八股、改策论，国家首次对中国教育现代化给予鼓励。虽然这一诏令当时未能施行，但却是必须的点燃热情的火花，整个帝国要求改革的呼声非常强烈。慈禧太后于 1901 年以上谕名义批准了先前遭到反对的改革，命为实施改革做好必要的准备。4 年以后，即 1905 年，上谕敕令在全国范围内废除科举、兴办各级现代学堂。

在山东，巡抚袁世凯率先遵行上谕，于 1901 年在济南创办了第一所大学堂。巡抚周馥（1902—1904）则首次采取措施在全省范围内普遍建立了现代教育体制：设立大学堂培养教师；学堂聘用有能力的教师，无论中外；各主要县城普设工业和艺徒学堂。稍后，除了读、写、算术之外，各种手工艺也进入课堂，很多学堂设立工作间区，残疾人、少年犯和狱囚们在这些工作间区工作或学习。在周馥担任山东巡抚期间，共设立了不少于40所的这类学堂。周馥的继任者，尤其是杨士骧和孙宝琦，都继续推进他的杰出工作。截至1911年，全省已有现代学堂3822所（其中中学堂、师范学堂和大学堂150所），教师4613人，学生近60000人。此外，还有42所工业学堂、33所艺徒学堂、14所草辫学堂，也都非常繁荣成功。这些学堂中有医学、农业、林业、蚕桑以及其他专门学堂，但却没有矿业和铁路学堂。1906年，巡抚杨士骧曾努力在高密和胶州兵营设两所专门技术学堂。这两处兵营是德国人在胶济铁路建成后给山东省政府办学用的，但没有找到支持者和合格的教师，这两处的建筑现在被用作师范学堂校舍。

考虑到最初通晓外国知识的教师缺乏及稍后省财政的长期匮乏等因素对教育进步的阻滞，教育改革第一个十年的成果是十分显著的，预示着光明的前景。很显然，旧教育体制注定要终结。各阶层普遍渴望外国知识，新时代精神汹涌澎湃，可以有把握地说，我们将在经过一代人的时间后必须重视一个新的中国。

在山东的美国、英国、德国及其他国家的基督教——天主教和新教传教士们，对树立和培育这种新的时代精神都做出了很大贡献。他们建立的大小学堂，为新学堂的建立树立了样板，他们的工作无需作过多评论。

青岛的教育。

帝国政府学校（The Imperial Government School），是唯一一所为外国男女儿童开办的学校，具有在德国的正规政府学校身份，有权发放像"一年军事教育证书"这样的文凭。入该校学习的学生要先上3年初等班，通过初等班考试的学生再进入至少为6年制的中学，学习高等课程。英语和法语为必修课，拉丁语为选修课。学校雇用12名教师。1911年在校生162名。一座政府公寓与学校连在一起，供外埠来的学生寄宿。

除了帝国政府学校之外，天主教会的修女们还办了一所供外国女孩学习的寄宿学校，该校在校生年均30名。

1909年，德国政府和中国政府合作开办了德华大学，中国政府每年支付4万马克用于常年维持费。学校监督亦即校长，以及全部教授、教师，无论中外，均由德国政府委任。一名中国政府任命的稽查员，负责监督并向政府报告中国学生功课品行。该校分预科和本科两部分。预科提供基础教育，学制5年，开设德语、中文、算学、代数、几何、历史、地理、博物学、植物学、动物学、化学、卫生学、机械制图、体育和音乐等课程。英语和速记学为选修课。通过预科学习的学生进入本科学习，本科设有法政、工艺、农林和医学4科。除法政科外，其他三科都有初级部即预科。进预科学习的学生，必须年满13岁，持有中国高等小学堂文凭或通过高等小学堂课程考试。高级部即本科的年龄在18—20之间，必须通过预科考试。法政、农林科学制3年，其他两科4年。

最后一关考试，由中国政府委派官员主持，优等生由中国政府录用。该校学生每年的费用，预科墨洋35元，本科50元。学生必须住校，食宿费每月6元。1909年学校开办之初有学生63人，1911年200多人。学校职员，有25名德国教授和教师，7名中国教师，以及一些翻译和助教。学校有一座教育博物馆（educational museum），内设机器、工艺设备操作模型；一座体育馆；一个试验农场。

此外，在租借地的主要村庄有12所由政府开办的初等学堂，中国教师授课，这些中国教师大都是礼贤书院（German Mission Seminary）的毕业生。租借地主要村庄除了这些政府开办的学校之外，还有以下一些德国教会学校（German Mission Schools）：16 所初等学堂，284 名学生；一所中学堂，45 名学生；2 所女子学堂，95 名学生；一所女子高等学堂，刚刚开办；2 所德华书院（German-Chinese Seminaries），167 名学生；一所女教师养成所（Ladies Teachers Seminary）；一所幼稚园；一所花边学校。

美国北长老会刚刚在青岛建成了一所神学校和一所高等学堂，在租借地以外，该会开办了 50 所初等学堂。

12. 重庆（Vol. 1. P. 270）

大约九年前，当清帝国废除科举考试后（实际上是改试策论——译者），本省重新全面推行学校教育。成都开办了一所省级大学堂，开设化学、物理、外国语言等现代课程，由外籍和中国教授授课。各地开办了官办、公立、私立的小学堂，教授国文、算术、地理、中国历史、格致、绘画、音乐、体操等。成都增加了英语课程。在大县里，这些学校组织得很好，有优秀的教师；但在农村地区（或农村小县），由于缺乏资金和有能力的人，几乎未能跳出私塾学校的藩篱。每个府城都开办了中学，教授中国经典（经学）、英语、数学、博物、历史、地理、修身、体操，教师大多是中国人。成都设立了一些诸如医学、军事、实业、法政、铁路、矿业、蚕桑等专门学堂。但是，除了蚕桑学堂之外，其他学堂在学习内容方面较旧式私塾几乎没有什么进步。1911 年，各地开设了 25 家法政学堂，吸引了大批学生，这些人希望完成学业后在审判厅获得职位。

在四川西部和南部，为四川土著猓猓人开办了学校，试图对他们进行教育。许多地方为苦力阶层开办了夜校，苦力们在这些学校交很少的费用，学习读书写字。

过去 10 年间，教会学校有所扩展。1911 年，美国和加拿大卫理公会、中国内地会（不分国籍，主要是英国——译者）、公谊会联合开办了一所大学。

根据提学使衙门的注册登记，本省有 11224 所男校，336078 名学生；163 所女校，5660 名学生；男女教师共计 15291 名，另有 7600 名学堂董事和劝学员。

13. 宜昌 （Vol. 1. P. 281—282）

人们热情地致力于兴办现代教育，辛亥革命发生时，本县（指东湖县，时为宜昌府治所——译者）至少已建起了 12 所官办初等学堂。根据规章，每所初等学等的学生数应不少于 40 人，不多于 50 人；每个学堂 2 名教师，每月薪水，一名 12 吊，一名 8 吊。学习科目为读经讲经（四书）、历史、修身、地理（中国）、算学（四则）、图画、习字、格致（简单的）、体操等，学制 4 年。由视学员组织考试，并向提学使禀报考试结果。这些学堂的经费由投资房地产的教育基金支付，这些基金是数年前绅士们为资助贫穷书生捐献的。初等小学堂毕业的学生进入县高等小学堂，县高等小学堂限收 120 名学生，每月食宿费 3000 铜钱，不收学费。这所县高等小学堂由东湖知县任监督，额定教员 8 名，每月薪水 20—40 吊不等，包吃住。实际上，高等小学堂从初等小学堂招不满定额，为保证高等小学堂满员，当高等小学堂空额时即举行公开考试，招收学生以补空额。高等小学堂学习科目与初等小学堂一样，只是程度高了，另外加修英语、工艺、化学、音乐等课程，学制 4 年。最后考试通过者，可获得证书准予进入府中学堂或设在武昌的师范学堂。现高等小学堂附设简易师范学堂和商业学堂，商业学堂主要学习英语。县高等小学堂是宜昌最重要的学堂，连同附设的两所学堂，共计在校生 200 名，全部住校。

邻近地区最高级的学堂是府中学堂，招收完成东湖县高等小学堂学业的学生入学。由于高等小学堂的毕业生大部分愿意去武昌更高级的学堂，因此不得不举行公开考试招收学生，以便补足额定的60个学生名额，然而并未达到目的。府中学堂位于以前科举考试的考棚处，宜昌知府兼任监督，有6名教师。首席教师月薪50吊，其他5名每月40吊，均包吃住。学生愿意寄宿的准予寄宿，寄宿每月交食宿费3000铜钱，免交学费，学堂提供最好的课本。所学课程与高等小学堂相同，但程度高了，另外加设几何、代数，学制5年。这所学堂目前尚无人完成学业，因为学堂开办两年后因维修关闭两年，去年才刚刚重新开学。

除上述政府开办的学堂外，还有许多私立、半私立学堂。这类学堂，只要遵守提学使拟定的规章，即允许开办，学费每生每年1—2吊。

在教会学校中，应谈一下宜昌工艺学堂（Ichang Trade School）。该学堂由美国圣公会的韩仁敦牧师（the Rev. D. T. Huntingdon）创建于1907年1月，招收孤儿、乞丐、残疾等穷苦男孩，用中文教授他们普通学堂的课程和一些有用的技艺，以便他们离开这所学堂后，能够受人尊敬地自己谋生。教授的技艺有木工、裁缝、制鞋、铜器制作、园艺、理发等手艺，学堂的目的是要培育勤奋、清洁习惯，灌输基督教原则。学生们半天在学堂教师的指导下学习功课，半天在中国手艺师傅的指导下学习工艺。学堂开办之初有20名学生，食宿设施和实习工场建好之后，数量增加，现在已有120多名。自学堂开办以来，总计招收了242名学生。

14. 沙市（Vol. 1. P. 293）

过去几年间，本地教育方面的一个显著特点是开办了一些现代学堂。1905年，荆州开办了一所中学堂，开设与西方学校同样的课程。该中学堂的学生5年毕业后，升入在武昌的高等学堂。后来又开办了2所同样的中学堂，生员旺盛。荆州府共计开设20所初等学堂,为各州县学堂提供生员。

1909年,荆州开办了一所女子学堂,学生们还学习绣花、抽绣和针线活。1909年,荆州开办了一所专门学堂,学生毕业后入武昌的高等学堂学习或担任初级学堂教师。还有一所现代语言(modern languages)学堂。所有这些学堂都是政府开办的。

15. 长沙(Vol. 1. P. 318—320)

感谢这座城里的雅礼大学(Yale School)校长盖葆赖牧师(Rev. Brownell Gage)提供了下述本省教育的有趣回顾。说雅礼大学是耶鲁大学的后裔一点都不过分,它是这座城市里最好的大学,尤以保持优良的风纪和在学生中反复灌输高尚道德品质而著称。由于临时校舍不能为所有学生提供食宿条件,该校在城北门外购置了大块有益于健康的地皮,那里有望很快建成现代食宿和教学设施,并增设大学课程,现在购置的校址完全能满足这些需要。

湖南省城为中国四大书院中最著名的岳麓书院的所在地,长期以来一直是文化中心。代理税务司夏立士(A. H. Harris)先生在首次长沙贸易报告中有一段关于这个书院有趣的叙述,说该书院建于宋朝(公元968年前后),朱熹曾在这里讲学。

湖南的现代学堂始于赵尔巽任巡抚的1903年。上面提到的贸易报告(1904)说教授新知识的现代学堂"如雨后春笋般不断涌现"。然而,翌年由于巨大经费的限制,速度缓慢下来,自那以后,教育一直是集中强化已建学堂的发展而不是广建新学堂了。新学堂开办时,由于旧式的岳麓书院的138名学生都从书院的捐赠基金中领取一些津贴,新学堂开办之初延续了这一政策,学堂除了为学生提供食宿、服装之外,通常还发给他们一些零用钱。由于教育日益增长的需要和压力,这一政策逐渐废除了，1911年以前，许多学堂就已经不再提供食宿而改为日校了。但是，尽管经费匮乏，管理方面效率低下，浪费现象严重，管理方式经常变化，辛亥革命前学堂的教学质量和纪律还是逐渐好起来了。

缺乏合格教师一直是个严重问题。起初，赵尔巽巡抚剥夺旧教育培养的人在其具有相当新知识胜任新学堂教师之前的教职，遭到了人们的反对。上海的南洋公学、圣约翰大学（St. John's College）① 及其它学校的毕业生，逐渐改变了教师队伍的状况。早期引进了许多日本人做教师，1905年，日本人已占长沙高等学堂教师的20%。但是，这些日本人教学必须通过翻译进行，而且他们也有意见，因此数量迅速减少。其他外国人，主要是长沙的4—5所高等专门学堂在不同时期雇用了10—12名欧美人任教，这些学堂是省科技学堂（the Provincial Polytechnic）、省高等学堂（the Provincial Higher School）、中心师范学堂（the Central Normal School，1910年在骚乱中被毁②）、高等师范学堂（the Higher Normal School），以及一所叫做明德学堂（the Ming Teh School）的私立学堂。总体看来，即使教师队伍有很多不足，也远比学堂管理要好，学堂监督们以及其他行政官员的无知、优柔寡断、贪婪才是教育体制应予指责的主要缺陷。

湖南有热心于送学生去海外留学的时尚。据基督教男青年会的精心估算，1905年东京有中国留学生8620人，湖南占总数的17%。然而，这些留学生大部分在日本呆得时间太短，以致不能有更大收获。这种"速成教育"（"get-educated-quick"）运动，现在已经让位于一种更明智的派学生到美国或欧洲学习较长时间

---

① St. John's College，旧称圣约翰书院。该书院1906年在美国注册，正式称圣约翰大学。——St. John's University
② 这里所谓的"骚乱"，疑指1910年长沙的抢米风潮。

的计划。目前，湖南省当局几乎不能提供什么帮助，但许多学生自费也要出国留学。

体现教育进步的另一个事实，是引进教科书已经取代了由简单培训的教师编写的教学大纲。海关在几年前曾培训教师编写教学大纲。

有害的分级或者说是不分级的制度，在革命前削弱了现代学堂的作用。比如说，省高等学堂招生就受到了招生能力的限制。学堂根据学生所学课程把他们分到不同的班级，而不是把他们都放到同一个年级，在学堂所有班级的全部课程都结束直至毕业之前，不再招新生。同时，对考试结果或者说对无力完成他们班级课程的学生也不管不问。

在谈辛亥革命的作用之前，湖南教育会的工作值得一提，因为该会会长在教育问题上的影响力几乎与提学使一样。教育会总部是1910年完工的，除了后来完工的省咨议局之外，它是长沙城内最引人注目的建筑了。教育会总部建筑有一个礼堂，可容纳数百人，常常有大批人来这里听有关教育问题的讨论。教育会附设图书馆，最近送来约200部英、法、德文书籍。教育会与学堂的情形一样，展示出年轻一代对教育的兴趣蓬勃向上。

辛亥革命最直接的影响是延缓了教育的发展。位于岳麓书院的省高等学堂变成了军营，许多较小的学堂也遭到了同样的命运。同时，一些学堂被受部队遣散和收缴军饷谣言刺激的叛乱士兵捣毁。共和政府财政窘迫，无力实行教育改革计划，但官员们还是非常希望教育进步的。辛亥革命后的主要变化是重点考虑为适应人民需要普遍实行免费教育。初等学堂男女同校，实用课程正在取代过多的文学课程。最重要的变化是删减读经讲经课，代之以工业、商业以及农业方面课程的训练。初等小学校（辛亥革命后学堂改称学校——译者）引进英语课程，高等小学校英语加设"会话"。

下表是辛亥革命前后的学校数（为表述方便，凡清末、民初均有的学校，一律称学校——译者）：

	清帝国时期	共和制建立后
（1）学校数		
大学		1*
高等学堂（Higher Schools）	1	*
私立学校（Schools of Civil Government）	6	9
政经学校（Schools of Political Economy）		3
法政学校（Law Schools）		1
狱政学校（Schools of Penology）		1
警察学校（Training Schools for Police）	3	2
铁路学校（Schools of Railroad Engineering）	1	1
矿业学校（Mining School）	1	
陶艺学堂（Ceramic Art Schools）	1	*
医学堂（Medical Schools）	1	*
邮电学校（Postal and Telegraph Schools）		1
农业学校（Schools of Agriculture）	6	5
实业学校（Industrial or Trade Schools）	8	9
商业学校（Commercial Schools）	4	5
艺徒学堂（Schools of Technology—Preparatory）	12	*
师范学校（Normal Schools）	11	8
高等师范学校（Higher Normal Schools）	1	1
师范传习所（Short-course Normal Schools）	14	*
中学（Middle Schools）	45	39
初、高等小学（Primary and Intermediate School）	*	2385
（2）学生数		
所有在校生	58382	95486
初、高等小学生	※	77542
（3）教师数	3879	4746

* 拟设　　* 无可利用数字　　※ 未知

上面提到的邮电学校分两科，一科学电报业务，一科学邮政业务。除了共同课程英语、法语、商业簿记以外，电报科还教授一些电学、电报课程，邮政科则教授国内外邮政方式、商业伦理、普通商品价值鉴定。

上述数字由湖南提学使提供。

16. 岳州（Vol. 1. P. 337）

1902年，大美复初会派遣差会进驻岳州，从事医学和教育工作。该差会现在办有两所学校，一所在湖滨（湖滨黄沙湾——译者），以湖滨大学著称，招收男生接受西方教育，另一所在城内，是女校。

常德府的三个外国差会（中国内地会、宣道会、美国长老会）已开办了招收中国孩子的学校，效果良好。据说年轻一代对所谓西学有着浓厚的兴趣。

17. 汉口（Vol. 1. P. 360—361）

这些年来，每年都强烈要求发展现代教育。这一要求得到了官员们的支持，大量资金用于建设和装备政府开办的学堂。然而，由于官员们不知道如何管理学堂，资金总是短缺，任何称职的学堂监督，只要他老老实实尽力履行自己的职责，他的工作就会遇到巨大困难。例如，他们购买昂贵的科学仪器，雇用称职的教师教授相关课程，但却常常给他们派来了只认识几个英文单词的年轻人。监督们在他们的工作中已经明白了教授英语的必要，对此，他们只是用行话表示说：花这么多钱雇人浪费了。由于经费越来越紧张，雇用了不称职的教师，这些新式学堂没有充分发挥作用。据报告，全省城镇和农村中中国人开办的学堂，情形也一样，教师们的外语教学通常只是教授一点英文读写，因为受过良好教育的人可以谋取薪水更优厚的工作。

从来没有这么多人像现在这样要上教会学堂，虽然教会学堂付出了极大努力，但还是远不能满足人们上学的要求。这里不可能叙述所有教会教育机构情况，但可以举几个例子。循道会男学堂已经发展为博文书院，有200名学生。文华书院发展为文华大学，有250名预科生，60名大学本科生。1911年，授予首批10名学生文学学士学位。自1906年始，开办了神学研究班。博学书院开办于1908年，校舍精良，其前身是伦敦会高等学堂（London Mission High School）。该书院现有80名青年接受高等教育，100名在预科学习。博学书院的办学方针是招收内地小学的学生进行中学教育，然后再让他们到书院的神学科学习，培养成传教士。各医学堂也取得了同样的进步。英国和美国的大学正在做坚强的努力，以便在这里建立一所大学——华中大学（Central Chinese University），这里所有教会办的书院，都将成为该大学的分部。这种各教派的一致行动，将会有助于推进差会工作。

18. 九江（Vol. 1. P. 374）

根据上谕颁行的学部各项章程，九江府开办的西式学堂有：3所小学堂，一所高级小学堂，一所师范学堂。

初等小学堂开办于宣统二年一月（1910年2月），校址由三处庙宇改建而成。每个学堂有学生40名，平均入学年龄为7或8岁，学制5年，学费每半年1000铜钱。办学经费由先前专为支持优秀的大学毕业生的基金支付。每个学堂都附设一个贫民补习班，教授一些基础课程。

高等小学堂开办于光绪二十九年四月（1903年5月）。入学资格为三年制初等小学堂毕业，额定招生50名。学费包括食宿每半年15000铜钱。高等小学堂经费估计每年470万铜钱，由德化县土地税和鱼税支付，学制4年。

中学或师范学堂开办于光绪二十九年十月（1903年11月），

校址为整修改建的濂溪书院。入学资格为高等小学堂毕业，额定招生50名，另招外省籍本地居住者的孩子12名。学费和食宿费起初每半年8元，现已提高到15元。办学经费估计1亿铜钱，由濂溪书院基金、牲畜屠宰税以及九江府所辖5县的附加税支付。该学堂学制5年。

光绪二十九年还开办了一所女学堂，学生30名，每半年学费2元。

19. 芜湖（Vol. 1. P. 386—387）

1903年，芜湖道台在芜湖邻近地区最高的山赭山脚下建皖江中学校舍，建筑风格中西合璧，位置极佳，但很不幸，像芜湖许多失败的事例一样，芜湖中学也是不成功的。学校1905年开始招生，但却从未满员，1907年被迫暂时关闭，后来又重新开办，但为时不久。现在校舍被用作了兵营。

不久前，这里除了一些由侨寓本地的外省、县籍人士专办的私立学堂外，公立学堂由自治会（Self-Government Society）和当地绅士维持，但这些学堂大部分在辛亥革命爆发后关闭了。

大约有14所外国传教团体创办的男女学堂，早在1875年耶稣会即开始创办学堂，但基督教新教的学堂，大部分都是过去十年间创办的。

20. 南京（Vol. 1. P. 404—405）

自撰写上一《十年报告》以来，本地教育制度领域已经取得了巨大进步。中国年轻人很早以前就发现接受以英语、数学等为内容的现代教育，甚至是了解一些肤浅的内容，也要比勤奋攻读旧式经典更容易令人满意地谋生，有更好的成功机会。当局很快认可了舆论趋向，1901年上谕敕令重新兴办官立学堂。直隶建了一所大学堂，各府开办了高等学堂和中等学堂，各州县开办了初等学堂。这些学堂比以往更加强调引进现代课程。中学堂开设诸如海关业务、银行、保险等方面的课程,几乎普遍开设了现代语言(尤其是英语)课程。中国经典并未完全抛弃。四书还读,但五经既不精读,也不背诵了。易经因为无用,已经废除了。南京初等学堂学制一般 3—5 年,中等学堂 5 年,高等学堂 3 年,高等学堂毕业后有资格进入北京大学堂学习。1903 年,总督张之洞编制了一套学制,成为现在教育体制的基础。1905 年,上谕批复袁世凯、张之洞、端方等的奏议,完全认可新学,废除科举。

南京学堂众多,官立学堂而外,还有许多公立和教会学堂。把这些学堂全部开列出来,将占用过多的篇幅。这里我们可列出一些较重要的学堂,如:江南商业学堂,是一所官立专门学堂,创办于 1908 年,最近聘任了外籍教师;金陵大学堂,美国监理会(Methodist Episcopal Mission—American)设立的教育机构;水师学堂,官立学堂,聘有 2 名英国海军教官;江南高等巡警学堂;江南狱警学堂(Kiangnan Gaolers School)。还有 5 所军事学堂,即:南洋陆军小学;陆军中学;陆军测绘学堂,聘有 5 名日本教官;陆师学堂,培养军官,聘有 3 名日本教官和 1 名德国教官;军医学堂(the Military School of Sanitation)。事实上,上列学堂都是在过去十年间创办的。当然,辛亥革命打乱了教育改革的进程,有些学堂的教师和学生都溃散了。因此,教育改革的详细情况,本应在革命前进行估量的。还有在本十年的晚期,人们纷纷创办女子学堂,南京至少有 7 所女子学堂。

21. 镇江(Vol. 1. P. 422)

毫无疑问,过去十年间,这里的教育制度发生了显著的变化,过去被看不起、遭抵拒的西学,缓慢但却肯定无疑地取代了中国古代经典的地位。不过，目前镇江尚无法与南京、苏州、上海相提并论，在那些地方，设备良好的各类学堂吸引了全省各地的学生争相前往求学。当然，这里有一些教会学校无疑做了杰出的工作。有2所小型官立学堂，资金匮乏，教授英语和最基础的自然科学知识。府中学堂有110名学生，学制3年。估计该学堂将继续开办，但现在没有教师。八旗中学堂（The Banner Middle School）有89名学生，但由于革命爆发，都跑掉了。据称这里有34所初等学堂，学生总计1600名。总体看来，本地区的教育并不是很繁荣。

南方及边疆各口

1. 上海（Vol. 2. P. 20—23）

拳乱以后，一些政府官员、文人、绅士以及商业阶层实际上都普遍确信必须学习西学，反对西洋教育的声音大部分消失了。要学西学，最有效的方法是兴办教育，这一问题引起了国家决策机构（National Assembly，按英文可译为资政院，但考虑到资政院1910年才正式设立，教育改革决策及推行远早于资政院机构的设立，本报告编写者可能不很清楚清政府的决策体制，故意译为"决策机构"——译者）的极大注意。除了财政问题，兴办西式教育的主要障碍，是目前中国语言的缺陷，缺乏迅速传授易于交往并把各种互不明白的方言融会为一种普遍通行语言的媒介。一个不可忽视的问题是，要普遍推行现代教育，目前每个中国人不得不首先有足够的英语知识。剩下的问题非常重要，即鼓励进行便捷的互相交流，因为人们日益普遍认识到，当空间可任由我们无限度自由支配时，在充分有效时间内的个人，即使是最有天赋的人，也会受非常短暂时间的严格制约。科学可定义为更经济的思想库，为了科学的完备，重要的是每个人都应该能够立即接近世界上已有的全部记录。一个已确定的事实的价值，可以用它使其他探索者利用情报节约的时间总量来估价。中国教育的真髓或许可以用"权威"这个词来概括，而科学知识则只依赖于理性，毫不犹豫地怀疑、验证，对先前最高权威欢呼为事实的论点提出质疑，因此经常改变他们推断的结论。人们很快发现，作为现代教育科目的基础，中国没有可用的著作，所有新教科书都从西方翻译过来，或者按本土模式修订西方教科书。很明显，目前人们普遍认为必须精通英语，下述这一真正有趣的例子便是明证。在推广教育过程中，那些已经精通英语的人每天都抽空忙着教授别人英语，他们只是情愿把他们的空余时间贡献出来，教授别人。在由业余爱好者授课的上海夜校里，前来学习的人非常多。很多夜校实行免费，没有高收费的夜校。很明显，夜校教师太多，教学结果很不一样。不过，遗憾的是这种情况可能不会改变，因为很多人想尽快取得成效，在没有精通英语的情况下，就想通过英语获得渴望得到的知识。向往西方知识的最初动力无疑来自于教会学校。尽管最早传播西方知识的是罗马天主教开办的学校和医院，罗马天主教传教士在传播西方知识方面充满了自我牺牲精神，但近来传播西方知识的教育机构，却更多地由美国教会团体所开办。广学会在使中国人了解外国教育方面做了大量难以估量其价值的工作，仔细查阅该会近来的出版物，一个非常显著的事实是大部分中文出版物先前译自英国，而最近大部分出版物则是译自美国权威著作。正如伯顿（Burton）教授在1910年差会本部大会上宣读的论文中所声称的，美国传教士不仅仅局限于要改变中国人的宗教信仰，他们实际上承担着谋求促进中华民族生活各个领域——道德、宗教、社会、经济以及政治走向繁荣的繁重任务。为此，美国差会不那么样着意于详细阐述宗教教义、教理，而愿意详细阐明科学、教育，进行实业方面的训练，他们认为这样会引导伦理道德自然而然地得到改良，如果全面地不断反复灌输，那么教育的所有目的都会有保障达到，并形成特色。应用科学的所有成效建立在各方面完全精确的基础上,不熟悉现代教育方法的人,尤其是中国人,自然对此处于模糊状态,而加强熟悉应用科学,无疑将逐渐消除普遍的蒙昧。

较陈旧的中国教育体制完全依靠权威,只有权威才对年轻的学生真正有影响。科学课程及其大量试验的魅力,对渴望知识的学生最具吸引力,学生们没有足够的阅读基础,不知道为产生有利商业效果的大规模试验过程并非总是反复进行。那么,对工程学或化学,以及其他自然科学学科的学生来说,要获得实际操作技能,必须彻底了解所学科目的大量动手实验工作,这一点在见习阶段尤为重要。在中国,由于文人的传统,动手试验工作极不受欢迎,文人传统认为手工劳动有失身份,出身高贵的青年常常严重忽视动手实验这类事情。

徐家汇早年的情况,在上个十年报告中已作了详细叙述。由于要铺设电车轨道,必须把徐家汇天文台的大部分设备迁往佘山(Chose)。佘山离徐家汇15英里,那里设有徐家汇天文台分站。该分站以前的工作主要局限于依靠大型天文望远镜进行观测,这些望远镜一直放在那里。徐家汇又建了一所教授更高级课程的新大学,名为"震旦大学",1908年创建于法租界新界的卢家湾(误,实创建于1903年,1908年在卢家湾建新校舍——译者),教学人员仍是徐家汇原有学校教员。法兴学校(French Municipal School)也进行了扩建,并迁到了法租界新界。上海虹口还有一所圣芳济学堂(St. Xavier School)。江苏省共有228所寄宿学校,其中150所男校(9263名学生),138所女校(6653名学生)。1911年,新建了一所德国学校。上海公立学校大量增加,急切要求提供寄宿学校。汉壁理公学(The Thomas Hanbury School)过去十年间也办得非常成功。上海市政当局认识到应当提供资金帮助本地人解决受教育问题。本地区为本地人开办的学校或许只有一所设在梵皇渡(今万航渡路——译者）的圣约翰大学。该校旨在尽可能地给予和美国大学一样的教育，最高可授予文学学士学位。可与圣约翰大学相提并论的另一所为中国人开办的学校是南洋公学。基督教新教开办的高、初等学校越来越多，不断要求扩展校舍。沪宁铁路公司在吴淞建了一所很好的学校。一个值得注意的特点是广学会和基督教男青年会做了大量工作，他们把学习和娱乐结合起来。各学校普遍开设了体育课，极大地促进了学生们体育活动的开展和集体精神的形成。各种实业学校正在建设中。各地都为盲人和聋哑人开办了学校。在现有整个教育体系中，医学教育可以说办得最有成效。通过医学校教授卫生学、防疫学、优生学等课程，以及医学工作者不厌其烦地反复强调示范，医学在促进本地人和外国人和睦关系方面，很可能起到了与任何理智的工作一样的作用。总而言之，与教育问题有关的令人感兴趣的一点值得永远记取，那就是中国人依赖权威，而不是依靠自己。世界各地业以极大热情广泛开展童子军事业，贝登堡勋爵（Sir R. Baden-Powell）的《警探术》（"Aids to Scouting"）一书为现在世界范围内童子军运动的基本教科书，该书所扼要阐述的精髓用他的话说就是"随时注意观察，运用常识推理"。这样训练的童子军是各方面取得进步的保证。但是，到目前为止，还没有证据表明中国开展了童子军运动。教育一直被定义为"扩张脑力以适应环境"，并非仅仅是照搬公式的填鸭式教学。为了储备脑力和体力以应对意外事变，一个国家理应对年轻市民的教育进行管理、提供资金，以确保每个男、女个体具有应对意外事变的能力。最新的本地学校图书馆的记录表明，福尔摩斯（Sherlock Holmes）是人们喜爱的小说中最受崇拜的人物之一，福尔摩斯所作的所有精心推理，只不过是系统观察和常识推理的科学结果。

2. 苏州 (Vol. 2. P. 34—36)

由于政府慷慨出资，建立了现代教育体制，过去十年间，这里的教育取得了显著进步。市里各处建有许多为男孩开办的初等小学，有些地方还开办了半日学堂，有少量学生上下午轮流上课。初等小学堂学制4年，毕业后入高等小学，学制也是4年。接下来入中学学习5年，最后进高等学堂学习3年。不过，这只是一套学制体制，普通人家的孩子在自己谋生之前很少有人负担得起16年的学校教育费用。

初等学堂进行一些音乐、体育、军事方面的训练，中学堂重点教授数学、自然科学和外国语言，高等学堂的课程则有经济、地理、物理、化学、法律基础、微积分、机械制图、法语和德语等。高等学堂的优等生可到北京和美国学校学习，其中大多数进了北京的京师大学堂。

苏州也有一些专门学堂，其中规模最大的是师范学堂，约300名学生；还有一所武备学堂，一所巡警学堂，一所铁路学堂，一所农业学堂，以及一所培养官员的法政学堂。像武昌一样，这里开办了一所存古学堂，是旧式学生读书的场所。最近，这里开办了一所工业学堂，对学生进行一些动手能力的训练，讲授改良的制造业工艺等，该学堂最初是专门设计帮助纺织工业的。先前，苏州有为准备出国留学的学生开办的游学预备科，以及一个新旧学教学效果都非常好的英文专修馆，但分别于1908、1910年关闭了。在过去十年的大部分时间里，大多数官立高级学堂，大量聘用了日本籍教师，但是现在已经很少了，教学工作几乎全由中国教师担任，其中有些人在德国和美国留过学。地方绅士对教育有着积极兴趣，教学效果良好的公立中学，即是他们的努力取得成功的最好典范。他们还开办了一些女学堂，生源很好。铁路开通后不久，铁路方面投入部分资金开办了铁路学堂（Railway College），学生分为两科，一为交通科，一为机械科。这所学堂的学生有些已经在各铁路公司工作了。但该学堂最近关闭了，校舍用于一所为希望训练动手能力的绅士子弟开办的工业学堂。除了上述这些学堂之外，还有许多传教士开办的学堂，其中最主要的是美国监理会（American Methodist Episcopal Mission）创建经营的东吴大学堂。这所大学堂的校舍始建于1901年，1904年投入使用，有7名美国教师和12名中国教师。该学堂设有文科和理科，文科可授予文学学士学位，已有7名学生获得了学位。东吴大学堂还设有中学部，1911年，全部学生总计225名。景海女学堂，也是由美国监理会开办的，招收中国富裕阶层出身的女孩接受高等教育。该学堂生源一直很好，现有学生约100名。美国圣公会在这里开办了一所中学堂，为上海的圣约翰大学提供生源。除这些之外，苏州城里和郊区还有10所传教士开办的学校。无论是政府还是传教士开办的许多学校，都做了杰出的工作，学生无退学现象，都学了该学的课程，很可能是学到了他们想学的东西。但是，许多情形也令人担心，学生们在尚未完全学到立足社会的本领之前就离开了学校，特别是许多初等学堂的学生，带着危险的武器——"一点学问"，就被送上了社会大舞台。

3. 杭州（Vol. 2. P. 51—52）

这十年间，本省教育改革取得了巨大进步。1902年，除了教会学校，仅具有进步思想的杭州知府林迪臣创办的求是书院讲授西学。是年，皇帝谕令乡、会试取消八股文，改试策论。1903年，提学使取代学台重组本省教育体制（学政改为提学使的时间是1906年——译者）。提学使以下，每府设一名视学员，负责选取合格的绅士检查和报告各地的情况。最初建学堂的费用等由政府出资，学生免费上学，办学经费由土地、当铺等附加税维持。

新教育体制下,省内最低等的教育机构是初等小学堂,各市镇普设,教授中文和简单算术。入初等小学堂学习,必须通过简单的考试,有人担保,品行良好并完成学业。高等小学堂,每县一所,课程与初等小学堂相同,只是水平较高一些。再往上是府中学堂,教授中国经典、数学、地理、中外历史、基础科学,以及英语和日语等课程。府中学堂毕业后有资格入设在杭州的浙江高等学堂,该学堂聘有3名外籍教师,教授与府中学堂相同科目的课程,但水平要高得多,同时加设德语和法语。学生毕业后授予举人头衔。

有2所师范学堂,毕业生首先被聘用为教师,逐渐取代了外籍——主要是日本籍教师。

杭州还开办了下列专门学堂和技术学堂,计有商业学堂、农业学堂、艺徒学堂、巡警学堂和法政学堂,这些学堂都是由政府全部或部分出资建立的。

下列几所主要学堂授予毕业生相应不同头衔:

浙江高等学堂(Cheking High School)　　　　举人
高等师范学堂(Teachers Higher Training College)举人
初等师范学堂(Teachers Lower Training College)副贡
法政学堂(College of Law and Politics)　　　副贡
巡警学堂(Police School)　　　　　　　　举人或巡官

女子教育已不再被视为多余的事情。政府开办了女子师范学堂,有许多女子私立学堂,其中著名的是女子工艺学堂。兴办女子教育的结果是现在女子中能读书写字的人已占很大比例,而几年以前,极少有女子识字,事实上,那时女子识字简直就是奇事。

官立学堂浙江本地学生不收学费,外省籍学生象征性地收取一点。食宿、服装、课本等费用,由学生交纳。

各教派的传教士开办的学校作了很好的工作，但限于篇幅，不能一一详述。广济医学堂（Dr. Main's hospital in Hangchou）的学生被浙江军队聘用为外科医师。

4. 宁波（Vol. 2. P. 65—66）

本十年中宁波的教育取得了巨大进步，开办了大量各级各类学堂，各地的人都非常渴望送自己的孩子去学习西学。成百上千的年轻人学习英语，在年轻一代人中，英语迅速取代了迄今为止传统中国文人心目中至关重要的中国经典的地位。过去浙江很容易见到的好书法，现在要付费才可以求到。所有阶层的人似乎一直认为学习毛笔书法是浪费宝贵的时间，而毛笔书法不久以前还是读书士子的必修课。英语战胜了《四书》，数学战胜了书法。现在，在浙江找一位优秀的传统中国学者，就像十年前找一位操英语工作的本地人一样难。即使在本省内地一些相对小规模的学堂，英语教师也拿很高的薪水，供不应求。然而，许多英语教师都是年轻人，他们曾在教会学校里学过基础英语，并不胜任他们所拿薪水的工作。

1903年建了两所学堂，一所是罗马天主教会建的毓才学堂，一所是由浙江绅士捐助资金建的益智学堂。目前这两所学校未招生，毓才学堂由于教学困难关闭了，益智学堂据说被海军部改作培养海军军官的学堂。

1906年，英国圣公会建了一所优良的大学堂，可招生90名，1910年扩建为可招生140名。理科硕士瑞德芬先生（H. S. Redfern）担任校长。该学堂课程开设齐全，十分受求学者欢迎，从无招生不足之虞。学费根据学生是否信仰基督教而不同，信仰基督教的每年62元，不信仰的每年72元。

上述学堂之外，苏州还有两所完全由当地政府开办的重要学堂：中学堂和育德学堂。另外，为了培养教师，开办了师范学堂,为了培养法律人才,开办了法政学堂。

上述所有学堂都是这十年间开办的。较小的学堂,全省城乡各地到处开办,多得难以计数。

5. 温州(Vol. 2. P. 77—78)

艺文学校是温州城里一所令人赞叹不已的学堂,有80名学生,其中35名是非住校生。该学堂有一名外人校长,10名中国教师教授各专门课程。清政府规定外人管理的学堂里的学生不能参加科举考试,限制了这所学堂的生源。学堂开设中国经典、伦理、国文、历史、数学、几何、博物、化学、基础物理、英语(语法、文学、会话)、体操等课程,

1902年,皇帝谕令全国普遍开办现代学堂(实为1901年9月25日——译者)。温州、平阳(Pingyang)、乐清(Yotsing)、大荆(Taching)等县和玉环(Yühwan)厅由此开始兴办现代学堂。由于没有限定方式,学堂没有初、高等之分。

年复一年,学堂越办越多,省里决定成立劝学所,1907年在两个府内(应指温处道辖下的温州府和处州府,温处道驻温州——译者)开办学堂200余所,政府每年出资10万元。由于没有新学教师,开办了一所培养小学堂教师的师范学堂。该学堂于1908年招收200名学生,有教师12人,其中多数为从日本归国的留学生,他们精通母语、国史和古代典籍。在温州师范学堂建立之前,开办了两所中学堂,一所在温州城里,一所在瑞安(Juian)县。1911年,温州的中学堂有学生307名,教师23名,杭州府支持经费18000元。中学堂教授国语、讲经读经、修身、历史、英语、地理、地质、博物、数学、物理、化学、体操、军训等课程,大部分教师是在日本从西方翻译的教科书中学到的新学。

1903年,开办了两所工艺学堂,一所学习育蚕,一所学习

土法纺织,此外还学习一些有用的课程。由于缺乏经费,限招120名学生,限聘15名教师。

本地大力创办初等学堂,现有初等小学堂209所,学生7912名,教师715名。教师大部分毕业于现代学堂,有适当的教科书。据说教育取得了十分令人满意的进步。

自1906年以来,共计开办了11所女学堂,学生总计769名。由于缺乏经费和称职的女教师,阻滞了女子教育的发展。温州人很保守,只有较大年龄的女孩才允许上学。温州和周围地区居民正在酝酿建立幼儿教育体制。

6. 三都澳(Vol. 2. P. 87—88)

遵循1902和1905年的上谕,本地在教育改革方面做出了极大努力。福宁开办了4所学堂,即附设师范班的中学堂和3所小学堂,总计约25名教师,250名学生。此外,都柏林大学会(Dublin University Mission)办有男、女学堂,男学堂60名学生,女学堂80名学生。但是,福宁没有专门学堂和实业学堂。福安有2所官立小学堂,9名教师,120名学生。福安还有4所公立小学堂,政府每年每所学堂补助40元;一所初等商业学堂,100名学生,以咸鱼税为常年经费。宁德有一所官立小学堂,5名教师,50名学生,也有4所公立小学堂,150名学生,政府每年每所学堂补助50元。教育经费由旧教育捐资、学生注册费、寺庙捐以及各种货物的特别税等维持。小学堂的课程有修身、算术、历史、地理、绘画、体操等,有的学堂开设国文和英语。中学堂在小学堂课程的基础上加设博物、代数和化学,福安的商业学堂加设簿记。

7. 福州(Vol. 2. P. 96—97)

教育问题,尽管各方面进展不一,但它是本十年中取得显著进步的事业之一。早期对西学和新思想的敌视大多都不见了,人们开始对西学和新思想持欢迎态度。虽然一些教会学校的学费十年间翻了一番,但是稳定的上学需求仍使教会学校的校舍不敷应用。教育在教会工作中的重要性,可以从福州的一个教会每年收入的 45% 用在教育事业上判断出来。各教会已着手建立一个体制,要用初等教育支撑高等教育。有些初等学堂的学生数已经是上个十年的四倍,有些高等学堂年年爆满。高等学堂一般进行大学预科教育,而神学、师范、医学等学堂则进行专门训练。本十年特别值得注目的是女子教育,现在福州有 1000 名女孩在校读书,其中 4/5 在教会学堂。各教会感觉到他们的工作受到了土地和校舍的限制,由于教师短缺,不得不拒绝一些人入校学习。他们吸取本十年的经验教训,现正在努力进行协调和调整压缩。至于政府和地方绅士们创办的学堂,福州的情况与全国其他地方类似。1905 年上谕鼓励新学、废除科举。许多新学堂一边教授西方语言和科学,一边教授中国经典。为进行新式教学,聘用了外籍教师,购买了昂贵的仪器。但不幸的是,有理由相信学堂的管理和纪律方面的弱点,削弱了官立学堂的效率。辛亥革命期间的激昂情绪和骚乱,打乱了教育改革的进程,半年多时间,许多官立学堂都关闭了。本十年的末期,教会团体——主要是美国教会,花费 100 万元在兴建新的初、高等学堂校舍。

8. 厦门 (Vol. 2. P. 110—111)

主要教育机构:

同文书院,建立以来不断完善。该书院 1902 年建于厦门岛虎头山,有 600 名走读生,200 名寄宿生。1903 年,首次对这些学生进行初、中等课程考试。现有 26 名学生通过了初、中等课程考试,69 名只通过了初等课程考试。该书院是本地教育机构中学生数最多、最繁荣的一处。1911 年，学习年限从 7 年增至 9 年。

英华书院，稳步发展，办学经费主要来自国外捐助。

东亚书院，由于缺乏经费，1909 年关闭。是年初，日本人开办了旭瀛书院。

厦门女子师范学校，1906 年 4 月 26 日开办于鼓浪屿，经费来源为私人捐款、学费、创办者捐献基金的利息等。

官立中学堂，1906 年 9 月创办，分中学、高等小学、初等小学三部。创办之初学生 60 名，1911 年在校生 215 名。教授生理学、历史、植物学、国语、数学、体操、修身、地理、音乐、绘画、英语等课程。初等小学和高等小学学制 4 年，中学学制 5 年。该学堂位于玉屏书院旧址，除学费之外，出租玉屏书院地产充作经费。

公立中学堂，1907 年 9 月开办，学生 38 名，1911 年增至 120 名，教授课程与上述官立中学堂类似。

八所小学堂和一所商业学堂，1907 年至 1911 年间开办。这些学堂教授的课程有历史、地理、修身、格致、讲经读经、体操、图画、国语、算术、英语、音乐等。

除上述教学机构外，这十年间还创办了大量私立小学堂，以及许多男、女教会学堂。

9. 汕头（Vol. 2. P. 127—128）

回顾过去十年间的各种变化，没有比中国教育体制的变化更显著的了。旧的求知之路是学习文言经典，那是一条狭窄曲折的求知之路，最初意味着平等，而实际上却走向寡头政治，只有利于极少数人。这条路现在突然被舍弃了，一条新的求知之路正在开辟，这条新的求知之路有着无限广阔的前景。这条求知之路的目的在于迅速获取各种实用知识。迄今为止，这条新的求知路尚有隐忧。在今天的中国，外国知识意味着力量，但却经常犯忽视基础教育的错误,认识不到健全的基础教育才是进行各项高深研究的必要条件的事实。下面摘自儒家经典的这句话,从古至今,都是确定不移的真理:"君子之道,譬如远行必自迩,譬如登高必自卑。"

由于汕头地区是自然的中国最大侨乡,当地居民中有大量归侨,因此过去数十年间这里的人们熟悉一些西方的风气,也许正是由于这一原因,潮州府旧时拥有捐赠的大量地产的著名学府金山学堂,成为第一个修正教学内容的旧式学堂。撰写这份报告时,该学堂教授的课程已包括基本的中国教学科目、通俗国语、算术、历史、地理、天文、化学、英语、体操等。现有住校生约80名,学费每月20—30元。学习时间每天9小时,学制6年。

汕头不久前开办了另一所很好的学堂——岭东商业学堂,它的前身是上一个十年报告中提到的岭东同文学堂。据说该学堂生源踊跃,有时达300人之多。正如这所学堂的名称所显示的,它是一所专门学堂,因此学习科目受到限制。每周上课36小时,学制三年。这所学堂没有自己的基金,学费很少,据说经费每年6000元,相当于金山学堂的一半,由官员和商人捐助。这所学堂与本地区其他学堂的命运一样,因为1911年11月的革命关闭了。

除了上述两所学堂,潮州还有一所师范学堂,一所农业学堂。前者是惠州、潮州、嘉应州联合开办的,后者聘用了两名日籍教师。关于这两所学堂,没有可利用的详细情报。

辛亥革命前,本地区各地也开办了大量小学堂,教授现代课程,但由于缺乏资金和称职的教师,阻碍了这些学堂的发展。所有这些小规模的学堂中,或许可以说仅汕头、潮阳、揭阳三地的女子学堂办得不错。

所有上述提到的学堂,都是由中国人发起创办的。

教会学堂中,汕头美国浸礼会协和学堂和女子中学堂(American Baptist Union College and Seminary at Swatow)依然办得很

好。1906年开办了一所新学堂——英华学校（Anglo-Chinese College），由英国长老会管理，该学堂的地皮和校舍总价值40000元，是由当地和海外华侨捐献的，其中20000元为现金。英华学堂有5年制小学和3年制中学，中学毕业后可顺利进入大学学习。该学堂特别注重英语教学，其目的只是为了提高教育质量。中文课程在全部课程中占很大比例，小学大部分用中文讲授，中学安排一定时间学习中文，但其他课程都用英语授课。课程包括英文写作、数学、博物、历史、政治学等。现在有2名英国教师和6名中国教师，目前学生70名，全部寄宿。作为基督教教育机构，该学堂开设宗教课程。

10. 广州（Vol. 2. P. 148—149）

过去十年间，广州开办了下列官立学堂：

学堂名称	学生数（1911年）
法律学堂	600
特等学堂	80
英文学堂	544
高等工业学堂	200
译学馆	219
蚕业学堂	70
优级师范学堂	320
初级师范学堂	100
中学堂	750
高等小学堂	760
两等小学堂	268
次等小学堂	784
贫儿识字院	1500

为了培养农业、工业、商业方面课程的教师，最近又开办了三所学堂，尚不了解这些学堂的学生数。所有学堂都归前任总督岑春煊1903年设立的学务处监管，学务处现改名为教育司。教会教育工作不断扩展，教会学校中最重要的是岭南学堂及其附属学堂。1904年，该学堂迁至现在珠江下游6英里处的康乐（Honglok），当时学生57名，1911年在校生216名。

11. 九龙（Vol. 2. P. 163）

新安县教育设施缺乏，落后于其他各县。1907年，新安县治所南头开办了一所官立学堂。这是一所中英文学堂，200名住校生，学费每年36元。该学堂是当地著名学堂，生源充足。两年前，孔教信徒展开竞争，香港的孔教会捐资在南头开办了一所小规模的学堂，称为南山小学堂（Elementary Nanshan School），有50名学生。去年，Shatowkok地方开办了一所初等小学堂，60名学生；据报Shumchün和Lowu地方开办了一些私立学堂。所有这些学堂都或多或少地按新式学堂规则办学。在有些地方，也有旧学出身的教师开设私塾，但使用的是新教科书。这十年间，香港的教育有了相当进步，但关于香港教育详细情况和英皇香港大学的建立情况，提请读者参阅香港政府的出版物和海关年度贸易报告的有关部分。

12. 拱北（Vol. 2. P. 174）

住在岛屿上的渔家孩子没有上学的机会，但近些年来，香山县已经开办了初、高等小学堂和中学堂，使900名男孩和70名女孩入学堂接受教育。大部分学堂都是公众捐资设立的，由村里的长者和绅士予以良好的监督。初等小学堂只学中国课程，通常每个学堂40名学生；高等小学堂和中学堂各有90—120名学生不等。高等小学堂和中学堂教授中文、英语、地理、历史、图画、体育、修身等课程。这些学堂中开办最早的是 1901 年在前山（Chienshan）设立的学堂，现有在校生 127 名，其余学堂则先后开办于 1906—1908 年。中学堂是一所男校，1906 年开办于石岐（Shekki），两年后开办的女子师范学堂，拥有最好的教育设备。这些学堂的学费，初等小学堂平均每生每月 1 元，高等小学堂及其他学堂每生每月 2 元。此外，在湾仔（Wanchai）和安航（Anhang）还有家族开办的一些小规模学堂，上学免费。香山的天主教会也开办了几所学堂。澳门有 2 所为中国人开办的学堂，一所是澳门当局开办的，另一所则是私人捐资开办的。澳门还有一所圣约瑟神学院（St. Joseph's Seminary），培养中、葡神职人员；一些基督教新教学堂，只招收他们的子弟入学。

13. 江门（Vol. 2. P. 188—189）

虽然有许多为人称道的学者，但由于和其他地区的情形一样，教育不是强制性的，而是随个人意愿，这一地区的普通教育还是非常落后的。在城镇，能读书写字的男人或许占 50%，但农村这一比例就低多了。过去十年间，女子教育确定无疑地受到了重视，虽然女孩子大都是在家里读书。这里无论城镇还是农村，大部分学堂也许可以称之为家族学堂，由一些家庭的祭祀基金创办，辅以捐助支持，这种学堂里的学生都是某一特定家族的子弟，但并非普遍把族祠作学堂用。除家族学堂以外，还有一些民立学堂（原文标注中文如此，Public Schools，一般称这类学堂为"公立学堂"——译者），但官立学堂极少。本地区最好的一所学堂是新会的西南学堂。该学堂为外国风格建筑，有 200 名学生，10 名教师，据说每年有 7000 元收益。外国教会开办学堂，仅是过去几年间的事情，而且都是初等教育，与官立初等学堂教学内容相仿。香山现有三所教会学堂，都在石岐城里。其中一所男学堂，是加拿大长老会开办的，22 名学生；另外两所是女学堂，一所是英国圣公会（the Church Missionary Society）开办的，20名学生，一所是加拿大长老会开办的，63名学生。新会县有德国信义会（Berlin）、美国浸礼会和加拿大长老会三个教会做教育工作。德国信义会在新会城里开办了最早的女学堂，30名学生。美国浸礼会在新会县的江门和古井开办了3所学堂，注册学生179名。加拿大长老会在新会开办了8所女学堂，学生157名；3所男学堂，38名学生。加拿大长老会还在江门开办了一所寄宿男学堂。

14. 三水（Vol. 2. P. 200）

过去十年间，新式教育日益推广，三水县各城镇和乡村一直在开办新学堂，最引人注目的是三水县城。1904年，行台书院改为三水高等小学堂。该学堂常年在校生100名，开设读经讲经、历史、地理、算术、图画、地方官话（mandarin dialect）以及英语等课程。学制5年，合格毕业者授予"生员"名分。这些新学堂还有一些显著的革新举措，像开设军训、体操课程，学生统一着装，整齐划一。

15. 梧州（Vol. 2. P. 211）

过去六年间，本港各个阶层都一直热情地谋求按照西方模式兴办教育，建造了宽敞的现代学堂，甚至不惜毁掉他们崇奉的偶像，把寺庙改造成学堂。1905年，地方官员和绅士联手建造了9所公立学堂，可容纳学生800名，所需经费是特别筹集的。然而，1911年底，关闭了两所。剩余的7所小学堂，600名学生；一所师范学堂，120名学生；一所中学堂，400名学生；一所女子学堂，80名学生。小学堂教授国语、英语、历史、地理、修身、算术、格致、地方官话、图画、中文写作等课程。体育受到格外重视。

16. 南宁 (Vol. 2. P. 232—233)

这一偏远地区的农村人以前不渴望读书。大的乡村和市镇里的孩子,其初等教育是通过私人教授,或者是在一个小私塾里学习。1902年后不久的改革运动,使人们开始渴望接受较高等的教育。1907年,南宁设立了5所初等学堂,一所中等学堂,一所师范学堂。1902年,法国圣母会在永安州附近用1898年被杀的一位罗马天主教传教士的赔款,创办了一所学堂。1908年,开办了一所大型中学堂,同年开办了一所女子学堂。1910年,南宁有18所初等学堂和中等学堂,其中有4所实业学堂和一处夜学堂,男女学生总计1600名。南宁府有132所初等学堂,在校生6000名。这些学堂教授中外课程,外国课程比重不是很大,计有英语、算术、初级地理,以及少量化学。所有学堂都设体操课。1909年,举办了首次学校运动会。1910年,举办了一次学堂器具展览,其中大部分是日本制造的。1910年4月,师范学堂罢课,在军队的帮助下才得以平息。1911年,在这场政治骚乱趋于平静不久,所有学堂的很多学生都不到学堂上课了,1911年底所有官立学堂都关闭了,教师都解雇了。随着政治秩序趋向好转,人们期待所有学堂重新开办,同时希望原来学堂里那些精通业务的教师能再回来教课。这一地区男人依然有90%没有文化,能读书写字的妇女所占比例微乎其微。南宁没有公共图书馆。

17. 琼州 (Vol. 2. P. 246—247)

美国长老会在琼州开办了两所学堂。职员学堂 (Paxton Training School) 位于琼州城外,为中国儿童和成年男子进行初等和中等教育,教授中外各种课程,包括地理、历史、数学、秘学 (occult science,似应为化学或当时作为物理、化学等学科总称的"格致"——译者),也开设一些国文和英语课程。学生要求做体操和进行军训。每年学习时间为9个月。1911年约45名学生,大部分住校。

私立匹谨女子初级中学与职员学堂一路之隔,建筑非常漂亮,可提供80名学生食宿。该学堂现有53名学生,都是成年妇女和14岁以上的女孩。该学堂只招中国学生,课程设置完善,包括英语和国文课。所设课程相当于西方的中学程度,可望不久即开设大专课程。

大约三年前,在琼州美国长老会学堂附近,开办了一所官立中学堂。去年,开办了一所兼有数个学科的官立实业学堂。在海口(Hoihow)以西76英哩的儋州(Tamchow)、那大(Nodoa),美国长老会创办了一所男学堂,分初、高等两部。该学堂是这一地区唯一一所高等小学堂,招收乐会(Hakka)、儋州、临高(Linko)以及讲方言的海南人子弟入学,但学堂里使用的方言是地方官话,开设所有高等小学堂课程,并让学生在学堂附设的电灯厂里学习实习技术。另外,也教授少量英语课程。学生数保持在80—90之间。那大还有一所女子学堂,是为教徒家的女孩子开办的,使用方言教学。文昌(Kachek)有所学堂已经开办了8年,该学堂的特别之处是招收的学生都是成年男子,他们都已经有了很好的中国学问根底,由于愿意学习英语和数学才到这所学堂学习。这样一来就使得该学堂的学生数极不稳定,最低时15人,现在约40人。进行军训和举办田径运动会(track meets)一直是该学堂的显著特色。学生杰出的英语水平是找工作的一大优势,即使在一些大地方的学堂找工作也不例外。

18. 北海(Vol. 2. P. 259—260)

本省这一地区教育一直落后。这一地区的人缺乏约束机制,偏好争斗。持续不断的反权威的争斗使人们一直处于不安状态,难以形成想学知识的风气。本地没有能读书写字人的统计数据,但我认为这一比例要比广州周围地区少得多。当然，在旧教育体制下，这里也举行府试，许多人获得了秀才的头衔，但是，这种头衔是本省各府中获得比例最低的，而且这周围有秀才头衔到广州去参加乡试的人，中举的极少。在这样的情形下，很难期望人们有欢迎新学的热情。结果，教育改革之初，就遇到了因经费缺乏而无法兴办新学堂的困难。新教育体制要求每个村庄、市镇、城市都要兴办小学堂，每个府城要兴办一所中学堂，此外要开办高等班，开设师范学堂以培养教师。城市里的学堂应由官方开办，经费由旧书院基金、某些寺庙和祠堂资产以及特捐等支付。市镇和乡村里的学堂，由地方自行设法开办经理。廉州、钦州、灵山城里，以及有的市镇和一两处乡村，已经建了新学堂。钦州还有一所中学堂、一所师范学堂、一所法律学堂和一所农业学堂，有3所小学堂。小学堂顺利毕业获得知府颁发的证书，可升入中学堂。这些学堂开设的课程有：修身（self-cultivation）、读经讲经、历史（包括中国和日本以及西方国家）、图画、中外地理、算术或代数、英语、博物、林学、矿学、卫生学、化学、法律、政治经济、音乐、体操等。小学堂和中学堂开设课程科目一样，只是小学堂讲授基础性的知识。中学堂毕业后想继续学习的学生，要参加知府监督的考试；通过考试的赴省城参加提学使组织的考试，获得提学使颁发的合格证书者，可入大学堂学习。

19. 龙州（Vol. 2. P. 269—270）

在促进教育发展方面取得了相当进步。本地区现在包括一所夜校和两所女子学堂在内，已有近百所现代学堂。现代教育呈现了光明的前景，有些教师在日本完成了学业，其余则是在广东和桂林完成的学业。要想获得比本地提供的基础教育更多的教育，必须到外地求学。1907年，开办了一所法律学堂，但后来该学堂转移到了省城。本地还建立了军事学堂，教师中有相当一些是日本教官（后来也转到了其他大城市），应该说军事学堂在本地军事教育中扮演了重要角色，这里新军军官都是军事学堂毕业的。

20. 蒙自（Vol. 2. P. 284）

1902年，云南在当时教育体制下除了教授中国经典的教育机构外，仅有两所学堂，一所是教授英语和法语的学堂，另一所是军事学堂。

然而，1902年以后，云南在建立现代学堂方面取得了巨大进步。1904年，开办了一所一定程度上仿照西方模式的高等学堂，翌年，开办了一所十分类似于日本的初等学堂。

云南的教育改革在缓缓起步之后，进步迅速。1907年，开办了师范学堂和中学堂；1908年，云南府开办了农业学堂和蚕业学堂；1909年，云南府设立了女子师范学堂、法律学堂、工艺学堂、商业学堂和一所新的军事学堂。除了这些中国人开办的学堂以外，法国政府在云南府和蒙自办有教授法语的学堂，罗马天主教会也开办了一些学堂。这些是云南省城的大致情况。

至于说云南全省的情况，大理府、蒙自县、普洱府、昭通府、丽江府以及各州城和县城，都开办了师范学堂，更重要的是各地都开办了多少不等、成效不一的各种男、女学堂。

现在所有学堂都免费上学，云南府中等学堂的一些专门科还免费提供伙食、服装、课本等。云南府中学堂的教师尽可能限用云南人（很多情况下做不到）。薪水头等每小时2元，依次递减为1.5、1.2、1元，女子学堂为每小时0.8或0.6元。普通学堂的教师按月聘用，每月17元。

全省教育经费预算300000元。

幼稚园以上的学堂男女分校，女子学堂日益增多。

上述学堂开设的课程有国文、数学、修身（rule of moral

conduct)、体操、历史、植物学、地理、动物学、图画、音乐、矿学等。各学堂根据各自的办学目的,所开课程有所不同。

到目前为止,新式学堂的毕业生大多数从事教师工作,也有相当一部分受聘在政府部门工作,但很多人则去了外地继续求学。

很难估计出全省的学生数,省城全部在校生可达7000人。

21. 思茅（Vol. 2. P. 298—299）

1907年,地方当局在思茅设立了劝学所,从当地绅士中选取视学员,训导检视各自所负责的学堂。各类学堂数如下:

一所两等小学校,四个班（两个初等班,两个高等班）,一名学监,5名教师,在校生173名,开设国文、历史、地理、算术、物理、图画等课程。

8所初等小学,每学堂一名教师,学生总计311名。

一所初等农业学校,50名学生,一名教师,开设蚕桑种植、养蚕法、作物论（analysing plants）等课程。

上述所有学校均由当地政府开办和提供经费。

22. 腾越（Vol. 2. P. 310）

中国这一偏远角落缓慢地开始了改革。1910年以前,腾越首先开办了现代官立学堂（Government Free Schools）。已建学堂也许不敷应用,正在计划扩展新教育体制。

腾越现在有4所简易识字学堂,孩子们在那里学习认字;3所两等学堂,一所高等小学堂。高等小学堂有70—80名学生,年龄在13—20岁之间。还有3所女子学堂,上学的很多。令人愉快的是女子学堂鼓励女子尽可能放足,在街上可看到越来越多的天足女孩。

扬州辛亥吟

许幼樵 著　吴善中 整理

说明：许幼樵，扬州人，字午，又名庆曾，号十石室主人，画家，园艺家。生卒年月不详，大约生活在清末民初。善诗文，著有《扬州辛亥吟》、《十古怪》、《十不全》等。《扬州辛亥吟》为扬州市图书馆馆藏抄本，毛笔行草书写。该篇以诗歌的形式，叙述了扬州光复充满曲折与斗争的全过程，披露了一些鲜为人知的史实。

　　　　武昌风动普天春，宇宙重光日月新。
　　　　一自义旗高举后，浪掀潮涌卷胡尘。
清季政治窳败，丧权辱国，人民仇满。辛亥八月十九日，武昌首举义旗，天下响应，风起云涌，清祚遂亡。
　　　　汉帜纷纷树若林，浙黔淞沪贯珠音。
　　　　名城原不居人后，大义昭昭激众心。
武昌首义后，未及匝月，各省次第光复。陈其美先任沪军都督，宣布独立。江苏巡抚程德全于九月十五日反正。是日，浙、黔两省，亦已光复闻。扬城人士亦义愤填膺，群情激动。
　　　　学子莘莘载笈回，山鸣谷应若惊雷。
　　　　书生造反凭空手，孤掌无声大志灰。
吾扬旅外学生，络绎返里，遂组旅外学生队谋策应，商诸两淮师范校长叶惟善，借用步枪，被拒。奔走呼号，辛难遂志。
　　　　满地白银成想像，合（读如革）条性命解非真。

　　　　　书痴论史歌汤武，巷议街谈百态陈。

　　里巷议论纷纭，有想像湖北起义后白银满地者，有谓革命定义系全民合一条性命者，而二三学究则晓以汤放桀、武王伐纣之事，眉飞色舞，称道不置。

　　　　　敌前敢死播先声，吞弹摧锋一跃轻。
　　　　　市井纷纷谈义烈，语虽荒诞见心倾。

　　市井无识者流，侈言革命党人能吞弹入腹，遇敌时纵身一跃，人弹齐炸。闻者为之惊叹。

　　　　　苏常底定镇江平，欲曙芜城晓色明。
　　　　　枉为清江十三协，南来溃众几回惊。

　　继苏州之后，常州于十六日由何健、镇江于十七日由林述庆已宣告光复。先是镇江林都督，经镇江商会长于立三联系吾扬商会长周谷人，策划光复扬州事。谷人乃于十七日晨派人渡江，表欢迎之意。时清江十三协先期兵变，谣传溃兵将南下，连日城乡饱受虚惊。

　　　　　商人重利亦多谋，自卫团防夜不收。
　　　　　日暮家家传蜡烛，手擎高挑上城头。

　　自湖北揭竿以后，风云日亟，绅商方尔咸、周谷人等筹组自卫团，各界推谷人为团长，全城户出一人，各备红字灯笼，分区编队，编成二十四队，计一万六千人，夜间巡哨。

　　　　　风雨飘摇太守居，客来掉舌计全疏。
　　　　　非关故主酬忠荩，攘臂还思再下车。

　　尔咸、谷人往说知府嵩峋，劝以出巡属县，离扬暂避。嵩曰："我但求党人不害民，如有用我者，我将尽保境安民之责，不用我，然后去。"尔咸等语塞。嵩，旗人也。

　　　　　活财神亦畏风沙，自保须臾拂乱麻。
　　　　　职守无他惟宝藏，且将铁炮架官衙。

　　两淮盐运使增厚，亦旗人。当谣诼纷纷之际，在署门内架炮自卫，居民见状，咸惶惶然，惊恐不安。尔咸、谷人复偕士绅李石泉举人、大德盐公司经理戴孟瞻诇增厚，劝以安定民心，炮乃撤。

　　高衙鼓乐渐凄惶，仪仗连朝偃道旁。
　　悄挈妻孥怀佩印，宪台到此亦逾墙。

十七日午后，增厚携眷属、怀印信，微服越后墙，悄然出走。

　　格格枪声入暮稠，定营散卒似貔貅。
　　库空册籍存何用，恰与江山一笔勾。

午后五时余，原驻城南静慧寺定子营王有宏部一部士兵，突然入城，鸣枪示威，冲入运署，破库洗劫，元宝、散银满地，册籍零乱。事后知为冒充革命党人之孙天生所嗾使。

　　风流云散走天涯，乌合真同向暮鸦。
　　怀宝方知身负重，相将扶上独轮车。

变兵劫得库银后，纷纷自散，惟以负重难行，遂命独轮车代步，二人合乘，驱往郊外，经行街市，为平时罕见之奇景。

　　人言啧啧总含颦，取不伤廉且逐贫。
　　贡士解元非爱宝，傥来偏是雪花银。

尔咸，字泽山，乙丑科解元；谷人，名树年，丁酉科拔贡。此际运筹奔走，奠乡邦磐石之基，人皆礼重，然亦多有微言者，岂空穴之风欤？

　　狴犴无灵世运更，不羁群马任纵横。
　　樊笼脱后形应敛，环珮丁当尚作声。

入晚九时许，江、甘两县狱囚，破狱门呼啸而出，镣声震动全城。自卫团逐段驱送，出南门自散。

　　忽传都督入南关，天外身披素锦还。
　　一骑驮来银宝塔，居然宛似赵常山。

同时，突有定子营武装士兵四五十人拥一人，身缠白绉，自顶至踵，乘马由南关而入，自称都督孙天生，直至运署，俨若从空而降。仓卒间，市民不知底蕴，群出欢迎，士绅亦有趋往周旋者。

从风人比乱鸦飞，还我河山署白旗。
桂令当街呼禹令，马前听命莫相违。

尾随孙天生骑后者，人类不一，形形色色俱备，有乘马随行者五六人，中有江都知县桂聚庆、警局巡长某，杂以绿野茶社之店主，士兵持有"光复大汉"、"还我河山"之白旗各一前导。甘泉知县禹嵩龄遇诸途，当街叩头如捣蒜。

官署仪门彻夜开，市氓交臂卖痴呆。
忽闻马上传新令，许尔虫虫发小财。

孙至运署，号召于众曰："署内家具什物，尔等随便搬取。我发大财，尔等发小财。"于是附近贫民群趋争取，虽门窗地板，亦一扫而空。

诘旦欢声动四民，家家裁锦制旗新。
巷居也识共和好，玉版名笺白手巾。

十八日晨，全城悬白旗。辕门桥一带，锦制、布制不一，僻巷中则以白毛巾或故纸代之。

走卒庖丁共卖拳，公差一二与钩援。
人才独数三呆子，文告能书汉纪元。

孙之党羽有甘泉快头袁德彪、毛坤与教场口卖拳之刘癞子、小东门塑佛之夏菩萨、东关削竹筷之谢大瓜、卖膏药之夏恩培、业古董之尹祺祥及厨司陈长林等，而人才以警局文牍黄石岩为杰出。孙之文告书"大汉黄帝纪元四千六百年"，印文为"扬州都督孙天生之印"，系出黄石岩之手。三呆子，黄之绰号也。

东阁延宾纳缙绅，群情望治待披陈。
谁知觌面无多语，不问苍生问课银。

尔咸、谷人、石泉等会见孙于运署，正在陈述舆情，请布政纲之际，孙忽问曰："库存盐课究有若干？"尔咸等答曰："原有二十余万两，除拨借与安徽省五万两移存老库待运，昨晚已经定子营士兵劫成空库外，其余已先期悉数解运南京两江总督张人骏处。"孙愕然曰："是将奈何？我正欲以此库银发军饷。"尔咸等相视默然，乃辞退。

　　军民财教治从头，庶政维新费运筹。
　　筑室道旁朝复暮，不闻成议布新猷。

早晨，孙派代表巡长某，召各界在商会开会，语多含糊，对群众质询，答以请示都督后再宣示。晚间又会于甘泉县署，忽闻报城外匪警而散，众皆失望。

　　有识怀忧心击撞，驰书告急向邻邦。
　　交融公谊兼私谊，名士联翩鲫过江。

至是群情惶急，惧有他变，推由阮文达之曾孙慕伯与戴友士等携谷人致林述庆之告急书渡江，促其迅即光复扬州平乱。

　　侈言筹饷运良方，止沸先扬五鼎汤。
　　不烂舌犹三寸在，定危妙计有周郎。

周咏台受众托，访孙之代表于运署，饵以筹饷之法，谓数十万金不难立致。孙乃大悦，后周为第二军副官长。

　　秦廷不用哭声哀，拯难扶颠宇量恢。
　　夜半城南烽火举，舳舻知已渡江来。

慕伯、友士等在镇江三益栈获见林述庆。林正上马出发，立派江北支队司令李竟成会同徐宝山光复扬州，指派宝山组军政分府，以边振新为敢死队指挥，星夜北渡。十九日夜，南门、缺口城外两处柴篷起火作信号，宝山等遂至。

　　惊猜难免路临歧，扑朔迷离两不知。
　　莫把英雄轻草莽，拊胸片语释群疑。

徐本盐枭，庚子年由南通张謇保举，经两江总督刘坤一招降，编为缉私营。至是有纠众责难于谷人者曰："孙是假革命，子知徐为真革命乎?"时慕伯排众抌胸而言曰:"徐苟害民,吾愿以身家性命偿之。"群疑遂释。

　　　　军容鼎盛虎威张,况有先声姓字扬。
　　　　千里江淮资保障,肆筵端合教军场。

　　徐军既到扬,绅商各界在教场设筵犒劳,宣布军政分府辖境,仍旧制扬州府八属各州县。

　　　　麾前号令重如山,列职分曹各就班。
　　　　开府恰宜场运局,印如斗大已先颁。

　　二十日黎明,建立扬州军政分府于洪水汪徐之私邸,发布镇江都督布告,扬分府初隶镇督管辖。至午,革命党上海机关部派张水天送到印信一方。午后二时,徐复召集各界会议于左卫街淮南场运局,众谋佥同,设分府于局址内,徐为军政长,边振新为支队司令,方柳江为宪兵司令,原扬州营参将刘永兴为城防营管带,原城守营守备夏松年为帮带,朱葆九为卫队营管带,李鼐为北伐先锋队司令。

　　　　欲乘今时不顾身,风威一霎散微尘。
　　　　烟花馆里藏身稳,却怕无私铁面人。

　　宝山下令搜捕孙,孙从教场口逃脱,匿多宝巷唐姓花烟灯上,旋为得胜桥铁匠王德林告密就逮。德林,孙之党羽也。

　　　　天生不是悟空孙,一索成擒惨暮猿。
　　　　得失不逾旋踵顷,窖金又发广储门。

　　孙就擒后,被押赴广储门樊家园菜田内,发掘赃银。

　　　　铁索郎当舆一肩,叫哮犹听六街前。
　　　　三天皇帝成何事,知不衰清三百年。

　　孙既就逮,军士雇小轿一乘,载送分府。孙在轿中大呼曰:"为人要做大丈夫,我也在扬州做了三天皇帝,谁敢说个不字。"

　　　　黄堂阶下作新囚,缓颊何人敢出头。
　　　　还仗昨朝游说客,轻车相送到秦邮。

嵩峋为边振新捕获，尔咸、谷人为之缓颊，并遣人护送至高邮境。

乱定间阎百不虞，海陵况已戮狂奴。
变兵散逐秋云尽，管带难逃斧钺诛。

孙天生在泰州小海、定子营变兵之管带李祖培在扬州，均被枪决。

誓扫胡氛士枕戈，将军高唱大风歌。
势如破竹师行速，指顾重光里下河。

徐军风驰电掣，迅即收复泰州、东台、兴化、盐城、阜宁等地，仅阅十余日，下河底定。在泰东，戡平刘凤朝之乱，其他各县，皆传檄而定。

宦囊曾记压轮蹄，观察归来息影栖。
推戴何须假民意，自封史例有三齐。

李石泉自立为江北民政长。清季，李曾由湖北知县过道班。退职家居，宦囊丰裕。

退衙左卫乘云轺，坐拥皋比气势骄。
数百宾僚惟啖饭，飞飞襟上白绸飘。

江北民政署设左卫街，幕僚数百人，无所事事，后裁汰至数十人。

兆民发辫一时休，无复垂垂在后头。
大好圆颅原出众，请将刀剪试并州。

一日，有浙军过扬，在辕门桥为行人剪除发辫。适李乘肩舆至，见其垂垂然尚在脑后，大哗，欲当街代剪，李允自剪，乃脱去。

九如茗社挂青丝，锦匣玻璃万众窥。
自古谁能惜毫发，曹瞒亦有割须时。

翌晨，民政长之发辫遂高悬于教场九如茶社门首之玻璃匣中，为民表率。

　　　　　争为雄长未之思，驾驭无能道转歧。
　　　　　到底虎皮谋不得，请君入瓮岁阑时。
　　李与徐抗衡，初欲驾驭徐，反为徐所制，岁终竟遭软禁，乃辞去。
　　　　　品望难求百炼金，东山谁复起为霖。
　　　　　敬恭桑梓甘牛后，千尺桃花潭水深。
　　李辞职后，徐改江北民政署为江都民政署，隶军政分府之下，群推里人汪彝伯继之。
　　　　　功成定乱决行藏，名位何须一脔尝。
　　　　　手法未妨施两面，筹谋只为饷需忙。
　　尔咸与谷人功成不居，独以筹划军饷自任。
　　　　　分工致力巧周旋，无尽军糈任仔肩。
　　　　　钱典盐商皆利薮，连番累万更盈千。
　　尔咸以豪绅结盐商，谷人以商界领袖统驭银钱典当各业，言如九鼎，故能得心应手，游刃有余。
　　　　　鹾盐巨子数萧周，深闭重门障石头。
　　　　　到此输将惟恐后，求安买静散千忧。
　　萧云谱、周扶九等咸杜门累石，惧祸之及己，至是皆乐输恐后。
　　　　　止当高悬两字书，典东无计只长嘘。
　　　　　愁城破后王朝奉，消息通灵渊跃鱼。
　　各典铁门半开，止当放赎，事定后立即复业。商会副会长王逋臣主管源裕当铺，首倡捐输，异常活跃。
　　　　　交通货币众高擎，挤兑声中比户惊。
　　　　　策备经权纷代兑，霎时风静一潮平。
　　扬州交通银行一度挤兑，行长陈冠三就各银号、钱庄设代兑处，风潮遂息。
　　　　　商旅纷纷不敢前，津梁关隘气腥膻。

　　　　　　自从湾邵厘金设，道路交称老虎捐。
　　徐在辖区内整顿旧有关卡，并增设湾头、邵伯厘金，商旅病之。
　　　　　　市廛谈虎亦心惊，卅六盐场旧有名。
　　　　　　往事在人心目里，豆棚闲话吃私营。
　　初，徐统缉私营，除拦截私贩械斗决胜负外，多有事先联系者，私贩运盐若干石，报效若干包。部下既报功得奖，又报销子弹，弹乃售与私贩，官商交病，人称"吃私营"，至今犹窃窃议之。
　　　　　　风云叱咤百威伸，面目由来尚本真。
　　　　　　最是快人能快语，平生只怕正经人。
　　徐性率真，不事矫饰，尝语其部属朱立哉曰："我不怕狠人，他狠我更狠。独在正经人面前，怕他轻视我，故不敢放肆。"
　　　　　　衅端永息慰群黎，瓜步年年谷似梯。
　　　　　　潮落夜江斜月里，引人遥忆范公堤。
　　瓜洲沿河两岸皆圩田，商轮经过，激浪伤稼，衅端连年不息，徐为筑石堤三十里，患乃绝，人皆德之。
　　　　　　底定江淮已树勋，中原犹待治丝棼。
　　　　　　长驱北伐摧枯朽，赫赫声威早建军。
　　徐以响应北伐建成扬州第二军，自兼军长，辖张锦湖、方更生、米占元、杨瑞林、徐宝珍等旅，李鼐、申标等团，边振新支队，方柳江宪兵营等。
　　　　　　劲旅编成若束藩，况兼拜倒在师门。
　　　　　　江东弟子终无用，帮会尤多子若孙。
　　徐为青、洪两帮首领，其部队自将领至士卒，皆为同帮兄弟徒子法孙，其势极盛。
　　　　　　效忠异族辫军顽，讨伐同声震宇寰。

江浦白旗匪复远，功成一战凯歌还。

讨伐张勋，徐率众参加浦口之役，张北退，遂凯旋。是役，营长董开基以身殉。

联军耀武势桓桓，敌窜长淮进犯难。

逾月皂河酣激战，能令大敌胆俱寒。

旋张勋复由海州南下，图袭清江。徐派李鼐团与镇军臧在新团、沪军刘旅等编为联军，以孙岳为总司令，截击张于皂河、窑湾一带，激战月余，遂逐张出苏境。

连番与敌共周旋，战守劳师动万千。

奔走联合勤效力，竭忠原是好心田。

时徐部侦缉队长傅心田，奔走于徐、张之间，联和甚力，遂不相犯。

一支支队镇瓜洲，肆扰闾阎极怨尤。

一弹贯胸江水赤，好将群愤付东流。

边振新部移驻瓜洲，军纪废弛，徐密电李竟成，诱边于舟中杀之，解散其部众。

难得猜疑一例祛，群言物议亦纷如。

势分势合一弹指，留守当时倘计疏。

南京留守府黄兴以徐不可恃，派章梓为扬军第十一师长，以分其势，并监视之。徐拨方更生旅、李鼐团归章指挥。章又自建炮兵骆咏曾团、辎重陈受之营。旋章被江苏都督府调任军务司长，后徐遂改编其部队，继又解散李鼐团，徐势复合。

输金市义不知休，匕鬯无惊岁月流。

何计尽填无底壑，群商相视只摇头。

既逾岁，地方谧然，筹募未已，每月征议，群商多畏缩。

名署偏悭笔一支，报功难遂建生祠。

微因偶露猜嫌意，惹得旁人唱竹枝。

有倡议为徐建生祠者，谷人拒不署名，徐知之怒，里巷编唱词以讥之。

　　　　山中呼啸好风从,坐拥雄兵百炼锋。
　　　　北国老猿当路后,月将十二万金供。
　　自孙中山推位袁世凯以后,徐受中央统率,月供饷十二万元。

　　　　他心向背未全知,势盛何堪震主时。
　　　　尾大应防终不掉,危机先伏电交驰。
　　徐实昧于张勋与袁之同床异梦,而徐之势大又为袁所忌,尝欲见好于袁,电云:"百万男儿,立呼即至,紧要时当与勋联合一气。"袁复电曰:"至紧要时当另派得力军队以为后援,今派徐某为该军参谋长,参赞军机。"自此危机已伏。

　　　　虎帐宵深纵论兵,军书旁午揽群英。
　　　　彀中才士知多少,露布能教倚马成。
　　徐能下士,一时才俊,如吴次皋、吴召封、蒋太华、司马景流辈,皆至戎幕中,于次皋尤礼重。

　　　　娘子军随上将肩,北征曾上五花鞯。
　　　　闲来帐下耽吟咏,更写梅花拂锦笺。
　　孙阆仙能诗,尤工画梅。尝组女子北伐队,旋以南北媾和而中辍。

　　　　珠履纷纷玉麈挥,个中有客伺心机。
　　　　奴颜婢膝浑如昨,笑尔城狐欲假威。
　　有杨丙炎者,以显宦家奴致巨富,亦为徐门客,假其威势。

　　　　商彝周鼎侈冥搜,日夕摩挲未肯休。
　　　　玩物莫言终丧志,豪雄初不似庸流。
　　徐嗜古,有骨董商艾大者为之搜集,出入门下,徐不疑。辛为伺隙者所乘。不丧志而丧身,惜哉!

　　　　毁誉难移铁石心,风雷倏忽将星沉。
　　　　一声霹雳头颅碎,草泽如斯足震今。

淮扬人士以徐之行径为瑕不掩瑜，故毁誉参半，被炸后，人皆震掉。

　　鼙鼓声凄不可闻，更谁把剑觅徐君。

　　将军有弟原非虎，掉首江淮势已分。

徐死后，僚属拥其弟三老虎宝珍者代理军务，中央统率办事处许之。旋调张锦湖为通州镇守使、马玉仁为清江镇守使、方更生为江阴要塞司令，徐军遂解体。

　　等是痴人说梦痴，黄粱一枕溯当时。

　　他年野史论辛亥，好听盲人唱鼓词。

诗成纪事，信口雌黄，将信将疑，亦真亦假，聊存稗史，读之者固不必求诸字句之间也。

丁文江年谱(续一)

欧阳哲生

1921年(民国十年辛酉)　三十五岁

3月24日,正在德国访问的蔡元培,在日记中记有:"访大学校长佛兰克(Frank)君。由罗克斯(Leuchs)教授导观地质研究所,又观动物学、人类学陈列所。据说接丁在君函,属写东俄地质状况,要求于六个月内完成,已复电允之,惟完成之期须十二个月,并属转告丁君云。"①

5月18日,先生与蒋梦麟、张慰慈、铁如等游公园,遇陶孟和、胡适。胡适在日记中写道:"与任光、孟和到公园,遇着梦麟、慰慈、铁如、在君等。在君说:'北京的《晨报》近受新交通系(曹汝霖、陆宗舆的系)的津贴,他有证据可以证明。此事大概不诬。"②

5月20日,先生晚上应威廉·克罗希尔将军(General Willian C. Crozier)的约请,赴北京饭店就宴,同去者有胡适。关于与这位美国将军的结交,胡适曾有所交待:

> 他(指先生)和我在北京认识一位在第一次世界大战时期的美国兵工署署长克罗希尔将军。这位将军退休后,每

---

① 《蔡元培全集》第16卷,浙江教育出版社1998年11月版,第121—122页。
② 《胡适全集》第29册,第256页。

年同他的夫人总来北京住几个月,我们成了忘年的朋友,常常在一块谈天。这位克将军是美国西点陆军大学毕业的,他的记忆力最强,学问很渊博,不但有军事工程的专门学识,还富于历史地理的知识和政治理解。他在美国参战期中,从历史档案里寻出五十多年前南北内战时期国会已通过而未及实施的一个建立国家科学研究机构的法案,他提出来送请威尔逊总统依据此案即行成立一个全国科学研究委员会(National Research Concil),作为全国的科学及工业研究的一个沟通整统的总机构,以避免工作上的重复,并增加研究合作的效能。这个全国委员会在第一次大战时曾发生很大的作用。在君和我每次同这位老将军吃饭谈天之后,常常慨叹:"这种属于现代知识而终身好学不倦的军人,真是可以敬佩的!"①

5月21日,下午先生与王徵、蒋梦麟到胡适家中"讨论组织一个小会的事"(指努力会),胡适拟了该会的组织大纲,"大家都表示同意"。②

"努力会"的章程规定如下:

一、在会的人共同信守下列四项信条:
(1)我们当尽我们的能力谋我们所做的职业的进步。
(2)我们当互相联络,互相帮助,并当极力使我们所做的各种职业也互相联络、互相帮助。
(3)我们当尽我们的能力——或单独的或互助的——谋中国政治的改善与社会的进步。

---

① 胡适:《丁文江的传记》,《胡适文集》第7册,第476页。
② 《胡适全集》第29册,第266页。

(4) 我们当随时随地援助有用的人才。

二、凡具有下列资格的，得会员三人的介绍，经本会会员审查会审查后，复经当地全体会员可决，皆得为会员。

(1) 有正当的职业，或有职业的能力。

(2) 有忠实可靠的人格。

三、本会由创始人公推理事秘书一人主持会务。以后，凡有本会会员三人以上之地方，得组织分会，公推理事秘书一人。

四、本会的总会与分会皆应有会员审查会，以入会最早的会员三人组织之。此外遇必要时，理事得组织长期的或临时的委员会，或委任长期或临时的职员。

五、有关经费（从略）。

六、本会的性质为秘密的。（后王云五建议改作"此会暂时为不公开的"）

七、本会会员每月至少聚会一次，分会理事每月至少与总会通讯一次。不在一处的会员，每月至少与本会理事通信一次。

八、本会会议时，概用西洋通用的议会法规。

九、本会的第一年为试办期。

十、本会以中华民国十年六月一日为成立日期。

此会成立后，有王云五、蔡元培、任鸿隽、陈衡哲、朱经农等入会，似无很大发展，组织机构也迄未照章程规定那样建立起来。不过，通过这种建立组织的努力，胡适等人有意识地在上层知识分子中做联络的工作，从而扩大了他们的影响。[1]

---

[1] 耿云志：《胡适年谱》，四川人民出版社1989年12月版，第95—96页。

5月23日，胡适致先生一信，为"努力"社起一名字。①

6月8日，胡适在日记中写道："到叔永家，与在君、文伯谈会事。"②

6月14日，先生在北京文友会发表英语演讲：On Hsu Hsia-K'O（1586—1641），Explorer and Geographer（《论徐霞客（1586—1614），探险家与地理学家》），评介了徐霞客，指出徐霞客是中国发现金沙江为长江上游的第一个人。该文登载在10月 New China Review（《新中国时报》）第3卷第5期上。

6月30日，晚上八时，先生与胡适为杜威一家、罗素夫妇饯行，陪客有庄士敦、Miss Power、赵元任夫妇等。③

6月，先生所著《北京马路石料之研究》一文发表，载《农商公报》第7卷第11期。

6月，先生与翁文灏合著《第一次中国矿业纪要》，列为《地质专报》丙种第一号，由农商部地质调查所印行。书中详列民国以来矿业方面的有关纪录和统计，是为中国第一次系统发布有关国家矿业情况的报告。

6月，先生就任官商合办的热河北票煤矿公司总经理。公司办公处设在天津，先生就任后即把家搬到天津，工作经常来往于北京、天津、沈阳、北票之间。

北票煤矿位于热河之朝阳县，原为北宁路局（即前京奉路）开办，因路款竭蹶，设备欠周，遂添招商股三百万元，合路局股本二百万元，资本总额为五百万元，但实用资本仅一百七十五万元。1921年8月公司成立，其组织有董事会：官四商七，设总副经理，下分庶务、工务、文牍、会计、营业、运输等课；矿厂

---

① 《胡适书信集》上册，北京大学出版社1996年11月版，第289页。
② 《胡适全集》第29册，第297页。
③ 《胡适全集》第29册，第335页。

有总副工程师,下设电机、测绘、井工、机械、地面工程、售煤等处。① 董事长刘厚生原是张謇的故旧,与农商部和交通部都有联系。

先生就任北票煤矿公司总经理后,地质调查所所长一职,即由翁文灏代理。关于此事,翁文灏回忆道:

> 1921年,先生就任北票煤矿公司之总经理,从事开发热河大部之煤矿。为专心致力于公司事务起见,先生坚辞地质调查所所长之职,并呈请任命余为所长。经余婉商,乃聘先生为名誉所长,余以代理所长名义,处理所务。先生任北票矿事后,对于该矿之发展,悉心规划,经两年之筹备,每日产量竟达两千吨以上,揆诸当日之资本与规模,实不能不叹其办事成效之大也。②

先生任地质调查所所长五年,对于其任内工作,胡适曾如是评价:"在君的最大贡献是他对于地质学有个全部的认识,所以他计划地质调查所能在很短的时期内树立一个纯粹科学研究的机构,作为中国地质学的建立和按步发展的领导中心。""在君的第二个最大贡献是他自己不辞劳苦,以身作则,为中国地质学者树立了实地调查采集的工作模范。""在君的第三件最大贡献在于他的真诚的爱护人才,热诚而大度的运用中、外、老、少的人才。……除了训练领导许多中国青年地质学家之外,还有充分认识和充分利用外国专家学者的一个同样重要的方面。"③

---

① 参见《中国矿业纪要》(第四次,民国十八年至二十年),实业部地质调查所、国立北平研究院地质学研究所1932年12月版,第272页。
② 翁文灏:《丁文江先生传》,《地质论评》1941年第6卷第1、2期。
③ 胡适:《丁文江的传记》,《胡适文集》第7册,第434—439页。

先生在地质调查所所长任内,还对北方数处煤矿地质作了实地考查,特别是山东峄县枣庄煤矿,曾经详加研究,并代中兴煤矿公司计划勘测工作,使中兴煤矿公司发展成为我国最发达的煤矿之一。

除了地质学的专业研究,先生还推动了与地质学有密切关系的古生物学和考古学的研究。他与翁文灏、李四光及西方顾问如瑞典地质学家安特生、法国科学家德日进等一起工作,使中国成为新石器时代的一个研究中心。

先生离开地质调查所的原因,主要是因其家里经济负担过重,每年须支出三千元,靠地质调查所的薪俸显然不敷应用。当时他的弟弟丁文渊正留学德国,其费用全由先生负担。

关于先生在北票煤矿工作的情形,本年曾与先生同住的董显光回忆道:

> 民国十一年十二年间,我在华北水利委员会服务,并兼任《密勒氏评论》驻华北副主笔;在君则在北票煤矿公司当总工程师。因此我们都同在天津。当时我家居北京,在天津前意租界三马路十三号租了一个通楼作为寓所。在君和我一样,他的家也在北京,我便邀他和我同住在一起。

> 这通楼楼面不大,由中间隔为两间。我住后间,他住前间。华北水利委员会有一个工友,名叫延升,由他替我们准备早点和晚餐。我们吃得非常简单,只是一菜一饭。在君吃黄豆烧肉,这个菜,在我们同住在一起的一年中,几乎成了我们每天所必有而仅有的菜肴。……

> 在君也和我一样,不爱看电影,也不爱交际,煤矿公司的事务办完,便回到寓所来,忙着翻阅各种中外典籍。他中文、英文和德文的造诣都极深,而治学的范围又极广,因

此，天文地理，无不通晓。①

7月3日，英国驻华使馆参赞哈丁先生（H. M. Harding）邀请胡适、蒋梦麟、陶孟和、毕善功和先生到他住的倒影庙内吃饭，Miss Power 也在座。饭间，先生、胡适就中国这两千年来是否进步这一问题与哈丁、毕善功展开论辩。②

7月6日，罗素在教育部会场发表临别讲演——中国的到自由之路。此篇讲演对先生的政治思想有重要影响。

7月7日，梁启超与先生为罗素举行饯行宴会，宾主在宴席上致词。

8月5日，先生致信英文报纸《北京导报》编辑部，要求该报撤回前一天发表的一篇社论。该篇社论称罗素的思想不为中国青年欢迎，罗素对中国未能产生深远的影响。先生在信中指出，罗素在哲学和社会科学方面必将在中国造成影响，既深且远的影响，正是罗素使中国人第一次认识到哲学应该是对所有科学进行综合的结果，社会改造必须以丰富的知识和深思熟虑为前提。"罗素学说研究会"的成立、罗素演讲录的广泛刊布和流传、罗素患病所引起的普遍忧虑、罗素发表告别演说时听众的拥挤程度，都表明罗素深深地打动了中国人的心灵。③

9月1日，先生出席在清华学校召开的中国科学社讨论会，代翁文灏宣读《甘肃地震考》一文。

9月，农商部地质调查所图书馆在兵马司胡同9号落成。此前先生随梁启超等赴欧洲考察，任巴黎和会中国代表会外顾问，

---

① 董显光：《我和在君》，台北《中央研究院院刊》1956年第3辑。
② 《胡适全集》第29册，第340—343页。
③ 1921年8月5日丁文江致《北京导报》编辑部，原件存罗素档案馆。转引自朱学勤：《让人为难的罗素》，《读书》1996年第10期。

筹集到大量图书。由于北京丰盛胡同3号地质调查所图书馆舍严重不足,先生与章鸿钊、翁文灏及农商部矿政司司长邢端、林大闾商议,发起募捐,筹建图书馆新馆。募捐得到开滦矿务总局、中兴煤矿公司等部门和黎元洪大总统、刘厚生、袁涤庵等个人捐款3万9千余元,大大超出图书馆工程所需费用。先生以招标的方式确定由德国雷虎公司承建,先生与李学清监修。① 新图书馆落成后,地质调查所之中心遂移至此处,先生的办公室设在图书馆一楼。②

1922年(民国十一年壬戌) 三十六岁

1月27日,先生在北京西城兵马司9号农商部地质调查所新建图书馆与章鸿钊、翁文灏、王烈、李四光、葛利普等26名创始会员举行中国地质学会成立大会,会议逐条讨论学会章程。先生提议由章鸿钊、翁文灏、王烈、李四光、葛利普五人组成筹委会,章鸿钊任筹委会主席。③

2月3日,中国地质学会召开会员大会,宣布学会正式成立,通过了"中国地质学会章程",选出了学会职员,决定出版学会的刊物《中国地质学会志》(*Bulletin of the Geological Society of China*),该刊将刊登会议纪录、论文或摘要,由会员投稿,为西文季刊。先生被推为首届评议会(理事会)评议员兼编辑主任。

2月5日,先生与胡适、王徵、董显光在北京来今雨轩吃饭、商谈时局。④

---

① 参见《地质老照片》,地质出版社2004年8月版,第23页。
② 参见翁文灏:《丁文江先生传》,《地质论评》1941年第6卷第1、2期。
③ 王弭力主编:《中国地质学会80周年纪事》,地质出版社2002年8月版,第2页。
④ 《胡适全集》第29册,第511页。

2月15日，晚上先生与胡适等赴文友会。会员燕京大学教授王克私（Philip de Vargas）读一论文 Some Aspects of the Chinese Renaissance，先生参与讨论。①

3月2日，出席在地质调查所图书馆召开的中国地质学会第一次常会，发表题为 The Aims of the Geological Society of China（《中国地质学会之目的》）的英文演讲，大意谓：本会将为我们所从事的科学的原理和问题，提供一个充分和自由讨论的机会。而在我们的政府机关中，则必须集中精力于经常性的工作上，因而不可能做到这一点。本会还为我国各地的科学家定期召开大会，提供一个会聚一堂进行学术交流的机会，这样的交流和交换意见必然有益于所有的与会者，从而在我国的科学生活中形成一个推进的因素。此文英文提要刊载在《中国地质学会志》创刊号上。

3月26日，先生致胡适一信，谈为《努力》写稿事。②

3月27日，先生致胡适一信，询问《努力》"能否产出"一事。③

4月16日，先生与胡适晤谈。④

4月26日，先生致胡适一信，约胡适夏季去北戴河休养。⑤

4月27日，胡适在日记中写道："到公园，会见在君、文伯。"⑥

4月28日，先生与胡适去瑞典学者安特生家吃饭。胡适在当日日记中写道：

---

① 《胡适全集》第29册，第518页。
② 《胡适来往书信选》上册，第244页。
③ 《胡适来往书信选》上册，第145页。
④ 《胡适全集》第29册，第582页。
⑤ 《胡适来往书信选》上册，第147页。
⑥ 《胡适全集》第29册，第604页。

> 夜八时，到 J. G. Andersson 家吃饭，在君亦在。我们谈古史事，甚有趣。Andersson 立论甚谨慎，很可佩服。
>
> 在君前年尚信《禹贡》是真的，他说，"把《禹贡》推翻了，我们地质学者就要同你拼命了"。今夜他竟说，商是可靠的，商以前的历史是不能不丢弃的了，《禹贡》也是不能不丢弃的了。我听了非常高兴。①

5月7日，先生与胡适、高一涵等合办的《努力周报》在北京创刊。先生始用"宗淹"的笔名发表《中国北方军队的概略》、《奉直两军的形势》两文。胡适认为"这些研究是他后来写成一部专书《民国军事近纪》（1926年商务印书馆出版）的起点"。②

关于《努力周报》创刊的情形，胡适有一段回忆：

> 周报的筹备远在半年之前。在君是最早提倡的人。他向来主张，我们有职业而不靠政治吃饭的朋友应该组织一个小团体，研究政治，讨论政治，作为公开的批评政治或提倡政治革新的准备。最早参加这个小团体的人不过四五个人，最多的时候从没有超过十二人。人数少，故可以在一桌上同吃饭谈论。后来在君提议要办一个批评政治的小周报，我们才感觉要有一个名字。"努力"的名字好像是我提议的。在君提议：社员每人每月捐出固定收入的百分之五，必须捐满三个月之后，才可以出版。出版之后，这个百分之五的捐款仍须继续，到周报收支可以相抵时为止。当时大学教授的最高薪俸是每月二百八十元，捐百分之五只有十四元。但周报只

---

① 《胡适全集》第29册，第613页。
② 胡适：《丁文江的传记》，《胡适文集》第7册，第448页。

印一大张,纸费印刷都不多,稿费当然是没有的,所以我们的三个月捐款已够用了,已够使这个刊物独立了。①

据朱家骅回忆:先生对当时中国政治混乱的看法:"最可怕的是一种有知识、有道德的人,不肯向政治上去努力"。他认为"只要有几个人,有不折不回的决心,拔山蹈海的勇气,不但有知识而且有能力,不但有道德而且要做事业,风气一开,精神就会一变"。②

5月14日,先生与胡适、蔡元培、王宠惠、罗文干、高一涵、梁漱溟、李大钊等十六人联名在《努力周报》第二期发表《我们的政治主张》。该文称:"我们以为国内优秀分子,无论他们理想中的政治组织是什么,现在都应当平心降格的公认'好政府'一个目标,作为现在改革中国政治最低限度的要求。我们应该同心协力的拿这共同目标向中国的恶势力作战。"

考察北京——承德沿途地质。③

5月25日,先生在《努力周报》第3期用"宗淹"的笔名发表《奉直战争真相》。

6月4日,先生在《努力周报》第5期用"宗淹"的笔名发表《广东军队概略》。

6月11日、18日,先生在《努力周报》第6、7期用"宗淹"的笔名发表《答关于"我们的政治主张"的讨论》。

6月13日,任鸿隽致先生一信,对蔡元培加入"努力"社表示赞同。④

---

① 胡适:《丁文江的传记》,《胡适文集》第7册,第443页。
② 朱家骅:《丁文江与中央研究院》,台北《中央研究院院刊》第3辑,1956年。
③ 时间不详,暂记于此。参见王仰之:《丁文江年谱》,第28页。
④ 《胡适来往书信选》上册,第155页。

6月20日，先生赴顾维钧宅参加欧美同学聚会。关于此事胡适在日记中写道："孑民、亮畴、少川、伯任发起一个茶话会，邀了二十多位欧美同学在顾宅谈话，讨论今日切近的问题。……今天到会的有丁在君、张君劢、秦景阳、陈聘臣、严踞、王长信、周季梅、蒋百里、林宗孟、陶孟和、李石曾、高鲁、叶叔衡等，讨论的总题是'统一'。"①

6月23日，先生致胡适一信，对蔡元培加入"努力"社表示不同意见。②

6月25日，先生与胡敦复赴胡适家中晤谈，后陪胡敦复去公园游览，至深夜始散。胡适在日记中写道："在君忽与胡敦复同来。敦复十年不到京了，今日谈的极好，他竟很赞成我们最近的举动。我们劝他在上海聚集一班好人，如杨补塘、徐振飞……养成一个中心。他也很赞成。敦复不曾到过公园，我们陪他去逛了半天，夜深始散。"③

7月1日，晚上胡适来天津，住在先生寓中，与先生晤谈至深夜。胡适在日记中写道："夜九时到天津，住在君家，与在君、景阳夜话，晏睡。"④

7月2日，在《努力周报》第9期用"宗淹"的笔名发表《忠告旧国会议员》。

7月3日，先生在济南参加中华教育改进会第一次年会。夜间先生与胡适闲谈北大历史，至凌晨二时始睡。胡适在日记中写道："与在君、景阳、孟和、敦复闲谈，直到早二时半始睡。景阳、在君熟识北大的十年历史；在君知道何燏时做校长时及胡仁

---

① 《胡适全集》第29册，第659页。
② 《胡适来往书信选》上册，第154页。
③ 《胡适全集》第29册，第663页。
④ 《胡适全集》第29册，第668页。

源做校长时代的历史。"①

7月4—9日，先生继续在济南参加中华教育改进会第一次年会。

7月17日，先生在北京丰盛胡同3号出席农商部地质调查所图书馆陈列馆开幕典礼。黎元洪大总统、农商部官员、地质调查所工作人员等参加了典礼。②

夏，先生赴南通参加中国科学社会议，就"历史人物与地理的关系"发表演讲。

8月5日，胡适在日记中写道："在君邀我吃饭，请的客都是曾捐钱给地质调查所图书馆的人，有朱启钤、刘厚生、李士伟……等，共十三人。"③

8月6日，在《努力周报》第14期用"宗淹"的笔名发表《裁兵计划的讨论》。

8月10—19日，第十三届国际地质大会在比利时布鲁塞尔召开，中国方面有翁文灏出席。中方向会议提供四篇论文，其中有先生向大会提交的题为 The Tectonic Geology of Eastern Yunan（《滇东的构造地质学》）的英文论文，列举九个构造单位，论述其成分及构造特点。

8月13日，先生与胡适、王徵去公园吃饭。胡适在日记中写道："与在君、文伯在公园吃饭。在君说他看见饶汉祥（黎元洪的旧秘书）给直系某人的信，似可证外间传说直系要赶出黎氏的话不为无因。"④

8月23日晚，先生访张元济，谈修改地图及为马相伯记述

---

① 《胡适全集》第29册，第670页。
② 参见《地质老照片》，第24页。
③ 《胡适全集》第29册，第702页。
④ 《胡适全集》第29册，第711页。

"中国典故"事;又谈河南渑池殷墟开掘研究问题曾商之朱启钤,愿捐若干元,不知沪上能否凑集若干。张元济谓须与好古者言之,沪上恐无多人;且愿捐500元,并允备函介绍先生往见罗振玉。①

8月26日,先生与胡适晤谈。②

9月10日,在《努力周报》第19期用"宗淹"的笔名发表《湖南军队概略》。

9月29日,中国地质学会在地质调查所举行第四次常会,会长章鸿钊主持,宣布此次常会是特别为了欢迎在蒙古考察的美国地质学家而举行,先生致欢迎词。③

9月30日,为翁文灏当选国际地质大会副会长及评议员事,先生与章鸿钊联名上报农商部:"职所股长佥事翁文灏前蒙大部派赴比京万国地质协会参列会议,兹据函称,该协会业于8月9日开会,翁佥事被选为副会长及评议员等词。"④

10月,所著《京兆昌平县西湖村锰矿》一文刊《地质汇报》第4号。

11月12日,在《努力周报》第28期用"宗淹"的笔名发表《山海关外旅行见闻录》。

11月20日,先生致胡适一信,劝胡适"非出洋一次不能真正休息"。⑤

11月,先生以"历史人物与地理的关系"为题,在北京协和医学校发表英文讲演。

12月16日,先生致胡适一信,告已写好《重印〈天工开

---

① 张树年主编:《张元济年谱》,商务印书馆1991年12月版,第228页。
② 《胡适全集》第29册,第726页。
③ 王弭力主编:《中国地质学会80周年纪事》,第3页。
④ 此函原件存于第二历史档案馆,转引自李学通:《翁文灏年谱》,第35页。
⑤ 《胡适来往书信选》上册,第174—175页。

物〉始末论》一文。①

由先生任总编辑、地质调查所印行的《中国古生物志》本年创刊。该刊记述我国地层中所发现的各种化石的详细记录，并讨论其演化的关系。所用文字以西文为主。章鸿钊曾高度评价先生对中国古生物学研究的贡献：

> 丁先生对于研究古生物学提供最力。在地质调查所归他主持出版的《中国古生物志》前后已印八十余册，其中根据他所得的材料的也有十二巨册。这也不能不算他一种极有价值的功绩。②

谈及《中国古生物志》，葛利普曾这样写道：

> 丁先生之意欲使此刊物较之其他国家之同类出版物有过之而无逊色。全志共分甲、乙、丙、丁四种：甲种专载植物化石，乙种记无脊椎动物化石，丙种专述脊椎动物化石，丁种则专论中国原人。第一册之出版，距今不及十五年，而今日之各别专集，已近一百巨册之多。此种大成绩实非他国所能表现。③

本年，在《中国地质学会志》创刊号发表 The Geological Society of China, History of Organazation（《中国地质学会组织历

---

① 耿云志主编：《胡适遗稿及秘藏书信》第 23 册，黄山书社 1994 年版，第 224—225 页。
② 参见章鸿钊：《我对于在君先生的回忆》，《地质论评》第 1 卷第 3 期，1936 年 6 月。
③ [美] 葛利普著、高振西译：《丁文江先生与中国科学之发展》，《独立评论》第 188 期，1936 年 2 月 16 日。

史》)一文和 The Aims of the Geological Society of China (《中国地质学会的目标》)的英文提要。

本年,先生与凌鸿勋结交。关于他们一生相交的经历,凌氏后来有所回忆:

在君先生长余约五六岁,余等订交乃在民国十一年同旅居北平之时。其后先生出主沪政,余方长上海交通大学(其时称南洋大学),乃得时相过从。民十七,余于役于广西之苍梧,先生适在西南勘察事毕,道出苍梧,班荆道故,乐乃无极。①

1923年(民国十二年癸亥)　三十七岁

1月6—8日,先生出席在地质调查所召开的中国地质学会第二届年会,宣读论文(6日下午),当选为会长,任期一年。

1月7日,在《努力周报》增刊《读书杂志》第5期发表《重印〈天工开物〉始末记》一文,介绍十七世纪宋应星的一部奇书——《天工开物》。据该文开首称:

民国三年余奉命赴滇调查迤东地质矿产。读《云南通志·矿政篇》,见所引宋应星著《天工开物》,言冶金法颇详晰,因思读其全书。次年回京,遍索之厂肆,无所得;询之藏书者,皆谢不知;阅《四库书目》,亦无其名。惟余友章鸿钊云,曾于日本东京帝国图书馆中一见之,乃辗转托人就抄,年余未得报,已稍稍忘之矣。今年迁居天津,偶于罗

---

① 凌鸿勋:《忆丁文江先生——并记其对于铁路的意见》,原载《畅流》第15卷第1期,1957年2月16日。

叔韫先生座中言及其事,先生曰,"是书余求之三十年不能得,后乃偶遇之于日本古钱肆主人青森君斋中,遂以古钱若干枚易之归。君既好此,当以相假。"于是始得慰十年向往之心,然初不知宋应星为何许人。

书计十八卷九册。凡食物、被服、用器以及冶金、制械、丹青、珠玉之原料工作,无不具备。说明之外,各附以图。三百年前言工业无产之书,如此其详且明者,世界之中,无与比伦,盖当时绝作也。

1月14日,先生与蔡元培、翁文灏等参加李四光、许淑彬夫妇结婚典礼。

2月17日,晚上,先生、张君劢、林宰平等与梁启超"谈个通宵"。①

3月3日,先生致胡适一信,谈翻译自己的文章和"下星期把骂君劢文章做起来"等事。②

3月4日,在《努力周报》第42期发表《一个外国朋友对于一个留学生的忠告》一文。

3月11日、18日,在《努力周报》第43、44期发表《中国历史人物与地理关系》一文(此文另刊《科学》第8卷第1期、《东方杂志》第29卷第5期),先生统计了六个朝代的著名历史人物,并且绘一幅分布图,说明历史人物和地理环境的关系。关于是篇之作,先生在文末略有交待:

是篇之作,动机在三年以前。去岁移居天津,得借用梁任公先生藏书,始着手统计。今夏科学社开会于南通,曾讲

---

① 参见丁文江、赵丰田编:《梁启超年谱长编》,第989页。
② 《胡适遗稿及秘藏书信》第23册,第187页。

演一次,然其时仅有总表,文字未脱稿也。十一月复以英文讲演于北京协和医学校,乃发愤竭两日之力成之。讨论切磋,得益于任公及胡君适之者甚多。抄写核算,则雷君英广贯任其劳。余弟文浩间亦襄助。爱书数语道谢,且以志服官经商者读书作文之不易也。

3月21日,先生与翁文灏联名呈报农商部《全国地质图测制印刷办法》,刊载于《农商公报》总第107期。

3月26日,先生致胡适一信,详谈24日与张君劢讨论人生观与科学之间的关系。①

4月2日,先生致胡适一信,告《莱因河畔的悲剧》一文已脱稿。②

4月8日,先生致胡适一信,谈成立文化研究所一事。③

4月8日,在《努力周报》第47期发表《莱因河畔的悲剧》一文。

4月15日、22日,先生在《努力周报》第48、49期上发表题为《玄学与科学——评张君劢的"人生观"》一文,展开"科学与玄学"(又称"科学与人生观")的论战。

4月23日,先生致胡适一信,更正刊登在《努力周报》上的《玄学与科学》一文的错误。④

5月9日,先生请张君劢吃晚饭。⑤

5、6月间,先生与张君劢围绕人生观的争论,形成"玄学

---

① 《胡适来往书信选》上册,第188—190页。
② 《胡适遗稿及秘藏书信》第23册,第12—13页。
③ 《胡适来往书信选》上册,第194—195页。
④ 《胡适遗稿及秘藏书信》第23册,第18页。
⑤ 参见丁文江:《玄学与科学——答张君劢》,《努力周报》第54期,1923年5月27日。

与科学"的论战。其时梁启超正在翠微山中养病,因为怕自己的两位晚辈朋友过用意气反伤和气的原故,所以当时曾撰《关于玄学科学论战之战时国际公法》、《人生观与科学》两篇文章,借以导入为真理而论战的途径。在《人生观与科学》一文的结论中他如是说:"我把我极粗浅极凡庸的意见总结起来,是'人生关涉理智方面的事项,绝对要用科学方法来解决;关涉情感方面的事项,绝对的超科学。'"明显表现出调和丁、张二人意见的倾向。①

5月27日、6月3日,先生在《努力周报》第54、55期上发表《玄学与科学——答张君劢》一文。

先生在《玄学与科学》一文发表后,曾写信给章鸿钊,信中说:

> 弟对张君劢《人生观》提倡玄学,与科学为敌,深恐有误青年学生,不得已为此文。……弟与君劢交情甚深,此次出而宣战,纯粹为真理起见,初无丝毫意见,亦深望同人加入讨论。……②

5月,与张元济、罗振玉、张学良、朱启铃、章鸿钊、梁启超、翁文灏等发起成立古物研究社。该社以"发掘搜集并研究中国之古物为宗旨"。"研究范围暂以三代以前为限"。"所发掘或搜集之标本暂时寄存在地质调查所,俟有相当之博物馆时,再由社员酌定移赠,但不得分散或变卖"。③

6月10日,先生在《努力周报》上发表《玄学与科学的讨

---

① 参见丁文江、赵丰田编:《梁启超年谱长编》,第997—998页。
② 转引自胡适:《丁文江的传记》,《胡适文集》第7册,第452页。
③ 参见张树年主编:《张元济年谱》,第238页。

论的馀兴》一文（此文另发表于 1923 年 6 月 30 日《晨报副刊》第 170 号）。在此文文末，先生开列了一参考书目，可见先生平时阅读的兴趣：

我们所讨论的问题范围这样广，参考的书籍自然是举不胜举；况且我又蛰居在天津，除去了南开的图书以外，苦于无书可借。所以我现在只能把我平日自己爱读的书，同这一次参考过的书列举出来，供读者选择。

（甲）关于生物学同演化论的：

达尔文著《物种由来》

要知道达尔文的学说，最好是看他自己的书。我不知道在中国批评他学说的人，有几个从头至尾看过这部名著。

威尔逊著《发生同遗传中的细胞》（E. B. Wilson：The Cell in Development and Inheritance）

冒根著《试验动物学》（T. H. Morgan：Experimental Zoology）

这两部都是近代的佳作，但是都是为专门学者说法的。比较的容易懂的是下列的两部：

孔克林著《遗传与环境》（E. C. Conklin：Heredity and Environment）

托姆森著《遗传性》（J. A. Thomson：Heredity）

（乙）关于理化学的：

安因斯坦著《相对论》（Einstein：Relativity）

苏贞著《物质与能力》（F. Soddy：Matter and Energy）

施罗森著《创造的化学》（Slosson：Creative Chemistry）

（丙）关于人种学的：

琦士著《人类的古代》（A. Keith：The Antiquity of Man）

德克峨士著《体形学与人种学》(W. L. H. Duckworth: Morphology and Anthropology)

这两部都是很重要的书,但是没有学过比较动物学的人是不容易看得懂。下列的两部书比较的浅近:

德克峨士著《有史以前的人》(Duckworth: The Prehistoric Man)

戈登外叟著《人种学引论》(Goldenweiser: Early Civilization, Introduction to Anthropology)

(丁)关于科学的历史,方法同人生的关系:

赛推克著《科学小史》(W. T. Sedgwick and H. W. Tyler: A Short History of Science)

梅尔士著《十九世纪欧洲思想史》(J. T. Merz: History of European Thought in the 19th Century)

皮耳生著《科学的规范》(Karl Pearson: The Grammar of Science)

詹文斯著《科学通则》(S. Jevons: The Principle of Science)

赫胥黎著《方法与结果》(Huxley: Method and Results)

赫胥黎著《科学与教育》(Science and Education)

韦布伦著《近代文化中科学的地位》(Veblen: The Place of Science in Modern Civilization)

苏点著《科学与人生》(F. Soddy: Science and Life)

鲁滨孙著《在制造中的人》(Robinson: The Mind in the Making)

(戊)关于心理学的:

詹姆士著《心理学的通则》(W. James: The Principles of Psychology)

比上列的这一部书容易看一点的是詹姆士的《心理学

教科书》(Text Book of Psychology)

诺司峨塞著《孩童心理学》(N. Northworthy and M. T. Whitley: The Psycholgy of Childhood)

何尔姆士著《动物智慧的进化》(S. J. Holmes: The Evolution of Animal Intelligence)

（己）关于知识论同玄学的：

马哈著《感觉的分析》(E. Mach: The Analysis of Sensations)

罗素著《心之分析》(B. Russell: The Analysis of Mind)

罗素这一部书是介绍心理学同哲学最好的著作。他是为中国学生做的。所以说理是由浅入深，引证是折衷众说，而他的文章简练活泼，步步引人入胜。

杜威著《哲学的改造》(J. Dewey: Reconstruction in Philosophy)

杜威著《实验论理文存》(Essays in Experimental)

杜威著《德国的哲学与政治》(German Philosophy and Politics)

要知道君劢所信的正统哲学在德国政治上发生的恶果，同对于欧战应负的责任，不可不读此书。

柏格森著《创造的进化》(H. Bergeon: Creative Evolution)

柏格森著《心理的能力》(Mind Energy)

开仑著《詹姆士与柏格森》(H. M. Kallen: William James and Henri Bergson)

哀利屋特著《近代科学与柏格森的幻想》(Eliot: Modern Science and the Illusions of Prof. Bergson)

此次"科学与人生观"论战，引起学术界不少人士的关注，梁启超、任叔永、胡适、孙伏园、林宰平、张东荪、朱经农、唐钺、吴稚晖、陈独秀等纷纷撰文参加论战。有关这一论战的文字，以后辑成专书，1923年12月由亚东图书馆出版，书名为《科学与人生观》。

8月8日，先生致高一涵一信，谈交《少数人的责任》文稿事。

8月26日，先生在《努力周刊》第67期上发表《少数人的责任》一文，文中说："我们中国政治的混乱，不是因为国民程度幼稚，不是因为政客官僚腐败，不是因为武人军阀专横，是因为'少数人'没有责任心，而且没有负责任的能力。"先生认定："只要有少数里面的少数、优秀里面的优秀，不肯束手待毙，天下事不怕没有办法的。""中国的前途全看我们'少数人'的志气。"此文反映了先生精英政治的理想。

9月13日，先生致张元济书，称："去岁在申曾将搜集古物计划大略陈述，谬辱赞许。并允捐款五百元，无任盛铭。"附古物研究社简章："该社以发掘搜集研究中国之古物为宗旨"，"研究范围暂以三代为限"。先从河南、山西入手，"所发掘或搜集之标本暂存地质调查所，俟有相当之博物馆时，再由社员们酌定移赠，但不得分散或买卖"。发起人为罗振玉、张学良、朱启钤、章鸿钊、梁启超、翁文灏、张元济和先生本人。①

9月17日，张元济复先生书，并汇去古物研究社捐款500元。②

9月21日，先生致张元济书，告收到捐款500元、新发现周代古物一百余件等，并谓《〈天工开物〉注解》年内当能撰成。③

---

①②③　参见张树年主编：《张元济年谱》，第238、239页。

9月27日，先生出席中国地质学会第七次常会。这次常会是为欢迎奥斯朋（Henry Fairfield Osborn）教授和纽约美国自然历史博物馆第三次亚洲考察团成员而举行。先生以会长身份主持会议，奥斯朋（Henry Fairfield Osborn）、安竹斯（R. C. Andrews）、格兰杰（W. Granger）和莫里斯（F. K. Morris）先后作学术讲演。①

10月18日，先生自四川考察地质回京，与胡适会面，并同去商务印书馆，拜访任叔永、朱经农、王云五等。②

10月19日，先生去胡适处，谈《努力周报》和北京大学事，帮胡适筹划前途。③

11月1日，先生致胡适一信，谈科学社、为胡适找房子、努力社等事。④

11月16日，先生致高梦旦一信，谈胡适病情。⑤

本年，徐志摩离婚，并与陆小曼结婚，先生"对志摩的再度结婚是反对的，在君不是反对志摩再婚，他是反对志摩那样一结婚不能工作了"。⑥

本年，先生所著《五十年来中国之矿业》，收入《申报》馆出版的《最近之五十年》一书。

本年，葛利普所著英文版 *Stratigraphy of China*（《中国地质学史》）第一册，由农商部地质调查所出版，先生与翁文灏为之作序。

---

① 王弭力主编：《中国地质学会80周年纪事》，第3页。
②③ 《胡适全集》第30册，第74页。
④ 《胡适来往书信选》上册，第217—218页。
⑤ 《胡适遗稿及秘藏书信》第23册，第263—264页。
⑥ 参见傅斯年：《我所认识的丁文江先生》，《独立评论》第188号，1936年2月16日。

1924年（民国十三年甲子） 三十八岁

1月4日，先生致胡适一信，告"近来着手做了一篇《中国军队的现状》，已经有了一半多"。①

1月5—7日，先生出席在地质调查所举行的中国地质学会第二届年会，以会长身份主持会议，发表题为《中国地质工作者之培养》的会长演讲，此文刊载在本年3月出版的《中国地质学会志》第4卷。先生认为："在国立北京大学地质系中所开设的课程，比起那些外国学院来要好，但有一个很大的缺点，就是完全没有严格的生物学课程。学生们除非加以补修，是难以期望了解地史学的基础原理。还有，中国学生必须学习一些测量课程，特别是地形测量，这是因为中国境内只有很少地区是测过图的，而这些地图往往不适用，这就要求地质工作者来测制自己所需要的地图。"

2月6日，先生致胡适一信，告"上海的朋友如高梦旦、王云五及经农，都希望你暂时离开中国——出洋去看看"。②

3月9日，梁启超致沈松泉信中提到："丁君近为霞客作一详传，非久出版，愿得与尊校同受学界欢迎。"③ 可见，先生撰写《徐霞客先生年谱》之事已在朋友圈中传播开来。

春天，先生与朱家骅第一次见面。关于他们初识的过程，朱家骅有一段回忆：

> 民国十三年春末，我第二次从欧洲归国，回到北京大学

---

① 《胡适来往书信选》上册，第228—229页。
② 《胡适遗稿及秘藏书信》第23册，第30—31页。
③ 《梁任公先生代序》，收入《徐霞客游记》（新式标点），上海群众图书公司1928年版，第3页。

教书，他和咏霓为我洗尘，这是第一次和他见面，交谈之余，就觉得他是一位很能干有为的学者。从此以后，我们在北京时常见面，有时在地质学会，有时在葛利普教授家里，他的议论丰采，曾留给我一个永难磨灭的印象。①

4月11日，先生致胡适两信，第一信谈有关治疗胡适肺病一事，② 第二信约胡适去北戴河休养。③

5月24日，先生致胡适一信，再次约胡适去北戴河休养。④

6月13日，先生致胡适一信，告有关去北戴河的安排。⑤

夏，先生夫妇俩在北戴河避暑，胡适"曾去陪他们玩了几个星期"。据胡适回忆："在君生平最恨奢侈，但他最注重生活的舒适和休息的重要。丁夫人身体不强健，每年夏天在君往往布置一个避暑的地方，使全家可以去歇夏；他自己也往往腾出时间休息一个月以上。有时候他邀一两个朋友去住些时。"⑥

9月12日，先生致胡适一信，谈自己在中华教育文化基金董事会"被挤"一事。⑦

10月1日，中华教育文化基金董事会成立，先生被聘为董事。此事颇费周折，是年9月，为管理美国退还的中国庚子赔款而设立的中华教育文化基金董事会成立，翁文灏曾极力劝先生为地质调查所而争取进入该会董事会，先生初曾进入14人的中国方面候选委员会名单，但在17日的大总统令

---

① 朱家骅：《丁文江与中央研究院》，台北《中央研究院院刊》第3辑，1956年。
② 《胡适遗稿及秘藏书信》第23册，第188—190页。
③ 《胡适遗稿及秘藏书信》第23册，第191页。
④ 《胡适来往书信选》上册，第250页。
⑤ 《胡适遗稿及秘藏书信》第23册，第192—193页。
⑥ 参见胡适：《丁文江的传记》，《胡适文集》第7册，第498页。
⑦ 《胡适来往书信选》上册，第263页。

中"被挤",后于10月1日由国务院通过被聘为第一届董事。① 以后,为地质调查所取得经济上之补助,先生"多所策划"。②

10月2日,先生致胡适一信,告"已经做成功一篇《直奉兵力之比较》,《全国军队概要》一星期亦可脱稿"。③

10月,谢家荣所著《地质学》一书由商务印书馆出版,先生为该书作序。

12月12日,先生致胡适一信,劝胡适"应该以养病为第一义务"。④

12月31日,瑞典王太子以及其他两位"支持安特生的中国委员会"成员拉各雷留斯和安特生同姓的安特生(地理学教授)为中瑞合作开展史前史考古事致信丁文江、翁文灏。⑤

1925年(民国十四年乙丑)　三十九岁

1月3—5日,先生出席在地质调查所召开的第三届年会,并宣读论文。

1月20日,先生致胡适一信,纠正《益世报》刊登先生谈话的内容。⑥

2月2日,先生致胡适一信,赞成《努力》复刊。⑦

同日,先生与翁文灏联名复信瑞典"支持安特生博士在中国从事科学研究的瑞典委员会"(亦称"支持安特生的中国委

---

① 参见李学通:《翁文灏年谱》,第42页。
② 参见翁文灏:《丁文江先生传》,《地质论评》1941年第6卷第1、2期。
③④ 《胡适遗稿及秘藏书信》第23册,第39—40、211—212页。
⑤ 该信收入马思中、陈星灿编著:《中国之前的中国:安特生、丁文江和中国史前史的发现》(中、英文对照),瑞典斯德哥尔摩东方图书馆发行,2004年出版,第96—97页。
⑥⑦ 《胡适来往书信选》上册,第307—308、312—313页。

员会")。①

2月10日，先生致胡适一信，为保张轶欧，托胡适写信给章士钊，托章向刘治洲说话，"叫他不要妄动"。②

2月22日，先生致胡适一信，告《民国军事近纪》一书"大致已经脱稿"。③

3月15日，先生致胡适一信，告"陈博生今日有信来，请我把《军事近纪》由《晨报》出版"。④

4月3日，先生致胡适一信，表示"我们想你出洋，正是要想你工作；你若果然能工作，我们何必撵你走呢？你的朋友虽然也爱你的人，然而我个人尤其爱你的工作"。⑤

5月3日，先生在《晨报副刊》第44期纪念号第98号"赫胥黎百年纪念专号"发表《赫胥黎的伟大》一文。傅斯年对先生受赫氏的影响有过这样的评价："在君必是一个深刻的受赫胥黎影响者（严复并不是），他也在中国以他的科学玄学战做成了赫胥黎（只可惜对方太不行了）。"⑥

5月8日，先生致胡适一信，谈外交部推荐中英庚款委员会中国委员一事。⑦

5月9日，梁启超在给其子女梁思顺、梁思诚、梁思永的信中谈及他拒绝段祺瑞邀其出任善后会议宪法起草会会长一事，其中提到"京中的季常、宰平、崧生、印昆、博生，天津的丁在

---

① 该信收入马思中、陈星灿编著：《中国之前的中国：安特生、丁文江和中国史前史的发现》，第98—99页。
② 《胡适来往书信选》上册，第315页。
③④ 《胡适遗稿及秘藏书信》第23册，第197—198、45—46页。
⑤ 《胡适来往书信选》上册，第324页。
⑥ 傅斯年：《我所认识的丁文江先生》，《独立评论》第188号，1936年2月16日。
⑦ 《胡适来往书信选》上册，第333页。

君一齐反对，责备我主意游移；跟着上海的百里、君劢、东荪来电来函，也是一样看法，大家还大怪宗孟，说他不应该因为自己没有办法，出这些鬼主意，来拖我下水。现在我已经有极委婉而极坚决的信向段谢绝了"。① 可见，当时梁启超这一派人（包括先生在内）与段祺瑞的不合作态度。

5月30日，先生致胡适一信，谈推荐张奚若一事。②

5月30日，"五卅"惨案发生。先生曾起草一份致英国方面的英文电报，说明事件的真相。关于此事，罗家伦有一段回忆：

> 后来我在英国的时候，正遇着上海发生"五卅"惨案。由于华工在日本内外纱厂被杀酿成风潮，而英国派大军在上海登陆，演变为更大规模的惨剧。当时我激于义愤，和英国国会里工党议员联络要他们纠正上海英国军警的暴行。他们在国会会场不断的提出严厉的质询。可是国内来的电文，都是充满了感情发泄的词句，而缺少对于事件真相平静的叙述和法理的判断，所以极少可用的材料。此时恰巧有一个三千多字的英文长电转到我手里。这电报是由胡适、罗文干、丁文江和颜任光四位先生署名的，以很爽明锋利的英文，叙说该案的内容，暴露英方军警的罪行，如老吏断狱，不但深刻，而且说得令人心服。每字每句不是深懂英国人心理的作者，是一定写不出来的。于是我集款把它先印行了五千份，加一题目为"中国的理由"（China's Case），分送英国职工联合总会（Trade Union Congress）秘书长席屈林（Citrine），和他详谈，并将此电原件给他看，结果争取到他的同情。他并且要我添印若干份，由他分发给他工联中的小单位。因此

---

① 丁文江、赵丰田：《梁启超年谱长编》，第1033页。
② 《胡适来往书信选》上册，第334页。

工党议员加入为中国说话的更多,在英国国会里发生了更大的影响。事后我才知道,这篇文章是在君起草的,他真是懂得英国人心理的人。①

6月8日,先生致胡适一信,把他有关对美款的意见书送胡适一份。②

6月11日,先生与梁启超、朱启钤、顾维钧、范源廉、张国淦、董显光诸氏就"五卅"惨案发表一共同宣言,刊登在《申报》上。③

7月21日,先生致胡适一信,约胡适去北戴河几天。④

7月,先生得到罗文干从岳州打来的密电,要他到岳州去见直系军阀吴佩孚。先生遂向北票公司告假南下,先到上海会见刘厚生等,谋划江苏绅商想借客军驱逐奉军的计划;然后从上海去岳州和吴佩孚晤谈,就国内局势回答吴的提问;回到上海后,孙传芳派人来邀他到杭州去商谈。⑤

8月12日,先生致胡适一信,告雇了三个人整理书籍文夹。⑥

8月,先生去杭州与孙传芳商谈一周,然后回上海报告他和孙传芳、陈仪谈话的经过。此时,孙传芳在杭州答应出兵援救江苏,孙询问先生"肯不肯来帮帮他的忙",他们之间有一段对

---

① 罗家伦:《现代学人丁在君先生的一角》,台北《中央研究院院刊》1956年第3辑。
② 《胡适来往书信选》上册,第335页。
③ 《梁启超等之意见》,《申报》,1926年6月11日。另参见丁文江、赵丰田编:《梁启超年谱长编》,第1038页。
④ 《胡适来往书信选》上册,第342页。
⑤ 参见胡适:《丁文江的传记》,《胡适文集》第7册,第450页。
⑥ 《胡适遗稿及秘藏书信》第23册,第67页。

话，被先生做为笑话，常与胡适谈及：

> 孙馨远说：丁先生，请你想想，你在哪一个方面可以帮我顶多的忙？
>
> 我说：我早已想过了。
>
> 孙问：哪一个方面？
>
> 我说：我曾想过，这时候中国军队顶需要的是一个最新式的、最完备的高级军官学校。现在的军官学校，甚至于所谓"陆军大学"，程度都很幼稚。里面的教育都太落伍了，不是保定军官学校出身，就是日本士官出身。这些军官学校的专门训练当然比不上外国同等的学校，而且军事以外的普通学科更是非常缺乏。所以我常说：中国的军事教育比任何其他的教育都落后。例如用翻译教课，在中国各大学已经废弃了二十年，而现在陆军大学的外国教官上课，还用翻译；学生没有一个能直接听讲的。足见高等军事教育比其他高等教育至少落后二十年。现在各地军官学校教出来的军官都缺乏现代知识，都缺乏现代训练，甚至于连军事地图都不会读！所以我常常有一种梦想，想替国家办一个很好的、完全近代化的高等军官学校。我自信可以做一个很好的军官学校校长。
>
> 孙馨远听了大笑。他说：丁先生，你是个大学问家，我很佩服。但是军事教育，我还懂得一点，现在还不敢请教你。
>
> 他说了又大笑，他当我说的是笑话！①

先生欲为中国办一所现代高级军官学校的理想，常与人提及

---

① 胡适：《丁文江的传记》，《胡适文集》第 7 册，第 475 页。

或在自己的文字中表露。

9月初，先生仍取海道由上海回天津去。

本年底或1926年1月，先生辞去北票煤矿公司总经理之职。关于先生辞职的原因，胡适认为："他所以要辞去北票煤矿的事，大概不但是因为他已决定不愿在奉军的势力范围以内做事了，并且还因为'中英庚款咨询委员会'的原来计划是需要他半年以上的时间，还需要他到英国去一次。"①

经过先生四年半的经营，北票煤矿公司初步实现了机械化运作，发展成为一个具有中型规模的煤矿，其产量每年稳步增长。1921—1925年北票煤矿历年产煤额如下②：

1921年，7716吨；1922年，25808吨；1923年，29536吨；1924年，63384吨；1925年，144758吨。

关于先生离开北票煤矿公司一事，董显光曾有说明：

> 北票煤矿公司完全系商业机关。当初创办时，我曾告文江，开矿计划必须五年方能完成。在五年之内，希望你勿离公司。而他就允诺。但至1925年（民国十四年）的春天，文江即向我表示要脱离公司。我问他的原因。他说，第一，北票公司现已能独立，每月产煤所得之盈余，足敷开支而有余。第二，北票公司虽是营业性质，但为公司之事不免还要常与官厅接触，尤其因为北票地方及运销产煤之铁路完全在奉天统治者势力之下内，每隔二三个月必须到沈阳与官厅接洽。关外的官子架子好大，我当初为什么要脱离地质调查所，大部原因就是怕伺候官僚。谁知关外官僚的脸孔更比北京官僚的脸孔格外看不得，我不愿再见胡子的脸孔，尤其不

---

① 胡适：《丁文江的传记》，《胡适文集》第7册，第450—451页。
② 参见《中国矿业纪要》（第四次，民国十八年至二十年），第273页。

愿在胡子势力之下讨生活。当初我不应该纵恿你怎么办北票煤矿。现在北票的情形已能自主，矿山的组织颇完密，我现在脱离公司，可以告无罪于股东。第三，因为我常常到关外，感觉张作霖本人及他的部下都不是好家伙。……现在胡子的势力已到达山东，可能将来逐渐阑入长江流域。我们江苏人要受胡子的统治，我是不能坐视的。但我仍在北票做经理，就没法到各处去活动了。我老实告诉你，依照现在国内混战的局面，我们不能再袖手旁观，我所眼看的北方军人是完全没有希望的，所以我愿意到南方各处去走走。①

胡适曾就先生任北票煤矿公司总经理期间的情况亦发表过看法：

关于在君办理北票煤矿公司的事，我差不多完全不知道。刘厚生先生的纪录，我曾看过，实在也太简略，没有多少传记资料。

这五年（1921—25）之中，在君的生活有两件事是值得纪载的：一件是他和我们发起一个评论政治的周报——《努力周报》——这个报其实是他最热心发起的，这件事最可以表现在君对于政治的兴趣；一件是他在《努力周报》上开始"科学与人生观"的讨论，展开了中国现代思想史上一个大论战。②

关于这段先生的事迹，时在上海大同学院读书的丁廷楣有简短回忆：

---

① 董显光：《丁文江传记》初稿，《胡适全集》第34册，第388—389页。
② 胡适：《丁文江的传记》，《胡适文集》第7册，第442—443页。

民国八年至十三年,我在上海大同学院时,五年内文江来大同可能有三次,每次至校长室与校长胡敦复及曹梁厦老师等会晤,必有校工前来传呼文沼与我去晤面。我称呼文江为二哥,他呼我为三叔。当胡校长等获知我系丁文江的小叔,均戏称我为小 Uncle。文江二哥也大致问问功课、成绩及兴趣等,并嘱注意体育、健康卫生,我与文沼唯唯轻诺。①

在担任北票煤矿公司总经理职务期间,先生结识了张学良。关于此事,先生后来在《给张学良将军的一封公开信》一文中有所说明:

从民国十一年到十五年,我当北票公司的总经理,常常因为公司的事和您见面。您对于公司的帮忙和对于我个人的好意,我至今没有忘却。②

冬,先生与蒋廷黻初次见面。关于此事,蒋廷黻有一段回忆:

我初次与在君见面好象是民国十四年的冬天,地点是天津的一个饭馆。那天请客的主人是南开大学矿科创办人李组绅,或是矿科主任薛桂轮。在君是主客,陪客者尽是南开的教授。见面的印象,照我现今所记得的,第一是他的胡子,

---

① 《丁廷楣先生访问纪录》(中研院近史所口述历史丛书32),第28页。
② 丁文江:《给张学良将军的一封公开信》,《独立评论》第41号,1933年3月12日。

第二是他的配有貂皮领子的皮大衣,第三是他那尖锐的眼光。朋友们普通见面时那套客气话,他说的很少。①

本年,与翁文灏合著的《地质调查所的十年工作》一文,由地质调查所印行。

---

① 蒋廷黻:《我所记得的丁在君》,台北《中央研究院院刊》第3辑,1956年。

复旦大学战后复员档案史料选编

复旦大学档案馆 供稿

编者按：抗战胜利后，战时内迁的几十所院校，又面临迁返原地的问题。教育部虽然颁布了国立各级学校迁校办法，但人员及图书、设备、档案的运输成了大问题。为尽早迁返原地，各校使尽招数，水、陆、空并用，并准许学生自行迁返。复旦大学自1945年10月起即着手准备，至翌年深秋，经历无数艰难曲折，三千余师生及档案、图书、设备方从四川北碚返抵上海。

本刊总111号曾刊载《复旦大夏联合大学西迁史料汇编》，今再选辑整理复旦战后复员的相关档案史料予以公布。查已刊各校复员资料，于复员经费、具体迁移情形、迁移中的困难、与军方及地方政府的矛盾等方面资料尚付阙如，因此该资料的公布于抗战史及战时高等教育史研究颇有参考价值。

选编：杨家润。整理：孙瑾芝、严玲霞、田园。

关于抗战胜利复旦教职员谈话会议记录
(1945年8月25日)

三十四年八月廿五日举行抗战胜利复员全体教职员谈话会议记录

时间：卅四年八月廿五日下午七时
地点：本校大操坪
出席者：（略）
主席章校长[①]报告事项：

一、本校自民国廿六年西迁后，原有上海江湾部分改称上海补习部，状况及上海原校址情况、交通情形、校址面积、设备情形。在战前（廿五年时），学生人数激增，已达一千六百人。当时感于校址不敷分配，意欲另图发展之处，适吴稚晖先生拟将江苏省教育经费管理委员会捐献吴稚老无锡大雷咀地方山地约一千亩，捐赠本校作为发展校舍之用，并述及该处环境地势情形。现以敌人投降，胜利已临，本校亟应东归，恢复立校。惟东移因无锡大雷咀之地面积虽广，建设需时，非一年不能完成。故东归计划拟先迁回江湾校址作为过渡，俟将来无锡校舍筹备完成，再行陆续迁入。然北碚夏坝校址，经营有年，不愿放弃，或留作本校校产一部。以上各节曾请同学会加以考量。近去函李老校长[②]致敬；并商洽一切。本人拟俟交通恢复，亲往上海接洽。万一江湾校址不敷现有人数应用，则必需另觅相当处所，以谋布置，实希望在可能范围内尽早迁回。又日前朱部长[③]莅校，曾谈及政府复员计划，拟将本校迁海州连云港或徐州之说，并述及该两地环境形势。本人觉得建设校址兹事体大，未敢擅作决定。除已请李炳焕先生赴渝征询在渝校友意见外，故今特请各位教职员举行谈话会，征询关于建校意见，以求集思广益。希望各位多多发表，畅所欲言。

二、关于渡船临时合约将于八月底期满，急须改订新约。对于渡船，如有意见，请于九月一日以前提送福利委员会研讨。

[①] 章益，字友三，号雯文，时任复旦大学校长。
[②] 李登辉，曾任复旦大学校长。
[③] 朱家骅，时任国民政府教育部长。

吴南轩先生报告略。

各位意见：

1. 胡继纯先生：本人主张迁上海，就原址另谋扩展。

2. 萧承慎先生：本人主张本校迁回原址，以谋扩大发展，并要求政府保留"复旦大学"名称。

3. 何德鹤先生：本人主张本校应迁无锡，因彼处风景优美，宜于读书，但第一步迁江湾，第二步迁无锡。

4. 王述纲先生：战事胜利结束，各人思归心切，希望早离此处，希望各学院分致沪、锡，并请学校备置意见箱，征求各方意见。

5. 杨岂深先生：本校因历史关系宜迁江湾，并希望各学院并设一处。

6. 朱世泽先生：本校东归后，此处可改设分校供吸收一年级之四川籍学生肄读。

7. 卫惠林先生：本校东归后以一部分设于上海，一部分设于无锡。无锡既有地方，风景确属优美，自当利用。校舍固为重要，并希望对于仪器、图书多多充实，学术研究更加培养。

8. 汪义方先生：先迁上海，继迁无锡。希望学校设置意见箱征求全体意见，并请校长带了各方意见赴沪接洽。

9. 讨论事项：主席交议卢于道先生函提，以本校复员工作繁重，请组织本校复员委员会拟就方案，征询各方意见，提供学校裁决案。

决议：组织本校复原计划委员会，由校长、三处处长、五院院长及另推八人，计十七人组织之。

推选结果：全增嘏先生，五四票；白季眉先生，四五票；萧承慎先生，四二票；胡继纯先生，四二票；何德鹤先生，三四票；薛芬先生，三四票；张定夫先生，三三票；卢于道先生，三一票；八位当选。

关于国立各级学校迁校办法（教育部）

（1945年）

一、本办法依据中央党政机关还都办法第十三条之规定订定之，国立各校按照办理。

二、各校迁校人员规定如左：

1. 员工以在职人员专任者为限，并不得超过本年度预算人数。

2. 学生以本学期在校并以本人为限。

3. 移交地方暨不继续办理之学校员生、工役及不迁移学校之学生，并各校退休教员而籍隶收复区，志愿迁回收复区经教育部核准者，得由原肄业或服务学校列入名册之内运送。

4. 员工眷属以配偶及直系血亲在任所者为限，但教职员之直系姻亲及旁系亲属确由本人抚养者，经服务单位同事二人之关系及层级主管人员之保证，得呈报二级主管机关核准随校同迁。

5. 各学校员工眷属平均按每教职员携带三人，每工役携带一人计划预算总人数。其六岁至十二岁者以半口计，五岁以下者不计，仍由学校照各该员工原经登记有案之眷口，按实分配统筹。分配时以迁校员工之血亲及姻亲分配，不得超过预算总人数。

6. 眷属有在他机关或学校任职者，不得在两机关或学校列报，违者除依法惩处外，取消其领费权利，取领各费均应追缴。

7. 各学校教职员如在学校所在地死亡者，其眷属未在他机关或学校任职须随校同迁者，由原服务学校核实统筹，列入名册之内运送。

三、运送公物规定如左：

1. 各学校公物之运送由各学校自行负责办理，但以各校原有图书仪器机件及其他公物曾列入财产目录者为限,核实计算。

2. 档案文具纸张均准运送,但档案之无须保存者,规定手续分别销毁,或送国史馆筹备委员会,或交就近教育厅局接收。木器及各种笨重物具以不携带为原则,但各学校如愿用木船运输者,听其费用在校具设备费项下匀支。

3. 各学校迁离所在地后,其所留公产应造册,呈报教育部核定处置。

四、员生工役行李规定如左:

1. 教职员及其眷属行李之运送,每人以一百公斤为限。专科以上学校学生每人以四十公斤,中等学校学生每人以三十公斤为限,工人暨其眷属每人以四十公斤为限。

2. 员工暨眷属及学生行李,以箱箧网篮被包为限,凡笨重、污秽及容易破损之器具不准携带;

3. 员工暨眷属及学生随身携带之行李,依所乘交通工具规定章程办理,其余额应交由各该学校统筹运送。

五、各学校人员迁移及公物之运送程序,由教育部规定分别通知。其交通工具由各学校自行接洽,至员工眷属应尽可能使之与本人同行。

六、各学校迁移经费按左列标准编造预算(格式依附表一):

1. 员工暨眷属及学生,自学校所在地至码头、机场、车站之车船费及由到达地码头、机场、车站至学校所在地之车船费,按实有人数核实计列预算,由各该学校斟酌情形。其不须乘坐舟车者,学生工役以步行为原则,统筹支用。

2. 员工暨眷属及学生之票价核实计列预算,仍由各学校按各级人员职位统筹购票支用。轮船(船运伙食费包括票价内)、火车票价按规定官价以比照,简任人员头等比照,荐任人员二等比照,委任以下人员及学生三等,工役四等计算,汽车、飞机票价不分等。

3. 迁移时膳宿费，教职员及其眷属口每人概日支一千五百元，学生日支一千元，工役及其眷属口日支七百元。船运期间包括在票价内及乘飞机者均不支给，乘车者按公路局规定行车日数支给，等候交通工具日期由本部就各学校迁转情形分别核定。但川境内至多以四日为限，川境外至多以五日为限，无须等候者不给。

4. 移交地方暨不继续办理学校之员工及其眷属暨学生，及不迁移学校之学生而籍隶收复区，志愿迁回收复区经教育部核准者，得发给前项费用。其经由学校主管人核准，自行出发者，亦得发给前项费用，退休教员亦照本条规定办理。

5. 中央各机关及国立各级学校教职员之子女随校迁移者，其迁移费用由其家长在服务机关或学校报领，照所领数缴交学校，不得在学校列支。不迁移学校之是项学生，不发还乡费用，径由其家长在服务各机关报支。

6. 公物包装费用每百公斤按二千元计列预算。

7. 公私物品由所在地至目的地运费及起卸力资、中途驳运等费，均核实估列预算，私物之超过规定重量者不给。

8. 行支由部按照各校实际情形酌定数额代列预算。

七、各项经费依事实需要由库直拨，交由各校统筹核实支用。其移交地方暨不继续办理学校之员生工役并员工之眷属，及不迁移学校之学生之票价膳宿等费，拨交教育部转发（退休教员及眷属亦同样办理）。

八、各学校房屋修建或购置租赁及校具设备费，由各学校另编预算，依法定程序核定支用。

九、各学校有左列情形之一者，其员工得发给补助费：

1. 凡遵照教育部核准迁移之学校员工，校址迁移在二百公里以上者。

2. 复员后移交地方办理或不继续办理之学校，而其籍隶收复区员工志愿迁回收复区任职，经教育部核准者。

3. 退休教员而籍隶收复区志愿迁回收复区，经教育部核准者。

4. 后方不迁移各校之员工概不发给，但籍隶收复区之员工仍留原校以及经部核准回收复区任职者，其补助费准照数发给。

十、各学校员工补助费支给标准，遵照行政院规定之各地标准，照左列等级支给之：

1. 专科以上学校

甲、校长、院长、正教授以上，院定简任人员之标准支给。

乙、副教授、讲师及组主任、副主任，比照院定荐任人员之标准支给。

丙、助教及组员，比照院定委任人员之标准支给。

丁、雇员，比照院定雇员之标准支给。

戊、工役，比照院定工役之标准支给。

2. 专科学校

己、中等校、分校长、初中校长、高中分部主任、各主任，比照院定荐任人员之标准支给。

上项补助费由各学校编造支给表四份（格式依表二），送由教育部分别核转审计、财政两部审核并呈行政院备案，款由国库直拨，在学校复员时一次发给。其移交地方暨不继续办理及不迁移之学校，前项补助费拨交教育部转发（退休教员亦同样办理），并应于各该校全部迁校完竣后一个月专案报销。其剩余之款不得移用，应即缴还国库，分报财政部及主管审计机关查核。如逾期不报者，即由该管审计机关通知财政部分别催缴收回。

十一、兼职人员应自选在一机关请领，不得重领冒领，违者除依法惩处外，取消其领费资格，所领各数全部追缴。不支薪之兼任人员，概不发给。

十二、凡九月三日以后到职员工及九月三日以后新设各校员工，不发补助费，其在是日前确曾在他机关任职者，由新设学校检证列表转报教育部核发。

十三、各学校教职员、雇员、工役不随同学校迁校，考虑给资遣散，按遣散月份之生活补助费标准发给三个月遣散费，即由总预算所列迁校补助费项下支给。

十四、各学校造送各表应由校长切实负责审核，如查有逾领之款，应由主管人员负责追还，缴还财政部。

十五、本办法呈奉行政院核定后施行。如有疑意及未尽事宜，由教育部解释补充之。

教育部关于复员事宜训令
（1945 年 12 月 29 日）

令国立复旦大学：

查各教育机关与学校复员时仅能携带比较贵重及必需之物品，凡不便携带而遗留之物件一律册报本部，候另令处置，业经于十一月十七日以秘字第五八八三一号训令通饬遵照在案。复员在即，凡应迁移之机关、学校自应预为准备一切，包括校址之布置与房产之修缮，校具之补充等等在内，但亦须力求节省办理。一俟下学期结束后交通运输便利之时，即可径自规画着手进行，惟须力求十分安全以照妥慎。至于复员费用本部正已筹有必需之的款，一俟领到即行统筹络续发放。所有公物以及员生行李势不能多量携带，必须予以严格限制，以免困难并节约公币。除分行外，合再令仰遵照前令，切实办理具报。此令。

部长　朱家骅

章益就包租船只致何乃仁函

(1946年2月5日)

乃仁先生大鉴：

　　岁底在宗融兄处晤教，备聆高论，至以为快。关于敝校复员所需船只，承允特予设法，尤深纫感。兹为期已迫，特由校造具员生暨家属名册送请贵公司，于本年三月间赐拨八百吨轮船四艘，以供本校东迁之需。所有包租价格，并请贵公司惠示，以备缴付。谨再函恳，至希鼎力惠助，无任企感。专此。敬颂春祺。

弟　章　益
中华民国卅五年二月五日

迁校委员会第一次会议记录

(1946年2月)

三十五年二月

出席人员：何德鹤、胡继纯、张志让、萧承慎、林一民、芮宝公、陈子展、张孟闻

列席：萧自强

主席：章益　记录：萧自强

讨论事项：

一、本委员会委员业经校务会议推选，办事简则要点应如何规定案。

议决：本委员会办事简则要点暂行规定如左：

（一）本委员会设委员十七人，由校务会议公推之，共同担任迁校准备执行及评议董事项。

（二）本委员会分设物资调查、物资迁运、人事、安全卫生、纠察五股，各股各设委员若干人，召集委员三人（互推常务召集委员一人），干事若干人，助理干事若干人，除由本委员会各委员分别担任召集委员外，并由会推请，校长聘派之。

（三）本委员会各股职掌如左：

甲、物资调查股

1. 负责详细调查应行迁运之公私物资。
2. 订定全部迁运物资之编号系统。
3. 详细登记应行迁运之公私物资并予以分类统计。
4. 划分各类迁运公私物资之最要、重要及次要性质。
5. 订定各类物资分批迁运之先后秩序。

乙、物资迁运股

1. 负责租赁或购置迁校时载运人员及物资所需之舟车及一切交通工具。
2. 负责处理迁校前后及迁校时有关物资迁运之一切对外交涉与交际。
3. 准备迁校时迁运公物所必需之器材。
4. 接收应行迁运之各类公私物资并妥为点验编目与保管。
5. 协助各部门处理应行迁运之物资打包或装箱等事项。
6. 负责运输各类应行迁运之公私物资。
7. 负责准备并供应起运暨抵泊地点之搬夫以及接洽沿途各码头工人。
8. 抵泊沪、锡后负责分别发还各类公私物资。
9. 其他有关物资迁运事宜。

丙、人事股

1. 详细调查本校应行东迁之员生工友及员工眷属并予以登记。
2. 本会各股人员姓名职掌及任务之登记。

3. 分配迁校时舟车舱位或座位、铺位。
4. 确定分批东迁人员之先后秩序。
5. 负责处理东迁人员船上及沿途之膳宿。
6. 迁校时沿途各项对外人事之接洽。
7. 迁校时内部人事之联系。
8. 其他有关人事之事宜。

丁、安全卫生股
1. 迁校时各类疾病之预防与治疗。
2. 舟车及沿途食宿清洁卫生之维持。
3. 舟车上之消防与安全。
4. 指明舟车上危险地点并说明各类易发危险之动作。
5. 维持舟车载重平衡。
6. 其他有关安全卫生事宜。

戊、纠察股
1. 调解各项人事纠纷。
2. 维持舟车上及沿途上下之秩序。
3. 保持舟车之载重顺序。
4. 维持沿途人员各项安全并制止危险动作及逗留危险地点。
5. 其他有关纠察事宜。

（四）如有各股及各股间不能决定事项由本委员会决定之。

（五）有关迁移各项章则由本委员会制定之。

（六）本委员会开会时，以留住夏坝本校委员二分之一以上到会为法定人数，但于本会委员陆续离去夏坝本校达五分之三以上时，本会只能举行谈话会。

（七）迁运之物资，凡公物之打包或装箱由原主管部门负责办理。打包或装箱时，每包或每箱之物品须复写物品目录同样四份，一份粘贴包内或箱内，一份送本委员会备查，一份送物资迁运股一份,由该类物品之主管部门保存。私人物资由所有人自行包装,交物资迁运股点验收存,当时付给收据,以后凭据领取。又全部迁运之公私物资,应由物资迁运股编造总目录同样三份,一份由物资迁运股保存,一份送本会备查,一份先寄沪校本委员会先遣负责人,以备到达时清点。

二、本委员会各股召集委员请公同推定案。

议决:照章推定其人选如次:

甲、物资调查股推定严家显、胡继纯、薛芬三先生为召集委员,并推严家显先生为常务召集委员。

乙、物资迁运股推定何恭彦、张孟闻、何德鹤三先生为召集委员,并推何恭彦先生常务召集委员。

丙、人事股推定芮宝公、伍蠡甫、卢于道三先生为召集委员,并推芮宝公先生为常务召集委员。

丁、安全卫生股推定张志让、李仲珩、张明养三先生为召集委员,并推张志让先生为常务召集委员。

戊、纠察股推定林一民、萧承慎、陈子展三先生为召集委员,并推林一民先生为常务召集委员。

章 益

迁校委员会第二次会议记录

(1946 年 2 月 6 日)

时间:三十五年二月六日上午九时

地址:登辉堂会议室

出席人员:章益、卢于道、薛芬、林一民、张孟闻、萧承慎、胡继纯、何恭彦、严家显、陈子展、张明养、张志让、芮宝公、李仲珩

列席人员:萧自强

主席：章益　　记录：萧自强

主席报告：

一、本校确定分迁上海、无锡，无锡校舍洽定经过，以及请金通尹先生估工修理无锡所借定之校舍情形。

二、分向行政院苏浙皖区敌伪产业处理局及中信局接洽江湾本校附近敌兵营及华中铁运公司职员住宅房屋情形。

三、接洽复员之船只经过情形。

讨论事项：

一、本校复员时，本校教职员工亲属允其随校东迁者如何规定案。

议决：凡本校专任教职员下列各项亲属，允其随校东迁：

1. 专任教职员之祖父母、父母及其配偶。

2. 专任教职员之子女确无职业者，或其子女系在后方不复员之机关服务，提出证明文件者。

3. 专任教职员之孙子女而其父（即专任教职员之子）符合第2项规定者。

4. 专任教职员之媳而其夫（即专任教职员之子）符合第2项规定者。

5. 专任教职员之女婿而其配偶（即专任教职员之女）符合第2项规定且其本人亦无职业者。

6. 专任教职员之岳父母平时系共同生活由其（专任教职员）负完全赡养责任者。

7. 专任教职员之嫂或弟媳确系寡居无职业，平日共同生活由其负抚养责任者。

8. 专任教职员之兄弟姊妹未结婚无职业，共同生活由其负抚养责任者。

9. 专任教职员之侄确系孤儿未结婚无职业，平日同居一处依其生活者。

10. 专任教职员之侄女确系寡居或未结婚无职业，平日同居一处依其生活者。

11. 专任教职员之侄媳确系寡居无育无职业，平日同居一处依其生活者。

12. 专任教职员之仆役自战争发生以来即随其同来后方服务，期间从未间断共患难者。

13. 专任教职员之乳娘，其所抚育之婴儿未满一岁，现正哺乳者。

二、兼任教员是否随校东迁，特请公决案。

议决：兼任教员不能随校东迁，凡已填送调查表者一律删剔。

三、随校东迁之人口经此次调查后，是否准其增加案。

议决：今后各教职员概不能增加随校东迁之人口，如有特别情形，如新产婴儿等，应个别提出报告由本会个别审查。

四、随校迁运之私人物资种类及重量应如何予以规定案。

议决：准予由校代运之物资其种类暂行规定如次：

甲、书籍——应遵守左刊各项之限制：

1. 超过规定公斤应照累进率缴付运费，其标准由本会另行订定之。

2. 书箱自备，书箱大小之标准最好与本会之规定相符合。

3. 私人托运之书籍装箱时应会同本校物资迁运股点视。

4. 本人应详细开明托运之书籍目录三份，由本会与本会物资迁运股及其本人分别保存，以备查考。

5. 由本会物资调查股函请各先生于三日内将拟托请本会代运之书籍，详细开明书籍种类及中西书籍之册数。物资调查股收到上项书单后，即请本校总务处派员，以本会名义分赴各先生府中点视拟运之各项书籍，并于一星期内将书籍之种类、重量及册数分别统计，送交本会，以为准备运输之参考。

乙、行李——只能以铺盖箱箧及细软为限，笨重家具不能代运。又单身教职员所带行李以六十公斤为限，教职员之家属每大口限带四十公斤，每小口限带二十五公斤。学生每人准带三十公斤，工友与学生同（每公斤合二市斤）。

丙、本校专任教职员之眷属提前东下可否予以津贴案。

议决：专任教职员之父母、妻，平时系共同生活随在任所者，又子现无职业同在任所者，女未结婚无职业同在任所者，可酌予津贴。惟应个别提会审查，其津贴数目另行规定。

章　益

教育部关于复员事宜致复旦电
（1946年2月8日）

国立复旦大学：查中等以上各院校之迁校事宜，迭经本部筹划并与交通机关长时间交涉结果，允自本年五月份起，每月教育机关可水运六千人，空运一千人，路运三千人，总共约一万人左右，实占夏季运输总量三分之一，已达最高限度。复查各教育机关在长江沿岸待运人员约六万余人，须五月至十月底，六个月方能运毕。除各校可自筹交通工具者外，亟须预定各校迁移次序，以免拥集紊乱。而在重庆附近之各校必须复员者，尤应先行起运，俾可腾出校舍备其他各校陆续来渝集中之需。兹订于本年二月二十五日上午九时，在本部召开迁校会议，讨论迁移次序。希该院校负责人或全权代表届时出席参加，并于文到之日迅将现有人员数量及公物（包括图书仪器等）吨数，详实核对，分别应行路线，先行各自内部商讨规画，拟具具体计划并报部备查为要。教育部。

迁校委员会第三次会议记录

(1946年2月20日)

时间：三十五年二月二十日下午四时
地点：登辉堂会议室
出席人员：张孟闻、萧承慎、何恭彦、张志让、张明养、薛芬、卢于道、章益、胡继纯、李仲珩、严家显、何德鹤、林一民、芮宝公、伍蠡甫
列席人员：萧自强
主席：章益　记录：萧自强
主席报告：
一、最近向各方接洽江湾本校附近房屋经过情形。
二、公务人员还都时之各项规定、学校教职员东迁之规定尚未奉部令颁发。
三、教育部令饬呈报迁校时人员物资之统计，并拟具迁运计划。

讨论事项：
一、本月二十五日教育部召开教育复员会议，本校应提请何案，请公决案。
议决：向教育部召开之教育复员会议建议如左：
1. 学校公物重量之计算应比照机关内每一公务员一百公斤之标准，以每一教职员及学生为单位同样计算，例如，某学校有教职员二十人学生一百人，即应准携带公物一万二千公斤。
2. 学校公物应按院系分别另行订定图书、仪器、标本、机械吨位标准。
3. 学校私人物资，工友及其眷属暨学生应放宽规定，准予

携带之重量俟教育部召开之会议有结果后再夺。

4. 学校复员时所应带之公私物资，其重量均应比照国防最高委员会规定之每百公斤包装费二万元，每吨由渝至京运费十五万元（如路远者应另加）计算，如各学校所核定之复员经费不敷时，应请教育部专案呈请增加各校复员经费。

5. 各校复员经费及各校教职员工还都补助费，请教育部转请财政部早日赐拨。

6. 各校教职员及其眷属或学生单独东下者，各应津贴旅费若干，请教育部早日决定，令饬遵办。

7. 本校公私物资最低限度其总重量约在六百吨以上。

二、本校随校东迁之人口除本会第二次会议业已明白规定外，现各教职员填送表格到会如何审核并限定案。

议决：照左刊各点办理：

1. 各教职员之眷属人口遵照国防会之规定办理。

2. 审核直系亲属与非直系亲属时均照本会第二次会所议决各款办理。

3. 已填送眷属调查表到会者，均以该表上所刊之人口为限，不能再请另外增加。

4. 所有送到之眷属调查表，由本会个别详加审核，并推定左刊人员先赴本会，人事股将已送到之表分别逐表予以初审。

选定之人员如左：

林一民先生、薛芬先生（看新村所住之先生所填送之表有无遗漏）。

卢于道先生（看北碚方面所住之先生所填之表有无遗漏）。

伍蠡甫先生、萧承慎先生（看黄桷镇所住之教员所填之表有无遗漏）。

张孟闻先生、芮宝公先生（看南轩所住之先生所填之表有无遗漏)。

曹亨闻先生（看东阳镇所住之教员所填之表有无遗漏）。

何恭彦先生、萧自强先生（看全体职员所填之表有无遗漏）。

5. 以上各先生将所送之表初步审查后，如发生问题或发现与规定不符，即由其私人通知商请其本人更正。

三、本校东迁分为沪、锡两地，人事方面如何划分，请公决案。

议决：先组小组委员会研究并推定五院院长及教务长为委员，详拟计划，由教务长召集之。

四、本校将分迁沪、锡，将来待遇是否有分别案。

议决：本校呈报教育部在无锡新校舍未建筑完成之前，校本部暂设上海，教职员待遇请照中央规定上海市公教人员待遇标准办理。将来汇拨本校员工上海补助费时，请教育部转请财部径拨上海国库转发本校。

五、本校所有图书将来东迁时如何划分沪、锡两地案。

议决：商学院书籍全部搬到上海，其余各院书籍一律搬至无锡。

章　益

章益呈教育部择定无锡校址经过文
(1946年3月1日)

谨呈者：本校校址原设上海江湾，战前即以该处校地颇狭无法扩充，因有迁校之议。时吴稚晖先生闻本校拟择新址，因告本校校友邵力子先生云，无锡太湖边现有荒山隙地颇多，其中大雷咀等处湖山掩映，风景幽美，气象宏伟，以作校址非常适宜，建议本校即迁该地。当时，其地原为江苏省教育经费管理处及无锡士绅荣宗敬①先生兄弟及胡博渊、吴宪睦诸先生所有,比闻吴先生此建议,皆愿捐助本校以促其成。嗣遂由吴稚晖先生约集江苏省教育经费管理处,商定钮惕生②先生及会计陈仲英先生暨其他地产所有人荣德生先生、胡博渊先生、吴宪睦先生等及本校代表钱新之③先生、吴南轩先生等在荣德生先生别墅中议定,将大雷咀山及附近山地捐赠为本校校址,时犹在抗日战事发生以前。去秋校长赴沪,约同上海市教育局长顾毓琇先生、参政员薛明剑先生(皆无锡人)及荣德生先生之公子等赴上项校址察勘,同行者尚有无锡县政府及其他地方机关代表多人。当经指明界址,测绘草图,计占地一千〇十四亩。该地风景幽美,交通便利,洵为设校适宜之地。惟本校于抗战前此项校址择定经过以不久抗战发生,本校西迁,未及呈报钧部。兹者,复员在即,本校拟即以无锡太湖边大雷咀一带地作为永久校址。日前,本校迁校委员会曾经决定,在无锡新校舍未完成前,拟呈报教部,本校暂设上海。本校教职员待遇,请照上海标准给。

顷奉钧部电令,造具复员计划,经已呈明,理合再将本校战前择定无锡校址经过,并检附吴稚晖先生于三十三年十月十八日致钧部陈前部长暨校长述及此事之信函抄件各一纸,暨本校当年测绘草图一件,呈请鉴核备案,实为公便。谨呈教育部部长朱(附件略)。

校长　章　益
三十五年三月一日

---

① 荣宗敬,名宗锦,民族资本家。
② 钮惕生,名永建,同盟会会员,国民党元老。
③ 钱新之,名永铭,曾任复旦大学代理校长。

教育部关于复旦大学应迁无锡设置训令
（1946年3月8日）

令国立复旦大学：

　　查调整国立专科以上学校设置地点一案，经已呈奉主座元月十九日府交字第一八九三号代电及行政院三十四年十二月十八日平九字第二七九一〇号指令核准，该校应迁无锡设置。除分令外，合行令仰遵办具报为要。此令。

部长　朱家骅

迁校委员会第四次会议记录
（1946年3月23日）

　　时间：三十五年三月二十三日下午
　　地址：登辉堂会议室
　　出席人员：陈子展、张明养、伍蠡甫、张孟闻、何德鹤、何恭彦、李仲珩、萧承慎、薛芬、严家显、芮宝公、张志让、胡继纯
　　列席：萧自强
　　主席：章益　记录：萧自强
　　主席报告：
　　一、江湾校舍附近房屋接洽进步情形。
　　二、无锡校舍设计图稿。
　　三、教育部召开教育复员会议情形及进一步核定本校迁移运费，计核定为二万万三千万元。
　　四、夏坝校舍同学会拟订利用计划，将由四川校友借用，创设相辉技艺专科学校。

讨论事项：

一、本校学生如有自行东迁者如何补助费用案。

议决：

1. 凡非应届毕业之学生如自行东迁当由校酌量补助费用，应发补助费若干，由总务处先行调查重庆附近其他还都之国立学校所订办法再订办法。又总务处方面并应与北碚各国立学校事先联系，以免所订发给补助费办法各校显有不同。

2. 凡本校学生，如系中央各机关学校之公教人员子女，关于发给补助费一节，应候教育部明令指示再行另定办法。关于本校新生，其属于公教人员之子女者，由训导处即日详细调查并分别开列清单以备查考。

3. 凡非公教人员之子女，如已请假自行到沪校者，将来本校订定补助学生自行东迁费用办法，该项学生亦可斟酌情形予以补发。

4. 如已向学校领取自行东迁补助费之学生，将来不到沪校报到而又请求转学（转学到后方学校）者，应令退还所领之补助费（转入收复区学校者不追缴）。为实行此项决议，今后教务处发给转学证书，应先送请总务处会计室，查明该生是否已领自行东迁补助费。关于此项施行细则，由教、总两处与会计室会商订定之。

5. 凡已领自行东迁补助费之学生，概不准再随校东迁。其详细稽核办法，训、总两处与本会纠察股会商订定之。

6. 本校学生领取自行东迁补助费办法，由教、训、总三处及会计室会商订定之。

7. 本届毕业学生其原籍后方者，不得领取自行东迁补助费，但准其随校东下。又原籍收复区者，其返籍路线如与学校东迁路线大体相同，得准其领取自行东迁补助费先行离校。关于此点，应由总、训两处与北碚各国立学校商洽联系之。

8. 三十四年寒假毕业生籍隶收复区无法自行东迁者，由校长斟酌情形准其随校东迁。

9. 凡自行东迁之学生（包括本届毕业生及各年级学生），如领有公费者，其公费一律发至本年七月份止。

10. 凡已经休学之学生，如申请随校东迁者，由校长临时斟酌情形决定之。

11. 凡本校先修班之学生，其成绩不能计入本大学者，应由校专案呈部，请另拨专款，作为补助其还乡之费用。

二、本校公物应否由木船先行载启运东下请公决案。

议决：由本会物资迁运股会同总务处斟酌办理。

三、教职员之木器家具可否托请学校代运案。

议决：由物资迁运股拟订办法提请本会决定之。

四、本校应先派遣人员赴上海补习部筹备本校一切迁运事宜如何决定人选案。

议决：由教、训、总三处各抽调人员六至七人，农学院抽调三至五人，限于本月底将名单呈请校长核定后，由校呈部登记飞机票位，以便赴沪办理筹备迁运一切事宜。

五、请确定本校图书装箱日期案。

议决：订定四月二十日至四月底日为收还员生借书日期，并自四月二十日起本校图书概不借出，本校员生可到图书馆阅览。自五月二十日起本校各项图书开始装箱。又仪器装箱时间自五月五日开始办理。关于图书收还、停借、装箱各节，请教务处通告周知。

六、本校教授书籍如何托请本校代运案。

议决：由教授自行装箱，在规定日期内由其个人送交本会物资迁运股点收。一切手续，照本年一月八日本会第一次会议及二月六日本会第二次会议所决定各项办理。书箱均由书籍所有人自行购备之。

七、关于重领旅费如何限制案。

议决：俟奉到教育部公文时即将其所有规定以本会名义通告

全校周知。

八、东迁轮船之救生安全如何筹划案。

议决：

1. 由校呈请教育部专函交通部转饬复员各船应充分设置救生安全设备，并由校函请各轮船公司密切注意各复员轮船之救生安全设备。

2. 由总务处调查出售救生工具之店铺及其价格，并与之接洽，并由训导处布告鼓励学生自行购置。

章　益

教育部关于复员经费训令
（1946 年 3 月 30 日）

渝会字第一八〇五一号　中华民国卅五年三月卅日

令国立复旦大学：

查该校复员办法业经饬知在案，兹将该校复员经费预算核定如次：

一、旅运费（包括教职员学生公役及员工眷属之舟车、飞机票价、旅费、行李运费、公物包装费等）共二三七，四八〇，〇〇〇元。

二、修建费（包括修缮、添建、租赁及设备）共九〇〇，〇〇〇，〇〇〇元。

除旅运各费支用办法另案饬遵外，旅运费准予先发二成，修建费准予全数先发，经已函库径拨（部垫复员费应予扣还），其余旅运费俟开始迁移时通知国库拨发，应即分别编具预算呈部备核。再，查现时国家财政艰难异常，库币万分支绌，请款已属不易，追加尤为困难。务宜共体时艰，力求撙节，仰即遵照为要。此令。

部长　朱家骅

章益致全国船舶调配委员会函
（1946 年 4 月 10 日）

径启者：本校奉令复员，即将迁回上海原址。估计全校员生暨眷属及物资数量须八百吨轮船四艘，始可勉强载运。素仰贵会办理战时复员调配交通运输，勋绩卓著，对本校复员事宜，谅可邀蒙协助。兹以复员时限已迫，拟请惠赐于本年五月间调拨该项轮船四艘，以便本校得以及时东迁。再本校员生尚有拟提前及单独成行者，关于轮船舱位，并请惠予优先分配。特函奉恳，统祈赐允见复，至纫公谊。此致全国船舶调配委员会。

弟 章 益拜启

教育部关于复员学校学期结束时间训令
（1946 年 4 月 11 日）

渝高第二〇二三五号　卅五年四月十一日发

查学校复员即将开始，本学期结束时间，以迁校期程先后不能一致，亟应斟酌实际情形，因应机宜，其期程较远者仍须依旧上课，不必提前结束。下学期若不能如期开学，可在原地尽量上课，以免停顿太久荒废学业。目前交通工具依然困难，且收复区生活程度高涨无已，后迁学校尤不必急于迁移。除分令外，合行令仰遵照，计议具报为要。此令。

部长 朱家骅

迁校委员会第五次会议记录

(1946年4月20日)

时间：三十五年四月二十日上午
地址：登辉堂会议室
出席人员：林一民、陈子展、李仲珩、张志让、芮宝公、萧承慎、何恭彦、张明养、严家显、伍蠡甫、薛芬、胡继纯、何德鹤、卢于道、张孟闻
主席：林一民　何恭彦　记录：萧自强
报告事项：
物资迁运股报告接洽交通工具经过困难情形。
决定事项：
一、请林教务长到教育部切实交涉本校应需之水陆空方面交通工具。
二、加强办事处人事组织，并指定专门负责接洽水陆空方面各项交通工具。
三、推定李仲珩、严家显、何德鹤、张孟闻四先生经常驻渝住本校办事处内，负责主持接洽水陆空方面交通工具事宜。
四、请本会人事股即日负责详细调查本校专任教职员眷属人口，调查时应注意下列各要点：
1. 专任教职员之直系血亲平日共同生活同在任所者，只须教职员本人父子填明，无须联保人负责保证，准许随校东迁。
2. 专任教职员之直系血亲如不同在任所，平日确由其扶养者，须觅取联保人二人，由联保人（联保人以同一服务单位同事二人为准）负一切法律上之责任，并经层级主管人员之保证，由本会审核后呈奉校长核准随校东迁，但不发东迁补助旅费。
3. 专任教职员之直系姻亲及旁系亲属确由其本人扶养者，

经服务单位同事二人之联保及层级主管人员之保证，由本会审查合格呈奉校长核准，得由校专案呈报教育部核准随校东迁，但不发东迁补助旅费。

4. 联保人所保之人员如不实在，应负偿还一切费用之责。

5. 本会如有所询问时，联保人应负责答复。

6. 本次调查系奉教育部所颁国立各级学校迁校办法办理，亟待呈报，务请本会人事股于五日内调查并统计完竣，以免有误。

7. 为办理此次调查事宜，由校长室、教务处、训导处、总务处、会计室各调一人至本会人事股办公。

五、报领迁校补助费部颁办法限制綦严，且规定须报审计财政两部审核并呈送行政院，将来引起问题必多，除请各院长先生便中向各系主任说明并请转向各系之先生说明外，并应将部颁办法所有规定摘要通函查照，又下列三点尤须注意：

1. 函请各先生自行决定是否在本校报领迁校补助费。

2. 如有不在本校报领迁校补助费之先生，报部名册内修改栏中填写下列文字："已离校先行，未在本校申请报领迁校补助费。"

3. 函中说明迁校补助费只能在同一个机关或一个学校报领，不能双方列报。

六、夫妇同在本校服务者，其眷属人口只能一人（夫或妇）列报，不能两人同时列报，又岳父母应由妇列报。

七、兼任教员如欲在本学校报领迁校补助费，须检其未在他机关领取补助费之证明文件，专案代为列报。

八、先修班不及格而受退学处分之学生，与先修班不能保送入大学之学生，是否准许随校东迁，均候部令办理。

九、卅四学年度暑假毕业生（已参加大考者）一律准其随校东迁，但不得领取自行东迁补助费。应届毕业生（未参加大考者）准照其他年级学生同等待遇领取自行东迁补助费，但须在学校规定补考时间到上海本校补考。

十、凡本学期受退学处分之学生籍隶后方者，只准随校东迁，不能发给自行东迁补助费。

十一、凡本校专任教职员之旁系亲属或直系姻亲，业经本会核定并奉校长批准暨呈奉教育部核定，允许其随校东迁者，该核准之旁系亲属或直系姻亲应在本校东迁人员最后一批同行，绝对不能提前，亦不得请校发给补助旅费。

十二、凡中央机关或学校公教人员之子女，如有在校领取自行东迁补助者，应由训导处即日查明其父母所服务之机关或学校，由校函请其退还其子女在本校所领取之自行东迁补助费。

十三、凡本校患有传染疾病之员工、学生不能随本校大队东迁，除由校向江苏医学院接洽妥善办法（接洽事宜请训、总两处会办）外，并应即日呈部作以下之建议：

1. 请部特拨飞机专送该类学生（包括后方各学校学生）乘坐。

2. 集中各学校之患病不能随大队同行之学生，由部特备卫生安全之交通工具送其东下。

3. 由部特为该类学生接洽后方设备完全之医院，送该生等入院调养。

十四、自即日起凡本校专任教职员如自行先期东下，准借薪二十万元，旅费十万元。

十五、凡已休学之学生如申请随校东迁者，应先照学校原有规定办理复学手续方能核准，并不能请领自行东迁补助费。

十六、本校东迁在即，五月廿七日为故教务长孙寒冰先生殉难纪念日，应发动全校师生前往墓前公祭。

迁校委员会第七次会议记录

（1946 年 5 月 3 日）

时间：三十五年五月三日下午
地址：登辉堂会议室
出席人员：章益、陈子展、胡继纯、萧承慎、芮宝公、何恭彦、卢于道、何德鹤、张孟闻、薛芬、伍蠡甫、李仲珩、张明养
主席：何恭彦　记录：萧自强
报告事项：
一、何德鹤先生报告在渝接洽飞机经过情形。
二、路顺奎先生报告在渝接洽交通工具情形。
决定事项：
一、关于第一次申请登记飞机座位应加下列条件：
1. 本会已向行政院交涉取得五月份飞机座位四十名，可能于五月底以前飞沪，惟尚无确实把握。此项座位分配于"前已申请，经校长核准有案者"，及第一次登记之各位先生本人、或配偶、或至亲，一人为限，小孩不能携带。依照中签次第搭乘飞机（注本条本会第八次会议略有修正）。
2. 请第一次登记之各位先生于三日内（本月六日下午五时截止），将乘机者之姓名、籍贯、年岁列表，及二寸半身照片三张，送交总务处。如过时未将照片送到，则本次之飞机座位登记即作为弃权。
3. 上项决定请总务处即日通知登记之五十三位先生。
二、第一次登记搭乘飞机人员（四十名为限）名单即日编造两份，以一份送行政院，一份送教育部。
三、上项报送行政院与教育部之乘机人员名单，其次第首列何育辽夫妇并有小孩一名，次列俞徽夫人可带小孩二人，再次列

史继美女士，此份即照中签号码依号排列，至第三十六号止。如中间中签号码有自愿放弃者，即依号递补（注：此条经本会第八次会全部修正）。

四、第二次登记飞机座位办理办法如次：

1. 全体专任教员（惟助教应将其所任职务先行清理告一段落，经其本系主任同意，并呈奉校长核准），均可登记。

2. 自本月七日起仍由本会人事股办理登记，并请于三日（本月十日上午截止）内办理完竣（本条日期方面业经本会第八次会议修正）。

3. 每日可登记飞机票两张，一票为其本人，一票为其平日同居之直系血亲或配偶，幼孩不得携带。

4. 申请登记时应准备本人二寸半身照片三张。

5. 函各教员先生，应详细说明此系接洽，并未有确实把握。

6. 本登记定于本月十二日下午四时在本校会议室举行抽签，一切抽签事宜请何恭彦、芮宝公两先生会同办理之。

7. 推定薛芬、张孟闻、张明养、胡继纯四位先生监视抽签。

五、关于接洽交通工具，本会前已推请李仲珩、何德鹤、张孟闻、严家显四先生驻渝主持，现严家显先生已赴沪，由会加推萧承慎先生负责，并请路顺奎先生亦同四先生经常驻渝。

六、凡夫妇二人同在本校服务者，其夫人应据其本人职务向校商借旅费。

请本会人事股即日将各教职员先生之眷属人口，分类统计完竣，凡未填送调查表者，请人事股再用最迅速方法催填。（如三日之内再不填送，即请人事股详细开明名单提会，决定取消其旁系亲属，仅保留其直系亲属）

七、凡通讯注册之学生仅可随校东迁，不能发给自行东迁补助费。

八、关于正式公布教职员及其家属复员名单决定如次：

1. 正式公布教职员及其家属复员名单,如任何人对于该名单发现有可疑之处,即请提出问题,以便查明改正。

2. 在正式公布名单之前,用本会名义将本会审查名单时所发现之问题,及所作之决定分别用函通知其本人查照。如其本人认为有应复议之处,请于接到通知后三日内声明理由及提出证明文件,请为复议,否则即依本会所作决定公布之。

3. 公布之名单粘贴于教员休息室。

4. 公布名单之格式如左:

本校教职员及其家属复员名单

姓名	性别	职别	住址	配偶及其直系亲属均同在任所者	直系亲属或旁系由本人扶养或同在任所须随校东迁者	随校东迁人数（连本人在内）

九、关于呈报迁校员工补助费支给表决定办法如次:

1. 迁校员工补助费支给表应即日造报,函请各位先生盖章。该表内人口一栏俟盖章后再填（暂照上次报部人口填报）,呈部计领,并加函说明此册只计领迁校补助费,与旅费无关。

2. 凡兼任教员如欲在本校报领迁校补助费者,另行专案呈部计领,不在本册内列报。

3. 如各教职员先生有个别特殊情形,可依拟其事实分别通报,即在该名册备改栏内详细注明。

吴剑岚先生申请报领迁校补助费一节,俟校长核定后专案报部计领,不在此册内列报。

十、凡依据本会第五次会议第十一决议案之规定,允许随校东迁各教职员之旁系亲属,如教职员本人已先行东迁者,其所填报之旁系亲属概不得随本校东迁。

十一、如下学期本校在上海开学时，北碚夏坝本校尚有留守职员，及船舶处理委员会尚有便船可以接洽时，本校自当为川籍学生力谋福利。

十二、第二次登记飞机座位办法改订如次：

1. 第一次登记已经抽签排定次第因额满而不能报部者，或于未报部前自行申请移后者，应优先列入，仅限于一人。但自行申请移后者，其次第应列于因额满而不能报部者之后。

2. 第二次登记之限制，除应照本会本次第二案规定应为全体专任教员（助教应将所任职务先行清理告一段落，经其本系主任之同意呈奉校长核准）外，专任教授、副教授并得携带小孩（限于本身子女），采用混合登记法（即携带小孩者与单身教员同时登记）。

3. 抽签方法：

ⅰ. 混合抽签（即单身教员与携有小孩之专任教授、副教授同时抽签，同时照中签次第顺序编号）。

ⅱ. 如接洽有专机，以携有小孩（限于本身子女）优先按中签次第乘坐。

ⅲ. 如仅接洽有机位，则按中签次第，以单身教员及其配偶优先乘坐。

十三、关于本校专任教职员所填之眷属调查表个别审查如后（密）（表略）。

章　益

教育部关于增拨复员费代电

(1946年5月4日)

国立复旦大学：本年四月十五日总字第四三七号呈悉。该校复员费已另案增拨一亿五千万元，仰即知照。教育部。支。

(印)

复旦就复员机位事呈行政院文
(1946 年 5 月 6 日)

行政院钧鉴：

　　本校奉命复员，一部份教授、副教授返沪业已教学。兹经推派本校代表何德鹤、路顺奎面持呈文，请拨复员专机三架，以利复员。

　　当经钧院陈参事克文于五月一日批准拨配机位四十名，于五月内飞沪，谨造具本校搭乘此项机位之人员名册一份，请按照该册所列人名之先后秩序排列座位，并请鉴核指定搭乘飞机日期，以利早日成行。无任公感。

国立复旦大学叩

　　附名册一份（略）

路顺奎就接洽复员工具事致章益函
(1946 年 5 月 18 日)

友三校座赐鉴：

　　数度在渝接洽复员交通工具，以公路方面最为顺利，员生取道川陕、川湘、西南各路自动东下者，约千人左右。教育部原允复旦在五月份三名筹备复员人员机座，现又因五月份教部仅分得机座卅名，此事又渺茫之极。而行政院所允给四十机位，名册于昨始送去，未知何日能成行。轮船之运输量，最近仍甚小，据宗氏云（船舶调配委会副秘书长），川江中原该十九艘船上下驶行，近有十五艘迫运湘鄂日俘卅二万，故运输量不能增加。中大本月份仅走八百名额，除自动复员者外，尚有千余人待运。曾与江良规先生商谈,并已蒙伊允许,将中大缓期东下之员生舱位一千座与复旦对调,中大在宜昌之招待站亦允与本校合作。船舶调配委员会亦已默认可行,乃教部韩帮办庆濂坚持谓,此事有关复员整个计划,可能引起极大纠纷,万万勿可。本校迁委会亦极注意此事,此关打通,便利匪少。兹特呈钧座,能否在南京教部疏通。又军政部拨给缴收伪军用卡车事,教部尚无消息,便间再行探询。肃此。谨叩公绥。

晚学 路顺奎敬上
五月十八日

复旦就增加复员机位致行政院秘书处函
(1946年5月29日)

行政院秘书处钧鉴:

本校复员事宜,以交通阻滞,迄无法进行。现时亟待东下教职员暨一部分眷属,除前次奉准搭乘复员机位之四十名外,尚有八百余人,或以校务要公,或以教学实习事项,均属万分急迫。顷见报载,东下船位大部用以运粮,嗣后复员将以空运为主。本校上项教职员迫不得已,一部分拟循公路东迁外,一部分拟搭机赴沪或赴汉转道去沪。谨特电呈,并请本校李院长仲珩、刘主任泽霖、路主任顺奎前来奉洽,务恳于前准之机位四十名外,再赐核准本校复员机位二百名,俾利复员,实为公便。

国立复旦大学(谦)叩

复旦关于学生复员事宜布告
(1946年6月5日)

本校先修班学生下学期由学校保送免试升学者,可请领旅费

(七万元)自行东迁或随校东迁,办法与大学生相同(试读生亦同)。其不合保送标准学生,不得随校东迁。但籍隶收复区者,发给补助旅费七万元,至籍隶后方者,按其路途远近及实际需要致予补助,惟至多不得超过七万元。合亟布告,希该班学生一体知照为要。此布。

教务处 林一民
训导处 芮宝公
总务处 恭　彦
六月五日

迁校委员会第十八次会议记录
(1946年6月11日)

时间:卅五年六月十一日
地址:教员休息室
出席人员:陈子展、何恭彦、伍蠡甫、胡继纯、林一民、芮宝公、张明养、张孟闻。
列席:蔡振邦
主席:林一民　记录:王叔磐代
讨论事项:
一、关于公布教职员及其亲属人口之办法如何决定案。
决议:
甲、教职员所报亲属人口,凡有人认为不实者,均可检举;检举方式,具名或不具名均可。其具名者,由本会核后,分别答复。
乙、公推陈子展、萧承慎两先生,根据本会五月廿四日通知书及历次审查亲属人口之标准,起草"随校东迁教职员及其亲属人口名单"之前言。

丙、上项名单由各处调员到会缮写底稿,经核对后再行复写。

丁、上项名单,定于六月十八日以前在登辉堂内公布。

戊、设意见箱一只,置于登辉堂内楼梯下,以收受各方意见书。

二、关于东迁之船只车辆及起程先后等问题如何处理案。

决议:

甲、由会敦请张孟闻先生及俞征先生、蔡振邦先生、路顺奎先生于本月十四日赴渝,接洽船只、车辆等有关事项,以安全第一为原则。

乙、由本会通告,凡愿循川陕公路东迁之教职员及学生,希于本月十五日起至廿日止到人事股登记,并定于廿二日抽签后,由庶务组派员前往重庆调查,并接洽川陕公路车辆。

三、关于正式复员日期问题如何决定案。

决议:本校自六月份起正式复员,一切重要公文,定期由沪校收发,除请校长呈部外,并即在沪、渝两地登报声明。

四、关于发给工友还乡费问题如何处理案。

决议:除已会同北碚各国立学校,以比照中央大学决定之办法办理,呈报教育部备案外,本校并即按照是项办法分别办理。

五、关于现在其他机关服务之教职员配偶,可否随同本校东迁案。

决议:现在其他机关服务之教职员配偶,愿随本校东迁者,须缴验未在服务机关领取旅费之证明。

六、关于学生循川陕公路东迁办法如何商定案。

决议:

甲、凡尚未领取东迁补助旅费者,可在规定日期内(十五日起至廿日止),凭学籍证亲到人事股登记(不准代登记),随缴相片一张,过期不再登记。

乙、抽签以斋室为单位。

丙、抽签后须遵照指定的时间及车辆上车，不得申请改期。其至时不上车者，即取消随校东迁权利。惟公布抽签结果后，在规定期间内可自行交换乘车次序，由交换双方具函向人事股声明。逾期不得再有任何变更。

丁、每人得携带行李十五公斤，手提三公斤，并得寄校廿五公斤，由校代运。

戊、除车费由校供给外，并每人每日发给食宿费一千元。如系公费生，由校垫发三、四、五、六月份伙食、副食费增加数，于行前两日发给。（不拟循川陕公路东迁者，在未奉部令前，此项公费生副食费增加数暂不垫发）

己、学生眷属不得随校乘车东迁。

七、关于学生庄国浩申请随校东迁事如何处理案。

决议：先请训导处查明现在生活情形，再提会审核。

散会。

林一民

教育部关于复员经费致复旦电
（1946年6月13日）

国立复旦大学：前据该校呈请，将复员修建费划出六亿元在沪支拨一案，经转函国库署核办去后，兹准该署五月十七日署三字第四四八〇号函，以业经签填普拨字第五三三四号支付书，于四月十八日饬由上海收支处照拨。并另通知洽领等由，合行电仰知照。教育部。总三已。（印）

迁校委员会第十九次会议记录

(1946年6月13日)

时间：卅五年六月十三日
地址：教员休息室
出席人员：陈子展、何恭彦、芮宝公、伍蠡甫、林一民、张孟闻、胡继纯
列席人员：蔡振邦
主席：林一民　记录：王叔磐代
报告事项：（略）
讨论事项：
一、关于教职员及其家属循川陕公路东迁办法如何商定案。
决议：

1. 教职员及其家属经登记抽签（本月十五日至廿日到人事股登记，随各缴相片一张，廿二日抽签）决定乘车次序后，在规定期间内，可自动交换乘车次序，惟须由双方具函向人事股声明。

2. 教职员登记抽签后，如因特殊事故不能成行者，须在规定期间内，向人事股声明，自动放弃乘车权力。如逾规定期间始声明不乘车者，不得享受随校东迁权力。

3. 教职员已登记乘飞机并已领取旅费者，不得再登记乘车。其已登记乘飞机，但尚未领取旅费者，得改行登记乘车，惟改行登记乘车后，其以前登记之乘飞机权力，即行作废。

4. 教职员之家属经审查合格者，始可登记乘车。其须缴验证明文件者，须于登记以前缴交证件，以凭审查。

5. 职员本人暂不登记，其随校东迁办法另定之。惟职员之家属（以经审查合格者为限）可以参加登记抽签。

6. 职员被派定东迁,其家属可随同东迁。

7. 教职员及其家属登记,以每一家为单位,如数家自愿组合乘坐一车者,得以每一组合为登记单位,惟此种组合,一经登记抽签后,即不能变更。

8. 教职员乘坐火车等级,俟向交通机关询问清楚后,照教部规定办理。

9. 每乘车辆设领队一人,副领队一人。领队请教职员担任,副领队由学生担任。担任领队之教职员抵沪后,由学校按照规定,即送出差旅费。

10. 教职员乘车,每人所带行李重量,照交通部规定办理。(每人十五公斤,六岁以上十二岁以下者,折半。手提重量,每人可三公斤)其余未逾原定东迁限量之行李,可交由学校以后运送。

11. 教职员乘车,每人每日应发食宿费(行李力费在内),依照规定,为国币一千五百元;六岁以上十二岁以下者,折半;六岁以下无。

二、关于学校公物应否改由陆路运输案。

决议:重要之图书、文件、印信及学生成绩表册等,改循川陕公路运输。

散会。

林一民

迁校委员会第二十次会议记录
(1946年6月20日)

时间:六月廿日
地点:教员休息室
出席人:何恭彦、胡继纯、张志让、张孟闻、芮宝公、陈子

展、林一民、萧承慎

　　列席：蔡振邦

　　主席：林一民　　记录：王叔磐代

　　报告事项：

　　张孟闻先生报告十四日其本人与俞征先生、蔡振邦先生、路顺奎先生赴渝交涉东迁之交通工具，经过綦详。略以到渝之后，分别与有关复员机关及人士交涉飞机、轮船、车辆等，终日奔波，时不暇给。最后结果，除飞机、轮船因种种问题，日期尚遥外，川陕公路车辆获得圆满解决（1. 车辆供可应求。2. 车辆可开来北碚）。又木船接洽，亦称满意。

　　讨论事项：

　　一、循川陕公路东迁有关事宜，应如何继续商定案。

　　决议：

　　1. 乘车（包括教职员及其亲属与学生）之登记日期，延止廿二日下午五时止，抽签日期改于廿四日举行。

　　2. 廿日以前登记者，与廿一、廿二两日登记者，分别抽签，廿日以前登记者列为先行。

　　3. 学生登记改以斋室为单位。

　　4. 教职员及其亲属与男同学、女同学乘车坐一车之分配，交人事股办理，以比例分配为原则（教职员自愿组合乘坐一车者除外）。

　　5. 同一车辆之上车次序，以教职员及其亲属最先，女同学次之，男同学最后为原则。

　　6. 十二岁以下六岁以上者，为半票，两半票得共一座位。

　　7. 每次车辆出发前，迁委会全体委员均到场照料。

　　8. 行车以安全第一为原则，各车行使，不得争先。出发须在同一时间，住宿须在同一站口。如发生意外事件，各车应互相救助。司机应由校酌予津贴，惟须由领队等监视，其不得有白昼饮酒、夜间赌博等行为。

　　9. 制定《乘客注意各点》（全文列后），油印多份，分别张贴校内及各教职员公告处，并发给每位乘客一份，此外另在每车张贴一份。

　　10. 火车等级依照政府规定，教授为头等，雇员为三等，其余（包括副教授在内）均为二等。

　　11. 教职员佣仆（有婴儿哺乳之乳娘在外），如随校东迁，只可乘船，不得乘车，其乘船食费等与之同（每日七百元）。

　　12. 教职员及其亲属乘车东迁之食宿杂费，依照教育部规定，每人每日支送一千五百元，但如旅程阻滞，或各地物价骤涨，领队人得斟酌实际情形，商请学校酌予补助。

　　13. 随校乘车东迁学生之食宿杂费等事项，由学校统筹办理。关于用膳，在汽车行程内，以每日三餐，早餐每人吃肉丝面一碗；午晚两餐，每人吃普通饭店之经济客饭一客为标准。火车行程内，以每人发钱自理，每日三餐，早餐以行程起点地之肉丝面一碗价格为标准；午晚两餐，每人每餐吃普通炒饭一客为标准。关于住宿，以借住公共场所或于普通旅馆内打地铺为标准。行李短途转运，以每人自行提携为准。每日应力求撙节，以不超过部定标准为原则，但遇行程阻滞，或各地物价骤涨，领队人得斟酌实际情形，按照上述标准，权宜处理。

　　14. 以学校名义电请夏四滨先生之令尊、令兄及其他服务路局校友，于本校东迁之铁路沿途，惠予一切照顾。

　　15. 随校东迁者，无论取公路或水路，照章均须持有打足防预针之证明文件，否则不得上车或上船。

　　二、关于包雇木船以运输公私物资案。

　　决议：

　　1. 包雇木船二只，其一名复旦号，其二名长寿号，以运输公物及教职员（亲属在内）、学生之行李书籍，由渝至沪。船费为复旦号国币二千六百万元正,长寿号国币二千四百万元正。其一切办法另与船主订立合同(合同附后)。

2. 木船运送公私物资以保水险为原则,但如保险手续过程繁重,致影响航行安全申请时,即不予保险。

3. 通知教职员及学生,如在后列规定内之行李书籍,拟托学校代为运输者,须于本月二十八日以前自行包装妥当,交由总务处保管室点收,以便即日装载起运,逾期不再收运。

附行李限量

1. 乘机、乘车者,每人为代运八十五公斤,教职员之亲属大口同,中口折半。

2. 以后乘轮者,每人可代运六十公斤,教职员之亲属大口同,中口折半。

3. 木器家具暂不代运。

附乘车注意各点

请乘车诸君注意各点:

1. 乘客数额及所带行李件数与重量绝对不得超过规定限度。

2. 乘客在行车时,切勿与司机谈话,其座位与司机邻近者尤应注意。对于行车事宜,尤望勿直接对司机有何指点。

3. 乘客于行车时,切勿将头或手臂伸出窗外。

4. 乘客对于旅行一般问题,如有意见,请向总领队接洽,如有关于本汽车旅行问题,请向本车领队接洽。

5. 乘客对于旅行事宜,务须遵照总领队与各车领队之决定,以保秩序。

6. 乘客于行车时,切勿在车内吸烟,以免危险。

7. 各车所备医药品,计有下列各种:(一)碘酒;(二)酒精;(三)红药水;(四)纱布包;(五)药棉;(六)绷带;(七)胶布;(八)急救包;(九)阿士比林片;(十)甘草片;(十一)奎宁片;(十二)苏打片;(十三)哥罗颠;(十四)困基巴比特鲁丸；（十五）阿的平片；（十六）消炎片。均由各车领队保管，乘客需用时，请向其洽领。

三、传达东迁有关消息或办法之方式如何改进案。

决议：以后有关复员东迁消息或办法，为争取时间起见，改用公告方式（分别在登辉堂门内、新村及南轩公告），不再专函通知各教职员。

林一民

迁校委员会关于携带行李布告
（1946年6月22日）

学校现已包就大木船二只，以运公私物资，凡未领自行东迁补助旅费之同学，拟将后列规定内之行李书籍请由学校代运者，限于本月二十八日以前，包装妥当，送交总务处保管室点收，以便即日装载起运，逾期不再收运。合亟布告周知。此布。

1. 乘机乘车，每人可代运八十五公斤。
2. 以后乘轮者，每人可代运六十公斤。

迁校委员会
六月廿二日

迁校委员会第二十一次会议记录
（1946年6月24日）

时间：三十五年六月廿四日下午
地址：教员休息室
出席人员：陈子展、林一民、张孟闻、芮宝公、萧承慎、胡继纯、何恭彦、张志让、章益

列席：蔡振邦、萧自强

主席：章益　记录：萧自强

决定事项：

一、凡学生东迁者应一律随大队到上海江湾校本部报到，非有特殊原因经领队核准者，概不得中途分程。如有故违，以后即不准到江湾报到入学。

二、凡此次随校东迁之学生，每生每日各发法币二千五百元作为膳宿杂费，动身时由校一次发给十四日之费用共计三万五千元。公费生所领者内有五千元作为按照部定重庆区公费标准，由校垫发各该生七月份应领之十四日公费，抵沪后即由校扣还，另三万元即复员旅程中之膳宿杂费，两项合计如上数（三万五千元）。自费生所领之三万五千元全作复员旅程中之膳宿杂费。

三、领队人员于复员专车在沿途各站停车时，当尽量设法代觅公共处所住宿，所需茶水费、杂费均由各生本人负担。如无公共场所之地方而须住宿旅馆，其旅馆之一切费用亦均由各生本人负担。

四、各生由南京到上海之旅费，俟到南京后，由领队在下关按火车三等票价发给，并由领队率领集体洽购车票。

五、每辆车预备费二十万元，由各车领队保管。

六、自抵达上海江湾本校之日起，即按教育部规定上海区学生公费标准发给公费。

七、凡本校教职员及其家属（经本会审查通过公布有案者）随校东迁，如欲中途分程，自分程之站起至其珂里之旅费、又由其珂里至上海江湾本校之旅费均由其本人负担。本校因复员经费支绌，恕不能予以补助。又本校曾代其购买之联运票，由分程之站起至上海江湾止，所付之票价亦不请其退还。

八、教职员及其直系亲属（经审查通过公布有案者为限）

乘车随校东迁，动身时由校一次发送乘车旅程中"十四日"之费用，每人每日以三千元计算。

九、本会人事股定于本月廿六日起至廿九日止，续办公路汽车座位登记，期满后公开抽签决定动身先后次第。

十、教职员之旁系亲属经本会审查通过公布有案者，得登记随校乘车东迁，动身时由校按照部颁国立各级学校迁校办法之规定，每人每日发送膳宿杂费法币一千五百元，行车时间以十四日计算（每人计二万一千元）。

十一、凡教职员之佣工（经本会审查通过公布有案者），登记随校乘车东迁者，由校照政府规定津贴其由渝至沪之活动统舱官价船票相等之费用，如不足购买由磘至沪之车票时，其不足之数由该佣工之主人补足之。

十二、本校复员如由水路运输，按照教育部规定之次第排列较后，且目前因运粮关系，船位稀少。如等候轮船运送物资，为时必久，希望亦微。本校因上海房屋关系，既经本会决定提前复员，并决定留渝师生工友假由公路包租汽车运送。但所有公私物资如由公路以汽车输送，不但运费庞大，包车困难，且到宝鸡换火车时大量物资购买火车货票，必更无办法。兹经本会详细研究，慎重考虑决定，包租木船运送公私物资。

十三、学校公物如图书、仪器、档案文件等，一律交木船运输。

十四、凡已离校师生寄存校中之行李、书籍等件，均视同公物，由校交木船运输。

十五、凡未离校师生之行李、书籍等件，请其自行决定。惟必须郑重声明者，雇用木船运送公私物资，实属万不得已之办法。盖候轮船运送物资，在本年度内恐无希望，若由公路运输，困难已如上述。至于暂时寄存校中，由校代为保管，在本校大队东迁之后种种危险尤难例举。例如盗窃、水火等灾害，以及其他意外,均非本校人力所能防范。木船输送,本会自当尽最大之努力,以减少其危险性,但事实上难确保其安全。用特缕述,特请各先生自行斟酌决定,于本月底以前亲向本会物资迁运股何恭彦先生处洽商办理。

十六、押运木船人员在押运旅程中,每日得列支膳食杂费法币三千元。俟木船安全抵达上海后,另发酬劳金二十万元。又押运人员,请本校总务处公开征求,采取自动报名,自愿服务方式。如报名人员多,请校长圈定之。

章　益

李文蔫等上迁校委员会建议书

(1946年6月)

敬启者:迁校委员会自成立以来,对于学校东迁事宜备尽辛劳,煞费苦心。而对于员生东迁各项困难及福利,更行多方予以解决,而考虑尤俱周到,此为诸同仁之备极赞扬与感激者,固不能不感谢迁校委员会诸公之赐予也。然其中难免尚有未能尽善尽美之处,故同仁等有鉴于此,对于各项议案似应有所补充,特建议下列数端:

1. 关于迁校委员会第六次议决案内规定:专任教职员本人及其眷属先期东迁者,学校垫借东迁补助旅费之标准,援照国立中央大学之规定,以等级分订之。查各校有各校行政计划与东迁方针,似不必全部仿效。同仁等平日在校工作,因学历、资历及能力之关系在薪金上有等级之分,吾等自应无所异议。然抗战胜利,人均须复员,其旅费似不应有等级上之区分。即或援照中央大学之规定,每日以路程之远近而有所不同,因中大为由渝至京,而吾校则为由碚至沪,其首末各多一段路程,为何则不酌予增加? 但根据目前水陆空由渝至沪之票价而言,与实际相差本已甚远，更不应加以等级上之区分。

2. 依据第六次迁校委员会规定：教职员之眷属欲借东迁补助旅费，亦以本人之等级而区分。按教授等之父母与副教授、讲师、助教，乃至雇员、书记等之父母同为父母；同为子女，亦似不应随本人而有等级上之区分。盖同为眷属均应享受同等待遇也。

3. 吾校第一次请求飞机票座位，乃依据全校教职员人数比例而呈请者，然既得机票之后，则仅为教授享有专权，他人则无权申请，此点有否部令或院令之根据？且既借全体教职员之名，却不予以应享受之权利，迁校委员会诸公何厚于彼等而薄于吾等耶？

4. 关于教职员中有特殊情形者，似应予以享受乘飞机之权利：例如：①六十岁以上者；②有孕之女教职员或眷属（惟怀孕在五个月以内者，得须产科医师之确实证明）；③有五岁以下之幼童者（如航空委员会规定不准携带小孩当可废除）；④有特殊之疾病，经医师证明实不堪舟车之劳顿者。（以上各点如院会不准，当可予以废除）

5. 依照院令规定，各项人员仅分四级，而吾校则分为五级，即令东迁补助旅费有等级之分，亦应将讲师与副教授享同等之待遇。

上述数端，尚祈予以公正考虑与改善，则不但同仁等之幸，亦为复旦之幸也。临书迫切，并盼予以讨论后见复。为感为祷。此致迁校委员会公鉴。

建议人：李文蒨、俞礼彬、张浩、朱乃洪、张人隽、詹敏、赵彬、叶炳、桑士俊、李广平、向眉寿、李伯黍、冯康、李顺成、赵承鎏

国立复旦大学雇用木船返沪合约

（1946年6月）

立合约人：国立复旦大学、健美实业社，以下简称甲、乙方。

兹因甲方返沪公文、公物一批包由乙方用木船由渝装运上海，双方议定，互应遵守合约，分条如后：

一、木船名称及吨位与价格：

计复旦号中元船一艘。复旦号计一八七五吨，由甲方装运公文、公物，由乙方负责在渝江北探沱码头船上接载起，到上海外白渡桥码头卸载止，沿途所有拉滩、过挡及一切杂费均在内，复旦号共计二千六百万元正。

二、装运品名数量如所附清单。

三、运输路线及办法：

由重庆以木船运达宜昌后，由乙方另加雇用拖轮运至上海，过青、叶二滩及沿途滩险提拨各费均由乙方负担，与甲方无涉。

四、行船责任：

甲方交乙方承运公文、公物，自装备后，如船主有领款潜逃事，乙方应负责赔偿。如中途无故停顿，乙方应负运费赔偿之责。但遇天灾人祸、军事非人力所能挽救以致损失者，乙方应会同甲方押运人员向失去地点区保甲与政府机关取得证明文件，得免赔偿。该失告船主已领运费免追，未领运费扣发，而乙方需会同协助打捞，打捞费由甲乙双方平均负担。

五、乙方对甲方保证办法：

该出船之船舶检查证书应由乙方于订约后交由甲方保管，俟抵沪将所装各物点清无误后，再由甲方交还乙方。

六、付款办法：

合约签订后，乙方需先觅取殷实铺保，甲方对保合格后，即付定金全数百分之三十，俟正式开船前再付百分之六十。以上两宗款项，均交由保人转交乙方，俟将全部公物装齐运达上海，点交清楚后付清尾数。

七、交提手续及日期：

乙方将船备妥靠岸，通知甲方。由甲方将公文、公物件数搬送自码头，列册点清数目，交由乙方上船，由乙方出具收据交由甲方收存。到沪后，甲方按照乙方收据清点提取。如无损，将原收据退回乙方，并付清尾数款，乙方解除责任。如所运物品有缺少或损失者，概由乙方与保人负责赔偿之。自开船之日起，限五十天到达上海，即自卅五年七月八日到八月廿二日止，若天雨、大风无法开航，由甲方随船监视押运人员证明，得按日延长之。如无故停泊迟到，一日罚四十万元，以次类推。

八、乙方保人责任：

自合同订就后，乙方向甲方领到定款之日起，甲方所交乙方运沪公物等件，不论在途、在船，均由乙方负完全责任。木船到宜昌后，乙方需加雇汽轮拖驶，以资迅速安全。如中途发生被保人有领款潜逃及停航与遗失公物等件情事，乙方保人应负乙方担负之全部赔偿之责。

九、乙方随船驾驶应有员工，均限制单身。除船主家属及屈慎行先生大小家属七口，又李冠亚托运灵柩两口外，不得夹带其他人员与违禁物品及私自带货。乙方员工伙食由乙方自理。甲方随船赴沪之员工伙食，由乙方代办，至副食物由甲方自理，乙方不负供食之责。

十、该条木船内除太平舱应由乙方支配用作储藏食料及燃料外，其余各舱上下均应由甲方使用。

十一、本约自签定之日起，经双方盖章后即行生效，双方遵守。

十二、本合约合缮六份，除甲乙双方各执一份外，余四份由甲方呈报层峰核备。

十三、本约自在渝签定之日起，至运沪出卸清楚之日止，为有效期间。

甲方：国立复旦大学

代表人：何恭彦

乙方：健美实业社　临江路大井巷十一号，来龙巷之庐五十二号

代表人：李肇安

甲方见证律师：潘震亚

乙方保证：同义永

担保经理人：熊乾亨、涂银清

审计部代表：邹亚生代

国立复旦大学会计主任：蔡振邦

改正：

第一条第一行去七个字

第一条第二行去六个字

第一条第四行"六"字改为"七"字，另去三个字

第一条第五行去十八个字

第五条"两"字改为"该"字

第六条第二行"五"字改为"六"字、第三行去九字

第十条"两"字改为"该"字

合同签字

甲方：何恭彦

乙方：李肇安

审计部代表：邹亚生代

国立复旦大学会计部主任：蔡振邦

行李计七百六十五件、公物木箱计一百七十七件，共合九百

四十二件。

复旦号大木船一只载运木箱行李等由渝至沪，于卅五年七月十九日圆载。

代表人：李肇安

押运人：冯学道、邱桂林、饶剑雄、周尧阶、廖正湘

奚铭已就东迁经过致迁校委员会函
（1946年7月8日）

迁校委员会诸先生：

敬启者：六日自碚出发，六车蜿蜒进行至壁山，见渡桥已被洪水冲塌，尚未见动工修理，且闻前去数公里尚有一较大之桥亦被冲坏。询车站，据云：壁山之桥需时五日方可修好，前面西温泉大桥，工程更艰难。同人等遇此情形，合议改道成渝公路前进。就商于六司机，结果每车另加加程汽油等费三十万成议。此数虽巨，或较全部留在壁山等待修桥或折回夏坝之所费为少。全体同意决定改道，遂立刻改道启行。其时正午，惟各车速度不同，因此参差进行。是日，本等三车宿于隆昌外站。七日晨续进。九时抵内江轮渡处，候渡五小时以上，至下午三时许达内江城。汽车须修理，颇需时间，遂宿于内江。由路局得到消息，资阳附近路桥亦被洪水冲坏，大约需一星期之修理。在资中及稍前之小市镇上，有一二百辆车被阻，食宿均成问题。第二、四、六车事先未明此消息，已向资中前进，第一车尚在荣昌修理。本第三车及第五车在此商定，即在内江等候，免到资中发生食宿之问题。并此军车络绎在途，必须限期北上者，修桥或可不需七日之久。此行计已四日，仅走一日之路，旅宿食费颇虑不足……。

弟　奚铭已启

七月八日

章益就复员事宜致林一民等函
（1946年7月13日）

一民、恭彦、晓绿三兄惠鉴：

昨日揖别，下午到渝，暂住办事处。行期尚难确定，候机者过多，有出月可能。顷悉广元候渡之车有三四百辆，住宿费用甚大，不知是否确实。昨日开碚之车计三辆，不及止之。其余所包之车，似宜暂缓出发。俟第一批人员到达广元，必有电来，再定行止。如果须至广元等候，则所携之款必更不敷用，须早准备。又闻部中人传说，中大员生所得船位忽因改作军运，已令中大退票。交通大学包国庆轮载三百余人，价一万六千万元，但被强迫搭运米二百石，反复交涉，尚未成行云云，不知是否属实。教部现有职员一百六十人，眷属数百人，确无交通工具，滞留重庆。民生船只，似可早日接洽。出发员生如沿途来电，请随时酌办，再行示知。请转告萧秘书，上海来信，随时转渝，送北碚邮局寄较速。信封纸，托便带来。即颂吉安。

弟 章 益
七月十三日

陈恩凤报告车行情况函
（1946年7月15日）

敬启者：本批六车，其机器似均陈朽不堪，行驰极缓。一日仅能行驰数十公里，抛锚多至七八次。本三车自碚出发，至昭化九日间三易发电机，小修数十次，车灯七坏，只能缓行。一路虽无意外之事，然车行之缓，令人焦急万分。十日抵内江渡口，军车、商车甚多，候五小【时】方始渡过。十二日抵剑阁前之渡口，军、商车拥挤不堪,无人维持秩序,纷乱不堪。军、商司机纠纷殴打,本三车于混乱之中乘机前进至河边,翌晨抢渡河。五车亦如法渡过,可为侥幸,然司机惶恐,终于无事。十四日午抵昭化,见军、商车数百辆均在候渡。宝轮渡据云非候一星期不能渡过。急切无办法,与子展先生互商,适胡继纯车亦到,决做黄鱼,就商于军车,遂以每辆十五万六千之代价(军车在昭化前已渡河者)运送至廿七公里外之河西坝,再步行四五里渡过广元河(原车无法渡过,只能在昭化前渡弃去)。分别投宿于车站茶店。今晨即到广元站登记,候换车。何日得车前进(尚未知也)。

总领队陈子展1、2、4、5、6号复员情况报告
(1946年7月6日—7月18日)

报告第一号

本日九时许,六部车自碚启行,约十一时许到壁山。水冲桥断。有在此候修桥至三日者。闻桥修复约需六七日,届时能否通过尚不可知。当经各领队先生、副领队、诸同学集议,拟改道成渝公路。惟闻司机诸君云,须加汽油等用费。此刻他们正在集议。如果可改道,同人以为虽稍加用费,较滞留中途尚觉合算也。今晚到宿站时再具报告。

    陈子展　薛仲三　奚铭已　徐墨耕　高　迈　王师复

报告第二号

顷经领队诸先生、副领队、诸同学集议,决定改道成渝公路,当与各车司机再三磋商,每车增加各费共三十万元,六车(大)共一百八十万元。此刻即需开车到内江住宿。详情再报告。

    陈子展　薛仲三　王师复　徐墨耕　高　迈　奚铭已

报告第四号

因待二号车,故昨日迟至十二时左右,车始由隆昌开出。行

不数里，二号车又因内胎破裂抛锚。将外胎还交第五号车。前晚二号车抛锚于荣昌安富镇时派副领队来借外胎，第六号有外车胎两个，不允，谓系保险车胎，防路上破胎者。故改向五号车借。司机谓：只余一个当留备不虞，今日已连破二内胎；我们系商车，为路局雇用者，中途有何问题，路局不管，你们何不向六号车去借。二号车副领队乃央我代借，并谓二号车到内江后即还车胎。我即向五号车司机保证车胎只借用到内江，因内江有车胎可买。不料昨日十一时二号车到隆昌时，该车同学随领队高迈教授来要求，借用之车胎，要到绵阳时始还，否则以车停隆昌须总领队负责来要挟。同时，五号车司机以车胎被借占不还，如中途破胎抛锚，他不负责相责难。正在子展与高先生谈话时，二号车同学即群起咆哮："揍你"，"拖下来"，"扣留"，"取消总领队"之声如沸。子展以高先生未加制止不便多话了事。不料车开行后，二号车又因内胎破而抛锚，为之叹惋。此次，子展被派为总领队，事前未征同意，事后未与权宜。仅校长面嘱，各车宿站不必在一起，所负之责并不甚大，仅有名义而已。所以，当子展拮阄未拮中时，其他五部车并不要求总领队同行。又第二次拮阄系子展与高迈教授二人对拮，路主任不曾说高先生不必拮，须让总领队先行；高先生亦未让总领队先行而不拮，可见总领队之有无并无关于各车之行止。何以二号车抛锚时，必须留总领队同行？又各车皆有保险车胎以备不时之需，何以二号车必须借占五号车之保险车胎，使之不敢放心行动？又二号车副领队何以不强迫借用路局六号车之车胎，而必强迫借用路局雇用之五号车之胎，并啧有烦言？子展于此皆所不解。我之所以说此，不在责备他人，而在他人责备之来有以自解而已。要之，子展于此事处置，抱疚殊深，无以对高先生及其所领之同学，即无以对学校给与之任务。俟到达上海时，当即面请校长处分也。

今日午后六时，曾与三号车奚先生同拍一电，想先此函收到。明晨三、五两车即由内江前进。刻闻军用便桥即将竣工，不知果否，即桥不通，亦须赶已前去之一、四、六各车也。古人谓蜀道难，难在山路。吾人叹，蜀道难，难在路桥。川陕公路如此，成渝公路亦如此，何必改道？但在当时却不得不赞成改道，难乎其为总领队矣。

陈子展上
七月八日晚十时于内江

报告第五号

  六日宿隆昌，七、八两日宿内江，九日宿简阳，十日宿成都，曾先后有函电报告，想蒙察阅。十一日宿绵阳，与第二批束、沈、张、胡各车会合。第一批同到此者，尚有薛、奚两车，薛车且于当日渡江前去。徐、王二车从成都同开出后，不见到绵阳，想已中途抛锚。今日（十二）展车与奚车同渡江，同于午前十二时左右到梓潼。第五号车待修，故展与诸同学、诸先生、式先生家属同宿于此，以待明晨前进。今日十时左右在渡江后约五公里之地方，吾人之车被后面跟来之空军车抢路先行，于吾司机者停车路旁后，该空军车故意猛撞，致将吾车前叶子撞坏，险些将吾车撞入水田中。幸而吾司机者机敏，立即煞车，得以不翻。而该空军车倒横过吾车而翻倒水田中。吾车师生立即全体下车赤足赶往救护，仅一女客微伤。肇事后评理，该空军车司机自知理屈，出有证明书以明责任谁属。有四川省立体专讲师关志鸿先生在场见证。吾人之车稍修理后乃得赶到梓潼。第五号车老旧，幸司机熟练又极刻苦，同学亦皆遵守纪律，不然已遇到危险，不待今日矣。今日化险为夷，到旅馆后心跳略平，借笔作此报告。

陈子展
七月十二日

报告第六号

  一、前日（十七）陈、薛由宝鸡趁火车出发。昨日徐、沈亦由此出发。明日子展及胡、张、束将由此出发。奚、王、高三车已到广元，尚未到宝鸡，大约明日可到，后日亦可乘火车矣。

二、子展所领车在梓潼过夜，遇空军寻衅，所赖同学二百人能遵守约束，未肇事端。空军索慰劳金十万元，由子展与陈恩凤先生决定付与，一路得以平安无事到宝鸡矣。

陈子展
七月十八日午

向清海就复员经过致芮宝公函
（1946 年 7 月 26 日）

宝公夫子函丈：

前呈三电，谅已达阅，生等于昨晚已安抵广元。廿三日全体借宿遂宁县立女子师范，廿四日宿绵阳国立六中，廿五日宿剑阁简易师，昨夜借榻此地福音堂。沿途尚称清洁，食宿亦较舒适，希吾师释念。

所经路程，以绵阳至广元最为艰险，多为山地，路小崎岖，斜度颇大，稍一不慎，乃有翻车之虞。所幸司机技俩纯熟，彼此相处亦甚融洽，尚能与生协商合作，以决定沿途速度之大小、适当停宿之地点。若系平原坦途，则加强速度，每时可达五十余公里。危溢之地，不妨降低速率，以安全为主，小心从事。凡遇古迹胜地即稍停小游，以解同学旅途之闷。

全车同学对生印象尚佳，因此支配亦较容易，时以同舟共济，以身作则之精神相导。离校后尚称相安无事，秩序井然，毫无纠纷口角之事发生。值堪告诉者，数日来尚无同学染病或晕车等现象（后来者亦可往北碚江苏医学院配购数剂晕车特效药，便可免除晕车之苦）。

本车组织情形如下：每排由同学自行组合六人，除一二排永不变动外，其余各排均按次于每日清晨上车时交换座位一次，停宿时由各排轮流负责照看行李，留宿车内。

此次途中，最感头痛者莫如车辆渡江，常于渡口集车数十以至数百辆不等，有停渡口数日或十余日未获渡江者。因渡口轮渡汽船失灵，全赖人力引渡，每时最多可渡车四辆。其渡江先后又分为五级：一级有委座手谕者得优先渡江；二级为特殊军车（意即载有军火、军粮、军队者）；三级为吉普车；四级为普通军车；五级为复员专车（而复员车又分军事机关复员车、行政机关复员车、教育机关复员车、其他复员车四等普通客车及商车）。日来军车又络绎不绝，渡江之难尤如登天，同行第四号仍留宝轮渡，不知何时方得来此。生用尽方法，绞尽脑汁，曝日五小时之久，始将第三号车越过五十二辆提前渡过，使同学未受露宿之苦。因该渡口原系一江边荒地并无旅馆餐厅之设备，虽有临【时】茅篷小店，其物价之昂不下于京沪。

据闻我校第三批复员专车昨晨始离广元。时间促迫，详细容后再呈。敬请教安。

受业 向清海敬呈
七月廿六日

漆琪生关于接洽船只函
（1946年7月27日）

敬启者：昨日抵渝后，当晚即赴民生蔡金先兄寓所商洽。一切情形颇好，决照所谈原则进行。惟经办程序尚须经过卢总经理之批核权，甚盼学校日前交与卢子英代转之公缄，能早交出，或由学校再备一公缄急交人带来，由弟径交业务处转上，当面定夺。如此则上下沟通，毫无问题也。如何如何？民联、民贵下月初直开南京，下月半民本应开上海。我校如办理得快，可望分搭此轮（民本）。整批全包，价钱较大，非学校所能担负，只有分批搭运。其余一切经俟公缄到后，始能着手，切盼能于礼拜一带来为祷。余不一一。敬候钧安。

弟　漆琪生手上
廿七日

储剑虹就复员情形致何恭彦函
（1946 年 7 月 28 日）

恭彦先生钧鉴：

第十八车于本月廿日复由遂宁出发，甫出城即发觉车胎漏气，折回遂宁修理。三小时后方续北进，是日宿于三台东北大学。廿一日由三台出发，将近绵阳时，车由驶道上陷入河内，其不倾覆者几希，否则必有数人受伤。是日至绵阳，住绵阳渡口茶馆内。廿二日由绵阳至剑阁，住于剑阁师范。廿三日至宝灵渡，渡口停集车辆八十余部，幸本车司机以人情设法得救济车一辆，即行渡过。至广元约下午五时许，借住城内申心小学。廿四日在广办理换车手续。廿五日由广乘大卡车二辆驶宝（卡车每辆载卅人，尚宽通）。是日宿大安镇。廿六日宿双石铺。廿七日续驶宝鸡。途中经秦岭时，驾驶盘螺旋脱落，幸司机发觉尚早，否则结果实难想像。三时安抵宝鸡。同日到达者有第三批四、五、七及第四批第一辆车。沿途生活，自广元以后，即逐渐高涨，宝鸡菜每盘须六七百元，白饭三百元一客。陇海路全线仍通车，惟洛阳过去有一段因桥梁冲毁，经自行设法渡过。第三批四、五、六、七及第四批第一辆均定明日离宝。第四批第二辆今日仍未见到，不知为何。由广至宝，途中高山峻岭既多，且颇曲折，翻车时有所闻，能无意外，即算幸事。各车救济金均已将用去半数，预计日程尚需十日方能抵京，而已费十一日时间，至京款项尚需救济。余不一一。敬颂勋安。

> 晚 储剑虹顿首
> 七月廿八日

国立复旦大学、私立相辉学院合约

(1946年7月)

国立复旦大学出借，私立相辉学院承借校地、校舍、及校具合约。

一、国立复旦大学（以下简称甲方）今因复员东迁，愿将四川北碚夏坝校址及所有校舍，均凭重庆复旦同学分会借与北碚私立相辉学院（以下简称乙方）为办学之用。

二、甲方借与乙方之土地及校舍，在出借期内均不收受任何费用。

三、甲方借与乙方使用之土地及校舍，期限暂定为三年。如甲方在期限之内随时需用时，应于三个月前通知乙方收回。如期限届满时，甲方并未通知乙方收回，则乙方得有优先续借权。如乙方在三年以内不用时，应在三个月前通知甲方收回，不得以任何名义转借与第三者使用。

四、甲方原有校址内所收购及受赠之土地，均仍保有主权，乙方如未经甲方允许，不得变更地形或添建房屋。

五、甲方原有校地内所租用之土地，仍以甲方名义在规定期限内继续承租，惟每年应出之租，应由乙方担负。至在此项土地上之建筑物，则仍由甲方借与乙方。甲方原有校舍内有青年馆及新闻馆各一座，合作社全部房屋，其处理办法另行规定，不在借用范围以内。

六、甲方在原有校地内因零碎土地不便栽种植物或因人工过贵而转租与当地人民耕种者，仍由甲方自理。但必要时，乙方应受委托代为清理。

七、甲方借与乙方之校舍、码头等，在出借期限内如有修理情事，所有费用概归乙方自理。如遇有自然倒塌情事，乙方需向甲方报告其剩余之建筑材料；乙方得受甲方委托，代为处理并负责报告其结果。

八、甲方出借与乙方之土地内有原系甲方所租者，乙方于租期届满时，应视实际需要与原出租人洽商续租。

九、甲方借与乙方土地上所有农作物及花果树木，乙方应随时协同甲方分场人员妥为保护。

十、甲方所装置之高压线、低压线及室内外一切电灯装置，均暂借与乙方使用。

十一、甲方存于原处之校具，得造册借与乙方使用。

十二、甲方借与乙方之校具如经破坏，不堪再用时，乙方应向甲方报损，于将来期满交还时按实扣除。

十三、政府对于本约所涉及之甲方所有校地、校舍、校具等如另有处置办法时，甲方对乙方不负履行本约之责任。

十四、此约共订六份，甲方四份，乙方两份，于签字日起发生效力。

甲方　国立复旦大学代表留渝办事处主任
乙方　相辉学院院长
见证　复旦大学同学会重庆分会
　　　　　　　　　　　　复旦大学会计主任
　　　　　　　　　　　　相辉学院董事会代表

章益复留渝办事处电

（1946年8月2日）

夏坝国立复旦大学留渝办事处：本校专机教职员三十四人，

昨日午后安抵沪市。益。二日。

留碚迁校委员会谈话会记录
(1946年8月2日)

登辉堂总务长办公室
出席人员：何恭彦、萧承慎、芮宝公、张志让、林一民
列席：萧自强、蔡振邦
主席：何恭彦　记录：萧自强
决定事项：

一、目前交通梗阻，顷多方设法，洽得船票若干张。超过官定价格，其票价应由校实报实销。

二、乘船人员如所乘舱位与政府规定等级不符，可由校照官定等级票价补足其间相差之官价。

三、送轮船公司之名单，凡十二岁以下之家属，一律不列。但校中仍照本会所核定家属名单，先由校致送。其在轮船公司名单中未列之家属，按照等别照将规定票价致送。如上船后，船上必须补票，则所领之旅费应如数缴出，不足之数由领队人员补足之，到沪后实报实销。

四、乘船之人员，一律照乘汽车复员膳食费之标准，每日三千元致送，在各埠候船之膳食费，暂以九日为限，如超过九日，到沪校后补足之。

五、船上所需小费，由各乘船人负担。特别开支由总领队支付，到沪校后实报实销。

六、由南京到沪校之车价，按照政府规定等级，先由本校致送。

七、自夏坝本校至重庆之旅运费，由校负责。

八、船上之医药用品，请训导处体育卫生组李主任准备。

九、漆琪生先生及其家属,照此次随校乘船东迁各项规定办理。

十、第一批复旦轮船请林一民先生为领队,张志让先生、芮宝公先生为顾问,漆琪生先生为交际,宋彦科先生为出纳,孙道远先生为会计。

章益就设立相辉学院事致于右任、邵力子、李登辉、钱新之、吴南轩函
(1946年8月6日)

敬启者:热心教育之川省名流卢作孚先生及我校一部分川籍校友,鉴于抗战胜利后旅川各大学纷纷迁回原址,万千无力负笈东下之川籍学生势将由此蒙受失学之厄。爰经征得我方同意,就我夏坝原址创办一私立相辉学院,藉广栽植而示崇敬并纪念我马、李两位先生,并使我校辛苦经营之校地校舍得为适当及最善之利用。作孚先生等更殷盼院座、师座、先生出任该院名誉董事长、校董,俾一切遵循有自。素仰院座、师座、先生对于教育事业维植不遗余力,敢请俯允担任,无任企祷。专肃。祗请道安。

晚生弟 章　益拜启、谨上
八月六日

章益就相辉学院事宜致卢作孚函
(1946年8月6日)

作孚先生大鉴:

展诵八月三日琅函,敬悉一是。筹设相辉学院一事,已与朱部长面谈,结果圆满。兹特奉告如下:一、创办相辉学院以便利川省青年升学,朱部长在原则上甚表赞同,但请先办农学院,工

商科系暂缓。二、为顾念事实需要，招生可以提前办理，惟立案手续请依法迅速进行。三、校地产权之转移，应依中央规定办法办理。四、于、邵、李、钱、吴诸先生处已转致尊意，约任校董矣。专复。祗颂筹祺。

弟 章 益顿首
八·六

郑效亮等关于复员情形致何恭彦函
（1946年8月9日）

何总务长先生钧鉴：

本校复员第四批第四车已于八月八日安抵郑州，近因陇海路军运统制，致中途滞阻，不易前进。昨晚降雨如注，以至路基冲坏，约于明后天离此。这种种原因，以致超出日期。抵西安时已电请钧座将沈校友宗范处高迈先生未领款五十万元转拨四车用，或另汇接济。抵郑州后，电询沈校友，悉尚未接钧座电谕，以致无法前进。如在郑州候校款接济，每日开支过巨。职等现在决定向本车富裕同学暂借款五十万元，以利行程，且省无为开支。除函告沪章校长外，谨此奉闻。敬请公绥。

职 郑效亮 龚仲鑫敬叩
八·九

卢作孚就设立相辉学院事致教育部代电
（1946年8月10日）

南京教育部钧鉴：查自国府还都以来，原随政府迁渝各学校，均已先后迁返原址。以致陪都及四川原有大学顿感不敷，而莘莘学子多感升学无所，遂致本期重庆及四川两大学招生投考者均逾万人以上。以有限之学校何能容纳此众多之学子。远道来此者多因升学失所而流落,且有因时久旅费耗尽而典质衣物,其状至为可怜,其志实堪嘉许。如不设法予以救济,对于社会秩序实不无相当影响。况彼等青年,意志尚未坚定,甚易受人诱惑而误入歧途。且四川人口众多,每期升学人数逐渐增加,似此现象值此建国时期,于国家实属重大损失,似有立予救济之必要。作孚因鉴及此,乃邀集社会贤达于右任、邵力子、钱新之、李登辉、余井塘、吴南轩、刘航琛、康心如、何北衡、康心之、杨成质、刘国钧、何乃仁、章友三等发起组织相辉学院,内设文史、英文、经济、会计、银行及农艺五系,以期救济一部分升学无所之青年,并已筹足基金二亿元,从事筹备一切。兹以时间迫促,除正式立案手续另文呈请鉴核外,拟恳准予借用国立复旦大学北碚黄桷树旧址先行招生,并恳借调东北大学代理校长许逢熙先生为院长。是否有当,理合电呈,敬乞迅予示遵。私立相辉学院筹备主任卢作孚叩。冬。

何恭彦关于处理校产事宜呈章益函

(1946年8月10日)

兹有数事奉陈候示:

一、北碚校舍、校址、校具及电灯装置各项之出借与相辉学院,兹拟定草纸约,乞核。

二、夏坝农场前经呈部拟改为本校农学院,附属农场四川分场如决照办,拟即将茶场茶叶研究室及前农场办公室房屋留作办公之用。将来派由何人留此办理,并其范围大小、员工数目暨开支及工作动向与学院方面如何联系,敬请核示,以便指定负责进行。

三、夏坝合作社地皮经以竹篱为界,出租与相辉学院,期限三年。该社房屋如出售于地方人,价格及承办人何人,现均无人负责,如何办理?

四、上月底彦曾陪同林一民、芮宝公、漆琪生诸先生赴渝民生公司接洽船位,该公司已允本月份搭运一百人东下,并可搭运公物若干。票价须照官价外另加手续费(所谓黑市价),货运价亦较陆运为廉。以诸先生急需东下,已照此办理。现林、芮诸先生三十人(均职员)已去渝候轮外,正继续积极接洽中。

五、本月二日留碚迁校委员会曾开谈话会一次,谨检附谈话会记录一份呈阅。

六、俟陆路情形好转,而水路较难设法时,本月底拟再车运若干人由公路东下,如何,乞核。

七、重要木器及教职员行李暨布置校址之花草树木(暂订一万株),拟俟秋冬之间江水低落再雇木船运沪,可否,乞核。

八、前装载公物之木船,据来电已于本月十一日安抵宜昌。

九、朱长志、蒋泗生两先生须俟此间事结束方能去沪。羊鸡除留种外,是否全售?李正清、李家宦是否遣散?

十、锅炉等件(帮浦除外),已凭审计部代表来校,以二百二十万元售与广生公司。教育部未有代表来校,交接手续将延迟办理。

十一、孙道远先生夫妇已不拟留相辉学院办事,但须协助其成立,赴沪将较迟。

十二、萧焜先生或留相辉学院办事,但彼与张默生先生等复员旅费可否按级先发,免借用期满后多一麻烦。

十三、四批第四车阻开封,已汇款,嘱设法由汉转沪。

十四、王慧泉地已由校建屋部分仍允由校续租。新闻馆、文摘社、合作社等屋,是否亦同样借与相辉学院用。谨呈校长。

恭彦

八·十

郑效亮等就复员情形致何恭彦函

(1946年8月12日)

何总务长钧鉴:

于郑州寄上草函,谅必收阅。不知近况如何,深以为念。敬维福躬清泰,公私绥和为无量颂。职等于郑州时拟打电话至汴京问吴念劬校友,只因电话不通,未能通话。职等即于十号离郑州,于当日晚间三时安抵汴京。本定次日九时乘车去徐州,不料十一号晨四五时,共军破坏罗王封间铁路。次晨七时,职等均已上车候驶(此时已与三车相遇,同坐车)。八时车站得悉路断,九时未能照开,十二时方公告停驶,命令旅客下车,当即宣布次日开车。不料十二日仍未开行,同时报纸悉时局紧张。汴京城周,均筑堡垒。城门时开时关,天天戒严。本日午后二时,至铁路局访吴念劬、蒋清凡二先生,悉吴、蒋均去徐州未返。于午后六时车站又公告,汴站往各站客车,奉命一律停驶,所开各车均为军运。职等因此近期难行。新发八十万元均已用完,祈钧座速示办法遵行。明日仍拟召本地校友商讨办法,如何决定,另行函告。肃此。敬请公绥。

第四批四车 郑效亮 龚仲鑫谨上
八月十二日晚

兴桂就复员情形致其岳父函

(1946年8月24日)

岳父大人尊前:

数月来以生活未臻安定,故少作书候安,罪甚。

婿与美桃及粤、川、渝禾三孩于七月九日随复旦大学自北碚动身，循川陕公路出川北，入陕西，经河南至郑州，转车回武汉。一行周后又趁轮东下，经江西、安徽、江苏于八月十日抵上海江湾。此次东迁，途万数里，时历匝月，辛苦困难达于万分。所幸未受共军阻害，大小都安。到校后休息旬余，又以居处未定，美桃及川、渝二女均病，生活总未进入常轨。迩日，桃病已痊，二女病亦有起色，尚祈大人释念为祷。此次东迁，仲义哥以改应重庆磁器口四川省教育学院专任教授之聘，故未随行。伯母大人与第三、四二男孩均随仲哥留川，浩美嫂则率长、次及第五三孩到沪，一切亦称平顺。想仲哥已有函上奉矣。

沪上物价极贵，程度甲于全国。米每担六万余元，衣服亦高。婿等近以房屋未定（暂住学生宿舍），无法自炊，系在饭堂包膳，每人每月四万元，菜极少。迁入正式宿舍，不悉尚在何日（复旦所接收敌人大批房屋，为空军眷属占去近二百幢。屡经交涉，尚无结果）。

婿等原来计划拟到沪后，再设法兼营小商店，在武汉亦可。现以房屋奇缺（每栋须出黄金数十两作为"控费"），物价又较今春高过数倍，一切打算均无法实现。沪上谋事，无论各界，均较重庆为难。浩美嫂父亲现亦赋闲家中，生活极困。大人近住何处？以前贩运商货往来港澳广州之间之计划若何？若一切不能开展，婿等欢迎大人来沪暂居，看以后有否机会觅适当工作。目前婿月入约可敷支出，拟谋一兼职，但甚难如愿。以沪上友人事业（出版业）亦在折本收歇中。大人接信后，乞即赐函告以一切状况（愿否来沪暂居），俾释远念。耑此上奉。谨候金安。

婿 兴桂谨上
八月廿四日

唐芝轩就处理善后事宜致章益函

(1946 年 8 月 25 日)

友三校长学兄大鉴：

　　一函普发，适接奉致邹郑叔兄电，并汇款一百五十万元，交由黄昭同兄转向君查收。惟以同时电码误为三百五十万元，乃予复电敝沪行查询，惟已照付一百五十万，想无差误也。关于复旦校友龚君六十余人，刻已接洽上海实业公司轮船，分二批轮东下，并免船票，惟需付伙食而已。因该轮系装运盐斤，与敝行有押款关系，又落得为复旦校友一卖交情也，弟已代为致谢。如校友平安到达，一切开支甚省。业经面谒校长报告后，即乞赐函汉口德明饭店隔壁上海实业公司黄总经理恕之道谢，则更美满。又关于邹伯威复大外文系一年级开学事，请另行赐致邹伯威一书，由弟转交，大意准其来校补考，亦即对于邹郑叔表示好感，弟亦可以调停其父子骨肉间之冲突，宁非功德圆满者耶。

　　邵力子老师对弟甚厚，感激当年改文章之盛意，亦思报答。尚乞谅察。此请道安。

弟　唐芝轩顿首
八·廿五

何恭彦就处理农场事宜致严家显函

(1946 年 8 月 28 日)

家显院长吾兄有道：

　　别经数月，时念贤劳。此间滞留师生眷属尚有近两百人，业向民生公司商洽，允予分批搭轮东下。如无特殊变故，可能于九月间全部运清。惟关于农场部分，现有土地均在荒芜，此间是否续办本校分场,员工人选如何聘用,经费如何支付,每月若干房屋如何保留,究与相辉学院如何联系。又职员李家宦、蒋泗生、李正清均不愿随校东迁,应否给费遣散。再牧畜部如奶羊虽有受主,但不出高价,以致延宕未绝,仍在饲养。而朱长志先生亦不能即时去沪。留渝办事处系临时性质,弟意如师生公物在短期内顺利运行,则办事处九月底即可结束。以上问题务希速予分别示复,俾有遵循。弟病经旬余医药始减轻,惟系因贫血过甚,精神一时难恢复耳。顺以奉闻,并请释念。专颂教祺。

弟 何恭彦拜启
八·廿八

种羊、种鸡、种猪如上海可以购到,是否不需运去?并希示知,以便全部出售。

马震百就与空军交涉退还房屋事致章益函
(1946年8月30日)

友三校长我兄大鉴:

日前在沪,曾与101运输中队杨队长道古长谈,渠称曾与兄晤面数次,并允将嘉陵新村之房屋设法迁让一部分与复旦应用,一切困难已邀兄谅解云云。最后,渠保证该房屋决于九月十日之前迁让一半,后并当设法继续腾让,请校方联络接收。至此可称已获部分之解决。弟对母校问题关心甚于空军,只因空军实际困难无法解除,而又不便使同袍尤以下级员士为甚感受万里调差无处容身之苦。致兄尊之托付,迟难以应命,但暗暗之中无不随时留意关说,谅兄亦必深信不疑也。在沪时适逢假日,未及趋候,嘱祖龄兄便中致意矣。崇仰。顺颂大安。

马震百
八·卅

何恭彦就处理善后事宜致章益函

(1946 年 8 月 30 日)

校长勋鉴：

前报各事谅登记室，兹复有数事再请察核：

1. 川籍留渝同学，除随校包车东行及现在校候船（约六十件）者外，究尚有若干已领费而未成行者，无从查询。该会亦有呈文寄办事处，已早分别代为函介设法矣。

2. 交通工具困难不易，开学（改期否）后赶到注册（何时注册）学生，如何办理？是否由办事处证明者即准从缓注册？

3. 因时局紧张及上海生活程度日高关系，一部分川籍学生事实不能东下，应请学校从速与川大及重大商交换借读及转学办法，并各放宽人数。

4. 冯学道来信抄件一件附呈，如撤查时，可供参考。该木船如安全到沪，只有一成未付（二百七十万元），冯处存有合约可查。

5. 现在校教职员除留相辉之张默生先生及拟休假之白季眉先生等复员旅费前请即发可否？全家复员旅费应否照发？请示。连同家属尚有百人，最近洽船位者，一批约廿二人，旬日内未知可成行否。马宗融、蔡振邦、萧承慎、张定夫诸先生一批，可能有卅人，正在自行设法船位中。教育部一概不过问，尚将本校员生洽成之船位抢去十五张（漆先生来信提及）。至于学生随校者约尚有七十人，自费者约卅人。如不得已时，可否仍由川陕从郑州转汉赴沪，请示（自有教职员随行）。

6. 公物拟将木箱先运（正分别洽商中），私物拟用木船运，木器及树苗拟稍缓，亦用木船运。盼对木器需用者，开一单来表示非运不可,否则相辉似有全盘接受意。

7. 与相辉所订合约稿早已寄沪,请修正寄下,并示何时与之成立。

8. 此间农场分场,教部是否准办。如准办,如何组织,应用几员工,经费如何。与相辉学院如何联系,牲畜部如何处置。均急盼与严院长商妥赐告。

恭彦谨上

八月卅日

章益就复员补助费呈教育部部长函

(1946年8月31日)

谨呈者:查本校请领复员迁校补助费,名册早经呈报在卷。兹大部分教职员业已复员来沪,值此上海生活程度继续长增高,对于甫自外乡回来者,一切衣食住设备倍感艰难。为此,备文呈请钧部迅将复员补助费核发本校,以便转发而解倒悬。敬祈鉴核赐准,实为公便。谨呈教育部部长朱。

国立复旦大学校长 章 益

八月卅一日

张志让等就复员情形致何恭彦电

(1946年8月)

复旦大学何恭彦兄:弟等四十人,公物五十箱,从东由宜(昌)乘招商江(轮)顺赴沪。志让、琪生、自强。

何主任:十三日到奉节,十四日抵宜昌,并与押木船人员相遇。德耕。

王坤就复员情形致何恭彦函

(1946年9月2日)

恭彦先生：

　　职自磴违别以来，一月有余，迄未申函问候，甚为不当。谅先生近日精神康健，诸事顺遂，为祝为祷。

　　职廿三日由磴出发，一路倒还顺利。第四天将到广元，需过宝轮渡口。因每日只渡二三十辆汽车，而军车有优先权，故依次需三五日方可渡河。经领队向清海先生多方交涉，能于廿六日晚抵广元。抵广需换车，等待一天，廿八日又行，卅日中午抵宝鸡候车，卅一日上午十时离宝，八月二日行抵陕州，五日到硖石，夜晚步行三十里到观音堂。六日抵洛阳，七日晨抵郑州，八日抵开封。因几夜未睡，日间烈日当空，大人小孩病者数人，休息二日。铁路破坏，其时经济断绝，进退两难。郭海长校友等多方协助住豫中中学。后连三日三夜炮声不绝，决取平汉路。十六日启程，十八日抵郑州。等车等了二天，票极难购买。找到刘涤宇校友的父亲刘峙协助，方购得车票。廿日下午到汉口，找交通银行邹经理及王振寰先生、张楚信先生借款，并协助找船免费搭乘，廿九日晚抵南京。当晚即搭夜车，卅日晨七时到校。当天见过校长，面呈路上一切。即此简单报告。敬请公祺。

　　　　　　　　　　　　　　　　　　　　　　职　王　坤谨上
　　　　　　　　　　　　　　　　　　　　　　　　九月二日

教育部机票涨价训令

(1946年9月4日)

令国立复旦大学：

案奉行政院卅五年八月三日节京嘉丙字第七七三五号训令内开:"查中国中央两航空公司客机标价业经本院核准增加百分之一百五十。所有中央各机关,卅五年八月一日以后由渝搭机还都人员及家属所需机票费,由各机关在迁部经费原预算内,向航空公司每票由渝至京者缴付十万元,由渝至汉转船来京者缴付七万元。其余十一万及七万元差价准由各该承运航空公司分别造具名册,并检同盖有各机关印信之乘机申请书一联,于每月底报由本院核计贴补,俾免个别办理追加,藉资简捷。非本机关还都人员及眷属,各机关不得代予申请机票。如查有不实,应由各该机关赔缴。其在文到前业已照调整票价缴款者,准凭证向航空公司申请,照数退款。除分行外,合行令仰知照,并转饬知照。"等因,奉此。除分行外,合行令仰知照。此令。

部长 朱家骅

章益就校舍交涉事致马震百函

(1946年9月6日)

震百学长兄左右:

两奉惠书,敬悉。关于嘉陵村宿舍为空军驻用一节,屡渎清神代为上下关说,兹已得其逐部迁让,少可解决一部分教职员及其眷属住屋问题,感慰何极。惟本校房荒严重,求全部解决尚期待嘉陵村房屋能扫数归还。尤于筑庄一区(即第二地勤大队所占),寄以极大之希望。必如是而后,同人住屋可得到普通合理之分配,学生宿舍并得减少若干严重性。为敢不揣望蜀之嫌,续恳惠加出力,俾竟全功,企望之至。吾兄关垂母校,既笃且厚,历来嘘拂之诚有加无已。来示犹以迟缓自谦,殊使受惠者益滋感恧也。专布悃忱,敬希惠察。祗颂台安。

弟 章 益顿首

孙道远就处理善后事宜致章益函

(1946年9月7日)

友公校长吾师函丈：

　　敬禀者：现磁校教授均已分批搭轮东下，讲师及助教虽仍有少数尚未成行，但均已领费自行东迁。其中仅有张默生与白季眉教授留磁未行，因其有留任相辉教授之可能。讲师中有邹抚民兄因其家事牵累，亦有暂留相辉之意。其余职员仅有总务处一部分及农场方面少数尚留此间办理结束外，大部分均于最近搭部派轮位东下（会计室主任及一部分职员亦随八日前后部派轮位人员东下）。总务处亦有少数职员拟留相辉者，如路顺奎、郭立德、萧焜及余薪桂等。相辉此次招生系由生主办，投考者约近千七百余名，拟录收五百名，现正评阅成绩。本月十二日前即可发表，并拟招第二次。至留磁校随迁学生，除最近配搭部派轮位九位学生外，现留磁者仅有十六名（连病生在内）。此次学生亦拟于本月廿日前后搭轮东下，舱位正在分头接洽中。生与内子拟率同此最后一批残兵东下。但以相辉许院长坚留生在此担任教务工作，恐届时难于成行，用特函陈钧座，惠予指示。如暂不需生来沪，则拟应许公一期之聘，以答其雅意。如急须生来沪，烦即函知，以藉向许公婉辞后，即可成行。因最近东迁员生行将走完，生不须留此。以后仅有公物及移交相辉事宜，何公似不须生协助。另，原已领东迁费而又来校登记请设法轮位之学生（约四十余名），拟于随迁学生送完后，即零批介绍，自行搭轮东下。匆此，肃禀。敬颂铎安。

生 孙道远拜上
九月七日

何恭彦请拨运费事致章益函
(1946 年 9 月 9 日)

校长:

前上各函请示各点,务恳早日分别指示,以便遵办。并拟将办事处月底结束。下月初,彦等即可成行。再因水运,林、芮诸先生第一批携去现款过多,超过实际需要甚大,嗣后各队照样而行,难以拒绝。故目前预计留此未运员生及公物,需留之运费尚约缺二千万元,至请转饬即日汇还二千万元(仍汇重庆,以不用公库支票较为便利),以便结束。

恭彦谨上
卅五年九月九日

章益就处理善后复员事宜致何恭彦函
(1946 年 9 月 23 日)

恭彦吾兄惠鉴:

迭奉惠书,藉悉一一。兹分别奉复于后,即希台察为荷。

一、本校教员被相辉学院留聘者有张默生、白季眉两先生,复员补助费似均已领过,复员旅费亦可照规定预发。惟薪津,自十月份起,请改由相辉学院致送。职员熊世杰、萧焜准留相辉学院,本校薪津发至九月份止,复员旅费不另发给。路顺奎可继续支本校薪津,按照中央规定之重庆标准支给。俟兄回沪后,即请路驻渝办理本校迁运未了事宜。郭立德改相辉学院学生,李家宦不愿离川,郭、李两人均照遣散法办理。其余职员不愿来者,遣散;愿来者,应即随兄来沪。

二、借用合约大体可行,计修正三点如次:

a）原第一条修正为：国立复旦大学（以下简称甲方）今因复员东迁，愿将四川重庆北碚夏坝校址及所有校舍除本约内专条言明另行处理者外，均凭重庆复旦同学分会借与北碚私立相辉学院（以下简称乙方）为办学之用（分别详别另册）。

b）原第五条修正为：甲方原有校地内所租用之土地，仍以甲方名义在规定期限内继续承租。惟每年应出之租，应由乙方担负。至在此项土地上之建筑物，则仍由甲方借与乙方。又甲方原有校舍内有青年馆及新闻馆各一座暨合作社全部房屋，其处理办法另行规定，不在借用范围之内。

c）原第十三条改为第十四条，增第十三条：政府对于本约所波及之甲方所有校地、校舍、校具等如另有处置办法时，甲方对乙方不负履行本约之责任。

三、北碚夏坝农场全借与相辉，本校不在该处设立实验分场。李正清暂留夏坝，按重庆标准支原薪津办理。苗木保管及运输以本年年底为止，受路顺奎指挥。一部分苗木花种等出卖，牲畜全部出卖。李家宦先遣散，蒋泗生、朱长志等可即来沪。

四、相辉学院董事长卢作孚先生既坚辞不就，可改让康心如先生，已请卢代洽，尚无复音。

五、川籍学生拟借读川大、重大者，可径函教务处申请。但须叙明原前曾否申请，以免前后重复。

六、赵星桥业已解职。

七、四川省农工银行李冠亚处所存之款，一部分作为复小基金，一部分作为清寒奖学基金，宜汇沪以便处理。

八、青年馆似已移交团部，新闻馆房屋保留不借，于借约中保留，但可另行借用。合作社地皮及房屋不必另行出售，以免破坏相辉之完整。其余茶厂、茶叶研究室、文摘社、复旦小学、回教食堂等，俱可借给相辉使用。

九、出售锅炉，如教育部有公文来，则再呈复。如无公文，可函陈秘书说明（陈为教育部驻渝办事处主任）。

十、渝地工友可速全部遣散。

十一、王华明可暂准照渝地标准支薪，留相辉学院办事。

十二、上海此次招生费用甚大，超支甚多。现考试业已完毕，秩序至为良好。

十三、二千万元早已汇渝，九月十一日台函所谓工友遣散费需一千万元，是否已包括在内？

十四、夏坝所存之公私物资，尚有几计许，是否可全部交轮船运沪？较好之办公桌等木器，请设法运沪。雇木船一节，系兄八月间之提议，现尚有此需要否，请示知。

十五、夏坝校景相片请购全套寄沪，存为校史资料。

十六、重庆办事处房屋，于本校员生全走后，请交重庆同学会继续承租，手续交割明白。

十七、木船于九月十九日抵江阴，因无拖驳，须用人力下驶。

十八、萧承慎兄自宜昌来电，本月廿三偕同人乘江新轮赴京。

本校拟于十月十一日注册，十七日开课，知注特闻。贵恙谅早占勿药，至念。余续谈。此颂秋绥。

弟　章　益拜启
九·廿三

国立复旦大学、和通商行合约
(1946年9月25日)

立合约人：国立复旦大学，以下简称甲方。和通商行，以下简称乙方。

兹以甲方公物木箱及员生行李等共一二二·七七吨，计一一二六件，委托乙方用木驳由长征轮自渝拖宜，再由乙方转装民生公司宜申段大轮运申。经双方协议，应守之条款如下：

一、甲方公物一二二·七七吨，计一一二六件，交与乙方由重庆运至上海交卸。

二、运费议定每吨国币四十六万元，共计五千六百四十七万四千二百元正。中途转驳等费在内，不另收费。

三、吨位按量尺容量计算（每四十立方尺为一吨）。

四、重庆上力，上海下力，费用统由甲方自理。其他一切下舱保管等费概由乙方承担。

五、航程自开航日起，至到达上海日止，不得超过二十五天。如无故迟延，每超过一天按运费总额退还百分之三。但中途遇有人力不可抗争之情事发生，不在此限。

六、甲方交乙方承运之公物及行李，由甲方自行投保平安险，由乙方妥为保管，并负件数责任。

七、甲方得派员工六人随大轮东下，但须照章购票。

八、订约之日，甲方付给乙方定金二十万元。于货物装舱完毕后，付给运费二千万元。余款于取得民生公司宜申段提货单时，全部付清。

九、乙方如中途停止履行合约，或领款图赖或短交案情事，则乙方保证人应负乙方担负之全部赔偿之责。

十、本合约经双方同意签章后发生效力。

十一、本合约一式二份，各执一份为据。

　　立合约人：甲方　国立复旦大学留渝办事处　何恭彦
　　　　　　　乙方　和通商行　万季达
　　乙方保证人：民安保险股份有限公司重庆分公司
　　　　　　　　　　　中华民国三十五年九月二十五日

罗潜渊等就相辉学院事致章益函
(1946 年 9 月 27 日)

友三校长先生道席：

母校复员建设，千绪万端，想见先生辛劳备至。兹谨代陪都同学略申致敬之诚，并乞鉴察。相辉学院事，于今春承公建议发起，并嘱于二中全会时邀请井塘、健中、绍棣诸中委中监学长集议于胜利大厦，继复在川盐之里银行公会，指示至再，并为校题名曰相辉学院。西河之风未灭，以先生之诚笃而益彰矣。惟有数事即须就教者。

一、董事长一职既经作孚先生坚辞，拟请钱新之先生肩任。如由先生陪同登辉夫子亲往敦促，当无问题。此事解决后，方可行文，否则如何策动。盖闻教部高等教育司已签准准予立案之意。是则必须积极进行立案，奠定校基，以为首图。

二、北碚校舍、校地、设备及农场畜产等应请早日指示，办妥委托相辉学院代管借用书面手续，以资应用。并闻何恭彦先生以未获钧谕，现已将设备一部交运东下，畜产则以低价售与田庄，来极亨鸡已告绝种矣。北碚规模为母校私立时代迁建挣扎之心血，一草一木皆足以表示复旦精神之苦斗。故登辉夫子为相辉事，近赐手谕曰"与初意相合"，老人欢慰之情溢于言表。故北碚基础复旦同人有充分理由作有益国家使用之措置，光明正大，谅获当道之扶持。先生于复旦不愧一脉相承，发扬光大有待贤者，故委托移交手续盼早电告留守人员遵谕办理。

三、相辉既属草创，在此一年时期中非以服务牺牲苦斗精神出之，则难观急效，故图书、仪器等设备刻不容缓。现渝中国、交通、邮汇、农民、信托五行局，每一行局可对学校低利贷款数百万元，但如有各该总行局之指示，则每行局之贷款可达三千万元。逢熙先生月来与愚等随时保持接触，商拟借贷一亿元，期必得之，由燮康、伯华觅行保证，庶于学校经济有所裨益。即烦向祖龄、新之两先生一言，请此两公尅即分函渝行局介绍，由相辉出票承借，由银行承允，手续正当轻而易举，最获实惠之办法也。

四、教部方面虽有乐于赞助之消息传来，仍以先生迅速代为催促转圜为上策。闻刘参事英士与高等教育司司长主持此事，尤盼东风及时，于事方属有济。

五、逢熙先生以苦于校地、校舍、设备尚未接收，经费缺乏（本期收支预算不敷约三千余万元）及董事长虚悬立案无从着手诸项，颇有倦勤之意，并明白表示如公不助力，则渠即将已录取之新生全部移送上海母校，仍赴东北大学任职。此固为开办时期办事繁难，情绪焦灼之说，但陪都同学感此先生于上陈各节，迅即赐予最大之助力，一面并请致函慰藉以安其心。否则相辉中途发生阻碍，则登辉夫子与吾侪两万校友必时贻笑社会，公欲善其后，亦莫能及也。专此渎陈，敬候复示。并颂教安。

罗潜渊 邓燮康 韩季贤 唐贤轸 颜伯华谨上
卅五年九月廿七日

章益等就校产处理问题致许逢熙函

(1946年10月8日)

季康院长吾兄道席：

前次在沪晤叙甚慰，遥维公私延釐为颂。兹查本校所属留渝房产、家具业早移借尊处接收。至土地方面，往年由本校名义租出一部分，租期一年，现届满，拟于今年秋收后一并借与贵院，改由贵院名义出租，另换新约。应付之北碚管理局及王慧泉、左福厚堂等租谷，即请贵院径付，应收实物亦归贵院。至校产所有权如何移转，自仍当依法办理。又本校职员王华明君，事实已无保留之必要，惟念该员于抗战期内对于本校征收土地时不无微劳，经收地租现仍由其负责，除由本校一次发给薪津三个月（八至十月）以示优待外，拟请兄处雇用以便于继续服务。尚希惠允，不胜感盼，专此奉达。祗颂教安。

　　　　　　　　　　　　弟　章　益　芮宝公同启
　　　　　　　　　　　　　　　　　　　十月八日

教育部关于增拨复员经费代电
（1946年11月26日）

　　国立复旦大学：兹加拨该校（院）复员费一〇〇，〇〇〇，〇〇〇元款即电汇。仰即连同历次核拨数额，合并编制分配预算七份，呈部核办为要。教育部。

教育部关于复员车辆回空贴补费代电
（1946年11月29日）

　　国立复旦大学：准交通部十一月五日公字第三一三八号函，以本年下半年度公路部份复员车辆回空贴补费，虽经奉准拨发三个月十五亿元，但因院令奉到延迟，且系照原预算减半核发，不敷其巨。故贴补办法规定，公商复员车辆，已收回空费者不再予以贴补。复旦大学已缴回空费三千六百余万元，格于规定，歉难发还，等由。合行电仰知照。教育部。

教育部关于增拨复员经费代电
(1946 年 12 月 10 日)

国立复旦大学：兹再分配该校复员经费五〇〇，〇〇〇，〇〇〇元。款另汇发，收到补呈即领。再此，顷复员经费，奉院令不再增拨，务仰就历次行政派额，统希计划，撙节支用，并合并编列分配预算八份（注明历次奉拨数额及部令文号），连同有关附件呈核。教育部。

教育部关于增拨复员经费代电
(1946 年 12 月 19 日)

国立复旦大学：卅五年十一月十日总字第九七八号呈件均悉。准增拨该校复员费二亿元及核准贷款三亿元共五亿元。款已另文拨发，并函请四联总处注销贷款。仰即知照，件存。教育部。

复旦就复员经费事呈教育部函
(1946 年)

谨呈者：本校上海江湾校舍，顷经校长亲往查勘，该项校舍过去曾为敌伪占用，颇有部分损毁。自敌寇投降，抵沪国军遂入内暂住，刻经商洽，业允完全迁让。为免以后续有侵盗及占用，本校上海补实习部原系暂设租界旧址以内，兹拟即行迁返本校江湾校舍原址继续课业。惟员生数千人以及图书公物，此项迁移所费颇巨，据估计迁移费共约需三百万元。至本校江湾校舍以历经损毁，若不及时修缮，不特危险殊多，抑且倾圮堪虞。经招工估计，择要整修约需六百万元。两项共需九百万元。此尚系就上海现时物价情形而言。若再有迟延，或物价波动太巨，则所需将尤不只此数。为济紧急之需，理合呈请鉴核，速予赐准如数核拨，以利缮修迁运之用，实为公便。谨呈教育部长朱。

国立复旦大学
卅五年

复旦就军队占用校舍事致蒋介石电
（1946年）

主席钧鉴：本校校址原在上海江湾，复员后奉命迁回原址。惟以校舍于八一三之役首遭炮火，继经敌伪占用，损毁尤多。前经呈准行政院，秉承钧座战后建设首重教育之旨特予求助拨租敌伪房产数处，其地点恰在本校对面，勉可济用。讵甫经遵令办毕承租手续，略加整修以后，在沪空军即将所租筑庄校舍多栋占用，嗣当本校数千员生分批东下，正在途中之际。复于七月六日又由渝飞沪之空军一二团士兵及眷属，将所租嘉陵村校舍强行占用。查本校近年员生较过去增多数倍，校舍狭窄，连同拨租房舍在内，尚属不敷分配。而嘉陵村与筑庄更为本校租用房舍中之主要部分，若听任占用，不独下期招生开学事宜无法进行，即全校员生冒暑东迁途中，备历艰苦之余，一旦抵沪，更将陷于栖止无所之绝境。其情可悯，其事甚迫，不得已，谨渎呈鉴核，赐饬该空军士兵速予迁让，俾全校员生有所栖止，得以安心教学，则叨沐仁施，非惟本校员生感戴，实亦国家教育之幸。国立复旦大学叩。

教育部关于经费预算等问题令
(1948 年 3 月)

令国立复旦大学：

　　一月廿四日（卅七）会字第一四五号呈一件，为呈送卅五年度复员经费预算及会计报表祈鉴核由。呈件均悉。查该校卅五年度复员经费，先后共核定一，八八七，四八〇，〇〇〇元。经核赍到分配预算计溢列三八，八〇五，一〇〇元余，其中三三，〇〇〇，〇〇〇元应将拨款日期文号申复凭核外，其余五，八〇五，一〇〇元据称系代收教职员家属旅费及私物运费之款。查核该项收入事先未据呈报有案，姑准于该校旅费支出数内照数分列核减，不得并入复员费内分配编列，毋庸另编岁入预算，以符手续。再分配预算应于经费核定及即行编制呈部核准，俾为执行之依据。查该校卅五年度复员费，时隔年余始据编报分配预算，自属不合。应饬嗣后切实注意，除将赍件分别存销外，仰即遵照办理，并重编分配预算呈凭核转为要。此令。

中华民国卅七年三月

克鲁季科夫回忆录选译

陈　晖译

说明：康·阿·克鲁季科夫，1941年就读于苏联东方学研究所中国部。从1943年至1949年，他先后在重庆苏联驻华大使馆、南京苏联使馆工作，担任过从顾问到临时代办等各种职务。后又出任苏联驻上海总领事、苏联驻柬埔寨大使等职。

克鲁季科夫的回忆录《在国民党南京，1946—1948年》讲述了这一时期中国政局的发展、中苏关系的重大事件、苏联外交官与中国政界要人和美国外交官的接触，以及自己的所见所闻。虽然受自身的立场所限，对一些重大事件的评述，难免存在一些片面性，但对于研究这一时期中苏关系仍具有一定的参考价值。原文发表在俄罗斯《近现代史》杂志2004年第2期上。

日本投降已近9个月了。1946年5月5日，中国政府和外交使团终于从重庆迁回了南京，国民党又在那里统治了中国三年。飞抵南京那天，我们目睹街上仍有许多日本官兵，这使我们大吃一惊。众所周知，还在1945年8月驻华日军司令部已接到蒋介石和麦克阿瑟将军的命令，不允许共产党人占领城市和重要的交通线，特别是华北和华中地区。因为战时中共部队和游击队在那里积极开展行动，建立了游击区和大片解放区。9个月后，蒋介石借助美国的帮助向华东调动自己的主力并向解放区展开大规模进攻。与此同时，国民党又借助日本人和美国海军陆战队控制了南京和上海周围地区。正如我们观察到的那样，这种独特的三方"维持秩序"的合作关系，在推迟还都南京后仍持续了一段时间。

在1937年日本占领南京以前，苏联全权代表处在那里存在了5年多时间。回到南京后，苏联大使馆已经没有自己的房子了。令人遗憾的是，现在苏联使馆没有找到合适的住房，也没有为大使本人找到体面的住宅，尽管我们在重庆有这样的房子。苏联大使馆承租了位于大方巷路口的一幢不大的两层楼房，院子里面还有一个荒芜的小花园。举办礼节性活动还得使用离大使馆不远的大使官邸。使馆工作人员的住处一开始离使馆较远。南京以炎热的夏天和炽热的政治问题迎接我们，因此我们没有时间安置设施，也没空悠闲。

形势要求苏联大使馆立即恢复工作上的接触和所有政治外交工作。中央要求使馆提供关于中国政治军事局势的发展、马歇尔调停下的国共谈判和中苏关系的各个方面，特别是与中国东北有关的问题等情报。前几个月，苏联与中方就东北——传统上常被称为满洲，产生了错综复杂的尖锐问题。在1945年8月14日签订中苏条约前，中方首先担心的是苏军应在结束军事行动后三个月从满洲撤走。应中国政府的请求，我们军队两次延长了驻扎的时间。由于中国政府来不及向东北运兵，所以不能对当地实施控制。几个月来，国民党的宣传机构散布谣言说，我们军队似乎有意赖着不走，以便让中共获得时间来巩固在东北的势力。但是，苏军司令部事先将撤军的工作计划通知了中方，我们最后一批部队于1946年5月3日前已撤离满洲。可见，苏联完全履行了8月14日中苏条约中自己所承担的义务，而当时美国却保留在华军事存在。在这种情况下，我国就不可能介入国民党在东北挑起的战争。

国民党分子为了煽动反苏情绪,放出关于苏联士兵对中国居民犯下骇人听闻的暴行的诽谤性传闻。实际上却发生这样的事实,即在南满的许多地方,我们的同胞包括派到中长铁路的苏联工作人员,遭到残酷迫害。苏联政府被迫从国民党控制的满洲地区撤回了所有的铁路工作人员。

蒋介石打算国民党军利用大连港登陆,因而引起我们与他的关系急剧紧张。10月23日,阿波龙·亚历山大诺维奇·彼得罗夫大使对蒋介石说,苏联政府不能同意中国军队在大连登陆,因为根据中苏协定,这个港口纯属商港,开始履行条约时就不能违反它。因此,蒋介石想就此问题直接同斯大林交涉,大使强调说,斯大林本人也会赞同苏联政府的这一观点。在所有关于大连问题的会谈中,大使都讲道,中国在大连的主权是无可争议的,但关于大连港的协议规定在那里建立特别机制,苏联不能违反该协议。蒋介石在会谈中提出自己的要求,并"从履行条约的观点"出发,承认我们立场的正确性,但要求莫斯科在这一问题上也要根据友好和同盟关系来行事。接着他谈到,在此情况下,1945年的中苏条约和中国主权遭到侵犯等问题。1945年底,中国东北局势如此之紧张,以至于蒋介石采取两个措施向苏联施压:第一,他派自己的儿子蒋经国作为其私人代表去和斯大林商讨所出现的局势;第二,他示威性地将东北行营从长春撤至北平。这样一来,东北问题便备受国内外关注。对此国民党的报刊大肆加以利用。其宣传机器以各种借口加紧进行反苏活动。例如其中之一就是宣称,苏军司令部宣布,为关东军服务的东北企业均为自己的战利品。当时报刊上关于"掠夺东北"的问题炒得沸沸扬扬,许多人对此并不相信(不仅仅是进步人士),但应当承认,归根到底,对于中国各阶层来说,这一情况导致产生了长期敌视我们的影响。

我们大使馆的人注意到,这一时期以及以后的岁月,中国当局害怕严重激化与苏联的关系,蒋介石有时也表示不赞成粗暴的反苏行为。他亲自并通过自己的人告诉大使,他谴责这种越轨的举动。故而,中共中央政治局委员、中共与国民党谈判的代表团团长周恩来,在1946年4月26日与彼得罗夫大使会谈时说,蒋介石对苏联持敌视立场,但他害怕苏联。下面我们必须谈到许多敌视我国和苏联公民的行为,这些行为无疑得到了蒋介石的允许。正如苏联大使所知,我也注意到,蒋介石命令军政部长陈诚建立拥有广泛全权的特别反间谍部门,以开展针对苏联的工作,卜道明将军兼任这一部门的领导。

回到南京后,我们很快就投入紧张的工作中去,仍然是处理一组又一组的东北问题。这些问题使国民党领导深感不安。他们自然要求大使馆坚定地捍卫我国的立场和利益。所谈的又是关于大连、旅顺港、中长铁路、苏联在满洲的财产等问题,当然也是关于苏联公民的命运和安全问题,首先是在满洲特别是在被国民党控制的南满地区的那些苏联公民。蒋介石任命其子蒋经国为中国外交部驻东北特派员,这便说明他认为这些问题具有何种意义了。蒋经国到达南京后,既没有和苏联大使也没有和大使馆参赞讲过什么最令人不愉快的事情。中国政府的主要代表发出照会并发表外交部长王世杰讲话全文。对于大使来说,难以就许多问题同中方进行讨论,因为中国人提出的事实或实际详情,大使馆并不知晓,在与中国人谈判过程中要弄清它们经常是不合适的。显而易见,我们驻满洲军方和其他代表并没有把所有情况报告莫斯科,莫斯科因此也没有经常向大使馆及时通报情况,只限于中央简要指示里所列举的情报。尽管有这样的困难,但彼得罗夫还是合乎逻辑地、令人信服地反驳了中方的论点。我不能不注意到,阿波龙·亚历山大诺维奇(彼得罗夫)在和王世杰谈判时表现出很高的智慧以及非常讲究分寸。他同王世杰的谈判,甚至是关于最困难问题的谈判都进行得特别平和。他的文化修养和极强的克制力赢得了人们对他的尊敬，据我观察，这些素质都使王世杰羡慕不已，他也是个最稳健、最有教养的人。彼得罗夫这样对我说，在谈判中，王举止非常自如，不知他是遵循蒋介石的明确指示，还是准确地知道蒋的立场。我记得王为大使夫妇举行家宴的情景：当时我陪同他们出席宴会，既没有中国外交部的人，也没有其他客人，部长夫人和他两个女儿操办家宴。我们在热情的气氛中度过这个夜晚，宾主双方饶有兴趣地讨论了中国文化史，当然还有国际事务了。

苏联大使和其他驻南京的外交官继续积极地与许多中国人和外国人交往。的确，在南京与民主人士和文化界人士的接触，没有像在重庆那样频繁和广泛。绝大多数社会活动家和文化活动家都从重庆迁移到上海去了。他们当中很多人是老上海。他们只是来南京办事时才出席外交使团的招待会。以周恩来为首的中共办事处主要设在上海。但是，中共、民主同盟和其他党派在南京也有不大的办事处。在那里，他们就"落实政治协商会议决议"，特别是关于筹备国民大会和其它问题，同国民党和美国"调停人"进行接触。完全不能指责彼得罗夫，说大使馆不和右翼人士接触。他能够在我们为国民党极右翼活动家举办的宴会上营造无拘无束的气氛，出席者中好像有陈立夫和白崇禧等人。值得一提的是还有一次为国民党反间谍部门和"三民主义青年团"领导人（同一个人）举办的宴会，只有一个最令人不快的要人——戴笠没有来（后来才弄清楚，原来他在此前不久就死于空难）。这伙人表现出使人反感的个性，但彼得罗夫居然能在他们当中制造出正常乃至活跃的气氛，结果了解了关于这伙人的观点，听取他们就当前大家最关注的事件畅所欲言是有益的。各类知名活动家都乐于前来使馆做客，特别是拜访大使本人。例如令人有趣的是，我们结识了从美国回来的胡适——旧中国最保守的历史学家和文学家。胡适在和我们交谈时完全是一副外交举止，分析中国和平民主问题时不拘言笑。但在宴会结束时,彼得罗夫和他还讨论了一点哲学问题。

冯玉祥元帅——反对帝国主义及其代理人的老战士,在我们老朋友中显得与众不同。在1923年至1926年,莫斯科向他在华北的"国民军"提供了大量援助。伟大的爱国者冯玉祥赞成国家统一,反对内战。冯虽然是国民党中常委,名义上占据国防最高会议成员的高位,但他在和大使交谈时说,所有决定都由蒋介石一人作出。在重庆和大使谈话时,冯玉祥对为他及其陪同人员安排访苏的可能性表示感兴趣。此行的目的听上去很含糊,"为了解这个国家而去学习"等等。我们明白,他打算离开蒋介石的中国。大使馆没有得到莫斯科的答复。于是,在1946年9月,他携家人去美国"考察水利"。临行前,冯在南京玄武湖的游船上设便宴招待苏联外交官。我还保留着他用优美的书法亲笔书写的请柬,为此他挑选新字体来书写我的名字。主人和他夫人李德全给这次聚会创造了这样真正友好的气氛,这样的气氛是我们这些年没有经历过的。我记得当时提议为民主的新中国干杯。唉!在新中国,我们只是经常非常满意地与李德全见面。她是中华人民共和国的卫生部长,中苏友好协会活跃的领导人之一。而冯玉祥本人却悲剧性地死于1948年8月,当时他乘坐的"胜利号"客船距离奥德萨不远。在离开美国前举行的记者招待会上,冯玉祥说,他要回到中国以帮助推翻蒋介石政权。

苏联大使馆的私人客人中有国民党著名活动家张治中和邵力子。他们一直对我们两国关系问题感兴趣,并尽可能对它们的妥善解决施加影响。他们常受蒋介石的委托行事。两人都是国民党和中共谈判的代表团成员,因此总是熟悉这些谈判的。当然,他们向我们说明国民党的立场,这时我还记得一些,他们通常没有试图使我们相信共产党人的固执或使我们卷入对谈判前景的评价。张治中将军偶尔在中国首都出现,因为在1945到1946年,他面临着实现新疆和解这样的任务。我们早就得出结论认为，张治中是蒋介石周围最灵活的、最正派的人之一，有一次周恩来也证实了这一点，在国共谈判过程中，他有十多年必须与张治中密切接触。

伊宁（库尔勒）、阿尔泰和塔尔巴哈台等地区的维吾尔、哈萨克、吉尔吉斯和当地其他民族发生的动乱，具有广泛的反对汉人的起义的性质。当时我们在南京对新疆所发生的事情呈报不多。就南京政府而言，事件的规模是出乎意料的。蒋介石接到前往乌鲁木齐的卜道明的报告，接着又是蒋经国的报告之后，他决定使用政治手段解决冲突。他将这一复杂的使命委托给张治中将军——以亲苏而闻名的、有威望的、灵活的政治家。

张治中获得广泛的全权，担任新疆省主席。在与彼得罗夫交谈时，张开诚布公地谈到新疆事件的起因。将军斥责前省主席盛世才和其他中国政权机构对该省穆斯林居民的行为以及对苏联的不友好政策。后来在谈话中，张治中感谢大使协助驻乌鲁木齐和库尔勒的苏联领事馆来解决冲突。实际上，在谈判过程中，起义者从正面领会了我们的建议。彼得罗夫提醒将军注意斯大林对蒋经国讲的话：由于起义者不反对我们调停，我们准备继续这种调停。大使强调说，依据1945年8月14日中苏友好同盟条约的第5条，我们按照不干涉中国内政的原则行事，对最近的新疆事件持不干涉内政的态度。张治中对大使说，应当排除一切妨碍在新疆巩固中苏友好的障碍。顺便说一句，当时除了新疆之外，在国民党统治的地区实际上都没有中苏文化协会。张治中多次对彼得罗夫讲，中国不会在新疆扩大与英美的合作。根据张治中的倡议，中国政府提出中苏在新疆开展经贸合作的建议。将军指出，对于新疆省和我们双边关系来说，它是稳定性的因素。

蒋介石借助美国大举进攻华北后，决定将政协决议一笔勾销。他没有同其他党派协商就宣布召开国民大会的日期，同样取消了政协关于修改宪法草案和准备大会日程的决议。1946年大约2/3的代表是国民党挑选的。政协决定25%的席位应当给中共和其他民主党派（通过宪法需要75%的票数），但蒋介石独断专行地任命国民党所有中常委，满洲、台湾、西藏和新疆等地的"独立代表"为"国大"代表；对中共和民主党派而言，只保留了象征性代表的可能性。

如果一开始马歇尔将军还促成政协的成功并谈到建立民主和平的话，那么他在1946年却大力帮助国民党建立打击中共的军事潜力。此后，美国帮助国民党在北方训练并扩充了几十个师，向国民党供应武器弹药、飞机和军舰，扩大机场和海军基地网，11万美国士兵守卫华北的战略要地。在马歇尔"调停"的一年后，中共失去了他所控制的大约50%的地盘，然而，他的军队却重创了国民党军。

美国和马歇尔本人帮助蒋介石撕毁政协决议，其中包括关于召开国民大会的决议。我们知道（特别是从马歇尔本人口中），他要求民主党派的活动家暂时保持耐心。马歇尔劝他们说，实现民主来日方长，也就是说，重要的是通过宪法，以后才能消除其不足之处并继续改革。

1946年期间，中共反对扩大内战，但他不得不注意到国民党军事力量的优势，不能不考虑到蒋介石的"宪法"策略和维护和平的蛊惑宣传引起了部分居民相当的幻想，一些民主人士也对国共和解抱有希望。共产党人一面要求履行政协决议和蒋介石于1946年1月10日许下的停止军事行动的诺言，一面努力向人民解释道，现实情况说明不要对南京政府的意图心存幻想。共产党人对摇摆不定的盟友讲，如果中共做出让步，参加畸形的国民大会的话，那么他就要承担新的政治义务，从而给党和人民造成重大损失，而蒋介石反正一样是要打内战的。

我们大使馆的人有时担心，中共领导人的个别言论自然包含宣传的成份，他们发表的言论也许没有准确地考虑到国内的力量对比。我们密切关注朋友提供的秘密情报，但这并不完全与我们从其他人特别是可靠情报源获取的情报相符。大使馆尽量避免将不准确的评价以及相应的不充分的形势报告发给莫斯科，因此，有时在战术形式上试图公开讨论此刻引起怀疑的问题。这样一来，11月15日彼得罗夫在与周恩来会谈时说，我们有时会产生这样的问题，即中共是否总是完全客观地评价国民党的力量。对此周恩来回答说，低估敌人的力量当然是有害的，但考虑蒋介石的力量时，应当把他在纸上存在的力量与实际力量区分开来。这番话可能就是对当时武官罗申得到的一些关于国民党陆海军具体情报的答复。谈话者进一步解释说，像交通运输系统崩溃、政府动员能力弱、粮食供应困难、部队训练差和士气低落等因素，在很大程度上削弱了国民党军的实际力量。

10月26日周恩来在与我国大使会谈时作出以下评价：1946年国民党分子发起全面进攻，中国人民解放军进行防御作战，尽管解放军失去了许多地区，但这并没有对中共及其军队产生影响。这些失利"不仅对国统区而且对国际舆论来说，将具有政治意义"。解放军留在日本投降时所占领的主要地区。无论国民党还是中共都有自己的强项和弱项，因而军事行动不可避免地呈现持久的特点。国民党和美国人指望迅速结束战争，中共必须要考虑到持久战的可能性。解放军的弱点——武器弹药不足。至于军事行动的前景，周恩来说，在短时间内优势还是归国民党，但不久国民党就开始经受人力资源方面的严重困难。周恩来强调道，共产党依靠人民大众，其军队军事行动的主要方式——运动战。由于弹药不足，所以解放军必须采取运动战的战术——切断敌人后方交通线，围歼敌军个别集团，"我们将对它的所有薄弱之处予以打击"。

在周恩来回延安之前举行的会谈中，彼得罗夫问道，可不可以认为国共关系已完全破裂了。周恩来回答说，一切取决于国民党以后的立场。董必武留在南京进行联系。但是，1947年3月，董必武和他的同事以及留在上海和重庆的中共工作人员紧急撤回延安去了，自1936年起，中共中央和中共武装力量司令部就设在那里。

1946年11月7日，周恩来出席苏联大使馆在国际俱乐部举办的节日招待会。我受大使委托，一段时间守候在大厅出口处，向退席的客人道别。周恩来离开时精神抖擞，情绪良好。我一直把他送到轿车旁。临别时他笑着说："不要紧！我们的事业是正义的！胜利属于我们！不久我们就会再见的！"11月19日他飞往延安。我们深切体会到这一戏剧性时刻。周恩来与国民党人从1936、1937年开始的历时十年最复杂的马拉松式谈判就此结束了。

美国人和我们交谈时并不回避讨论事件进程、南京政府具体的失败和自己对华政策的失算等问题。当然，在这种情况下，马歇尔、司徒雷登大使和其他美国外交官试图为自己的行为辩护。例如，在我们大使馆于12月4日举行的宴会上，马歇尔企图粉饰提交国民大会的宪法草案，他强调说，国共之间的相互指责和不信任似乎是难以克服的障碍。彼得罗夫对此说道，不信任是有根据的。马歇尔生硬地、神经质地反驳说："对国民党不信任是有根有据的，但不在于美国的调停。"显而易见，马歇尔将军深切体验到自己调停的结果令人失望以及公众舆论和外国政府对此的评价。

我们与司徒雷登的会面比与马歇尔更为频繁。有一次他悲叹道，他再也看不到与中共恢复谈判的任何前景。彼得罗夫简明扼要地说："国民党是有过错的。"司徒雷登沉默不语，然后却表示同意。后来他考虑打算改组南京政府，称之为治标的办法。早在1946年司徒雷登就时常谈论希望苏联参加美国的调停。9月

16日他对彼得罗夫说,苏联应和美国一道参与解决中国问题,对此他并没有失去希望。在重申我们不干涉中国内政的坚定立场后,彼得罗夫又说道,开诚布公地讲,如果中国的两方处在孤立地位,中国问题就能够得以解决。但是,国民党接受大量援助这一情况,并没有导致状况的改善,却导致了内政形势恶化和内战加剧。应当注意到,当前司徒雷登呼吁"共同参与中国问题的解决",过了两个月后听起来就像蒋介石已经决定按自己的方式砍开中国问题的死结。7—8月间,蒋和最亲近的顾问以及马歇尔将军召开了一系列会议,决定最终撕毁政协决议,用"宪法"来给国民党一党独裁统治举行洗礼,并尽全力消灭中共。

蒋介石尽管作出了重大决策,但不能不考虑苏联对他所作所为的态度。伟大的卫国战争胜利后,苏联的威望在上升,甚至在欧洲局势紧张和"冷战"开始的情况下,南京仍然努力维持与强邻的关系,以便确保苏联对中国面临的事件保持更为稳重的立场。蒋介石制订计划要大打内战并将战事转向中国东北,于是决定应当对莫斯科采取明确的外交措施。

7月23日,蒋经国拜访彼得罗夫并说,蒋介石想和大使会谈,邀请后者到牯岭的避暑别墅去见他。补充说一句,在这些炎热的日子里那儿可以休息得很好。牯岭——位于江西省(南京以西)庐山山地中的一个疗养城。我们8月初启程,大使的随行人员有他夫人尤莉娅·帕夫洛夫娜、Б.С.伊萨延科(他为会谈做翻译)和我。一架小飞机把我们送到九江——长江上的一个大码头。我们坐了半个小时的小汽车来到庐山脚下,轿夫在那里等候我们。我们在牯岭住了一个多星期,下榻在由俄国商人——茶叶商修建的一座结实的大房子里,这样坚固的俄国公馆为数不少。中方委托邵力子来安排大使的活动,有几次他安排我们在牯岭周边游玩。在晴朗的天气里,我们欣赏着鄱阳湖独特的风景,平静的湖面上波光闪烁,山的支脉郁郁葱葱,延伸到湖边。阴雨的日子里，整个城被云雾笼罩，呼吸着凉爽的空气真是令人心旷神怡。要知道，此时在南京和不远处的九江，人们忍受着 8 月热浪的煎熬——"伏天"——日夜酷热和闷热使人难以忍受的季节。

蒋介石于 8 月 9 日接见大使。会谈进行得很艰难，气氛也非常紧张。蒋介石当然完全了解我们的立场，但他直截了当地提出这个问题，他根本没考虑会得到赞许的答复。显然，他希望向莫斯科的立场施加压力，以便减少苏联对他已决定采取的行动作出不利的反应。

大使回答了主人的问题并坚定地说，中国首先需要和平。当时蒋介石问道："中国能不能实现和平呢？"彼得罗夫再次坚定地回答说："不仅能够而且应当。"他更加明确指出，无疑各党派可以达成政治协议，为此政协协议是良好的基础。蒋介石开始争辩道，他似乎尽全力与中共达成政治协议，但共产党人企图阻碍避免冲突的和平建议。他进一步问道，根据大使的意见，不履行政协决议的过错在哪一方，是共产党还是国民党。实际上，彼得罗夫宁愿回避直接回答这个问题。的确，蒋介石不可能不知道彼得罗夫多次就该问题对马歇尔、司徒雷登和其他许多人给出的明确答复。会谈因长时间冷场而中断。蒋介石表情忧郁地坐着，痛苦地决定是否应当再说些实质性的话。最后，他请大使在牯岭多住几天并补充说，蒋经国不久要到牯岭来，他想和儿子一起再次会见大使。8 月 13 日会谈时，蒋介石对彼得罗夫讲，他请求告知斯大林大元帅，"他想在中国内政形势稳定后亲自与他见面"。

我和大使都明白这一策略的目的。在新的条件下，蒋介石企图维持巧妙应对苏联的可能性，他完全清楚，如果以前苏联没有邀请他访问莫斯科（早就知道他希望会见斯大林），而现在随着全面内战的爆发，就更谈不上最高层会晤了。蒋介石后来在他的

《苏俄在中国》一书中臆造出的东西显得非常荒唐,他说斯大林似乎两次邀请他访苏,但这些邀请好象均被他婉拒了。在自己冗长的著作中,蒋介石甚至推测道,"斯大林邀请蒋经国访俄的真实目的",用他的话讲,是"非同寻常的步骤",即安排蒋介石本人访问莫斯科。事实上,苏联没有给蒋介石或蒋经国发出任何邀请,后者是遵从其父的提议作为其私人代表来到莫斯科的。蒋介石也证实,关于他要求会见斯大林的传闻,据说是"斯大林常见的策略",意在"引起中美之间的误会"。

作为牯岭会晤的继续,10月31日蒋经国前来拜访彼得罗夫,他承认"中苏关系有许多反常现象",蒋介石似乎对此深感不安。同时,他对大使说,中国政府努力排除中苏友好的一切障碍。然而,我们大使馆的人看到,中国当局方面的善意姿态、言论乃至献媚,都没有被实际情况所证实。大使馆向中央通报时指出,我们在和掩饰其反苏路线的外交游戏打交道。事实上,南京政府在所有国际问题上都支持英美,对于中苏共同利用在满洲的日本企业、中国在大连的民政机构及其维护他的警察当局和其他许多问题,都拖延解决并使其复杂化。中国当局实行歧视性措施,并对苏联的机构和公民进行挑衅。

像所有外交使团一样,我们密切注视国民大会筹备过程中局势的尖锐化。在1946年6月戏剧性的下关事件之后,国民党展开了对反对派和广大民众阶层的镇压和恐吓。当时在下关火车站,"一群流氓无赖"突然袭击了前来首都请愿的上海民众代表团的成员,宪兵把包括前教育部〔次〕长的马叙伦在内的一些代表团成员,驱赶到车站附近,毒打了5个小时之久。半年来,对于那些反对加剧国家分裂和内战的知名活动家,国民党采取恐吓和暴力等手段。与此同时,国民党领导人在许多情况下还借助马歇尔和司徒雷登,企图使无序的反对派脱离民主力量。他们得以用部长和其他职位诱惑曾琦和其他两个小党的部分领导人以及一批"独立"活动家。这就使国民党有机可乘,声称1946年11月—12月召开的国民大会不是国民党一党包办的,因而完全有权通过宪法。我们坐在来宾席上看到,有很多赞成宪法的代表缺乏像其制订者那样的热情。亲国民党的自由派报纸《大公报》,在评价民众对"国大"和通过宪法的态度时,在社论中写道:"人民漠不关心"。

然而,宪法闹剧并没有阻止内战的爆发,各阶层民众的注意力还是被吸引到美国人在内战爆发中所起的作用、以及在中国城市街头的无数美国兵上来。青年学生举行大规模游行示威,高呼"美国佬滚出中国去!"这样的口号。司徒雷登大使甚至在和彼得罗夫会谈时也承认这些行为是自发的。南京发生大规模游行示威,与此同时,由于通过宪法,政府也组织了游行。大使馆工作人员看到,保护当局组织游行的警察,是如何对待学生队伍的反美标语的。

另举一例,我们和大使乘车绕过被示威者封堵的市中心,在一条巷子里遇到了学生游行队伍,他们表现得非常积极,立刻在我们乘坐的小汽车上贴满了传单和标语,并高喊"美国佬滚回去!"等口号。彼得罗夫实在是被他们的士气所鼓舞。我们马上将此情景与我们大使馆门前的反苏示威者的被动举止相比较,后者显然是些低年级的中学生,成年人在他们后面时不时高呼口号。

中国外交部和王世杰积极活动,以便不让在1947年3月举行的莫斯科外长会议上讨论美国在华驻军问题。当时,美国也阻挠讨论这一问题,而是建议会议局限于美苏代表团之间交换意见。然而,我们在会上采取的措施却在中国和世界上引起了强烈反响,各种各样的谈话者对我们说,苏联的这些外交行动得到中国爱国者的赞同,他们高度评价那一时期苏联按照1945年12月苏、美、英莫斯科外长会议的精神所做的发言,该决议要求苏美军队撤出中国。在中国，人们高度评价苏联政府在1946年春苏军撤离满洲时所采取的措施。与此相反，美国完全不打算将自己的军队撤出中国。苏联领导始终如一的行动，许多国家报刊上的文章和社会舆论，包括美国本身各阶层，无疑都对美国鼓吹扩大其对华干涉的势力产生了遏制性的影响。正如蒋介石后来在自己书中写道，所有这一切使得美国政府难以向南京政府提供军事和财政援助。我们注意到，蒋介石有些夸大我们的批评对美国行政当局的影响。众所周知，国民党不能改革和挽救自己的政权，也使华盛顿越发失去信心。1948年魏德迈将军在结束自己在华使命时便直截了当地谈到这一点，而他来华的目的正是确定如何挽救南京政权的途径和手段。

彼得罗夫必须经常听取王世杰的抱怨，他指责苏联报刊对中国政府和蒋介石本人的不友好言论。1947年5月30日，王世杰递交一份照会以及我们报刊上"不符合1945年中苏条约字面意义和精神"的辛辣材料。大使在回复照会中声明，正如审查表明，在所列举的任何一篇引文中都没有包含攻击中国政府的意思，中方对报刊作出了武断的解释。彼得罗夫多次请部长注意，国民党报纸粗暴攻击苏联政府及其领导人，《建国日报》厚颜无耻的狂妄行为已经是家常便饭了，除了对我国大肆造谣外，它还包含这样的内容，如要求与苏联断交，呼吁美国对俄开战。王世杰不得不谴责这些攻击性言论，有一次说他建议查封《建国日报》和其它同样的报纸，但是，中国现在有"宪法自由"，对此仿佛他也无能为力。顺便说一句，"宪法自由"并没有妨碍蒋介石不久就查封民主派和自由派的报纸，也没有妨碍他取缔民主同盟和其它左翼组织。

1946—1948年，苏联大使馆面临许多复杂问题。令人不能容忍的是，国民党中我们的敌人暗中企图进一步恶化苏中关系的气氛，开始出现大规模歧视和迫害苏联公民的事件，对他们进行非法搜查、逮捕和掠夺。在天津、青岛和其它城市发生了恐吓和劝说富人并企图使他们退出苏联国籍的事情。尽管中国外交部许诺协助遣返3千名苏联公民的家属，但当局给我方人员离境设置重重障碍。苏联大使馆得知，中国当局和美国情报机关一道，瓦解当地的苏联侨民协会和他们的社会组织（1948年我去青岛出差时对此深信不疑），从中招募间谍并建立反苏的侨民组织。当局企图剥夺苏联公民的土地所有权，尽管这一权利在1935年苏中贸易协定的第12条予以保证。中国当局开始实行掠夺俄国教会、教堂和其他财产。他们初步打算让约安主教当教会首领，他夺取上海教会的收入并以国外东正教最高会议的名义行事。僧侣中的苏联公民遭到迫害，俄国教会首领维克多大主教被逮捕，这件事造成对我们大使馆声望的打击，因为他是莫斯科大主教的代表。由于大使馆的强烈抗议和彼得罗夫大使的要求，在无休止的拖延之后，根据蒋介石的指令，维克多大主教被释放，并阻止了许多胡作非为之举。

  大使馆坚决地调查并解救了1946年我军撤离满洲时由于各种原因掉队的官兵，费了很大周折才把他们从蒋介石的刑讯室里救出来。仅举一例，在北京李宗仁将军行营的大楼里，我们的外交官偶尔遇到被押解的冼切科大尉。此后三年，当局对我方询问的答复是，他们对冼切科大尉一无所知。还在重庆的时候，大使就向王世杰递交了一份关于冼切科的备忘录，而后多次向部长提出关于他的问题。我们递交照会、备忘录，发表各种级别的声明。我负责处理冼切科问题，每次与卜道明会谈时都提出这个问题。后来我才知道，最终冼切科被押解到新疆，在那里移交给我们的代表。

  1946年夏内战全面爆发，蒋介石投入了自己的450万军队来对付人民解放军，当时他声称中共军队主力将在5—6个月内被消灭。当然，没有人会相信蒋介石及其将领的夸夸其谈。解放军依靠自己的运动战术成功地围歼了南京政府军的个别集团。后来我们才知道，一年以后即1947年中旬，120万国民党士兵就这样被歼灭了。这些损失以及严峻的经济状况引起统治阶层的恐慌。在1947年3月国民党第六届中央执行委员会第三次全体会议上，出现了回光返照的情景。进攻延安被安排在全会召开之前。不言而喻，这一事件对外交使团、新闻记者以及上海、南京和其他城市的居民产生了影响。然而，全会的参加者为军队损失增多感到不安，于是要求采取非常措施。全会宣布"戡平共匪叛乱"的命令，并决定全面展开对民主人士和自由派人士的镇压。在全会上，右翼极端分子指责王世杰"对苏政策软弱无能"。全会之后组织了"反对赤色侵略"和"国际干涉"的"抗议示威"，后者是与苏联和国际社会一贯反对美国驻兵和它以其他形式干涉中国内政有关系。

我们不怀疑蒋介石政权是注定要灭亡的，但对大使馆来说，及时地评价和预测军事政治形势却并非易事，况且也不能不考虑到美国更大规模军事干涉的可能性。然而，对国民党不利的因素表现得更加明显：中共力量的增强和它在人民群众中影响的增大；国民党内部矛盾激化，它不能解决国家的基本问题——土地问题及中国灾难性的金融形势。

1947年中旬，南京似乎还能守住战略要地并进行局部的进攻作战。延安陷落后，中共领导转移到新的地区，解放军总部在继续给予敌人造成无法弥补的损失的同时，准备展开决定性的反攻。当时，苏联大使馆自然无法掌握充分的消息。消息常常是自相矛盾的。个别与我们交谈的人（如民主同盟活动家罗隆基）表现出明显的悲观情绪。很久以后才知道，当时中共领导人本身也考虑到战争可能会拖更长的时间。因此，1947—1949年战局进展得比我们预测的要快得多，这就不令人奇怪了。必须注意到，1946年9月21日周恩来在与彼得罗夫会谈时对中共战略战术的上述解释,有助于我们对军事政治形势作出正确的分析。

1947年夏,在东北、华北和华中展开了激烈战斗。刘伯承、邓小平、陈毅和陈赓的部队将军事行动扩展到淮河以南的辽阔地域。农民到处在自发地展开抗税、抗丁、抗粮及反对警察胡作非为的斗争。国民党军的团和旅,特别是那些匆忙组建的部队,不愿去打仗,而是放下武器,投向共产党一边,这些都不足为奇了。在城市里,抢粮风和其他群体骚乱层出不穷。1947年国民党军队用去的军费比预算高出4.5倍。滥发纸币使一年内物价上涨了27倍。1947年7月25日,蒋介石下达总动员令,规定没收一切用于军事需要的人力物力资源,禁止集会,对那些幸免于难的独立报刊采取残暴措施。蒋介石的新举措包括组成以张群为首的新政府这样的阴谋勾当,外交使团评价此举意在请求华盛顿给予新的"政治"援助来挽救其政权。官方宣传当然支持讨伐令,呼吁美国迅速增加援助。新任的行政院副院长孙科,以前被认为是国民党左派,现在却公开威胁要惩治所有那些决心反对蒋介石命令的人。国内掀起大规模逮捕学生、教授、记者和文化活动家的浪潮,社会团体被解散。国民党再次瓦解民主同盟没能得手后,因此于1947年10月27日宣布将之取缔。数百名民盟成员遭到镇压,杜斌丞和11名民盟支部的领导人在西安被枪杀。一些人消失得无影无踪。的确,许多被公开列入失踪者名单的人逃到了香港。

听到南京绝望地呼吁援助,美国毫不掩饰对蒋介石的不满,因为他不能找到摆脱危局的出路,并且不能实施某种有效的改革。为了讨好华盛顿,国民党开始谈论改革,宣布宪法生效,安排国民大会的选举,任命被收买的两个小党和无党派活动家为部长。1948年春召开了无聊的"国大"会议。我们外交官两度旁听了演说者的空谈,并试图弄清一大堆决议草案、呼吁书和请愿书。不过，我们还是搞到了令人感兴趣的文件。我们所了解的一组"国大"代表提交的一份文件承认，在国民党控制的地区，有70%的居民期待共产党快点来，它进一步说："中共在自己的区域拥有100%民众（的支持），在我区有70%；我们在他们的区域却没有支持者。"蒋介石当选总统，获得"戡乱总动员时期"独断专行的全权，但却遇到自己的影响力下降和国民党内意见分歧等不利因素。代表们没有通过他提出的关于选举孙科为副总统的建议，而是选举李宗仁将军担任此职。美国人促成李宗仁的当选。司徒雷登大使对罗申说，李赞成实行重大改革，"可以发挥非常重要的作用"。我们把美国大使这番话理解为证实了这种传闻，即当时华盛顿在讨论让李宗仁取代蒋介石的方案。在另一次谈话的时候，司徒雷登说道，蒋介石"顽固坚持自己的阶级偏见"，"地方上的封建地主不允许实行破坏他们安宁的任何措施"。

1947年7月彼得罗夫去休假。在莫斯科，他的夫人尤莉娅·帕夫洛夫娜出人意料地遭到逮捕，指控她与美国情报机关有联系。龙·帕·彼得罗夫娜是人种学家、历史学博士，曾在美国学习过，研究美国印第安人问题。据说在中国期间，她收到自己导师从美国寄来的文献资料。她像我们大使馆许多工作人员一样，去找美国大使馆的医生看病，这位医生又是武官助理。斯大林去世后，尤莉娅·帕夫洛夫娜被平反，继续从事科研工作，担任《苏联人种学》杂志主编。彼得罗夫被任命为苏联外交部档案司专家。阿波龙·亚历山大诺维奇·彼得罗夫卓越的外交活动就这样突然荒唐地中止了。1949年1月，这位天才的年轻外交官、东方学学者因心脏病发作而去世。

H. B. 罗申少将成为新任大使，他担任驻华武官大约十年。1948年5月罗申递交国书及蒋介石礼节性设宴招待时，双方没有谈及两国关系的严重问题，但中方基本上给予罗申更多关注。

特别是，除了外交部司长沈剑虹到火车站迎接他外，蒋经国和西亚司司长卜道明出乎意料地到来了。蒋经国的出现好象暗示着准备与莫斯科进行新的接触，或许蒋介石身边的人闪过一些念头，是不是应当尝试或开始新游戏——在大国调停下同中共谈判或者其他外交策略。

1948年，人民解放军进行了三大战役——辽沈、平津和淮海，150万国民党军被歼灭，主要是被俘。11月7日，我们从参加节日招待会表情抑郁的客人那儿得知淮海战役开始了。炮声一天天逼近南京，我们亲眼目睹政权开始垂死挣扎，当地精英惶惶不可终日，有钱人纷纷跑到香港去了。国民党维持对金融哪怕是不切实际的控制的企图归于失败，还在8月，1100万元法币兑换1美元。9月蒋介石下令只有警备司令部批准才允许离开上海出国。国民党采取残暴措施来制止收购和出口国内的贵重物品。蒋经国被派到上海，委以特别全权以打击经济犯罪。所有这些措施结果都是徒劳无益的，政府变动频繁便是当局束手无策的表现。张群辞职，翁文灏只履行了几个月行政院长的职务，孙科又试图组成新政府。

美国大使馆的一些老外交官在谈话时突然开始以简短的插话方式批评蒋介石，几乎异口同声地希望李宗仁或随便哪个人也许都会比蒋表现得更好。他们非常气愤地评价蒋介石的将军们，尽管依靠美国的援助，还是打了败仗。必然会听到这样的言论，即共产党是由于莫斯科的支持才取胜的。在这样的谈话过程中，美国大使馆的新人（一个秘书）突然一口气说道："你们可以高兴了！你们赢了！我们输了！"我回答说："我们没有进行比赛，是中国人民胜利了。"谈话者又冒出一句话："林彪有苏联武器！"我对他说，数百万解放军战士是用美国武器打仗的，魏德曼将军、司徒雷登大使和美国个别报纸都承认这一点。我记得一个美国记者报道说，装备美国武器的刘伯承、陈毅的共产党军队，现在正冲到扬子江岸边。应当注意到，我们与美国同事的交谈通常不一定都是这样的相互讥讽，一等秘书和参赞级的关系表面上仍然是正常的，他们甚至当我们在场时也不羞于讨论美国内政问题。因此，我记得，一些老外交官和他们的夫人对杜鲁门蝉联总统的消息表现得是多么失望，其中一女士称杜鲁门是"地道的小人物"，可没有人试图反驳她。

1948年12月我六年的外派任务就要结束了。我在下关火车站等候去上海的列车，而通常寂静空荡的车站，此刻却被前所未有的混乱气氛所笼罩着，甚至在通向站台的长长走道上，箱子和手提箱堆积如山，四周是忧心忡忡的主人和脚夫。我们大使馆的一位同事触景生情地说道，这幅景象使人联想起我国影片中描写国内战争在南俄结束的一个镜头。

黄昏时"斯莫尔尼号"轮船驶离上海。船在公海上遭遇风暴。船长请求我在晚饭后给全体船员讲讲中国的事情。尽管船颠簸得厉害，我还是花了一个多小时向水手讲道，解放军和国民党军展开的大决战，最终决定了中国的命运。

邱昌渭往来函电选

邱凯云 选编

说明：邱昌渭（1898—1956），字毅吾，湖南芷江人。毕业于美国哥伦比亚大学，获哲学博士学位。回国后先后在北京大学、东北大学、清华大学、中山大学任教。1932年起出任南京国民政府情报司司长、广西省政府委员兼教育厅厅长、民政厅厅长。1942年调任国民政府国防最高委员会中央设计局副秘书长。此后历任第四届国民参政会参政员、立法委员。1949年7月，被代总统李宗仁任命为总统府秘书长，直至1950年3月蒋介石在台湾"复任"。

本篇资料均选自1949年7月至1950年3月邱昌渭在"总统府"秘书长任上往来函电，包括部分邱本人所藏国民党军政人物的函电。这些函电反映了国民党在大陆的最后时期及败逃到台湾初期的情况，尤详于蒋介石和李宗仁之间的矛盾和政治斗争。函电中不乏对中共的诬蔑不实之辞，为保持资料的完整，未作删改，希读者在使用时加以甄别。

1. 董其武①致阎锡山电（1949年8月2日）

院长阎②钧鉴：已感展六奉悉。所示各节，谨当遵妥为处理。半年来，绥远军事即系如此计划与准备，惟事实尚不无可虑者。兹将事实详报于后：（一）当前归绥东北南三面及大同、阳高间地区共有奸军十五个师及四骑兵师，取包围压迫形式，坚决与战，必无结果；若向后套撤退，匪即乘势西犯，不徒绥包陷落，而后套亦难立足。因各蒙旗观望不定，如向后撤退，均起而张目，甚至零散溃乱，难得预期效果，且影响所及，关系全局安危。（二）绥远部队多系地方壮丁，处此情势下，多不愿离家他去，若再向后撤退，除地方部队大多均不能随队西进外，恐正规部队亦不愿逃去，如前次西移时即逃亡步骑约一团，此中事实不得不向钧座详述。（三）绥远十万人马，二万七千干部，如处置得当，当能保持力量完整，俟反攻时期，必有重大贡献；如处置欠当，恐自归毁灭，反为匪军增加力量。（四）在以上情况下，已成进退为难。（五）职与多数高级人员再三研究，适应情势需要，决不为个人计较，故拟暂时藉采政治手段，应付缓冲。匪军派兵西北，藉以配合西北作战，而免后顾之忧；一面暂派大部主力西移，以作甘宁之支援。此种苦心因利在国家，且忝属多年部属，故敢一再渎陈，请钧座详加指示，以便遵循。职董其武。午冬十时高。

2. 董其武致阎锡山电（1949年8月10日）

转院长阎：绥远近情业于午冬十时电详陈，计呈钧览。当前绥远情形，若纯用军事，不独绥包难保，恐后套亦难立足，已于

---

① 董其武，时任西北军政长官公署副长官。
② 院长阎，指行政院院长阎锡山。

午鱼将部队西移归绥,只留轻装步兵一部,绥南、绥北各留骑兵一部,撑持局面;一面藉政治应付,维持绥包,缓冲匪军西犯,压迫后套,俾保持战力及屏障西北门户与反攻基地。当前政治应付较用军事与国家有利,然无论在任何情况下,决赤忱为国奋斗到底。绥远部队为钧座部属,干部亦多为钧座多年培植,均期保持战力,遵钧座意旨,听供驱策,请多予指示,俾资遵循。职董其武。午灰二亭。

3. 张君劢致李宗仁函（1949年10月23日）

德公总统赐鉴：

在穗承教为快。政府迁渝,局势更形严重,本党①今后更有先事准备,展开工作之必要。惟本党经费困难,久在洞察之中,兹请万委员仞千面达一切,务悉赐予协助银元五万元,以应至切需要,不胜企盼之至。专此。祗颂崇绥

张君劢拜启

十月廿三日

4. 曾琦致邱昌渭函（1949年11月9日于美国）

毅吾秘书长仁兄惠鉴：

违教经年,时殷怀想。弟于去冬奉命出国考察欧美宪政,先到美京治疗宿疾,因工作时有断续,故时间不免稽延,前已陈明（代）总统,拟俟政府续汇旅费,即转赴欧完成任务。昨蒙（代）总统复函允许,不胜忻感。兹再上书略摅所见,敬祈转呈为荷。广州弃守以后,大局愈趋艰险,吾兄荣膺内翰,参赞大计,定有良谋挽兹危局。尚祈赐示以慰远怀。弟于双十节日曾赴纽约中华公所讲演,并撰有《抢救中华民国》一文,载于《美

---

① 本党,指中国民主社会党。

洲日报》，兹特剪陈，敬希指正。肃此。敬颂箸安。

弟　曾琦拜启
十一月九日

5. 邱昌渭致李宗仁电（1949年11月11日于重庆）

即到。桂林长官白①转呈代总统李宗仁。密。军事逆转，日来情势与钧座离渝时已不相同，中枢无主，人心浮动。台湾方面一再表示，如钧座返渝，蒋公即来渝，弦外之音，倘钧座不来，则蒋公亦必不来。似此情形，首都告急，而元首远出，中外指责，无以自辩。十月来忍辱负重，所博得之中外同情，未可弃之于最后之五分钟。职意无论蒋先生来渝与否，钧座似应早日返渝，以示钧座有始有终负责到底，且并以表示大政治家之风度。谨电陈词，伏祈裁夺为祷。职昌渭呈。真。

6. 邱昌渭、刘士毅②致白崇禧电（1949年11月12日）

即发。桂林长官白崇禧。极机密。密。军事急转，人心惶惑，目前情势已与一周前不同。德公行止有重行考虑之必要。蒋公已表示倘德公返渝，渠即来渝。倘德公迟迟不返，则蒋公更可观望不来，将来失败之责，渠可推卸。而德公身为元首，久出不返，在客观方面有藉出巡以逃避责任之嫌，此不独失去国人同情，且甚足以影响将来在政治上之领导。倘蒋公于此时挺身而来，以总裁地位从中主持，更可向中外宣传，表示其勇赴国难，不顾名位，挽救危亡之真诚，虽失败亦必能博得中外之同情与拥戴。在此情况下，德公进退必更为尴尬。时机迫切，盼公与德公对职等愚见，予以郑重之考虑为祷。职昌渭、士毅仝呈。立。

---

① 长官白，指华中军政长官白崇禧。
② 刘士毅，字任夫，江西人，陆军上将，总统府参军长。

7. 邱昌渭、刘士毅致李宗仁电（1949年11月12日）

桂林代总统李宗仁。密。据接近陈立夫之人透露，谓蒋不愿钧座有单独作法，在现阶段渠愿支助钧座反共，并无复职之企图。但第三次世界大战爆发时，渠盼钧座让位，由渠出而领导等语。是否属实，谨电陈以备参考。职昌渭、士毅仝呈。立。

8. 刘士毅、邱昌渭致李宗仁电（1949年11月14日）

限一小时到。桂林代总统李宗仁。密。顷据秦绍文①兄自阎院长处得息，谓总裁将于今日下午或删日来渝。谨闻。职士毅、昌渭叩。寒申。

9. 刘士毅、邱昌渭致李宗仁电（1949年11月14日于重庆）

限一小时到。分拍南宁、桂林代总统李宗仁。密。总裁于本日下午三时半抵渝，职等闻讯当即赶赴林园，适岳军、墨三、骝先、立夫、子惠②诸人在座。职等辞归时，总裁一再面嘱电告钧座，盼能于删日来渝面商一切。谨闻。职士毅、昌渭呈。寒。

10. 邱昌渭致李宗仁电（1949年11月14日）

限一小时到。南宁、桂林代总统李宗仁。密。（一）今晚郑彦棻兄以中央党部秘书长地位发表谈话，略谓总裁此次重莅战时首都，一本促进团结之旨，协助钧座暨阎院长共挽危局，并与西南军民共同努力保卫西南，奠定反共基地等语。（二）总裁及此间军政首长均盼钧座删日来渝，职意钧驾不宜再迟。谨闻。职昌

---

① 秦德纯，字绍文，时任国防部次长。
② 张群，字岳军；顾祝同，字墨三；朱家骅，字骝先；杨森，字子惠。

渭呈。寒亥。

11. 抄录白崇禧致蒋介石电（1949 年 11 月 15 日）①

毅公钧鉴：

兹遵示抄奉电稿二件，敬乞察阅为祷，并颂钧安。

杨受琼叩
十一月十五日

一、抄呈总统蒋亥敬电。民心代表军心，民气犹如士气。默察近日民心离散，士气消沉，遂使军事失利，主力兵团损失殆尽，倘无喘息整补之机，整个国军虽不辞任何牺牲，亦无救于各个之崩溃，不仅中国版图变色，我五千年之文化历史将从此斩断。言念及此，忧心如焚。职辱承知遇，垂念余年，当兹国家危急存亡之秋，不能再有片刻犹豫之时，倘知而不言，或言而不尽，对国家对钧座为不忠，对民族为不孝，故敢不避斧钺，披肝沥胆上渎钧聪，并贡蒭荛。（一）先将真正谋和诚意转知美国，请美、英、苏三国出而调处，共同斡旋和平。（二）由民意机关向双方呼吁和平，恢复和平谈判。（三）双方军队应在原地停止军事行动，听候和平谈判解决，并望乘京、沪、平、津尚在国军掌握之中，迅作对内对外和谈布署，争取时间。白崇禧。

二、抄呈总统蒋亥全电。当今局势，战既不易，和亦困难。以言战争则战力悬殊，外援不继；以言和平则敌焰方张，不易接受。观敌近日广播宣布战争罪犯，可以判断其乘我士气不振继续用兵，使我京沪平津失陷，革命武力消灭，以遂其赤化整个中国之野心。顾念时机促迫，恳请乘早英断。职意似应迅将谋和诚意转告友邦，公之国人，使外力支援和平，民众拥护和平。对方如果接受，藉此开和平之机；如其黩武穷兵残民以逞，则国人不直

---

① 此为抄录日期，白崇禧原电无日期。

所为,友邦亦将扶助,所以恕我而隋寇也。总之我方无论和战,必须迅谋决定,整个团结方有生机,万不可被敌分化,以陷各个击破之惨境。白崇禧。

12. 黄雪邨①致邱昌渭电（1949年11月15日）

即到。重庆总统府邱秘书长昌渭。密。寒酉、寒亥电均奉呈阅悉。一、阎、朱②均有电来促驾,一〔已〕复电文曰:"仁此次出巡,意在分赴西南各地鼓励士气民心,因预定行程尚未完毕,删日不及赶回。特闻。并请转报总裁为盼"等语。二、神仙洞官邸因迁曾家岩,不能不将用具搬走,外间不明真相,请相机说明。职雪邨。戌删。邕③。（印）

13. 程思远④、黄雪邨致邱昌渭电（1949年11月15日）

限即到。重庆总统府邱秘书长昌渭。密。极机密。迭电均已阅悉,一切照冬晚所谈进行。远、邨。戌删。邕。（印）

14. 刘士毅、邱昌渭致李宗仁电（1949年11月15日）

限即刻到海口。采呈代总统李宗仁。密。寒及寒亥电计邀钧览。钧座何时来渝,乞电示为祷。职士毅、昌渭呈。删午。

15. 刘士毅、邱昌渭致李宗仁电（1949年11月16日）

限一小时到。南宁代总统李宗仁。密。极机密。远、邨两兄戌删邕电敬悉。现在情形与冬晚所假想者不同。刻蒋公已来,宣

---

① 黄雪邨,总统府局长。
② 阎、朱,指阎锡山、朱家骅。
③ 邕,广西南宁。
④ 程思远,立法委员,国民党中央非常委员会副秘书长。

言为促进团结，协助钧座暨阎院长共挽危亡，是复职之说已成过去。蒋公更电请钧座克日返渝，共策国是。此间军政首长、立监委员及友党人士均渴望钧座早日返渝，且纷纷以钧座归期相问，职等难于答复。因在一般人看来，今蒋公为促进团结，协助钧座而来，而钧座反巡视不归，致误认我不愿团结。且首都危殆，人心浮动，谣言繁兴，民心士气需要钧座在此鼓励者更为迫切，倘仍不速来，似乎轻重倒置，对于钧座损失太大，凡此批评，两日以来耳闻甚多。职等忝长僚幕，不敢缄默，钧驾应否即返，迅乞睿夺赐复为祷。职士毅、昌渭呈。铣午。

16. 黄雪邨致邱昌渭电（1949年11月17日）

限一小时到。重庆总统府邱秘书长昌渭。密。昨晚由此间中央社发出一电讯，文曰："李代总统近十余日来巡视西南各省，因旅途劳顿，饮食欠调，以致胃病复发，且患十二指肠出血。今日（十六日）自海口回邕后，精神颇感疲倦，晚餐未进饮食，亟需休养，返渝之期，恐须展缓一二日"等语。渝报已否刊出，乞电示；如未刊出，请设法透露为祷。职雪邨。戌篠。邕。（印）

17. 刘士毅、邱昌渭致李宗仁电（1949年11月18日）

限一小时到。南宁代总统李宗仁。密。极机密。自蒋先生抵渝，宣言为促进团结协助钧座及阎院长共挽危亡后，各方暨川省军民渴望钧座返渝，久候未至，责难日深。职等无法解喻。现敌寇逼近重庆，政府无主，慌乱万状，首都命运三五日内即可决定。钧座如来，盼即日启航；如决意不来，亦请明白表示，促蒋先生早日复职，以释国人疑虑，而表钧座之政治风度。迫切陈词，伏乞垂察为幸。职士毅、昌渭呈。巧午。

18. 邱昌渭、刘士毅致李宗仁电（1949年11月18日）

限一小时到。南宁代总统李宗仁。密。彭水已失，匪一小部已渡过乌江，重庆甚为慌乱。卢汉①向政院辞职，阎院长已徇卢之请，准病假半月。昨日阎欲昌渭召集五院秘书长会议，当经一致协议，政府应即迁成都办公，但仍候政院作最后决定。刻政府无主，形同瓦解。职等行动究应如何，恳即电示，俾便遵循。职士毅、昌渭呈。巧午。

19. 李宇清②致邱昌渭电（1949年11月18日）

限一小时到。重庆总统府邱秘书长昌渭。密。（一）闻美龄号专机来此换班。（二）德座希望我公与空军联络，如能赶及，搭该机来邕一行。（三）敬达并乞示复。职李宇清。巧晨。邕。（印）

20. 邱昌渭致李宇清电（1949年11月18日）

限一小时到。南宁代总统官邸李侍卫长澄寰兄。密。巧晨电敬悉。据查专机并未换班，但228号运输机则已换班。如必须弟赴邕，盼即电复。昌渭。巧亥。

21. 邱昌渭致李宗仁电（1949年11月19日于重庆）

限一小时到。南宁代总统李宗仁、分送桂林白长官。密。已另呈代总统李。（一）顷接美联社电话，谓今晨旧金山广播：（甲）香港第三方面人士与李代总统代表谈判成立默契，共军不攻广西。（乙）广西军队集中南宁，企图武装和平。职当即以极坚决语气否认上项消息，并斥为造谣挑拨。（二）此间日来传播

---

① 卢汉，时任云南省政府主席、云南绥靖公署主任。
② 李宇清，即李澄寰，时任李宗仁官邸侍卫长。

一种谣言,谓夫人①与于右任先生潜赴北平。(三)顷李雅仙来告,谓蒋先生候钧座至本月二十二日,届期如仍不返,则渠即宣布复职云云。(四)今晨此间《新民报》载关于蒋先生复职事,其标题为《蒋总统是否复职短期内可见分晓》。该报称此系根据某有资格之权威人士于离台前对《中央日报》记者之谈话,并谓以目前西南政治空气而言,则可能性颇大云云。(五)顷刘诚之来告,谓黄埔军要而素来对钧座有好感者称,无论蒋先生复职与否,钧座均应来渝,倘一去不归,则人将视为开小差云云。(六)马介廉昨日抵渝,经已面晤矣。职昌渭呈。皓晚。

22. 邱昌渭致黄雪邨电 (1949 年 11 月 23 日)

电。急。香港坚道九十八号转黄局长雪邨兄。密。本日此间《世界日报》请代总统力疾还都。社论内称,希望钧座效法国父于十三年抱病北上精神,卧主大计,并云如至必须易地治疗的程度云云,在今天实不相宜等语。除将全文剪寄外,特电奉闻,并乞转报。弟昌渭。梗。

附件:三十八年十一月廿三重庆《世界日报》社评(略)

23. 邱昌渭致白崇禧电 (1949 年 11 月 25 日)

限一小时到。柳州白长官崇禧。密。极机密。前日有立委数人,约昌渭与陈立夫切实交换意见,曾认支撑当前危局,必须蒋先生与钧座彻底合作,其具体方式为蒋先生复任总统,而钧座则来中枢任职。次日立夫先生请莫委员萱元②来谈,谓倘钧座入赞中枢,究竟以担任何项职务为适宜。昌渭答以不便表示意见,一则不知蒋先生之意向如何,二则如此重大问题,事

---

① 夫人,指白崇禧之夫人马佩璋。
② 莫萱元,立法委员。

前未得钧座同意，昌渭亦不便表示。莫委员谓不妨彼此以私人资格研讨一下。经交换意见结果，认为不外三种办法：（一）任行政院长兼国防部长；（二）任行政院副院长兼国防部长；（三）专任国防部长。莫委员谓如欲变成真正的战时内阁，且为表示蒋、白的真正合作起见，则以蒋先生复职，而以钧座任行政院长兼国防部长最为理想，德公则以副总统身份赴美。昌渭表示此事要看蒋先生的作法，同时也要问问钧座是否愿负这样重大的责任。莫委员谓立夫很愿意向蒋先生去说。又蒋肇周①、王力航两兄顷来谈，谓闻日来有人主张成立陆海空军总司令部，以钧座为总司令，愿墨三为副总司令，刻蒋先生对此提议正在考虑中云。昌渭叩。迥午。

24. 邱昌渭致黄雪邨电（1949年11月26日）

急。香港坚道九十八号黄局长雪邨兄。密。诺兰②参议员等一行感经南宁、海口赴港，顷面告将于抵港后访晤德公，时间将由美代办约定。特闻。昌渭。寝酉。

25. 邱昌渭致白崇禧电（1949年11月26日于重庆）

限一小时到。柳州③长官白崇禧。密。（一）昨日下午美参议员诺兰夫妇抵渝，陈纳德及麦帅顾问惠勒上校同来，均寓林园官邸，由总裁派员招待，并于今晚欢宴，渭与任夫被请作陪。渠等在渝留一日，拟明日赴柳晤公，然后再赴昆明、海口。（二）右任、觉生、骝先、兰友④、彦棻诸先生昨日下午返渝。渠等在

---

① 蒋肇周，立法委员。
② 诺兰，美国国会参议员，11月25日到重庆，同行者还有白尔吉、吉普恩等。
③ 此电原拟发广西柳州，临时改发广西南宁白崇禧所在地。
④ 洪兰友，国民党中央非常委员会秘书长。

港与德公共谈话三次。第一次均由朱、居等发言,德公所答与渠对新闻记者所发表者相同。第二次德公发了一大顿牢骚。第三次德公表示请蒋先生复职,渠愿以副总统身份赴美诊病,并盼早日解决。今晚蒋先生约岳军留宿林园,钧情如何,容续电陈。(三)德公抵港即嘱叶公超通知美政府,告以赴美就医之意。嗣顾大使复电谓,美国务院远东司长的答复是,正在向国务卿请示中,这等于碰了一个软钉子。昌渭一向认,德公在现在局势下赴美就医为不易办到之事,以至今日进退尴尬,而公等则视为极容易。公等一错再错,即吃了主观太深之亏。(四)昌渭盼蒋先生早日复职,俾自己得早日解除职务,从此后不愿过问政治矣。昌渭叩。亥。

26. 邱昌渭致白崇禧电 (1949年11月27日)

急。邕宁长官白崇禧。密。交通部路政司长洪伸兄暨成渝路局长兼总工程师邓益光兄均系我国第一流工程人才,而又系有志之士,刻渭嘱其偕马股长介廉赴邕,免其流落,而为敌用。倘钧处不能延用,则乞予以协助使之去港为祷。昌渭叩。未。

27. 刘士毅、邱昌渭致李宗仁电 (1949年11月27日)

急。香港坚道九十八号李建宏兄。密。转呈代总统李钧鉴:(一)本日下午中常会会议开会,听取居、朱、洪、郑①诸先生报告赴港经过,昌渭被邀列席。会场空气尚和洽,发言者甚多,最后决议仍请总裁复总统职,但为表示党的意志,乃又推派朱家骅、洪兰友两同志代表常会赴港,敦劝钧座力疾回渝,并盼钧座对中央决议予以郑重之考虑,万一因病不能回渝,则盼将考虑结果予以函复。当时出席常会者,多谓刻局势紧张,应速请总裁复

---

① 居、朱、洪、郑,即居正、朱家骅、洪兰友、郑彦棻。

职,骝先先生尤力持此说。但有人谓钧座只口头表示,致使常会讨论无所根据,故陶希圣有戎马可以皇仓,但政治不应皇仓之语。朱、洪两先生定艳日赴港。(二)綦江于昨日失守,重庆进入混乱状况,本府一钱莫名,刻正设法使员工能于艳日开始分批向成都疏散。谨闻。职士毅、昌渭叩。感亥。

28. 邱昌渭致蒋介石函 （1949年12月4日）

窃昌渭自承乏秘书长以还,适当局势板荡,政府播迁,心力交瘁,终无补于时艰,事与愿违,尤有悖于素志。今后国是益艰,决非材辁如昌渭者所能胜任,用特恳祈钧座俯准辞去秘书长职务,另简贤员接替,俾免贻误,至深感祷。谨呈总统蒋。

职 邱昌渭（印）
十二月四日

29. 邱昌渭致白崇禧电 （1949年12月4日）

即到。邕宁长官白崇禧。密。江晚中常会开会,听取朱骝先、洪兰友两同志报告赴港面谒德公经过,当经决议两项要点如下:（一）恳请蒋总裁复任总统职。（二）李代总统因病出国,不能行使代总统职权,应解除代字,以副总统名义赴美就医等语。常会除将决议案全文电告德公外,并推骝先先生代表中常会恳请蒋总裁即日复任总统职。昌渭已将辞呈送去,静候交代秘书长职务。惟成都又在紧急疏散,昌渭势须赴台,方能了却责任,且以示负责到底之旨也。谨闻。昌渭叩。支午。

30. 邱昌渭致白崇禧电 （1949年12月4日于成都）

即刻到。邕宁长官白崇禧。密。支午电计邀鉴察。今晨总裁电请我公抽身即日来蓉,商决大计,务盼命驾,以免长期陷入无政府状态中也。昌渭叩。支戌。

31. 邱昌渭致白崇禧电（1949年12月6日于成都）

即到。海口白长官崇禧。密。（一）顷奉总裁面谕，昌渭与刘任夫兄随政府行动，将先赴西昌。（二）总裁切盼钧驾来蓉，面商一切后方允复职。德公毫无交代而走，若钧驾又不来蓉，则局势更僵，前途绝望矣。昌渭叩。鱼午。

32. 刘士毅、邱昌渭致李宗仁电（1949年12月19日）

海口华中长官公署白长官。请饬密转华盛顿中国大使馆转呈代总统李宗仁。密。前电谅邀钧鉴。本府职员抵台者仅十余人。篠晨总裁召见，垂询钧座病况甚详，并嘱转致关切之意。谨闻。职士毅、昌渭。皓。

33. 邱昌渭、刘士毅致李宗仁电（1949年12月24日）

香港坚道九十八号李建宏兄密转呈代总统李钧鉴：（一）此间各方对钧座健康均甚关切，总裁处暨中央元老盼钧座常与函电联系。（二）李鹤龄①抵台述职。桂省地区什九陷匪，华中处境艰危万状，成都旦夕陷匪，胡宗南部颇难突围，川军邓、刘、潘三部均叛。中央各机关职员抵台者甚少，本府留用人员全部百余人，现留蓉尚未运出者三十余人。昆明仍在匪手。（三）府务当遵谕负责维持。职昌渭、士毅。迥。

34. 白崇禧致李宗仁电（1950年1月2日）

香港坚道九十八号李建宏兄转纽约代总统李宗仁。密。禧于卅日由海口抵台北，因总裁赴日月潭，尚未晋谒。国内形势较钧

---

① 李品仙，字鹤龄，广西省政府主席。

座动身时更为恶化。川军潘、刘、邓叛变,胡宗南部、李振、裴昌会①及罗广文、孙元良②等十二将领通电投共,李弥③亦有不稳之息,余程万④部现集中蒙自,川滇已濒绝望,桂省局势亦极艰危。整个大陆尽沦匪手,现只海南、台湾两个孤岛可作最后挣扎,非团结无以图存。美国援助台湾计划自郑介民⑤返后,即将具体实现,白宫发言人且已证实。钧座乃全国元首,对争取美援应为全国袍泽打算,勿分地域。日前周锦朝先生对记者谈话,为海南岛争取美援之言论,似未顾及全体。伏祈婉告所属及友好,值兹九死一生之际,应共体钧座相忍为国之旨,则今日之事或有一线希望也。职白崇禧。子冬。(印)

35. 邱昌渭谈李宗仁病状 (1950年1月5日)

李代总统自十二月五日由港飞美就医后,迄今转瞬匝月,各方对于代总统在美近况,均极表关切,记者为此特走访总统府邱秘书长昌渭,承发表谈话如下:代总统出国就医时,病状确甚严重,初非一般人所能明了。代总统抵美后,即入纽约长老会医院留医,经一星期之检查,并将X光所摄胃壁及十二指肠溃疡部份照片,与以往在北平、重庆所摄者比较,结果较前更加严重。由该院各主要医师共同研究决定,将溃疡部份予以切除,乃于十二月十九日上午施行手术,在手术室留达四小时之久,共切除胃达四分之三,经过情形极为良好。据医生云,经割治后百分之八十五可保证不致复发,惟以切除部份过大,完全康复需三星期至

---

① 李振,第十八兵团司令官兼第六十五军军长;裴昌会,川陕甘边区绥靖公署副主任兼第五兵团司令官。
② 罗广文,第十五兵团司令官;孙元良,第十六兵团司令官。
③ 李弥,第十三兵团司令官兼第八军军长。
④ 余程万,第二十六军军长。
⑤ 郑介民,国防部参谋次长。

五星期之久云。

36. 刘士毅、邱昌渭致李宗仁电（1950年1月11日）

香港坚道九十八号李建宏。密。代总统李宗仁。密。极密。据查华中情形，张淦①、李本一生死未明，所部分散，究存多少迄今不知。徐启明②仍失联络，所部亦损三分之二，闻在宁明安南边境。黄杰③率部入越已被法方缴械。刘嘉树、鲁道源④在靖西镇边。总计华中实力据该总部宣称尚有十五万人，但据国防部估计仅四至五万人。桂省几全陷匪手，周祖晃投降，其余情况不明。华中总部⑤已移榆林港⑥，其部队获运琼者，只步兵一团、炮兵一营，故健公⑦在琼至为苦闷清闲。伍鸿卿已被法俘虏，入越计划将大受影响。法方对我变幻不定，前途殊为困难。谨据实密陈。钧座出国逾月，钧恙如何及出院行止如何，乞密示为祷。职士毅、昌渭。尤。

37. 白崇禧等致李宗仁电（1950年1月16日）

急。香港坚道九十八号刘荣才密译转代总统李：迭呈各电谅达。此间国大联谊会⑧曾决议请总裁复职，并推代表面谒劝进，惟尚未接见。昨日监察院又有人提议弹劾钧座者，钧驾离国愈久纠纷愈增。职等意见：（一）美政府对华政策已定，似

---

① 张淦，第三兵团司令官。
② 徐启明，第十兵团司令官。
③ 黄杰，湖南省主席兼第一兵团司令官。
④ 鲁道源，第十一兵团司令官。
⑤ 华中总部，即华中剿匪总司令部。
⑥ 榆林港，即海南岛榆林港。
⑦ 白崇禧，字健生。
⑧ 国大联谊会，即国民大会代表联谊会。

非私人所能转变。(二)援华已成美民主、共和两党政争问题,我对两党态度似宜暂时冷静旁观,不可偏倚,免增来日困难。(三)中枢日久无主,舆论责难日增。改组行政院几成普遍要求,立院开会在即,但无总统提名,各方尤为焦急。(四)海南现有五个军,由陈、薛①主持。华中到琼直属部队只有数千人,在大陆者损失过半,局势至为艰危。台湾情形一切如昔。(五)为留将来旋回余地,现在不妨暂退一步。(六)国家存亡,间不容发,为大局计,法理事实似应兼顾。因此职等建议,以钧恙未痊,须继续在美休养,深恐久旷国务为理由,自动解除代总统职务,致电中央,其他不必提及。此种处置,同志中大部同意,想钧座必有同感。再,职等迄未奉钧示,故不知钧座在美接洽情形,倘美援有望,今假期已满,则乞速归,以慰民望。迫切陈词,乞迅赐采择示复为祷。职禧、仙、殷、毅、渭叩②。铣。

38. 朱家骅辞呈 (1950年1月19日)

昌渭吾兄勋鉴:

兹有上李代总统呈一件特此附奉,乞察收是幸。顺颂勋祺。

弟 朱家骅(印)

元月十九日

附件:谨呈者:家骅承命受任行政院副院长以来迄逾半载,举凡足以防患于机先、补苴于事后者,知无不言言无不尽,奔走劻勤尤所不辞。但时局阽危日甚一日,劳形瘁力,鲜有微助,深夜扪心,惶愧交集。兹者国府迁台,复兴巨业,与夫攻防大计,所有一切,皆须涤旧布新从头做起。家骅夙有胃疾,迄未平愈,

---

① 陈,陈诚,东南军政长官;薛,薛岳,海南防卫总司令。
② 禧、仙、殷、毅、渭,即白崇禧、李品仙、雷殷、刘士毅、邱昌渭。

似不宜再令以劳顿疲惫之身仍行继续备位助勷政事，致多遗误，沥情陈词，伏祈鉴察，准予辞去行政院副院长职务，不胜屏营待命之至。谨呈代总统李。

行政院副院长　朱家骅（印）
三十九年元月十九日

39. 王力航、邱昌渭致程思远电（1950年1月19日）

香港坚道九十八号转程思远兄：自德公赴美就医月余来，国内局势益趋严重，国政无主。此间国大代表日前集议，推派代表促请总裁复职。此固一部人意见，而格于宪法规定，在德公未自动解除代总统职务前，事实上尚难实现。日昨留台监委复径电德公，对其赴美就医，显欠谅解，词多责难。此间同志意见，请兄即与留港诸立监委及各友党筹商，速联名致电德公，敦促于病愈即行返国，主持国政，以挽艰危如何。敬希卓办示复为盼。弟力航、昌渭。皓。

40. 白崇禧致李宗仁电（1950年1月19日）

急函港坚道九十八号李建宏密译转（发香港转发纽约）代总统李宗仁。密。留台监委昨日集议，并致电钧座（全文已公诸报端），谅蒙垂察。该电对钧座赴美就医似欠谅解，拟恳即婉复，述明此次就医经过，并告归期，如钧恙告痊，暂不归国，并予表明今后态度。谨乞裁夺，伫候电示。职白崇禧。子皓。秘。台。

41. 白崇禧等致李宗仁电（1950年1月20日）

香港坚道九十八号李建宏兄。密。代总统李宗仁。铣巧两电、雪邮篠电均奉悉。前途既有办法，极慰。如能先促成杜、艾①公开

---
① 杜，杜勒斯；艾，艾森豪威尔。

欢迎钧座赴华府,且表示支援回国,则雪邨电意自易达到目的,且有利于将来与运用。雪邨何日启程,乞先电示。职禧、仙、殷、毅、渭。哿。

42. 白崇禧致程思远电（1950年1月22日）

香港坚道九十八号李建宏兄。密。请告思远兄,关于雪邨篠电所言之事,万勿向外泄露,待雪邨返港面谈后再说。禧。养。

43. 白崇禧等致李宗仁电（1950年1月22日）

香港坚道九十八号。密。代总统李宗仁。（一）哿电谅达。职等详商,美方既有意支援,钧座似应由其公开表示,倘得外援,则内部窒碍自易减少。（二）雪邨致少谷、兰友函如未寄邮,乞取消作罢,一切待雪邨返港后再行计议。职禧、仙、殷、毅、渭。祃。

44. 邱昌渭、刘士毅致黄雪邨电（1950年1月27日）

香港坚道九十八号黄雪邨兄。密。健、鹤、渭诸公暨此间各方,对德公病况至为关切,盼兄即来台面报,并望先示行期,届时当派员至机场候接,俾免入口麻烦。昌渭、士毅。感。

45. 叶公超①致邱昌渭代电（1950年1月27日）

毅吾秘书长勋鉴：兹检附本部美洲司陈司长②与美代办本月廿五日谈话纪录一份,敬请察阅为荷。弟叶公超。

附件：陈司长与美（国驻华大使馆）代办师枢安谈话纪录

---

① 叶公超,外交部部长。
② 美洲司陈司长,外交部美洲司司长陈岱楚。

时间：一月廿五日下午　　地点：本部

师：关于李代总统回国事，国务院现已探悉，知渠尚须在美休养一个月，并诊治肝疾，此种情形确属真实，同时国务院相信一月以后，李代总统即可回国，李代总统亦保证疗养后即行返国。由于此种情形，李品仙将军去美促驾，似无必要，现美国国会及报界正对中国问题意见纷纷之时，李品仙将军之赴美尤为不宜。

陈：李代总统允于一月后返国，不知系向何方面所作之表示。

师：李代总统赴美之前，曾在香港郑重表示，在美治疗完毕后即回国。本日邱昌渭君来访，本人已将此意告知，惟邱秘书长仍请本人转请国务院，对李品仙将军之护照予以签证，此事恐难办到，因本人只能转达邱君之意，而不能向国务院有所建议，况在事实上，李品仙将军赴美实不能发生作用，反有不妥之处。邱君并告以李代总统出国期间，阎院长可代行职务三个月，满三月之后即不能继续代行，届时行政方面甚有困难。本人据悉，李代总统请将护照展期，未知系指何种护照。

陈：李代总统本人仅有自由通行证，据张平群①总领事近日来电，亦谓李代总统及随员之护照延期，究指何种护照，俟查明后再行奉告。

46. 白崇禧致李宗仁电（1950年1月29日）

香港坚道九十八号代总统李宗仁：闻钧座已出院休养，尊体如何，至念。益以国内情形复杂，拟公推鹤龄兄赴美面谒，并报告一切，惟此间美大使馆谓必须得到国务院许可，对鹤龄兄护照方能签字。职等意拟由钧座向美国务院表示，请其会知美大使

---

① 张平群，国民政府驻纽约总领事。

馆,准许鹤龄兄赴美为祷。职禧。艳。

47. 邱昌渭致李宗仁电 (1950年1月30日)

代总统李宗仁:朱副院长骝先书面呈请钧座准予辞去副院长职。谨此呈报。职昌渭。卅。

48. 邱昌渭致黄雪邨电 (1950年1月31日)

急。香港坚道九十八号黄雪邨兄。密。俭电敬悉。此间高唱团结,报纸已载兄抵港,前日总裁对叶公超亦询及,且日来各方纷纷电话询兄何日来台。无论为公为私,兄亦应来台向中枢报告德公近状。倘兄不来台,更启怀疑,则弟与鹤公更不便赴港。健公暨此间同志极盼兄速来。我等均在台北,吾兄何必过虑,万一将来返港入口证困难,尚可由海南绕道澳门。再,今晨兰友亦询兄何时来台,谓已接到兄函,云德公回国尚有待,还想争取美援云云,此外并未提及其他。并闻。弟昌渭。

49. 邱昌渭转李宗仁致于右任电 (1950年2月1日)

右任院长先生道鉴:

兹送上代总统艳电一件,即希查收为幸。耑颂道绥。

邱昌渭谨启

二月一日

附件:李宗仁致于右任电 (1950年1月29日 纽约)

台北。总统府邱秘书长转监察院于院长并转全体监察委员勋鉴:哿电前日始转到,雅荷远注,至用感慰。仁患胃病迄已十余年,前者南巡至邕突然增剧,乃来美就医,由哥伦比亚医科大学外科主任教授等检查,决定应割去全胃四分之三,以免溃穿胃壁致招不测,现创口虽已平复,而饮食起居仍由医师严密护视,须再有一个时期之静养方能自由行动。长老会医院之两次公告,叙述至详。仁每念中央诸同志及各地将士之辛勤劳瘁,弥增忧愧。所幸在此留医期间,除施行手术之三数日外,对府院及各方所来函电均亲自批阅,府院命令照常公布,并未因仁之病而受丝毫影响。至于执行部份,系由行政院负责处理,故不特府务无废弛之虞,政务亦无中断之虑。目前国内局势,美援至为重要,仁在留医期间曾与美朝野直接间接密取连系,以冀有所补救。披沥奉告,诸希察照是幸。李宗仁。艳。

50. 李宗仁致居正函（1950年2月2日）

觉生先生勋右：

病中承令爱惠临并携来手教,欣慰无似。自弟出国疗治胃疾,不意转瞬间西南半壁竟遭赤匪席卷,举世震骇,群情悲愤。今国军孤悬台琼,既乏饷械,复无外援,闻美政府对我总裁成见极深,曾一再声明不援助台湾,近更公开嘲骂。在此情形之下吾党同志应警惕国家之危亡,不再感情用事,权衡利害,改弦更张,以挽回既失之民心,俾友邦对我增加信心,乐于相助。倘仍固步自封,一意孤行,逆料美国民主党主政期间有效援助决无希望,则反攻大陆扫荡赤氛更为空谈,即希冀固守台琼势亦难持久。言念及此,不寒而慄,凡有血气爱党忧国之士谅有同感。日前接监察院哿电,对弟似有误会,颇为婉惜,察其言外之旨,觉别有作用,醉翁之意,路人可知。本党廿余年来,政治暗潮中此种作用屡见不鲜,固不足怪。际兹国脉如缕,民不聊生,且政情复杂,积弊已深,虽思革新与民更始,无奈障碍重重,阻力横生,名为元首,实等傀儡,尸位素餐,如坐针毡,有何留恋权位之足云。故每感蝼蚁无能,难胜重任,早拟引退以谢国人。无如再四思维,弟若下野,依法由行政院长代行职权,为时仅限三月,今既无法召开国大选举总统,则代理如逾法定期间即为违宪。或曰可敦请蒋公复职,殊不知弟所代者为总统职权，而非代理蒋公本人，国家名器何能私相授受。譬如宣统逊位后贸然复辟，国人群起声讨之。专制帝王尚不能视国家为私产，蒋公首倡制宪，安可自负毁宪之责，何忍为个人安逸计而陷本党于创法始而毁法终。少数同志倡斯说者，不仅毫无宪法常识，抑且故意歪曲理论以乱视听，实属荒谬，贻害至深。国事败坏至此，诚非偶然也。先生明达，未卜以为然否。弟创口虽已平复，惟元气大伤，尚须休养一个时期，现正与美国朝野接洽反共复国计划。盖美国虽对我政府现时措施表示不满，然在其反苏政策下并未放弃中国。事在人为，宜群策群力以图之，国家前途尚大有可为也。纸短言长，笔难尽意。耑此。敬候勋安。

李宗仁拜启
二月二日

51. 刘士毅、邱昌渭致李宗仁电（1950年2月5日）

代总统李宗仁。密。毅、渭支电谅达。雪邨致兰友函蒋公已阅。今日国大代表又联电钧座，请明白表示，《民族报》社论则请监察院依法弹劾钧座违法失职。原文另呈。逆料立、监两院必随有举动，且将扩大至各社团及各民意机关，造成舆论一致攻诘，此即对雪邨致兰友、少谷函与钧座复监察院艳电之答复。蒋公表示决在台湾戡乱到底。仅电奉闻。职毅、渭叩。微。

52. 邱昌渭致黄雪邨电（1950年2月6日）

香港坚道九十八号刘荣材。密。黄雪邨兄。白夫人①带来手书敬悉。自前日起此间各报对德公已开始宣传攻势，亦即对兄致兰友、少谷函反映之一班。监察院弹劾案、国大罢免案均在酝酿

---

① 白夫人，白崇禧夫人马佩璋。

中，刻正极力疏通。蒋公表示决在台湾戡乱到底，而德公则不回不辞，僵局无法打开。倘德公华府之行其结果只有口惠而无实效，时间拖得愈长则愈益不利。此间同志一再商讨，苦无善策，弟更求去不能，大家只有坐以待毙而已。弟昌渭。鱼。

53. 邱昌渭致李宗仁电（1950年2月6日）

代总统李宗仁：此间已发动宣传攻势，万恳钧座此时切勿稍动意气。钧座复国大代表电，盼由职转交。倘钧意欲职在台拟复，则乞示知，职当遵办。职昌渭。鱼。

54. 刘士毅、邱昌渭致李宗仁电（1950年2月8日）

香港坚道九十八号。密。代总统李宗仁。此间自报载钧驾将赴华府，因而发动宣传攻势，肆意诋毁，以打击钧座声望。惟值此存亡间不容发之时，除少数别有用心外，大都惕于危亡，易受渲染，故渴望钧驾早赴华府与杜、艾①晤面，亦所以慰国人之望也。职士毅、昌渭叩。齐。

55. 邱昌渭致李宗仁电（1950年2月11日）

代总统李宗仁。密。丑佳电奉悉。依宪法第五十六条规定，行政院副院长、各部会首长及不管部会之政务委员，由行政院院长提请总统任命之。朱副院长辞职，似应由阎院长转呈方合。但朱与阎意见甚深，故辞呈不经阎而径呈钧核。钧座慰留则可，若径允其辞职，在目前情势下恐更滋纠纷。职意仍请钧座来电慰留，以俟将来行政院整个问题解决时一并解决。当否，乞电示遵。职昌渭。真。

---

① 杜，杜鲁门；艾，艾奇逊。

56. 刘士毅、邱昌渭致李宗仁电（1950年2月13日）

代总统李宗仁。密。（一）监察院弹劾案由曹德宣等五十一人连署提出。根据宪法三五条至四四条及同法四九条理由：（甲）宪法三五至四四条赋予总统职权非常繁重，均不能在国外行使，钧座艳电称在国外批办公文一节不仅错误，且已违法。（乙）在国外批阅公文绝不能视为视事。后依宪法一百条规定，监察院对总统、副总统弹劾案须有全体委员四分之一以上提议，全体委员过半数审查及决议，向国民大会提出。现查监委总额为二二二人，已选出一八二人，已附逆七人，死亡二人，仅约一七三人。四分一应为四三人，过半数应为八六人。目前在台监委约九十人。是此案虽经提出，因人数少，恐难通过。且召开国民大会，法定人数不足，亦难召开。（二）监院复同时决议再电钧座，或回国或不回国，请明白表示，拟俟接钧座复电后，再考虑弹劾案应否交付全院审查。于院长暨觉老曾劝阻无效。（三）监委孙玉琳等提案刘航琛①逾权违法，浪费国币及废弛公务，列举事实与钧座有关者二项：（甲）卅八年十月十五日经李代总统函洽付丁文渊②筹办现代国家社基金港币四十二万元。（乙）十一月廿二日付李代总统机密费港币二十万元。（四）健、殷二公仍在台，日内离此。职等刻正向有关各方疏说中。谨闻。职士毅、昌渭叩。

57. 刘士毅、邱昌渭致李宗仁电（1950年2月14日）

代总统李宗仁。密。（一）监察院第二次致钧座电昨日发出，意在明确知悉钧座究竟即回抑仍继续在美。弹劾案尚未提付

---
① 刘航琛，经济部部长。
② 丁文渊，国立同济大学校长。

院会审查,因监委中助我者尚不乏人,致法定人数不足,终难通过。(二)复监院电及嗣后钧座复此间各方函电仍由职等转交,庶有伸缩余地。职士毅、昌渭叩。寒。

58. 邱昌渭致李宗仁电 (1950年2月18日)

代总统李宗仁。密。部份国大代表提罢免副总统案现正分途连署中,同时复要求立法院修改国民大会组织法,减少法定出席人数,俾国民大会容易召集。此计划若成功,则罢免案与重选总统案均可成为事实。刻立法院定本月敬日开会。谨闻。职昌渭呈。巧戌。

59. 刘士毅、邱昌渭致李宗仁电 (1950年2月20日)

代总统李宗仁。密。巧电皓午奉到,当即转致洪秘书长兰友。据探悉皓晚在于院长官邸非正式临时会议。岳军、敬之、觉生、骝先、立夫、天放、少谷、兰友、希圣均出席。讨论结果:(一)决定蒋公复职。理由为前系因故去职,现在原因消灭,故乃继续视事。(二)复职时间尚待决定,但为期不远,约在立法院敬日复会以后。因非常会议诸公寒电盼钧座于敬日前回国,为表示礼貌,故蒋公不便于敬日前复职。(三)应否再去电促钧座返国尚无决定。今日午后将在草山继续讨论,届时一切必有决定。谨闻。职士毅、昌渭叩。哿申。

60. 于右任致李宗仁电 (1950年2月21日)

急。李代总统钧鉴。密。敬闻政躬日善,至慰。犹忆公于竞选时,愤懑之余,曾数极见教,亦兼采拙见。今日形势,更非昔比,合则共济,分则俱伤。此关系于国族亿万年之命运,非复一二人或党与政府之成败也。至祈能早日返国,协助总裁,共谋匡复。时乎不再,惟幸亮察。于右任。马。

61. 李宗仁致于右任电（1950年2月21日）

台北总统府邱秘书长密转于院长右任先生勋鉴：尊电敬闻，语重心长，曷胜感佩。近来某方面报上言论与来电措词，均足破坏团结，动摇国本，弟为顾全大局起见，未予置辩，故复电中词意和平，此皆一本先生和则共济分则俱伤之旨。兹若能采取一种不与宪法绝对相反之办法，俾无违宪之嫌，则弟为公为私无不乐从，耿耿此心，敬希亮察。弟李宗仁。马。

62. 邱昌渭、刘士毅致何柏林电（1950年2月21日）

急。香港坚道九十八号何柏林兄。密。日来情势急转，蒋公决于最近复职。盼兄即来台，主持办理移交事务。昌渭、士毅。马。

63. 邱昌渭致黄旭初、夏威①电（1950年2月21日）

香港坚道九十八号密转黄主席旭公、夏副长官煦苍：（一）顷奉德公哿电②，经将字句修正，其修正文曰：台北总统府邱秘书长，迩来……（以下全文至）宗仁哿等语。刻渭正与各方接洽中。（二）两公有何指教乞电示。（三）蒋公复职已成定局，只日期未决，但亦不远。特闻。昌渭。马酉。

64. 邱昌渭致程思远电（1950年2月22日）

香港坚道九十八号密转程思远兄：两示敬悉，均已转呈健公。昨德公来电谓，对个人职位无所留恋，嘱弟与各方接洽，寻求合理合法之解决途径。日来正与对方往返磋商中，弟并请

---

① 黄旭初，广西省主席；夏威，字煦苍，华中军政长官公署副长官。
② 李宗仁哿电在邱昌渭所藏函电中未见。

梁、孙两电务员暂仍留府。（三）职与任夫仍静候移交中。谨闻。职昌渭呈。寅灰午。

77. 黄雪邨致邱昌渭函（1950年3月16日）

毅公赐鉴：

前奉微电，此即作复，并径呈复蒋公，未审公得阅及否。（复蒋公电另纸抄陈）德公受尽小人之愚致有此谬举。邨事前之言未蒙采择，二月杪亦曾专电申述愚见，告以如蒋公复职，千万不可发表任何声明，并将目前国内外情况剖析详陈，不料逆耳之言，终不足以移其偏听之见。日前谈话更属荒唐不经之语。事已至此，无可挽回，惟有令人浩叹耳。邨今后决闭门谢客不再与闻。惟生活问题以十余年来从不事家人生产，毫无贮积，来日大难，深以为虑，不识公处尚能有何方法予以援手。应辞职前之薪金亦不审是否尚可领取，如有若干，乞转请伯年兄代为领取带港，邨况伯年兄亦得闻其详也。今日之事，以反共为第一，台湾、海南必须求其确保，以留此一线生机，庶可望作复国之根据。大陆情形，近来各地到港者甚多，共党敲骨及髓，以引起全国人民之反感，有与日偕亡之痛。朱惠清到港，亦公开谓共党统治中国决无办法，以前在港靠拢人士，如李宗理、毛健吾等现亦异口同声反对中共，其他可想而知。吾人今日必须委曲以全大体，因之邨认为公与健公在台，如精神上无大痛苦，仍宜悉力共赴，覆巢之下无完卵，此旨不可不察也。兹因季陆先生来台之便，特附书致意，诸维爱照不备。专此。敬颂潭安。

雪邨拜上
十六日

78. 邱昌渭致蒋介石函（1950年3月 日）

窃职猥以庸愚，迭蒙慰勉，仰怀德意，感奋莫名。惟念自受命以来，适当时局难危，虽勉矢公忠，以冀稍尽职责，无如才能短拙，终惭于事无补。再四思维，惟有仍乞俯准辞职。此后倘有驱策之处，自当随时效命。恳切陈词，伏祈垂察为祷。谨呈总统蒋。

职 邱昌渭
三月 日

79. 邱昌渭致李宗仁电（1950年3月19日）

密。德公钧鉴：职辞职已于巧日照准，由王雪艇①继任，定廿二日移交。谨闻。职昌渭呈。寅效午。

80. 黄雪邨致邱昌渭函（1950年3月23日）

毅公再赐鉴：

前函写就多日，因季陆先生未成行，故未发奉。鹤公抵港，昨日始得晤见，曾将邨在美两次书面陈述之意见书及到港后数次电稿呈阅，并将在美情形详述，非欲有所洗刷，但责任不可不明也。德公日来又数次发出怪论，从词句中看出，知为介侯所主张。此人荒谬绝伦，此次在美始得透彻了解。邨之坚决请回，此为极大原因，关系家室盖托词也。今日之事以反共与确保台、琼为要义，吾人能尽力当竭其棉薄，以自救救国，否则亦惟自谢不敏。大敌当前，风雨同舟，不可为无益之争，以自绝于全民。前致洪、黄②函，内容并不如外间所传之激烈，亦奉命所为，并此

---

① 王世杰，字雪艇。
② 洪、黄，即洪兰友、黄季陆。

奉告。三月十五日尊函顷已收到，德公款暂时似不必寄去，以备他日之用可也，乞卓裁之为幸。伯年兄何日可返港。承殷殷关注，但有心感，书不一一。敬颂俪安。

雪邨再拜上
廿三日

81. 白崇禧、邱昌渭等致李宗仁函（1950年3月　日）

德公钧鉴：

迩来中外报章选载钧座在美谈话，凡稍具常识与夫爱护钧座者，闻之咸为惋惜。崇禧等风雨同舟，久共患难，雅不忍以全国民意代表选举造成之崇高地位，一旦毁于左右一二人之手，爰本知无不言之义，披肝沥胆，再为钧座陈之。

自大陆沦于匪后，国民政府只余台湾、海南两个孤岛，凡属忠贞不二之士，经历无限艰辛，投奔来台，莫不以此为最后生息之地，因去此便无活路也。于是，忧时之士，本人类企求生存之念，不分派系，致力团结，故对钧座渴望于病愈出院后即启程回国，以与政府上下相共存亡，庶对外表示一致，对内振奋军民，而钧座鞠躬尽瘁之苦心必更为国人所鉴谅。不谓钧座偏听左右一二亲信之主张，拖延将事，崇禧等虽一再陈词，促请早决行止，倘尊恙尚未康复，则请解除代总统职务，愚昧之见，未蒙采纳。乃时愈三月，内外形势日益险恶，中枢无主群情惶惑，始则焦急，继乃失望，终至愤恨。国大代表以及立监委员多数均曩昔在宁、穗、渝时对钧座表示同情之人，至是均缄默，不能为钧座辩，其愤激者甚且立于反对地位矣。

洎至二月下旬，蒋公复职之议始成定局。崇禧等又电陈钧座，以复职系政治问题，可协商解决，倘囿于宪法成见，则双方均有所持，故切劝钧座对洪秘书长兰友所提具体办法，予以考虑，速作决定。讵钧座不作正面答复，仅云在合理合法原则下，个人地位可以放弃。迨三月一日蒋公复职,崇禧等怵于危亡,心切团结,又急电钧座,此后以副总统地位加特使身份在美访问,藉事休养,万勿发表任何意见,致滋误会。不意此项建议又未蒙采纳。

远不必论,犹忆最后在重庆时,崇禧等集议官邸,咸主蒋公复职,钧座仍以副总统地位赴美治病,钧座当即表示完全同意。次晨钧座赴昆明,崇禧又商之吴礼卿①先生,请其赴台湾促驾。昌渭复飞昆明,将崇禧与礼卿先生谈话经过面报钧座,亦均邀首肯。是钧座之愿解除代总统职务,其决定在离渝赴滇之时,而挽蒋公复出由钧座发动,则又早在杭州、桂林、广州之时。今日局势其艰危实百倍于曩昔,钧座何故一反前议,抱住"代"字不放,逮蒋公复职后且仍在美以代总统自居,演双包故事,腾笑国际。夫今日何日乎?国命不绝如缕,人民在死亡线上挣扎,中国之大,只余此一隅自由天地,凡挺身而出不计成败利害,以与匪作殊死斗者,虽匹夫亦必奉为神明。若夫携妻子儿女远居异国,已无兵革之险,而民有覆巢之惧,扶危定倾,稍纵即逝,万众呼吁,归期无定,而惟斤斤于地位得失之争,无论理由如何充足,决不能博取国人同情。崇禧等爱护钧座至深且切,然众口交责难以分辩,愧恶之余,惟闭户鲜出,少与外界接触而已。

近日消息传来,钧座似甘受左右播弄,不顾一切,趋向毁灭,故不惜虚构事实发为言论,其轻率浅薄,凡稍具理智之初中学生亦不为之。杜鲁门总统称钧座为代总统,此乃社交常例,犹之现在美国人士仍有称胡佛为胡佛总统者,而钧座即认为系否定蒋总统复职之表示,电讯传来,阅者窃笑。张向华②避难香港,

---

① 吴忠信,字礼卿。
② 张发奎,字向华。

而钧座则谓已令其在粤组织游击部队，迫使向华登报否认。又日前钧座申言谓已取得美国保证，组织第三势力，但未及一日，美联社纽约来电又谓钧座申明否认。此何等事，而忽彼忽此，均出自钧座之口，其轻率如此，何能取信中外，抑有不能已于言者。溯自华中挫败，桂省不守后，崇禧收拾余部，或集结桂越边境，或分散大山丛中，益以数月以来，桂民苦匪横暴，纷起反抗以与我军相呼应，并先后遣派代表向崇禧请助饷械，并未闻言及钧座曾与彼等经常以无线电指挥联络。崇禧思之熟矣，丁兹危难，在中央政府下，军事体系必须一致指挥统属，不容纷岐〔分歧〕，崇禧决本此信念，秉承中央意旨，统率八桂旧部与匪搏斗到底，凡中央以外之指挥命令概难接受，以免分散力量。此崇禧应须向钧座陈明者也。

钧座固仍法统下之副总统也。在未脱离副总统职务前，对现政府有拥护之义务，对台湾七百万民众有尽力保护之责任。乃报载钧座表示对台湾不予理会。钧座此言，真耶伪耶？如其真也，就职责言则为不忠，就道义言则为不仁，就政治言则为不智。试一思之，假使台湾不保，何处再觅反攻基地，数十万忠贞不二之患难同志又向何处逃生。

抑尝闻之钧座以民主相号召，而己则以民主领袖自期许，但民主政治之基本原则，为少数服从多数，民主领袖之成功要素，则为尊重舆论与执行多数人之意见。钧座抵南宁后，左右一致劝阻无效，民意机关迭次电请回渝无效，国民党中常会一再派遣代表赴港挽留亦无效，而钧座凭个人意气，毅然决然由南宁而香港，由香港而美国。迨抵美以后，去国愈远，耳目愈塞，谋仅及于左右一二亲信。台港两方同志虽迭电吁请速决行止，然终不及一二人之私见。当钧驾离港之时，曾申言以四十五日为期。比出院假满，归与不归迄无明确表示，国内人心及社会舆论已日呈不满。钧座不采纳崇禧等忠言，亟谋不自处，而反从事拖延，卒致演成不可挽回之局。若谓台湾舆论系某一派系所制造,则香港报纸刊物近来对钧座不断攻击又系何人指使。国大代表以及立监委员敦请蒋公复职,若谓亦系受人操纵,则又未免抹煞过去之事实。钧座一方申言维护宪法,但同时又与宪制下所有民意机关多数人之意见背道而驰;钧座笃信民主政治,而近日言行只感于左右一二人之主张,置昔日多数袍泽与国内普遍舆论于不顾。崇禧等无状,诚不敢妄测高深,但以钧座今日所为,既无章法,又鲜风度,一意孤行,至于此极。钧座试静心思之,民主领袖岂如是乎。置身法统而不能护得法统下多数军民之同情与拥戴,尚欲于虚无渺茫之中另辟途径,能乎?否乎?此不待智者而知也。

国难亟矣,通力合作尚虞不济,俎豆相煎必同归于尽。今人心尚未尽失。伏乞悬崖勒马,支持政府,增强力量,共挽危亡,以光复大陆。庶生为自由之民,死为自由之鬼。谨贡愚忱,幸垂察。专肃。敬候钧安。

　　　　　　　　　白崇禧　刘士毅　李品仙
　　　　　　　　　刘　任①　雷　殷　邱昌渭　谨呈

附:邱昌渭致其夫人周淑清函(1949年11月30日)

冰如:

　　重庆这一幕,实在悲惨之至。阎老西故示镇定,不肯说搬家,同时又要裁员。他要我召集五院秘书长会议,商讨处置办法,我们首先一项即决定迁成都,但他犹豫不决,廿六綦江失守,他才着急。他又要我召集五院秘书长会议,我于是日下午三时即召集会议,决定疏散办法。但总统府一钱莫名,第六局主管总务,该局局长何福荣在香港,副局长关仲芳于廿七日早晨潜偕李宇清飞南宁,留下全府经费银圆券一千零几十元。于是总务无

---

① 刘任,曾任华中军政长官公署副长官兼参谋长。

主而经费又无，直到廿八日下午六时才向财部领到经费，一面发被裁职员之遣散费，一面准备撤退。廿八日上午九时，蒋先生在山洞召见说，紧急的时候要我和刘士毅参军长到山洞官邸去住，蒋经国并电话嘱空军司令派飞机一架备我应用。这时候南温泉已发生战事了，我和刘任夫被遣散之职员们包围了几次，他们领不到遣散费，又怕我们先跑。

廿八日忙了一日，到夜半三点钟才把事情办完。四时我和任夫率领高级职员（王唯石、赵良壁在内）分乘汽车赴白市驿机场。六时到达，九时起飞，十时半降落，下午二时始安抵成都城。

重庆算是丢了，蒋先生于今晨六时离白市驿，据说离敌人只有二十余华里。他这次顶到最后，这种精神博得军民上下之拥护与爱戴，因此把李先生相形愈下了。李先生出巡即一去不返，对军民上下没有交代，住在香港养病，既无章法又无风度，过去对李抱同情与拥护者，今皆反其道而对蒋有好感矣。我不赞成李先生于此时住在香港讲价钱。蒋先生复出后，我即必尽我力量以求摆脱一切，但在李先生未离港时，余不拟赴港。这次最使我不满意者，即李宇清鬼鬼蜮蜮，包了一架民航机，率领全部侍卫人员先赴南宁；关仲芳弃职潜偕李宇清飞南宁，到了最紧要关头使总务无人主持，而又无钱。李先生所用之人，不是贪污，便是无能，将来怎能再来领导政治。

成都又有多久的命运，天晓得。我一切很好，请勿念。我责任所在，决不临难苟免，使中央一般人知道李先生这一群人并不是个个都扯烂污。

吴国桢在重庆告诉我，住台北的人都以为李先生赴港是我的主张。吴说他替我辩护。吴说"这是 No Common Sense of international protocol，老邱至少念过 International law 云云"。我笑谓吴国桢"你真知我……"。

李先生想去美,顾维钧以此意通知(美)国务院远东司,该司司长答以尚须请示,此后即无消息,这算一个软钉子。李先生今日才知道,真是进退两难了。
　　现在蓉港无班机,此函不知何日才到,但姑以付邮,因昨日抵此后即发一电报告安抵成都,但词简未尽所怀,故今补述也。余续告。此祝清吉。

毅
十一月三十日

从孤岛到陪都
——抗战时期流亡学生的回忆

潘君拯

编者按：本篇资料，记叙了抗战爆发后作者与上海国立交通大学的同学从上海流亡到重庆的经历，对于了解抗战时期高校内迁情形以及抗战史研究均有帮助。

一 孤岛陆沉

一九四一年十二月八日，星期日。上海。

清晨，我被低空盘旋的飞机声吵醒。有人在阳台上大喊："飞机撒传单了！"

过了一会儿，报纸来了，大标题是"罗斯福总统……"。看不出什么。

不久，消息传来，日寇偷袭珍珠港。

又不久，更多消息传来，日寇已占领租界，把小钢炮架在外滩，迫令英美炮艇投降。美艇升起白旗；英艇抗命，被击沉。英美侨民被关进集中营。

1946年春，江苏省立上海中学在上海郊区复校，我和几个同学去了。这时我才发现，集中营就设在这里。

二 从十里洋场到世外桃源

1941年夏，我从江苏省立上海中学高中毕业，考入上海国立交通大学机械工程系。

省上中于1934年秋从上海南市迁到郊区吴家巷新址。1937年抗战爆发后,新校舍被日寇占领,校方在法租界租用上海美专部分校舍以及爱麦虞限路一处民宅复课。1941年日寇占领租界后,省上中改名为私立沪新中学。

国立交通大学原在徐家汇,抗战爆发后校舍被日寇占领。交大在法租界借震旦大学部分校舍以及中华学艺社部分校舍复课。日寇进占租界后学校改名为私立南洋大学。1942年夏学校被日伪接管,成立汪伪政权的国立交通大学。

1941年秋,我到交大报到。十月某日,上海见到日全蚀,时间约在上午十时,历时颇久。一时天昏地暗,气温明显下降。学生不上课了,站在操场旁看日蚀。

12月8日,日寇进占租界。9日,学校照常上课,但已有"最后一课"的味道。

这学期草草收场,提前放假,不举行大考,以小考成绩作为学期成绩。

假期里我走访了一些同学,大多数都想离开上海,到内地去,但不想走得太远。

我哥和我去拜访了《西风》、《天下事》等期刊的编辑陶亢德。他也认为战事很快就会结束。

这是当时很多人的看法。

我哥当时是交大土木系四年级学生,只差一个学期就毕业了。他决定毕业后再走。

我不想走得太远,决定先到浙江龙泉浙江大学分校或江西泰和中正大学借读。

当时我家里很穷。嘉兴的住宅让日寇占了,一家人挤在上海,还要付房租。父亲原在上海公共租界圣心医院当医生。抗战爆发后医院让日寇占了,父亲失业了,不得已到浙西自由区县卫生院当医生，收入微薄，不够养活一家七口。幸而当时读书几乎不花钱。高中三年我每学期都拿奖学金，学费就免了。上海《文汇报》设奖学金，全市招考，我考了个第一。《文汇报》停刊后，我又取得慈善家潘诵先生的奖学金。再就是我哥和我向杂志、报纸投稿，赚点稿费。

我的翻译本事就是那时练出来的。一边看原文一边写中文，不打草稿，写完就寄出。

离沪前，我向潘诵先生告别。他给了我300元，这才有了足够的路费。

在沦陷区旅行，要有"良民证"。我打听到"良民证"要到极司斐尔路76号去领，那是有名的"魔窟"。一天下午，我怀着忐忑不安的心情去了。还没有到目的地，就有人等在那里，说可以代办"良民证"，每位2元，货到交钱。我把我哥和我的相片给了他，约定第二天下午取货。第二天下午我如约去了，给了他5元钱，他连声道谢。

然后就是买点东西，如球鞋、牙膏、肥皂、绘图铅笔之类，还买了一只籐箱。

1942年农历正月初七晨，我继母和我离开上海。

先到北站乘火车。进站要检查，要向日本兵鞠躬。鬼子站在旁边，手执上了刺刀的步枪。行李由汉奸检查。

我在籐箱里最上面放了一盒香烟，上车后打开一看，香烟没了。

我们坐火车从上海北站到武康，然后换乘汽车到三桥埠。到三桥埠时已是下午三点左右，找到一家熟人家，坐在客堂里休息，等黄昏后过封锁线。

忽然从门外跑进来一个人，大喊"鬼子来了"，搬了一架竹梯爬上阁楼躲起来。主人把梯子搬走，对我们说："他没有'良民证'。"

幸而鬼子只是路过。

天暗下来了，我们要过封锁线了。

所谓封锁线，其实就是公路。路东是沦陷区，路西是自由区。鬼子在路东一侧设哨所，白天有汉奸把守。

我们到哨所时，里面已没有人，汉奸回据点去了，于是我们大摇大摆地穿越公路。

到莫干山脚下的小镇庾村时，天已大黑了。在饭店吃饭时，周围不少老乡来打听上海的近况。

当晚在庾村过夜。第二天清早穿越莫干山到后坞，途中遇到一名哨兵，坐在山间石路上查路条。

我在离沪前托人办了路条，藏在毛笔杆里，这时取出来给他。他似乎不识字，看到条子就让我们走了。

当天中午抵达小村，我的父亲就在那里。

继母第二天就回上海去了，我住了一星期。

小村是一个美丽的小山村，位于一条小溪的北岸，居民约80户，房屋朝南沿溪排列，溪对面是一片竹林。

一天夜里，村外一片狗吠声，父亲说挑盐的回来了。村里以土产向外界换生活用品。看不到报纸，没有人有收音机，没有商店，没有学校，也没有邮局、银行，过着一种"不知有汉，无论魏晋"的生活。

因为刚过春节，父亲向村民买了一点猪肉。在那里冬笋是很便宜的东西。父亲用砂锅煨了一锅冬笋红烧肉。一天晚上，父亲拿出一瓶三星白兰地，斧牌的。他看到我惊讶的样子，笑着说："是莫干山看房子的卖给我的。"

莫干山是避暑圣地，上海很多有钱人在此拥有别墅，大部分时间空着，要雇人看管。抗战爆发后主人几年不来，也不给看房子的发工资。看房子的只好变卖主人留下的物品贴补家用。

"这一瓶是开过封的，所以便宜。"

一边喝酒,一边闲谈,把一瓶酒喝完了。

三 赴龙泉途中

动身的时候到了,父亲给了我 300 元,说:"你运气好,这是一个病人送的。"

从小村出发,沿天目山经递铺、冰坑、於潜到麻车埠,花了三天时间。我不会走长路,脚上磨起了泡。

行李是雇挑夫挑的。

沿途每十里左右有一座茶亭,供旅客休息。挑夫喝碗粥,我喝碗茶。

冬日的天目山真是美极了。大路依山傍水。天是蓝的,云是白的,水是青的,石是赭的,树是绿的。日出后,岚气从松林中冉冉升起。路旁不时传来阵阵香气。看得见的是腊梅,看不见的是兰花,我这才悟到什么叫"暗香"。

到麻车埠后,找了一家小客栈住下。我第一次单身出门,没有经验,离客栈外出吃晚饭时没有记下店名和门牌,饭后不知如何回客栈,幸亏地方小,转了几圈就找到了。从此我住店时第一件事就是记住旅馆的店名和地址。

在麻车埠上班船,是木船,经建德到兰溪。过建德时船夫指给我看严子陵钓台。我说:"离江面这么高,怎么钓?"

在兰溪上岸后,找客栈住了一宿。第二天坐火车到金华。下车后立即找"办理沪港澳撤退各级学校员工登记处"报到。该处设在酒坊巷金华中学。该中学已疏散到郊区,校舍全空着。

办完手续后,我被安排住在教室里,睡地铺,免费供应伙食,一日两餐。

我注意到伙夫在收拾饭桌时,常把吃剩下来的一点萝卜汁什么的喝了。

我把肄业证明书交给登记处,由他们发函,向浙大分校联系借读事宜。我耐心等待。

在金华住了大约一个月。在此期间,沪上同学纷纷到达。有走常州——宜兴——和桥——张渚从太湖西边进入自由区的,有走皖南经河沥溪进入自由区的,也有走沪杭线由太湖南边进入自由区的。五花八门,不一而足。

有上中校友周裕廉和他的弟弟周裕英走后一条路,过封锁时遭遇日寇。兄弟二人在一座石桥上被冲散,行李也丢了。周裕英要饭回上海,后写信到龙泉浙大分校向我打听其兄下落,但没有人知道。

周裕廉大概是死了。

在金华时晴天跑警报,雨天到军人俱乐部看话剧。记得看过曹禺的《北京人》。

金华粽浆店很多,一家挨一家的,卖粽子和豆浆。粽子有白粽、赤豆粽、豆沙粽、肉粽、火腿粽等。豆浆有甜浆和咸浆。因为没有钱,我很少光顾。

浙大分校的复函终于到了。我约了两位同学结伴同行,坐长途汽车,经武义、永康、丽水直达龙泉,一路顺风。

这时已是三月下旬了。

不少同学去了龙泉,也有去重庆或平越的。重庆有交大分校,平越有联合办学的交通大学唐山工学院和交通大学北平铁道管理学院。

四 龙泉三月

浙大分校在龙泉乡下,离县城约12里。校舍地是泥地,墙是竹笆,顶是树皮,十分简陋。

报到时学校已开学。报到后立刻上课。

几十个同学住一个大房间,天天吃笋,起初还新鲜,后来越吃越烦。据说笋是刮肠子的,没有油很难吃。

果然，我们几个同学凑份子买了一个蹄膀，炖了一锅笋子红烧蹄膀，味道很鲜美。

学校附近没有商店，没有饭馆，更谈不上邮局、银行。有时有小贩来卖点零食。

城里有许多铁匠铺。此地的剑是自古远近闻名的。

在浙大分校还是晴天跑警报，雨天上课。

拉警报时同学疏散到山里。山里开遍了杜鹃，大红的、粉红的、紫的、黄的、白的，还有白花瓣上洒有红色斑点的，漫山遍野。

一天清晨，我因有事进城早起，忽见同室一位同学因梦魇坐起来大叫。顿时全室大乱，纷纷跳起夺门而出，有的连衣裤鞋都来不及穿。我拦也拦不住。接着，其他寝室的同学也跟着跑。

不久，"跑警报"的回来了。我问他们："你们为什么跑？"他们反问："是不是有警报？"

后来听说，这叫"炸营"，多发生在兵营或学生宿舍。

一天晚上，已经上灯了，忽有一架飞机经学校低空匆匆飞过。学生连跑警报的时间都没有。后来才知道这是从大黄蜂号航空母舰起飞，轰炸东京后飞来大陆的杜立特飞行中队中的一架飞机。后来罗斯福答记者问时说："它们是从香格里拉（Shangri-La）起飞的。"香格里拉是小说《失去的地平线（Lost Horizon）》中一个虚拟的乌托邦。香格里拉从此声名大噪，经久不息。

后来，我在重庆读到参加过这一行动的一名美国兵写的《东京上空三十秒（Thirty Seconds over Tokyo）》的中译本，书名为《我轰炸东京》。

由于这次行动，日寇发动了浙赣战役，西取衢州，南犯丽水，以摧毁中国沿海的机场。

五月底，金华失守。

鬼子又来了。

只有再往南走。

同学曹诗俊找到一辆便车。我们早一天傍晚进城,准备第二天清早上车。

我们晚饭后动身。走到半路,忽然雷雨交加,洋伞刚撑开就吹嗽叭了,只得蹲在田埂上。这里是梯田,右边平坦,左边低下去约一丈。我看到一团团火球在低田里乱滚。

好容易等到雨停。浑身湿透了,铺盖也湿了,没法进城了,只好回去。

当晚有八、九个同学结伴从城里回校,下雨时手牵着手走。走到一棵大树下时,一声霹雳,为首的同学给击倒,后面的都感到一阵麻木。幸而没有伤亡。

过了几天,学生会一位同学交给我 800 元,叫我跟其他七位同学先走。

这时有一位同学开了一家"蓝猫拍卖行"。为了轻装,也为了多筹一点现款,我卖了一双球鞋,几支牙膏和铅笔。

六月最后一天,一行八人上了路,到福建去。

五　穿越福建

从浙江龙泉到福建松溪有一条大路,途径查田、竹口等地。过小梅的时候,乡民告诉我们此地鼠疫流行。我们未敢停留,虽然小梅是个大镇。

从浙东到闽北,不少地方流行鼠疫,源头在宁波和福州。这是日寇细菌战的后果。

沿途看到一些红军时代遗留下来的标语,如"红军是工农的队伍"。标语是用红颜料写在土墙上的。

我们从龙泉一路步行到松溪,行李是雇挑夫挑的。

记得七月七日我们是在松溪过的。我们写了不少标语到街上去张贴。

在松溪上船。那是一条木船。我们清早上船，中午到西津打尖，买了米和豇豆借店家的锅在街旁造饭，引来很多居民围观。当晚到达东游，睡在戏台上。

第二批内迁的同学十余人，有女同学，运气就不那么好了。他们到西津就休息了，杀鸡买肉，热闹非凡。第二天船撑出去就遭抢了。土匪在岸边鸣枪示警，然后划来一条小船，把大船带进一条河汊，把学生赶上岸。一声锣响，老人、小孩都来了，把船上的东西抢个精光。土匪把男学生反绑双手，用绳子把他们串在一起。女学生不绑。然后逐一搜身。最后，一个土匪说："把男学生放了，女学生留下。"这时一个男同学跪下，其余的受到牵连，也都跪下了。于是匪首说："把他们全放了。"

这些同学后来到了建瓯，除身上穿的外，一无所有。

有人说："大概是在西津过夜闯的祸，土匪有眼线，'大鱼'来了。"

在建瓯遇到大轰炸。

到建瓯的第二天，一早警报就响了，但敌机迟迟不来。到了中午，很多老百姓都走出防空洞，回家做饭。突然，飞机来了，九架。

我躲在城门洞下，看到一个人向城门洞跑来。一枚炸弹落下来了，一阵烟雾冲起。烟散以后，一座二层小楼消失了。这个人俯卧在地下，起来接着跑，跑到城门洞里来了。

这天飞机丢的是燃烧弹。城里横直三条大街都给炸平了，一片火海。据说这天炸死三千平民，不少户全家都死了。

有一枚炸弹落得离我最近，当时我俯卧在地，觉得震了一下。抬头看时，城墙在摇晃，定睛看时，还是好好的，大概是脑震荡吧。

这颗炸弹掉在城门外护城河的浮桥上，把浮桥炸断了。幸亏城门是关着的，有一块弹片溅到城门上然后落地，城门上有弹痕。我看到这块弹片时它还烫手，边上已熔化。从它的曲率可以看出，这是一枚重磅炸弹。

轰炸时我看到一位女士合掌盘腿坐在地上，浑身颤抖，可怜极了。

我俯卧在地，身边围着好几个孩子，大概出自寻求保护的本能吧。

飞机走后，我们立刻赶回住所。当时我们借宿在一所小学里，门没有锁。还好，只损失一件行李，是有人打开窗子偷走的。

有人趁火打劫。

没有地方住了，我们渡江到对岸去。在那里我看到树林里有很多军人，头戴钢盔，坐在地上，一声不响。

第二天早晨，我们坐小火轮赴南平。船到中途，螺旋桨轴弯了。船员把轴拆下来，搬到岸上，架起柴火将轴烧红，然后矫直。

在南平我们借住剑津中学。这是一所教会中学，校舍很讲究。

下面就方便了，坐长途汽车可以到长汀。

我们到南平后就散伙了，因为坐长途汽车一次买不到那么多票。

从南平到长汀沿途要换几次车，每次都要等候几天，耽搁了不少时间。

到永安后我去找中学同学陆仰之，当时他在交通银行工作。二话不说，他给了我 300 元。

我是在 1942 年 8 月 1 日离长汀到瑞金的。

从进福建到出福建，整整花了一个月。

福建的红茶很好，当时因战事运不出去，所以很便宜。我买了两木匣供出口的，里面用锡纸包装，到重庆后送人；另外买了一些散装的，供沿途饮用。

在福建境内，我住过学校，也住过旅店。在旅店墙上看到过《竹枝词》，有些写得还真不错。录两首如下：

其　一

高山有好水　　平地有好花

当兵身在外　　无钱不想她

其　二

郎去郎孤奴不孤　　人来人往尽可夫

阿郎如有真心意　　奴情如海泪如河

第一首的作者应是一名军人。第二首是用一名妓女的口吻写的。"河"应读吴音。

写得真好，比那些"诗人"的作品好多了。

离长汀的头一天晚上，我就睡在汽车站地上，发烧了。当时还不知道这是打摆子。

第二天上车。上车前要接受国民党宪兵检查。我们这批旅客上车前宪兵迟迟不来检查，拖延到开车前十几分钟才开始检查。

我质问宪兵："为什么不早检查？"这惹恼了宪兵。

检查到我时，宪兵从藤箱里找出一对剑，说："这是违禁品，要没收。"

这对剑是一位同学在龙泉买的，托我带到内地去送人。

我说："这是买的，可以买就可以带。"

另一个宪兵在旁边大吼："把他带下去！"

这时同学许㯋在场。他向身边一位穿黑中山装的人耳语了几句。这个人走前几步对宪兵说："这是我的朋友。"这样我才没有被带走。

从此我痛恨宪兵。

战士在前线流血，宪兵在后方欺压老百姓，算什么军人。

六　从江西到湖南

到瑞金后连夜上船。又发烧了。

半夜出汗后，我醒了。木船在江中行驶，月色如水，船夫在唱歌。

到赣州后我又病了。这次病得厉害。先是发寒，大热天盖了两床棉被。然后出汗，两床棉被都湿透了。我想，这糟了，一个人病倒在旅馆里，怎么办。

傍晚，顾乃仁和李政道来了。

顾乃仁是浙大分校的学生，在龙泉时已被航空学校录取。同时被录取的还有李崇道，李政道是他的弟弟，上海的中学生，还没有上大学。

流亡学生有一条规矩：每到一地，在车站、码头贴一张告示，"某某于某日到此，住某某旅馆。"以便联系。

我住在"陶陶招待所"，比较干净，据说是蒋经国办的，赣南各县都有。这是我第一次听到"招待所"这个词，蒋经国当时是赣南行署专员。

顾、李二人一进房门看到我就说："走，看医生去。"

他们雇了一辆黄包车让我坐，自已跟着车跑。

车停在一家诊所门口。医生姓王，已吃过晚饭，抱着孩子在门外乘凉，看到病人，急忙把门打开，让我们进去。

医生给我打了针，抽了血供化验，还给了几颗药。

顾、李问："明天能不能上路？"

医生答："要看化验结果。是恶性疟疾就不能走。"

"车一早就开，怎么办？"

"我连夜化验，你们明天清早来看结果。"

李政道给王医生五块钱，这在当时还不够吃一顿客饭。

王医生犹豫了一下，说："那我就收了。否则你们会觉得欠了我什么。"

这是一个好人,能体谅人。他是天主教徒。从此我相信天主教徒是好人。

回程还是我坐车,顾、李二人跑。那时李是个小胖子,跑得直喘气。我真过意不去。

到旅馆后我要还钱,他们不肯要。

他们说,第二天一早他们来告诉我验血结果,如果可以走,他们送我上便车去韶关。那是资源委员会运钨砂的车。

第二天清早,顾乃仁和李政道又来了,送我上车。

这个李政道就是后来得诺贝尔物理学奖的那个李政道,不久后在贵阳又会面了。

钨砂很重,小小的一袋重50斤,一辆车装不了多少,坐在上面空间大得很,挺舒服的,就是怕下雨。

从赣州南下,越过大庾岭,就到广东了。

在南雄过夜。早上吃早茶,除茶外,有鸡包、叉烧包、伦教糕等点心,花色很多。吃在广州,名不虚传。

到韶关后直奔火车站,在站台过夜。

我们几个学生把行李堆在中间,人围着行李坐成一圈。不时有铁路警察经过,把我们叫醒,叫我们看好行李。

早晨发现,放在圈外的一把破洋伞没有了,那是靠在一根柱子上的。听说粤汉路上小偷活动猖獗,过隧道时小偷将旅客放在行李架上的物品取下掷出窗外,下面有人接应,防不胜防。

当时粤汉路的终点在衡阳,再往北就是前线了。

我们在衡阳换车,沿湘桂路西行。

因为一直在车上,我对湖南没有什么印象,只觉得东西很贵。

七　湘桂线上

坐火车从衡阳出发，到桂林下车。

本来可以直达金城江，因为想到桂林铜鼓山铁路局要点路费，故而中途下车。

在桂林街头遇到交大同学解连生，他是电机系的，苏州人。当时他没有钱，没有证件，正在犯愁。他跟我们一起去了铜鼓山。

到铁路局找到有关人员，对方很干脆："到重庆若干元，到平越减半。"具体数字我记不起来了。

解连生说："我证件丢了。"

"我给你补一张。"当即写了一张证明材料，盖了铁路局的章。

因为忙于赶路，在桂林连七星岩都没有去玩。

在桂林上火车，到金城江下。以后要坐汽车了。黔桂铁路直到1944年才竣工，没有多久就自行炸毁，鬼子又来了。

八　穿越贵州

流亡学生坐火车是不要钱的，如果坐汽车，搭资源委员会运器材的便车也不要钱。但要跟司机搞好关系，特别是跑长途，否则他会在半路把你甩掉的。

我在金城江找到便车后，特意跟司机住进同一旅店。吃晚饭时，刻意坐到司机桌上，跟他攀谈，知道他是扬州人时，跟他攀同乡。我是常州人，跟他是大同乡。

我多要了一个菜，并要了酒，打算请他。

到会账时，他死活不让我付，叫徒弟抱住我，对老板娘说："记在我的账上。"他问了我的房间号码。

第二天我早早起床，收拾好行李，等候上车。过了一会儿，徒弟来了,喊我去吃早饭。当年我十九岁,第一次单身出门,无师自通地学会了"公共关系学"。

车上坐了不少人,除搭便车的外,还有"黄鱼"。司机靠带"黄鱼"赚点外快。

车上有老弱妇孺,学生每天下车后总是先帮他们安排住所,搬运行李,然后再料理自己。这是当时的风气。

过了独山,离墨冲还有几里地,车抛锚了。

司机问行人:"这里太平不太平?""不太平。昨天夜里还有枪声。"

司机再把发动机发动。离墨冲还有二里地时,车子彻底完了。司机留徒弟看车,我们到镇上住宿。

这时交大同学施鸿熙跟我同车。

司机帮我们扛一件行李,但我们仍无法搬走全部行李,放在车上又不放心。

这时过来一位道班,他说:"我帮你们挑。有扁担没有?""没有。"

他走到路边折了一根树枝当扁担,挑了两件行李跟我们到墨冲。

墨冲很荒凉,中间是公路,两旁有几家店铺。我们找了一家马店住下。

这一带民间运输靠马帮。马店主要接待马帮,包括人和马。

道班把行李放在马店门口,说:"都在这里了。"转身就走。我追上去给他钱,他不肯收。又是一个好人。

马店客房里的床单和被子很旧,但很干净。揭开褥子一角,床板上没有臭虫血。

马店供应伙食。我们在一张长桌上吃饭。桌面是白木的,没有上漆,抹得干干净净。碗筷也干净。饭是米饭,菜是豇豆,有点番茄。

墨冲真干净，公路扫得干干净净，没有马粪遗留。店里也很干净。

这里是苗区。苗民真讲卫生，我过去不知道。

有人告诉我到苗区不要吃煮熟的鸡蛋，苗民会放蛊。

什么叫蛊？据说把蜈蚣、蝎子、蜘蛛、黄蜂、哈蟆等五种毒虫放在一起，让它们互相残杀，最后只剩一种。在端午节那天把它放在瓦片上焙干，研成粉末，就成为蛊。剩下来的虫是什么虫，蛊就叫什么蛊。

据说，有些汉人男子入赘苗家，回老家探亲时要说清楚回去多久。行前苗妇在食物里下了蛊。男子如期回来后，苗妇给吃解药；如逾期不归，则男子将被毒发致死。

有人说，养蛊的人家特别干净。

苗家干净是不争的事实，说他们养蛊，恐怕是一种讹传。

在墨冲整整等了两个星期。先由司机托过路的车带信到贵阳，再由贵阳来的车把配件带来，把坏的零件换下。

终于又上路了。

到马场坪后，我们下车走到平越。施鸿熙去报到，他是学管理的。我去看同学。上中校友金志杰、吴天济等都在那里，还有上海交大的秦同洛。

平越四面环山，很大的一个城。

听同学们讲，有一次苗民因抽壮丁纠纷攻城，事先通知学校，学校宣布"中立"。县长逃走了，一个科长避进学校，幸免于难。苗民攻进县政府，把壮丁花名册烧了，但未抢劫。这是官逼民反。

同学们还告诉我，他们曾到苗寨看苗民"跳月"，并在那里住了一宿。每人带一斤盐，半斤给房东，半斤交换些饰物。盐在那里很贵重。小孩哭闹时大人不是给他糖，而是给他一小块盐。招待贵客时用盐碗盛汤。

他们吃的是岩盐。后来我在贵阳看到过这种岩盐,堆在街旁,起初我以为是岩石。店员把盐块砸开,捣碎,研细,以便出售。

从平越回马场坪到贵阳,一路很顺利。

在贵阳,住黔中旅馆,五天一结账。

等便车足足等了一个月。

在贵阳找到中学同学张淳曾,他在交通银行工作,他给了我600元。

在贵阳又遇到顾乃仁和李政道,还有跟他们结伴到重庆磁器口材料试验所去报到的广西大学毕业生林韵新女士。还有中学同学、浙大分校的徐拔和。上世纪80年代初他从美国到南京讲学时我又见到他,才知道李政道的母亲是他的表嫂,当年徐拔和从贵阳去了湘潭浙江大学,李政道和他同住一室。

中秋节是在贵阳过的。徐拔和和我到茶社去打象棋擂台,要花钱的,赢了奖月饼。我们两人都输了。

中秋夜我们几个流亡学生凑份子去上馆子。有顾乃仁、李政道、还有林韵新。

当时贵阳所有饭店卖的酒都叫茅台酒,茅台成了酒的代名词。

便车迟迟没有,钱快花完了,又不好意思再去找张淳曾,我真有点着急。

便车终于有了。头天傍晚开到板桥,离城不过十多里,那里有检查站。

据说板桥茅台最好,到板桥过夜是为了喝茅台。

九 西南公路

从贵阳西去昆明,北去重庆,沿途多险段。向西要过三十六弯,向北要过七十二弯。

西南公路大部是山路，多急弯陡坡，路况很差，全部是沙石路，车辙深，晴天像香炉，雨天像浆糊。大雨以后多滑坡，山上的大石头滚下来压在公路上，阻碍车辆通行；或者一段路面整个滑下去了，公路中断。

据说买来的美国汽车在中国不适用，太娇嫩了。后来通用汽车公司在美国专门筑了一条试验跑道，取名"中国公路"，供试车之用。

在西南公路，汽车上坡时，部分乘客下来推车，徒弟拿着一块三角木，跟在汽车后面，当汽车爬不上坡向后倒退时，赶紧把木块塞在后轮下面，阻止汽车下滑。下坡时更危险，如刹不住车，遇急弯时来不及打方向盘，车子就会冲出路面，坠入深谷。翻车时乘客或被甩出车外，或被车上货物击中，伤亡很大。

同学吴耀祖告诉我，他遇到过车祸，车辆爬坡时倒退越出路面，掉了下去。他在千钧一发之际跳车逃命，皮箱给摔坏了。

在七十二弯，从高处向下看，破车随处可见。据说翻车时乘客容易死，司机不容易死，司机只要死死抱住方向盘就行了。

到了"吊丝岩"，大家提心吊胆。那是一处陡坡急弯，坡很陡，弯很急，车辆很难操纵，因而事故频发。那里又是下坡，旅客都在车上，因而伤亡很大。

过了娄山，进入四川境内，离重庆不远了。

我于1942年10月1日抵达南岸海棠溪。第二天乘轮渡过长江（当地人叫"大河"），到储奇门上岸。

好大一个坡，有滑杆代步。滑竿是一种简易轿子，前后由二人抬。坡大，抬起来很吃力。

上坡后坐公共汽车，由两路口沿嘉陵江西上，经化龙桥到小龙坎。交大分校就在那里。

十 会师重庆

交大分校离沙坪坝很近，规模很小，1940年开始招生，学生不足百人。教师不少是兼职的，其中有诺贝尔物理学奖获得者丁肇中的父亲。丁肇中那时是小学生。

有几位同学当年陪上海交大吴清友教授夫妇直接从金华到重庆，已先我而至，因沿途耽搁，缺了很多课，暑假在补课。

我算是到的早的。

不久以后，分院迁往长江北岸的九龙坡，借用交通部技术人员训练班部分校舍，更名"交通大学"，把"分校"二字拿掉了。

九龙坡原名九龙铺，我们这批流亡学生硬把它改过来了，沿用至今。

当时校外一家店铺都没有，后来才陆续开了几家小饭店和杂货店。

学校在公路边，离长江很近，穿过九龙坡机场跑道和成渝铁路路基就到江边小镇。那里有一个邮政代办所，可寄挂号信和取汇款。

我们常去机场看飞机，有美国的，还有英国的。美国飞机在机首画上鲨鱼牙齿，老百姓说是虎牙，因而陈纳德的航空队叫做飞虎队。美国兵还喜欢在舱窗下面写上字。有一架P40战斗机上写着"Fujiyama Fu Fu To"。当时我不明白这是什么意思。1947—1949年间我在上海学了一点日文，才知道"Fujiyama"是"富士山"，但"Fu Fu To"是什么意思，到现在还不明白。

有一次我看到一架喷火式战斗机停在那里，螺旋桨头部都打弯了，大概是降落时碰到了地面。

成渝铁路路基和铁桥在清末已经筑好，但直到解放后才铺轨通车。当年我们常在晚饭后到路基上散步，从铁桥上将石子丢到河里，根据石子掉到河面的时间来估算桥的高度。

我们夏天在江边洗澡。岸边是岩石和黄沙,很干净。有一年夏天,一位名叫赵树铭的同学,常州人,在江边洗澡时淹死了。按照船民的指点,同学们三天后在下游唐家沱水面找到了他的遗体。

冬天我们过江经李家沱、土桥到南温泉去洗温泉浴。再下去就是渔洞溪,金陵汽车修配厂从南京内迁到那里。

开学后,同学越来越多。有上海交大机械系的万定国、许国志等,他们读四年级。三年级的多些,二年级的更多。当时我在二年级。

除从上海交大来的外,还有从其他大学来借读的。有的后来通过甄别考试,取得交大学籍。

学生住在大房间里。一个房间住24个同学,睡上下铺。

吃饭靠贷金。八个人一桌,有桌无凳,站着吃。饭是"八宝饭":霉米、老鼠屎、沙子,不一而足。有一位同学用早餐时从稀饭桶里捞出来一条蜈蚣。

菜是牛皮菜、藤藤菜、莴笋叶子之类,有一点榨菜。月底如有结余,有一点肉,称为"打牙祭"。

伙食由学生管理。伙食委员会每月改选一次,选出主席、总采买和总保管。每天的采购和保管由同学轮流担任。

我替刚从沦陷区来的同学写申请贷金的"呈文",报酬是一碗"炝锅肉丝面"。

呈文送上去,没有不批准的。

最糟的是水。伙夫在田头挖个大坑,从中提水,挑到水池里,水很浑浊。同学用它洗脸刷牙。

水土不服,很多同学生病:拉肚子,长疥疮,打摆子。

后来才慢慢适应了。

十一 结束语

古人云:"行万里路,胜读万卷书。"此话不假。书是虚的,路是实的，耳闻不如目睹。

从上海到重庆，我大约行了八千里路，在路上前后历时约五个月。

当时在打仗，老百姓生活很苦，但似乎还不缺粮。沿途很少看到乞丐。

听说河南大饥，备受"水、旱、蝗、汤"之祸。"汤"指战区副司令长官汤恩伯。

进福建后，感到菜很淡，店家愿意在菜里多放点糖，也不乐意多放盐。

江西缺盐。蒋介石"围剿"中央苏区时曾采取"断盐"的办法。

贵州吃岩盐，据说缺碘。

四川号称"天府之国"，自古盛产井盐，有自流井和贡井，并称自贡，今设市。

在贵州第一次吃到地瓜，地瓜炒肉片。我问施鸿熙："这是什么？"施答："有点像荸荠，但好像不是。"

当时下江没有地瓜，抗战胜利后才引种，但始终成不了气候，大概受土壤和气候条件限制吧。

贵州、四川一带吃辣椒吃得很厉害，没有辣椒吃不下饭。我刚到重庆时很不习惯，后来才慢慢能吃一点。

从上海到重庆，搭过的交通工具有木船、汽轮、汽车和火车。火车最方便，但筑路费事。当时凌鸿勋在北筑宝天路（宝鸡——天水），侯家源在南筑黔桂路，条件极端困难，路况可想而知。人称湘桂铁路为"像鬼铁路"，黔桂铁路为"见鬼铁路"。

机车和车辆都是进口的，被敌机炸毁一辆或被日寇抢去一辆就少一辆。

后方筑了不少公路，但路况很差。

汽车和汽油都是进口的。当时中国是"石油贫血"的国家，只有甘肃老君庙有一点。汽油是军用物资，极其珍贵。当时有一句口号："一滴汽油一滴血。"

民间用木炭作汽车发动机燃料，车身旁装一个煤气发生炉，内填木炭，点火后用手摇鼓风机送风，然后用燃烧产生的一氧化碳气体供给发动机。到站后要出灰，洗布袋（滤清器），加料，极为烦琐。徒弟辛苦得很。

木炭车马力小，这也是车祸频发的原因之一。

浙、闽、赣有烧樟脑油的，效果很好。但樟脑油产量低，而且味道难闻。

一路看到的新房子很少砖木结构，更谈不上钢筋混凝土了。有的地方以竹笆为墙，有的用土墙，几乎全是平房。

沿途很少穿新衣的。布匹极端困难，连阴丹士林都算"奢侈品"，要课重税。沿海大中城市的纺织厂都叫鬼子占了。

当时全国有几百万将士在抗日，解决他们的被服可不是一件容易的事。

经过这次长途跋涉，我变得更懂事了，更加关心国家大事和世界大事。

个人的命运、家庭的命运是和民族的命运、国家的命运和全人类的命运息息相关的。

我懂得了"与朋友共，敝之而无憾"的道理。乐于与他人分享财物，乐于助人。

我变得成熟了，自信心也增加了。本来我是很腼腆的，在人前说不出话来，也没有主意。

我还学会了和各种人打交道，特别是基层群众。

行万里路真能锻炼人。